本报告得到部市共建项目的资助

教育部哲学社会科学系列发展报告

2021
中国财政发展报告

对财政理论与财政学科发展的思考

上海财经大学中国公共财政研究院

主编 刘小兵

Report on China's Fiscal Development 2021

Thoughts on the Development of Fiscal Theories and
Public Finance as an Academic Subject

上海财经大学出版社

图书在版编目(CIP)数据

2021中国财政发展报告:对财政理论与财政学科发展的思考/刘小兵主编. —上海:上海财经大学出版社,2021.11
(教育部哲学社会科学系列发展报告)
ISBN 978-7-5642-3896-4/F・3896

Ⅰ.①2… Ⅱ.①刘… Ⅲ.①财政政策-研究报告-中国-2021 Ⅳ.①F812.0

中国版本图书馆CIP数据核字(2021)第215902号

□ 责任编辑　杨　娟
□ 封面设计　贺加贝

2021中国财政发展报告
对财政理论与财政学科发展的思考
上海财经大学中国公共财政研究院
主编　刘小兵

上海财经大学出版社出版发行
(上海市中山北一路369号　邮编200083)
网　　址:http://www.sufep.com
电子邮箱:webmaster @ sufep.com
全国新华书店经销
江苏凤凰数码印务有限公司印刷装订
2021年11月第1版　2021年11月第1次印刷

710mm×960mm　1/16　27.75印张(插页:2)　440千字
定价:128.00元

《中国财政发展报告》学术委员会

主　任：丛树海

委　员：蒋　洪　胡怡建　刘小兵
　　　　刘小川　朱为群　范子英

《2021中国财政发展报告》编写组

主　编：刘小兵

成　员：（以负责章节的先后顺序为序）

蒋　洪　刘　伟　徐　静
郑　睿　宗庆庆　罗小薇
徐淑雅　袁紫夕　蒋跨越
张洁婉　刘守刚　曾军平
刘长喜　严　俊　郭长林
张牧杨　汪　峰　吴一平
唐　为

序

——关于财政基础理论若干问题的思考

一、财政的本质及其基本问题

（一）关于财政的本质

在很长一段时间内，中国财政学理论界讨论的主题是财政的本质，主要有四种观点：一种叫国家分配论，这个观点强调财政的行政主体是国家，以国家为主体的分配关系就是财政，这是四种观点中的主流观点；第二种叫资金运动论，它认为财政的主要着眼点是价值（货币）运动，换句话说是资金的流动；第三种叫作剩余产品论，它认为财政研究的是剩余产品问题；第四种叫公共需要论，它认为财政研究哪些是公共需要，如何来满足公共需要。

对于国家分配论的观点，我们认为用"国家"这个词不是很准确，比如你研究香港地区财政，你不能说你研究的是一个国家。所以，我们不赞成过于强调国家，用政府来代替可能会更准确贴切一些，它可以包含国家也可以包含地方。况且国家里面有公民、公民的代表机构人大、政府、党派团体组织等，笼统地用"国家"一词，很容易模糊四者之间的关系，无法弄清楚财政活动究竟代表了哪方面的意志。另外，说财政的本质是分配，我们也觉得不是很全面，因为财政活动除了分配还有生产和消费，甚至在某些交换的场合也有政府活动的身影。

对于资金运动论的观点，的确，财政的观察主要是从钱的角度，但是非货币的方式也是存在的，比如农业税之前交的是公粮。虽然我们观察的主要是资金的形态,但把非资金的情况排除在外的话就不符合我们实际研究的范围。我们也不赞成剩余产品论,因为政府有时也会涉及对非剩余部分的干预和处理。

对于公共需要论的观点,我们认为在下定义的时候不能偏题,在讨论"是什么"时就去讨论是什么,而不该讨论应该怎么样。财政应该满足公共需要,这点是没有疑问的,但是不满足公共需要的政府行动是不是财政行动呢?比如政府收钱用于自己的消费。我们认为财政的确是应该满足公共需要的,但是如果由于政府出现了一些问题而使行动没有满足公共需要的话,它依然是财政行动。

那么,如何定义什么是财政呢?我们倾向于更加宽泛的理论,即财政就是政府的活动。至于它是国家层面的还是某一个团体层面的,我们不去讨论,至于这种活动是分配活动、生产活动还是交换活动,是资金的还是非资金的,是剩余产品的还是非剩余产品的,是为了公共需要还是不为了公共需要,这跟财政研究的主题无关。只要是政府采取的行动,无论是哪方面的,从本质上来说,都可以视作财政活动。有的活动看起来好像不是财政活动,比如说政府出台一个管制措施,但在我们的概念里,这被纳入财政分析的范围。所以,对于财政的本质,我们更倾向于将其定义为财政是对政府活动范围及其影响的分析和评价。

我们认为,无论是哪方面的内容,凡是涉及公共的,都应该全部包含在财政学概念里。这就包含一个小财政和大财政的问题。从基金范围来说,财政所涉及的基金一般分为一般政府基金(在我国分为一般公共预算和政府性基金预算)、社会保险基金和国有资本经营的基金,研究小财政的话就研究一般政府基金,它的收入来源主要是税收和收费,主要用于行政事业。社会保险这块,属于公家的管理,也应该纳入财政的范围里。拿公款进行运作投资,办企业经营,也应当属于财政。我们反对切割。第一块是无偿提供公共服务的;第二块是带有有偿性质的;第三块是通过资本的运作来实现增值,是经营性质的。这三块是有不同,可以分门别类地进行研究,但千万不能把其中一块放到视野之外。

(二)关于财政学的基本问题

以往大家对财政学的研究偏向于某一个局部,没有从整个公共体系和政府行为的主体来看。财政的本质、财政的范围、财政的对象是什么这些问题虽然很重要,但我们感到这只是在识别财政学殿堂,只是来到了财政学殿堂的门口,还没有真正进入财政学的殿堂。如果我们有幸能够进入财政学的殿堂,我们会看到什么呢？或者说,我们看到的财政学殿堂到底是由哪些部分构建而成的呢？

首先,一个最基本的问题应该是,财政学作为一门存在了数百年的学科,它要回答的问题到底是什么。前面,我们在讨论财政的本质的时候说过,我们倾向于将财政的本质定义为财政是对政府活动范围及其影响的分析和评价,这实际上就回答了这一问题,即我们认为财政学作为一门学科,它要回答的基本问题是政府应该做什么。只有搞清楚了政府应该做什么,财政活动才有了明确的方向、目标、活动范围及其评价标准。明确了这一点,就相当于我们找到了殿堂的主梁。顺着它,我们就可以逐一发现殿堂的各个构成内容。

其次,明确了财政要回答的基本问题之后,接下来我们自然会思考财政学应该如何去回答这个问题。确实,政府应该做什么这个命题很大,涉及方方面面的问题,要回答清楚可能不是一朝一夕、三言两语、独门方法、单一视角所能完成的,所以,从这个意义上来说,这就是我们为什么不愿意将财政学看作经济学的一个分支的原因,因为我们感到仅凭经济学一个视角是无法回答清楚这个问题的。

对于该不该做一件事情,常识的判断自然是取决于你做得好不好,做得好就让你做,做得不好就不让你做；如果一件事情本来是别人在做,现在想让你来做,这里的"好"的意思就是"比别人好",而不仅仅是做的结果本身的好坏了。因此,要回答政府应该做什么,自然就会想到要看政府做得怎么样、做得好不好,做得好就让它做,做不好就不要它做。这一朴素的思想构成了财政学的第二个基本问题:如何分析政府财政活动的影响及评价其好坏？也就是政府做了会怎么样。这涉及对财政收支活动、财政政策的影响、财政体制、财政管理的分析以及判断好坏的标准的分析等一些内容。

再次,顺着这个思路,政府做得好或比别人做得更好的事情就交给它去做,做得不好的就不要它做,由此我们就可以确定政府的职能,并授权给政府采取税收、收费、举债等方式去筹集做事情所需的资源,并界定清楚各级政府的职责,按照给它确定的职能范围去花钱做事。至此,财政学的职能、作用、收支范围、体制等诸多问题似乎都一一解决了,财政学科要回答的问题也就到此结束了,剩下的充其量也就是一些技术细节问题,一切都很圆满。实际上,迄今为止财政学学科所做的也确实如此,基本上就回答了这些问题。但问题是,交给政府去做的事情它一定会去做吗?政府有了权和钱之后就一定会做它应该做的事情吗?常识告诉我们,做得好不好是一回事,会不会去做是另一回事,这就是我们常说的,理想是丰满的,但现实是骨感的。常识再次告诉我们,当你准备将一件重要的事情委托某人去做时,对这个人进行适当的考察是非常必要的。同样的,当我们准备让政府去做关乎国计民生的重要事情时,对政府实际上会做什么进行考察也是十分必要的。这就引出了财政学的第三个基本问题:政府实际上会做什么?这涉及对政府行为逻辑的解释与分析。

最后,知道了政府实际上会做什么之后,我们很可能会发现它愿意做的和我们希望它做的很不一样。众所周知,《商君书》和《君主论》所揭示的政府行为模式及其结果显然不是我们期望的,但它又是数百上千年来古今中外普遍存在和正在上演的一种真实情景。这时候我们就很有必要去思考一个问题:如何以及有没有可能让政府去做我们期望它做的事情?这就是我们认为的财政学的第四个基本问题。这涉及约束政府的规则的选择以及规则自身演化规律的分析等内容。

顺着我们选择的上述思路与逻辑,我们在财政学的殿堂里越走越远,越走越幽深,看到了一些似乎不属于财政学的问题,但当你想对这些问题置之不顾时,你会发现你根本无法真正回答财政学关于政府应该做什么的问题。下面,我们就上述四个财政学的问题逐一进行阐述,以便进一步阐明为什么它们是财政学的问题,以及与现有传统的财政学理论体系有何内在关联。

二、关于政府应该做什么

(一)为什么说政府应该做什么是财政学最基本的问题

我们认为财政研究的就是政府的活动,财政学作为一门学科,它要回答的基本问题是政府应该做什么。对此,可能大家会有不同的看法,认为这似乎偏离了财政学传统的研究对象与各国财政实践的内容,财政学的问题应该是如何收好钱、花好钱、管好钱,如何通过财政活动实现既定的政策目标,如何协调各级政府间的财政关系等与财税有关的问题,那些与财税无关的政府活动不应该是财政学的问题。这种看法比较普遍,更多的是从实践的角度去看待什么是财政的问题。有的甚至把财政学看作财税部门的事情,有的还把财政学与财政专业等同起来,认为是为财税部门培养人才的事情。

　　这些看法不能说不对,只不过我们认为它没有涉及财政学的实质,只是停留在财政的表象,不是财政学的理论问题。实际上,只要你对这些表象问题再往下深入思考一步,你就会意识到这点。比如,你说财政学的问题应该是如何收好钱,但钱怎么收才叫好呢?我想应该是以最低的成本和公平的办法收到政府需要的钱才叫好,但政府需要多少钱呢?你不回答政府应该做什么这个问题,你是无法知道的,所以要知道政府如何收好钱,首先得知道政府应该收多少钱,即要知道政府应该做什么;再比如说,你说财政学的问题应该是如何花好钱,同样的,所谓花好钱就是把钱花到应该花的地方去,但如果你连政府应该做什么都不知道,怎么知道钱应该花到哪里去,花得对不对、好不好呢?

　　而把财政学看作财税部门的事情的想法,那是对财政学非常片面的认识。要知道,财政每年收多少钱、向谁收、花多少钱、花到哪里去从来就不是财税部门能够决定的,在我国从来也不是国家税务总局、财政部能够决定的,怎么能说财政就只是财税部门的事情呢。甚至仅从管理的角度来看都不能说财税管理就是财税部门的事情,财政部门与税务部门是合还是分、中央财政与地方财政采取什么管理体制、税收的征管机构是否要划分为国家税务机构和地方税务机构,这些财税管理的问题是财税部门能够说了算的吗?温家宝曾说过,"一个国家的财政史是惊心动魄的。如果你读它,会从中看到不仅是经济的发展,而且是社会的结构和公平正义"。显然,仅就财税部门来说,你再怎么"折腾",它的事情也是不可能那么惊心动魄的。

　　至于把财政学与财政专业等同起来,认为财政是为财税部门培养人才的观点,尽管这本身就不是财政理论问题,没有必要去谈论,但因我们认为这一认知有误,在此还是想稍微阐述一下。学科是学科,专业是专业;前者是有关财政知识积累所形成的知识体系,后者是对人才培养的分门别类;财政专业不管有没有,财政学科是一直存在的;财政学不管你学不学它,它都在那,只是它的研究对象到底应该是什么、所要回答的基本问题究竟是什么、可以采用哪些方法进行研究,大家尚未达成一致,还在继续探索、不断发展演进之中而已。所以,有财政专业自然需要讲财政学,但没有财政专业同样也要讲财政学。我们认为所有的专业都讲点财政学是非常必要的,它会让所有接受过高等教育的人能够端正对政府的态度,并有利于养成公民意识。

与财税无关的政府活动不应该是财政学的问题,对此我们也是认同的。但问题是,几乎没有什么政府的活动是与财税无关的,所有政府的活动都必须建立在财税的支撑上,才有可能良好地运转,所以马克思才会说"税收是喂养政府的奶娘",所以我们才会认为财政研究的就是政府的活动。当然,有人可能会进一步说,虽然所有政府的活动都会与财政有关,都需要财政的支持,但如果政府的活动不是具体的财政资金的征收与使用而是其他履行自己职责方面的活动,就仍然不应该属于财政学研究的问题,否则,财政学就会涉及几乎所有领域。比如,公安部门开展"扫黑除恶"专项整治活动,这项活动涉及的与财政资金有关的问题(如项目的预算审批、项目的绩效评估等)可以是财政学的研究范围,但与"扫黑除恶"专项整治活动本身有关的问题(如为何开展"扫黑除恶"专项整治活动、如何开展"扫黑除恶"专项整治活动等)就不应该是财政学研究的范围。

是的,对此我们也基本认同,认为那些属于履行政府自身职责的具体业务活动不属于财政学的研究范畴,即使是在政府范围之内,我们也并不认为财政学可以"包打天下"。不过,我们认可履行政府自身职责的具体业务活动不属于财政学的研究范畴,其前提条件是该政府部门的职责符合财政学界定的政府应该做的事情的范围,同时该政府部门的具体业务活动属于其职责范围之内。换句话来说,以分析"扫黑除恶"专项整治活动为例,我们是假设公安部门的设立与存在是因为给它界定的职责符合政府的职能范畴,而"扫黑除恶"专项整治活动属于其职责范围之内的事情,因此我们才认为为何开展"扫黑除恶"专项整治活动、如何开展"扫黑除恶"专项整治活动等与"扫黑除恶"专项整治活动本身有关的问题不属于财政学研究的范围。但显然,在设立公安部门之初,该不该设立这一部门、该部门的职能范围是什么等问题应该属于财政学需要回答的问题。

即使我们认为与财税无关而纯粹属于业务范围内的政府活动不属于财政学的研究范围,这些纯粹的政府业务活动在许多场合却也不可避免地被纳入财政考察的视野而成为财政关注的对象。例如,在设立"扫黑除恶"专项整治活动项目时,在对"扫黑除恶"专项整治活动开展财政政策评估或绩效评价时,该不该开展"扫黑除恶"专项整治活动、这项活动是否属于公安部门的职责范围等似乎是非财政的问题,仍不可避免地会被纳入财政学视野而成为财政研究范围。因为不回答这些问题,在对其开展项目立项、政策评估或绩效评价时就会失去依据而无法给出具有说服力的结论。许多时候,在财政实践中,当我们发现一件事情政府再怎么做都没有一个好结果时,我们该做的可能不是如何改善我们的做法,而是要思考我们该不该做这件事情了。俗话说,好心不一定能做成好事,做了不该做的事情,即使再怎么努力,也自然无法得到好的结果。

对于政府应该做什么这个财政学的基本问题,目前主流的财政学基本接受了从市场缺陷入手,通过分析政府在弥补市场缺陷方面所能起到的作用来界定财政能够做什么,认为政府应该提供公共品、校正负外部性、改善收入分配不公平的状态、调节宏观经济的周期性波动,并以分税制的财政体制解决各级政府激励问题。但这一分析思路基本上是建立在民主政体下的解析,有其一定的局限性,无法解释各种政体下的政府行为。无论是对财政理论的深入思考,还是对财政实践的理性观察,甚至是在财政学的教学过程中,我们都发现,没有全面回答政府应该做什么这个问题的财政学,其现有的知识体系对现实的政府行为及其财政活动缺乏解释力和说服力,而且基本沦为了为扩张政府干预范围的理论依据。无论是在不发达国家、发展中国家,还是在发达国家,大多如此。

将财政学要回答的基本问题定义为政府应该做什么,不仅是学科本身规律使然,在我国还有着特殊的现实意义。因为,几千年来"普天之下莫非王土,率土之滨莫非王臣"的熏陶,加上计划经济的惯性,使得我国无论是政府还是民众大多都习惯并认同了无限政府的理念,觉得什么事情都可以交给政府去做,社会上也普遍蔓延一种"遇事找政府、出事怪政府"的风气。这种风气和理念成为国家治理现代化进程中的绊脚石,及时地予以纠正势在必行。而在所有的哲学社会科学中,财政学是最适宜承担这一重任的学科,这不仅是出于党的十八届三中全会提出的"财政是国家治理的基础和重要支柱"的论断和十九届四中全会明确的"充分发挥市场在资源配置中的决定性作用,更好地发挥政府作用"的要求,更在于十九大报告总结的"为人民谋幸福"的初心和习近平主席在二〇一八年新年贺词中"千千万万普通人最伟大,幸福都是奋斗出来的"的论述。由于财政学研究对象的特殊性,其学术使命中最为重要的一点就是要正确诠释"充分发挥市场在资源配置中的决定性作用"与"更好地发挥政府作用"之间以及"为人民谋幸福"与"幸福由千千万万个人奋斗出来"之间的蕴意与内涵,清晰界定政府"有所为、有所不为"的理论与实践的界限,为国内外财政学科的发展贡献中国智慧。如此,才能正确理解和发扬我国特色社会主义社会制度的优越性及其推动人类文明进步的作用,才真正称得上"财政是国家治理的基础和重要支柱"——不仅在实践中也是在理论上。

(二)目前的财政学科做的怎么样

对于政府应该做什么这个问题,现有的财政学利用经济学的分析方法,基于人类行为准则是在互相尊重的基础上进行交易这一既定前提,由资源配置入手,分析市场的缺陷,从而导出"资源配置、收入再分配和经济稳定增长"的财政职能。长期以来,这一学说为政府干预市场提供了理论支撑。但依据经济学的分析方法所推导出来的政府职能即政府能做什么的结论在实践中遭遇了许多困境,多年来的财政学教学以及对国内外政府财政实践的观察也让我们深切地感受到了这种困境。这种困境的存在表明,目前的财政学科在回答政府应该做什么这个问题上做得不怎么样,并没有真正搞清楚政府应该做什么。

关于财政收入。现有的财政学在经济学分析的基础上提出了一系列的征税原则,提醒政府应该如何设计税收制度,应该怎样去征税。追求效率要求遵循中性原则和校正性原则征税;讲究公平要求遵循受益原则或能力原则征税。但问题是如果遵循中性原则,如增值税、间接税的累退效应会告诉你,穷者税负大于富者,这样会很不公平;如果遵循能力原则,替代效应理论又会告诉你,这样会导致税收超额负担,不符合经济的效率原则。在效率与公平之间似乎永远存在鱼和熊掌不可兼得的矛盾。如何兼顾效率与公平制定出最优税收制度,现有财政学理论并没有现成的答案。甚至,只要你稍加留心就会发现,除了一开始在谈及财政政策目标时有所涉及,现有财政学教材几乎就全程回避了关于公平的考量与应用。也许有人会说,财政学理论中早就有关于如何权衡效率与公平的理论,财政学理论不是说了吗?公共品与私人品的生产可能性曲线与社会无差异曲线相切的那一点所决定的公共品与私人品的组合就是既符合效率又符合公平的组合点。是的,理论上是解决了这一效率与公平的权衡问题,但问题是无法应用,因为阿罗不可能定理清晰地告诉了你,不可能通由加总个人的偏好得到社会的总体偏好,也就是说社会无差异曲线是不存在的,如此,自然也就不可能找到这个切点到底在哪里了。

关于财政支出。财政学理论告诉你,财政支出可以分为购买支出和转移支付。购买支出主要用于提供公共品,转移支付主要用于平衡地区或人际差异。关于公共品理论,在应用时至少存在三个问题:问题一,财政学并没有真正告诉你哪些是公共品。理论上说具备非排斥性与非竞争性的便是公共品,如国防(坦克)。姑且不说严格符合这个标准的少之又少,即使符合,但具备非排斥性与非竞争性的便一定是公共品吗?坦克可能驰骋在沙场,也可能开上街头,2020年8月白俄罗斯发生的事件就充分展现了这一点。如果我们认定政府的职能就是提供公共品,而在实践中我们连什么是公共品都无法识别,那你说我们的理论还有什么用呢?问题二,即使能够识别哪些是公共品,但提供多少才是最优的呢?公共品最优规模理论似乎告诉你,当边际上所有消费者的效用之和等于公共品供给成本时是最优规模,但遗憾的是财政理论并没有告诉你如何去实现它。你说国防是用来保护我们国家的,是公共品,但到底提供多少好呢,是 5 000 亿元、10 000 亿元还是 15 000 亿元才是它的最佳规模呢？现有的财政学理论没有告诉你。而与此相对应的是，在私人品领域，微观经济学的理论既告诉了你最优在哪，也告诉了你如何去实现——交易与竞争。问题三，假设我们能够回答如何实现公共品最优规模，那也只是解决了公共品与私人品之间的有效配置问题，但是，不同公共品之间的最优配置是什么呢？例如，财政支出如何在国防、司法、社会治安等公共品之间配置才是最优的呢？可以说，现行财政学从来就没有涉及这个问题。在实践中，各国解决这一问题的办法也只有通过政治程序，如在我国每年的"两会"上，来自不同领域的代表委员们为自己所在行业、部门争取更多的预算的建言献策；在国外许多国家的议员为自己所在部门利益的"大打出手"。

关于财政体制。现有财政学中的分权理论、蒂伯特模型、转移支付等财政理论似乎为政府如何处理政府间财政关系提供了明晰的理论指导，但这些理论最大的一个问题是，它只是适用于一种政治体制和政府模式下的理论，不能适用于所有的政体情况。联邦制政体下产生形成的理论如何可能去解释和指导单一制政体下的财政体制问题呢？因此，就不难看到在我国尽管 1994 年就开始搞分税制了，但至今仍搞不清楚"政与财""事权与财权"的关系，事权与财权的划分问题永远是我国财政学界和政府科研机构的一个重要课题：从构建事权与财权相匹配的财政体制，到构建事权与财力相匹配的财政体制，再到构建事权与支出责任相匹配的财政体制，几十年来我们似乎永远难以解决这个问题。

之所以存在上述问题，我们感到其原因在于财政学自传统的政治经济学中分离出来后就失去了其独立性，而是依附在经济学的基础去构建其理论体系，一方面失去了自己的问题，一方面也失去了自己的方法和学科体系。亚当·斯密在其《国富论》中曾经说过"政治经济学提出两个不同的目标：第一，给人民提供充足的收入或生计，或者更确切地说，使人民能给自己提供这样的收入和生计；第二，给国家或社会提供充足的收入，使公务得以进行。总之，其目的在于富国裕民"。但后来经济学的发展似乎只注重第一个目标而忽略了第二个目标，就如同罗宾斯在其《过去和现在的政治经济学》中所说的，"近年来人们习惯于把'政治'一词去掉,用'经济学'这个词单指对经济现象的分析和描述,而把有关什么政策才符合需要的讨论,归于另外的、尽管与前者有关但又与其明确区分开来的特殊的研究范畴"。财政学本应关注第二个目标,但因其太依赖于经济学并未形成自身理论体系去阐述清楚"为何要给国家或社会提供收入""什么才算是充足的收入""国家需要进行的公务有哪些"等真正属于财政的问题。

三、关于政府做了会怎么样

(一)关于政府做了会怎么样

为了回答"政府应该做什么",我们首先应该知道政府"做了会怎么样"。因此,对政府的所作所为进行系统全面的分析研究,以弄清楚政府做得好不好或者是不是比市场做得更好,是财政学科紧接下来要开展的工作。实际上,目前财政学界所做的研究大部分正是这方面的研究,其基本特征大多是以经济学的方法对政府的政策进行实证研究,分析其在效率或公平方面的影响,并根据研究结果提出完善的政策建议。现行的财政学教科书的内容体系大部分也是这方面的内容,用微观经济学的分析工具和方法对政府收支进行分析,为政府的具体财政活动提供指引,如最优税制理论、税负转嫁规律、税负归宿分析、公债的经济影响、收入再分配方式的公平性分析、不同财政支出的经济影响等。

虽然这些研究属于财政学的研究范围,不过我们应意识到这并不是财政学的核心内容,它只是为了回答核心问题而成为财政学的内容而已,其本质仍属于微观经济学的内容,因为其分析的对象不是政府而是政府行为对市场的影响。而且尽管现行教材和目前的研究在这方面做了大量工作,但遗憾的是缺乏回归基本问题的分析与回应。也就是说,你做了这么多关于政府做了会怎么样的研究之后,到底对回答政府应该做什么这一核心财政学问题起到了什么作用?关于这点,目前似乎是一个空白。我们感觉到在财政学科建设中现在需要做的事情应该是对过往海量的关于政府做了会怎么样的实证研究成果进行归纳总结,回过头来看看传统财政学关于政府应该做什么的回答是否正确,依此重新反思采取经济学的研究方法、从市场缺陷入手推导出来的资源配置、收入再分配、宏观经济稳定的政府财政职能有没有问题,并依此重新构建财政学的理论体系框架。

(二)关于如何评判政府做的好与坏

根据实证研究的结果对政府做了会怎么样进行评价想象中似乎是一件不甚困难的事情,实则不然。传统的财政理论似乎提供了评价标准,但真正应用起来会发现这些标准大多无法适用。

现有的财政学借用福利经济学的方法与概念引入了效率与公平两个标准,作为政府财政活动追求的目标和评价其活动结果好坏的依据。财政学似乎为财政活动指明了一个明确的方向,政府只要沿着效率与公平的方向前进即可。但在具体的应用中你会发现效率与公平没有一个唯一和确定的标准,在生产可能性边界上的任何一点都是符合效率标准的,最终的结果取决于收入分配的结果;而收入分配的结果如何才算公平,功利主义、罗尔斯主义和折衷主义却迥然不同。缺乏一个明确的方向,其结果可能就是使得政府打着罗尔斯主义的旗帜,干着功利主义的"勾当"。之所以存在上述理论无法适用的问题,关键在于不管是效率还是公平,其实质上都是一种结果,这种以结果为导向的目标存在的最大问题是,如果这个目标根本就不可能实现(现有财政学理论只描述了最优目标但未证明可以实现及其实现路径),那么,我们该如何来评价政府的行为?我们经常讲没有最优解,但有次优解,但如何在实践中证明次优解好于市场解?

可以说现有的财政学对如何评价政府做得怎么样尚未构建一套切实可行的理论,这方面的研究几乎是空白。如果是私人的行动,好坏的标准相对来说是简单的。比如一个人花了一笔钱,你评判它好不好的标准就是是否满意,完全可以用个人的偏好来衡量。但一旦谈到公共问题的时候,这个问题就变得相当复杂。比如说,政府现在要调控房价,要征房产税,那你要研究开征房产税之后房价会涨还是跌、政府的收入会多还是少、哪些人在变动中会吃亏哪些人会得利、那些空余的房子是否会被人购买,等等,要把好坏说清楚还真不容易。财政学遇到的难题是,无论政府采取什么样的行动都有人说好有人说不好,说好的是因为得到利益,说不好的一些是遭到了损失。我们是通过某一种资源配置和收入分配的状态来识别它是好还是不好,还是通过决策规则来识别呢?这个问题比客观描述政府做得怎么样的结果难度要大,后者纯粹是实证问题,无非是讨论因果关系,某一行为会产生怎样的结果,而前者是规范性问题,是一种价值判断问题,要评价什么是好、什么是坏。对这一问题的破解尚有待财政学界的专家学者们去努力。

四、关于政府实际上会做什么

正如前文所述,要把大量的重要事情交给政府去做,对政府的行为逻辑进行适当分析以及对政府在有权有钱之后实际上更倾向于做什么进行考察是很有必要的。当我们在讨论一个个人的时候,个人的行动是有规律可循的。经济学研究个人、企业的行动的时候,实际上就是在寻找个人行动的逻辑。我们认为在财政学当中,也要有这样的部分,来讨论政府的行动逻辑。可以发现,"政府做了会怎么样"和"政府实际上会做什么"同属于实证的科学问题。前者分析重点是个体经济行为,如消费者、厂商等的行为,政府是作为一个外生变量客观存在的。正如前面我们所指出的那样,这个实证问题没有贴近财政学的核心问题。财政研究的是政府,要解释、预测政府的行为,而不是解释个体行为,这才真正切入财政学的核心。

(一)布坎南

政府的行动逻辑与目标是什么?它在追求什么呢?以往我们会说政府的目标就是为了社会好,但也有另外一种说法,说政府的行为跟经济人一样,它是在谋求自身利益。当这样考虑的时候,很可能会产生不一样的观点。我们一旦假定参与政府活动的人都是从自己的利益出发,那么你会对政府的行动逻辑提出不一样的解释。当你用慈善政府的假定去解释政府的时候,你会说政府是为了整个社会的福利;当你用政府行为跟经济人一样的思路来考虑的时候,你会发现原来这样做是对参与决策的人有利。布坎南在这方面有了一些研究,他的公共选择理论把我们带进了这条思路,让我们从这个视角去解释、分析和预测政府的行为。

布坎南认为政府中的所有人跟市场中的人是一样的,他把大家的注意力吸引到决策的程序中,换句话说,是关注政府的决策是怎样做出的。要回答和研究的问题不是财政占 GDP 的比例是 20% 好还是 30% 好,而是用什么样的方式去决定财政到底占多大的比例。在公共决策的研究中,政府要花一笔钱,如共享空调的资源,有些人觉得 27℃ 好,有些人觉得 23℃ 好,假设我们每一个人都是在为自己的需求考虑(假设每人均为自己考虑是符合逻辑的,而假设每人都为别人考虑在逻辑上无法说得通。比如张三和李四分两个一大一小的水果,如果每人都是为对方考虑,自己都想要小的,最终是无解的,因为既不可能通过武力解决也不可能通过交易解决,无法想象争个你死我活是为了对方好,也无法想象为了对方好还要给对方补偿。但如果每人都为自己考虑,都想要大的或者全部都要,那么要么采取武力争夺,力气大的抢得大的或全部,要么采取交易规则,得到大的或全部的一方给予对方补偿,总之最终是有解的),现在解决的方案有以下几种:第一种,我们所有人投票;第二种,指定某几个人讨论决定;第三种,由某一个人决定。显然我们马上能预测这三种方式的决策结果是不一致的。所以当你问起这个集体会做出什么样的决策的时候,你首先要知道他们在采取哪种方式决策。这就是我们讨论的政府行为逻辑的问题,它取决于采取什么规则。也就是说,政府实际上会做什么,取决于采取什么规则来做决策。这个问题真正切入了财政学核心问题,但很少有人关注,其原因一是因为难,二是不讨好。当我们讨论决策规则的时候,这就触及了政治学,这是财政学最敏感的部分。布坎南虽然开创了这方面的研究,但仍聚焦于民主体制下的研究,缺乏对政府行为一般性的逻辑分析,总体上还缺乏系统的理论,这是财政学科中的又一空白之处。

(二)马基雅维利和商鞅

但是,如果把时间拉长,回到两千多年以前,我们会发现那时已经有人对专制体制下的政府"实际上会做什么"这一实证问题做了非常系统的思考,其中最具代表性的就是马基雅维利的《君主论》和商鞅的《商君书》。马基雅维利在《君主论》中说道，一个君主如果想保持自己的地位，就必须学会怎样才能做不善之事。他把暴力和军事力量看成维护统治的基本条件，认为除了战争、军事制度和训练外，君主不应该有任何其他目标和思想，也不应该把其他任何事情作为自己的专业，因为这是统帅者所应有的唯一专业。此外，他否定人们普遍认同的道德观念，把它看成统治者需要的一种伪装；认为君主根本就不需要这些优良品质，且如果君主具备这些品质并且身体力行，那将深受其害，君主必须会做一个伟大的骗子和伪君子；他主张君主不要过分地仁慈，因为被人畏惧要比被人爱戴安全得多，这虽是一种恶，却能使他维持统治。虽然商鞅的《商君书》比马基雅维利的《君主论》早了整整1 800年，但马基雅维利提倡的统治之术在商鞅的《商君书》中全都可以找到。《商君书》十分生动地刻画了统治者的行为动机以及他们实际上会采取的行为。在商鞅那里，统治者不再是"圣人"和"仁者"，他们都是"性恶"之人，其目标是追求自身利益，巩固和强化自己的统治。而且，商鞅对统治者行为的描述有很多方面是马基雅维利所没有涉及的。除了马基雅维利论述到的军事手段和道德欺骗，《商君书》对统治者在财政经济、思想文化、社会管理等方面的活动做了全方位与具体细致的描述。现代经济学家考虑到的几乎所有主要环节，商鞅都有非常细致的考虑；在思想文化方面商鞅也刻画得入木三分，从书籍、言论到服装、音乐、交往、出行等日常生活的各个环节都显现了统治者的处心积虑。

　　《君主论》和《商君书》表面上来看是在告诉统治者应该采取什么措施来治理国家以实现国家强大的目的，但其实质是在非民主制度和经济人假设下对专制政府实际上会做什么的系统深入的刻画。欧洲文艺复兴时期的大思想家弗兰西斯·培根指出，马基雅维利等前人致力于观察人类曾做了什么，而不是强求人们应该怎样做，使后人得益匪浅；20世纪著名哲学家罗素也评价马基雅维利的政治哲学是科学性的经验学问，认为他是拿他自己对事物的亲身经验作基础力求说明为达到既定目的所需要的手段，而不讲那目的该看成是善是恶这个问题；法国启蒙思想家卢梭则认为，马基雅维利自称在给君王讲课，其实他是在给人民讲大课；马克思对马基雅维利的思想贡献做了高度评价，认为他在国家观上已经用人的眼光来观察国家了，是从理性和经验中而不是从神学中引出国家的自然规律。

从这些评论中可以看到，大家已经意识到马基雅维利关注的是统治者"实际上在怎么做"以及他"会怎么做"，而不是统治者"该怎么做"。马基雅维利之前的学者大多将注意力放在"该怎么做"这个问题上，而对统治者"在怎么做""会怎么做"的问题却忽视了。要阐明"在怎么做"和"会怎么做"，就需要从人的行为动机入手，客观地把他看成追求自身利益的人，而不是像以往那样，只是从善良人的愿望或者神对人的要求出发来构想合乎理想的统治者。从这个视角来考察，人们思考的问题不再是他的主张好还是不好，有效还是无效，也不是它是否合乎某种道德标准或者是正义观念，而是看它是否反映了客观事实，是否揭示了统治者的行为规律。

不过，有意思的是，国人对商鞅的《商君书》的评价与认识却是更多地从商鞅的治国策略和道德观念的好坏对错或商鞅的改革精神等视角来切入的。如毛泽东在青年时代就认为商鞅可以称为中国历史上第一个真正彻底的改革家，他的改革不仅限于当时，更影响了中国数千年。支持商鞅的，大多认为其策略能打败六国统一天下，足以证明它行之有效；而反对者则认为商鞅的做法是违反人伦道德的，如司马迁说商鞅天资是个刻薄的人，贾谊也认为商鞅是违礼义和弃伦理。

借鉴马克思、培根、罗素等人的观察视角，对商鞅的《商君书》的评价我们更倾向于认为商鞅是揭示了专制体制下统治者行为的规律性，而且两千多年来我国历代封建统治者"儒表法里"正是这种规律的体现。不论谁成为统治者，不论他的道德水平和能力状况如何，只要具备一定条件，都会在本质上倾向于按商鞅所说的方式行事。商鞅的预见性真是令人惊叹，即使在两千多年后的现代社会，人们对商鞅所描述的种种统治策略和行为也并不陌生，它在世界各地仍不时再现。正如指南针可以用于远航也可以用于看风水一样，如果在当今社会我们仍将商鞅的《商君书》作为一种国家治理方式来看待的话，因其完全违背国家治理现代化理念必然会被作为思想垃圾彻底抛弃。只有将它作为阐述客观规律的实证科学来看待,商鞅的《商君书》才闪现出灿烂的智慧之光。它引导我们去认识和理解现实中的政府行为,并进而思考如何把权力关进制度的笼子里去的问题。

(三)米尔顿·弗里德曼

关于政府实际上会做什么,米尔顿·弗里德曼在其《自由选择》一书中有过精彩的分析,对于我们认识政府行为逻辑和构建财政学理论体系具有深刻的启示意义。

米尔顿·弗里德曼在书中构建了一个花钱模型,将人类花钱行为根据"花谁的钱"和"为谁花钱"两个标准区分为"为自己花自己的钱""为别人花自己的钱""为自己花别人的钱"和"为别人花别人的钱"四种类型,并引入经济和效用两个标准对四种花钱模型的效果进行了评价,指出"为自己花自己的钱"既讲经济也讲效用,"为别人花自己的钱"只讲经济不讲效用,"为自己花别人的钱"不讲经济但讲效用,"为别人花别人的钱"既不讲经济也不讲效用。我们很容易看出来,四种花钱模型中,第四种"为别人花别人的钱"效果最差,它既不讲经济也不讲效用。弗里德曼指出,所有的政府花钱都属于花钱模型中的第四种,也就是说政府花钱是人类所有花钱行为中效果最糟糕的一种。

当然,这个分析结果不是在说政府实际上会做什么,而是在说政府做事情的实际效果不理想。但是,对花钱模型的进一步分析逐步揭示了政府实际上会做什么。

弗里德曼分析说,四种花钱模型之间会相互转换,其中第四种"为别人花别人的钱"会转变成第三种即"为自己花别人的钱",这种转变意味着政府在"为别人花别人的钱"的时候变成了"为自己花别人的钱",如公款奢侈消费、旅游、购车、发放福利等政府的部门行为,或以权谋私、贪污腐败、中饱私囊等政府官员的个人行为,都是将别人的钱转变成自己的钱的表现。弗里德曼的这个花钱模型表明,让政府去做事情,去"为别人花别人的钱",很有可能会变成政府在"为自己花别人的钱"。问题是,政府在"为别人花别人的钱"的时候,有多大的可能性会转变成"为自己花别人的钱"呢?

由于我们是在考察政府有了权和钱之后实际上会做什么,所以给上面的问题加一个"没有任何约束和监督"的假设条件是完全合理的,也就是说上面的问题变成,假设没有任何约束和监督,政府在"为别人花别人的钱"的时候是否会转变成"为自己花别人的钱"?这个问题的答案理论上有三种:会、部分会、不会。第三种答案显然是不合理的,不要说没有任何约束和监督,就是有约束和监督,现实中古今中外从来也不存在一个国家和地区是完全没有贪污腐败的。第二种答案认为政府在"为别人花别人的钱"的时候,只有部分会转变成"为自己花别人的钱"。持这种判断的人大多是根据对现实的观察且自己没有"为别人花别人的钱"的机会,因而容易认为有人腐败但有更多的人是不腐败的;他们容易将不腐败等同于不会腐败,把现在没有腐败等同于以后也不会腐败,也忽略了"没有任何约束和监督"的假设意味着什么,所以他们所说的"部分会"往往是说只有小部分的会转变。如果他们有机会坐在"为别人花别人的钱"的位子上同时注意到没有任何约束和监督,也许他们的答案还是"部分会",但这里的"部分"的含义可能已经跟前面倒过来而变成大部分了。没有任何约束和监督对权力而言,实际上就是一种绝对的权力了,而"权力导致腐败,绝对权力绝对导致腐败"的说法实际上成了第一种答案的理由的最佳诠释。

以上分析表明,虽然不能绝对地说但大致可以说,如果政府在"为别人花别人的钱"的时候没有有效的制度约束和法律监督,这种转变是必然发生的,这也就是为什么我们说弗里德曼的花钱模型揭示了政府实际上会做什么的原因。

五、关于如何让政府做它应该做的事情

虽然对政府实际上会做什么至今尚缺乏系统的理论阐述,但从已有的文献中我们仍可清晰地看到政府实际愿意做的与它应该做的之间存在一定的距离,致使财政学给政府界定的政府应该做什么的职责范围成为空谈。所以,如果不解决如何让政府做它应该做的事情这一问题,本质上财政学还是没有真正回答清楚"政府应该做什么"这个基本问题。

让政府做它应该做的事情无非就是要规范政府,要给它定规矩,简单地说就是对政府行为要立法约束并对它进行监督。这可能涉及两个层面的问题。第一个层面是要制定民主财政的规矩并监督实施。因为你要分辨什么是公共产品，你要分辨什么是公共利益，你要把这个事情做到恰到好处，必须要大家一起来判断，这就需要民主程序，这是最基本的要求，值得特别注重与强调，因为如果离开了一个民主政体，就谈不上什么公共财政了。换句话说，你如果说的是真正的公共财政的话，那就一定会强调一个民主决策的过程和程序，因为只有按照这个程序，你才可能按照公共的目的去做事情。第二个层面是财政的运行仅有民主制度可能还不行，还是无法保证政府是在做它应该做的事情，因为民主制度有很多的问题，会使财政决策产生偏向，所以立规矩的另一个层面的意思是对民主财政也要进行约束，要加以宪法性的约束。

对于第一个层面的给政府行为立规矩的问题，前述弗里德曼的花钱模型为其提供了很好的注脚，从另外一个视角说明了为何要给政府定规矩。不过，值得我们注意的是，从这个模型推导给政府立什么样的规矩，可能会得出两种不同的答案，需要仔细甄别。如前所述，"假设没有任何约束和监督，政府在'为别人花别人的钱'的时候是否会转变成'为自己花别人的钱'"这个问题的答案中有一种是"部分会"，也就是说，持这种答案的人认为即使没有制度约束和法律监督，政府在"为别人花别人的钱"的时候也不一定会全部转变成"为自己花别人的钱"，总有些人能够坚守原则，不会以权谋私和贪污腐败。是的，我们也不完全否认有这种人的存在，但问题在于，当你认为即使没有监督政府在"为别人花别人的钱"的时候也有人不会转变成"为自己花别人的钱"，你所强调的必然是这种人的高尚品德并希望由他们去"为别人花别人的钱"。但问题是，谁会转变谁不会转变、他们是谁是无法识别的，因而你会进一步期望所有的人都成为他们，成为拥有不会转变的高尚品德的人。也就是说，持这个观点的人在回答如何让政府做它应该做的事情的问题时，其答案也是要给政府立规矩，但这个规矩主要是"以德治国"而不是"依法治国"，看重的是坐在"为别人花别人的钱"位子上的人是否具有高尚的品德而不是对他是否有制度约束和监督。相反，如果认为"假设没有任何约束和监督，政府在'为别人花别人的钱'的时候是否会转变成'为自己花别人的钱'"这个问题的答案是"会",则在回答如何让政府做它应该做的事情的问题时,其答案是要给政府立规矩,但这个规矩主要是"依法治国"而不是"以德治国",看重的是对坐在"为别人花别人的钱"位子上的人是否有制度约束和监督而不是他是否具有高尚的品德。因为,如果没有任何约束和监督,政府在"为别人花别人的钱"的时候一定会转变成"为自己花别人的钱",要防止这种转变,唯一可做的就是对政府进行约束和监督,使其不能腐、不敢腐,进而最终不想腐。

当然,"以德治国"还是"依法治国",本身没有什么好坏与对错,区别只是谁更有效,谁更应该成为治理一个国家的主要理念。俗话说,以德律己,好过所有法律;以德律人,坏过一切私刑。也许这就是一种答案吧。对在弗里德曼的花钱模型中强调有人不会转变这种观点所透露出来的一种善意和良好期望,我们表示理解与敬意,但也担心这种善意和良好的期望可能会在不知不觉中演变成一种不良的结果——用"以德治国"代替"依法治国"。这是我们在思考"如何让政府做它应该做的事情"时需要时刻警惕的。

对于第二个层面的给政府行为立规矩的问题,那属于民主后的问题,虽然对于大多数非民主国家而言,谈论这一话题也许显得言之过早,但作为一门完整的学科,其理论体系理应涉及这块内容。不过,目前财政学界在这方面的研究仍不是很充分和成熟。至于为什么民主后还存在问题,以至于需要对民主政府的财政行为进行约束,布坎南给出了几点解释。布坎南的研究表明,民主制度下财政会有一种在规模上扩张过度的倾向,而且这恰恰是民主造成的,具体包含以下几个制度性原因:第一,公共决策有一种天然的特点,收入决策和支出决策分离,一旦把财政收支分成两个分离的过程,就会产生偏向,导致支出具有扩张的趋势。第二,由于政府可以通过债务或者发行货币解决赤字,因而导致公共财政在收支平衡上的预算约束软化。如果我们要求收支必须平衡,财政规模的过度扩张就可能受到抑制,因为当我们公众需要获得某种公共好处的时候,同时也意味着要多交钱。但如果财政可以通过债务的方式、发货币的方式来维持时,意味着可以暂时地不花代价来得到好处,这一点也会使得财政规模扩大。布坎南还认为,凯恩斯主义的理论助推了这种趋势的加速,因为他的理论让政府在经济萧条的时候多花钱以刺激经济恢复发展但在经济繁荣的时候却不能阻止政府少花钱,使得所谓的调节经济功能变成了扩张政府开支规模的功能。第三,民主制度是多数票决定的规则,大多数人决定会倾向于多花钱,使政府的规模扩大。例如,决策是否上马一项成本为100的公共项目,成本由甲、乙、丙三人承担,如果甲得益35、乙得益35、丙没有得益,尽管最终该项目的总得益是70而总支出是100,但民主投票这个项目会通过,因为甲和乙是得益大于付出。

六、关于《2021中国财政发展报告》

"政府应该做什么"是财政学应该回答的最基本的问题,它是财政学的"纲","纲"举才能"目"张;"政府做了会怎么样""政府实际上会做什么""如何让政府做它应该做的事情"等都是为了回答这个基本问题而必然涉及的内容,是"纲"举之后所张之"目"。只有搞清楚"政府做了会怎么样""政府实际上会做什么""如何让政府做它应该做的事情"这些问题,才能真正知道"政府应该做什么"。而要回答这些问题,我们发现仅凭经济学一种方法、单一视角,是远远不够的。我们希望能从政治学、社会学、经济学、哲学、伦理学等多个视角,采用多种研究方法来开展对财政问题的研究,以更好地回答财政学的基本问题,为国家治理现代化提供更有解释力的理论指导。

我国财政学科目前尚处于与西方成熟的财政学学科接轨的过程之中,随着我国经济体制和政治体制改革的深入以及我国社会经济的不断发展,相信在学科演进中我们将逐步与其并驾齐驱,在财政学科的发展中做出我们应有的贡献。前提条件是我们需要重新思考定位财政学学科地位,将其置于"新文科"建设的大背景下,视其为与经济学、法学、教育学等一级学科平行的学科,真正做到《财政学本科专业类教学质量国家标准》中所描述的那样,财政学是"以经济学、管理学、政治学、社会学和法学等学科知识为基础"的一个学科,并在此基础上逐渐形成自身的一套完整的分析框架与体系。

本次财政发展报告的选题正是基于以上思考，选择了财政政治学、财政伦理学、财政社会学、计量财政学、发展财政学、制度财政学、行为财政学等多个视角对如何重构财政学理论体系所做的一次探索。衷心希望我们的探索能起到抛砖引玉的效果！

蒋　洪　刘小兵

2021 年 10 月

目　录

1 **2020 年宏观经济运行** ⋯⋯⋯⋯⋯⋯⋯⋯⋯⋯⋯⋯⋯⋯⋯⋯ 1
　1.1　2020 年生产活动运行状况 ⋯⋯⋯⋯⋯⋯⋯⋯⋯⋯⋯⋯⋯ 1
　1.2　2020 年收入分配活动运行状况 ⋯⋯⋯⋯⋯⋯⋯⋯⋯⋯⋯ 14
　1.3　2020 年消费活动运行状况 ⋯⋯⋯⋯⋯⋯⋯⋯⋯⋯⋯⋯⋯ 23
　1.4　2020 年积累活动运行状况 ⋯⋯⋯⋯⋯⋯⋯⋯⋯⋯⋯⋯⋯ 34
　1.5　2020 年我国对外经济活动运行情况 ⋯⋯⋯⋯⋯⋯⋯⋯⋯ 43
　1.6　2021 年宏观经济走势分析 ⋯⋯⋯⋯⋯⋯⋯⋯⋯⋯⋯⋯⋯ 49

2 **2020 年中国财政收入分析** ⋯⋯⋯⋯⋯⋯⋯⋯⋯⋯⋯⋯⋯⋯ 55
　2.1　2019 年财政收入决算回顾 ⋯⋯⋯⋯⋯⋯⋯⋯⋯⋯⋯⋯⋯ 55
　2.2　2020 年财政收入总量分析 ⋯⋯⋯⋯⋯⋯⋯⋯⋯⋯⋯⋯⋯ 59
　2.3　2020 年财政收入结构分析 ⋯⋯⋯⋯⋯⋯⋯⋯⋯⋯⋯⋯⋯ 63
　2.4　2020 年国债发行分析 ⋯⋯⋯⋯⋯⋯⋯⋯⋯⋯⋯⋯⋯⋯⋯ 71
　2.5　2020 年地方政府债券发行分析 ⋯⋯⋯⋯⋯⋯⋯⋯⋯⋯⋯ 74
　2.6　2021 年财政收入预期分析 ⋯⋯⋯⋯⋯⋯⋯⋯⋯⋯⋯⋯⋯ 79

3 **2020 年中国财政支出分析** ⋯⋯⋯⋯⋯⋯⋯⋯⋯⋯⋯⋯⋯⋯ 81
　3.1　2019 年财政支出决算回顾 ⋯⋯⋯⋯⋯⋯⋯⋯⋯⋯⋯⋯⋯ 81
　3.2　2020 年财政支出预算安排 ⋯⋯⋯⋯⋯⋯⋯⋯⋯⋯⋯⋯⋯ 93

3.3　2020年公共财政支出规模分析 ………………………………… 101
　3.4　2020年公共财政支出结构分析 ………………………………… 106
　3.5　2020年财政支出重点项目分析 ………………………………… 110
　3.6　财政支出总结与展望 ……………………………………………… 114

4　中国财政经济运行计量分析 …………………………………………… 118
　4.1　概述 …………………………………………………………………… 118
　4.2　经济模型构建的基本思路和方法 ……………………………… 119
　4.3　数据来源及主要变量的描述统计分析 ………………………… 119
　4.4　中国财政计量经济模型的设定 ………………………………… 121
　4.5　中国财政税收计量经济模型运行结果分析 …………………… 123

5　财政政治学 ………………………………………………………………… 138
　5.1　发展财政政治学的必要性 ………………………………………… 138
　5.2　财政政治学研究具有深厚的学术传统 ………………………… 141
　5.3　"税收国家"理论是财政政治学研究的重要基础 …………… 144
　5.4　从税收国家概念发展而来的财政政治学研究领域：财政国家 …… 149
　5.5　财政政治学理论体系的设想 …………………………………… 159
　5.6　结论 …………………………………………………………………… 162

6　财政伦理学 ………………………………………………………………… 163
　6.1　财政伦理学的主题及依据 ………………………………………… 164
　6.2　发展财政伦理学的原因 …………………………………………… 169
　6.3　财政伦理学：基本伦理原则 ……………………………………… 174
　6.4　财政伦理学：具体规范制度 ……………………………………… 181
　6.5　财政伦理学：理论创新及相关说明 …………………………… 188

7 财政社会学 ... 192
7.1 引言:把财政社会学带回来 ... 192
7.2 财政社会学:研究进展 ... 194
7.3 打开黑箱:作为社会过程的财政 ... 201
7.4 展望:值得关注的财政社会学诸议题 ... 203

8 计量财政学 ... 207
8.1 引言 ... 207
8.2 问题的提出 ... 208
8.3 财政学(公共经济学)研究主题和研究方法的新进展 ... 219
8.4 《计量财政学》的两种编写思路及优劣分析 ... 229
8.5 《计量财政学》的基本内容和体例说明 ... 234
8.6 总结 ... 262

9 发展财政学 ... 264
9.1 导论:财政与经济发展 ... 264
9.2 财政与经济增长 ... 268
9.3 财政、城市化与要素流动 ... 278
9.4 财政、环境与绿色发展 ... 286
9.5 政府债务与发展型财政的可持续性 ... 294

10 制度财政学 ... 329
10.1 制度财政学的重要性 ... 329
10.2 制度财政学的发展 ... 330
10.3 制度财政学的思想渊源 ... 332

11 行为财政学 · 346

11.1 引言 · 346
11.2 行为经济学的基本理论 · 349
11.3 行为财政学的一般框架 · 367
11.4 行为财政学的应用案例 · 371
11.5 行为财政学学科发展的意义与前景 · 380
11.6 结语 · 383

参考文献 · 385

后记 · 413

1　2020年宏观经济运行

1.1　2020年生产活动运行状况

1.1.1　全球范围内率先走出疫情冲击，各项主要指标呈现"V"形修复态势

2020年，面对疫情巨大冲击和复杂严峻的国内外环境，我国宏观经济运行在上半年受到较大冲击。随着我国对疫情控制成效的显现，下半年逐步恢复常态，各项经济指标呈现"V"形修复态势，全年国内生产总值实现正增长，消费和投资加快回升，经济结构持续优化，新动能保持较快增长，经济发展稳中向好。

2020年全年国内生产总值达到101.6万亿元，首次突破100万亿元，经济总量迈上百万亿元新的大台阶，按可比价格计算，全年经济增长2.3%。分季度看，第一季度受新冠肺炎疫情冲击，GDP同比下降6.8%，随后季度经济增长指标恢复至常态水平；第二季度GDP反弹至3.2%，由负转正；第三季度增长4.9%；第四季度增长6.5%，比上年同期高0.7个百分点。中国经济复苏走在全球前列，成为全球唯一实现正增长的主要经济体，彰显了经济的韧性与活力。随着"六稳""六保"一揽子规模化政策的有力实施、外需的持续上扬和内生动能的逐步恢复，中国宏观经济成功摆脱新冠肺炎疫情困境，在反弹中呈现加速上扬的态势。2020年第四季度中国经济的增速接近潜在水平。同时也要看到，疫情变化和外部环境存在诸多不确定性，我国经济恢复基础尚不牢固，下行压力依然存在（见图1.1）。

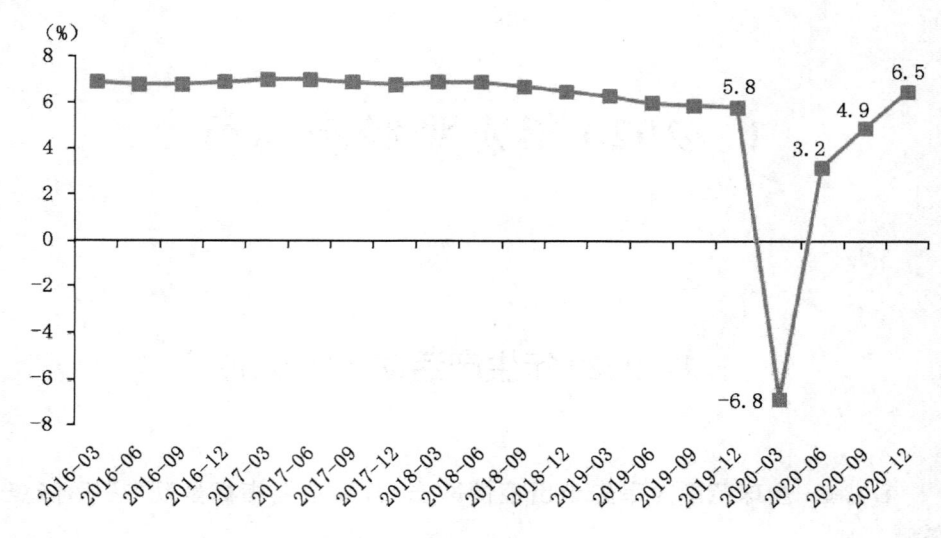

资料来源：根据国家统计局网站数据计算整理而得。

图 1.1　2016—2020 年 GDP 季度累计同比增长率趋势

1.1.2　投资成为拉动经济增长的绝对主力，消费在 GDP 中占比仍超过半壁江山

在支出法 GDP 总量的构成中，最终消费支出和资本形成对 GDP 贡献有着绝对优势，基本上维持各占半壁江山的态势。尽管受到新冠肺炎疫情的冲击，但最终消费支出占 GDP 的比重仍然达到 54.29%，高于资本形成总额 11.17 个百分点，为近年来的较高水平。消费仍然是经济稳定运行的压舱石；资本形成占比 43.12%，相较 2019 年减少 0.5 个百分点（见图 1.2）。

受新冠肺炎疫情影响，2020 年三大需求对经济的拉动作用，相较往年均出现了不同程度的变化。其中，资本形成总额拉动 GDP 增长 2.2 个百分点，与 2019 年上拉 1.72 个百分点相比，提升了 0.48 个百分点，投资成为拉动经济增长的主要动力；与投资需求相比，消费受疫情影响更加明显，全年最终消费支出拉动 GDP 下降 0.5 个百分点，但随着疫情防控取得重大战略成果，消费市场逐步复苏，消费对经济增长的拉动作用逐季回升；货物和服务净出口拉动 GDP 增长 0.7 个百分点，同比变化幅度小，继续发挥对经济增长正向拉动作用（见图 1.3）。

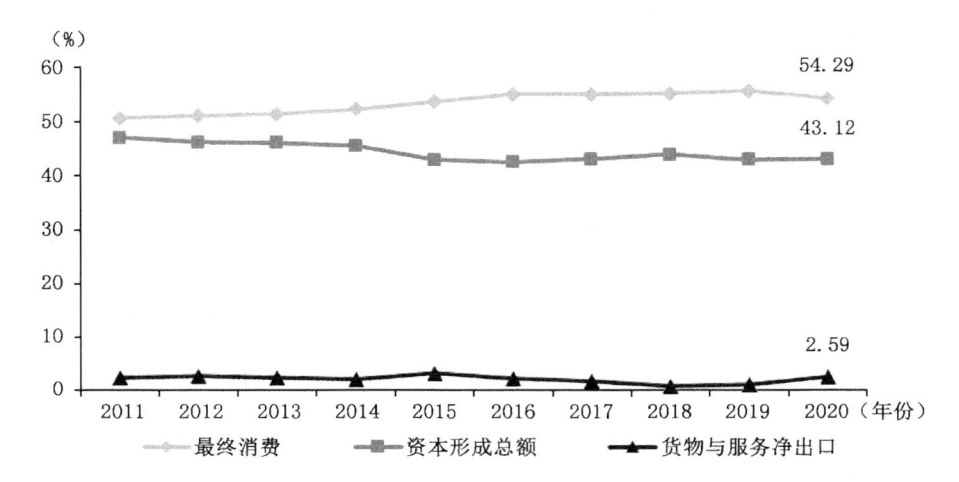

资料来源：根据国家统计局网站数据计算整理而得。

图 1.2 支出法 GDP 各项目占比变化

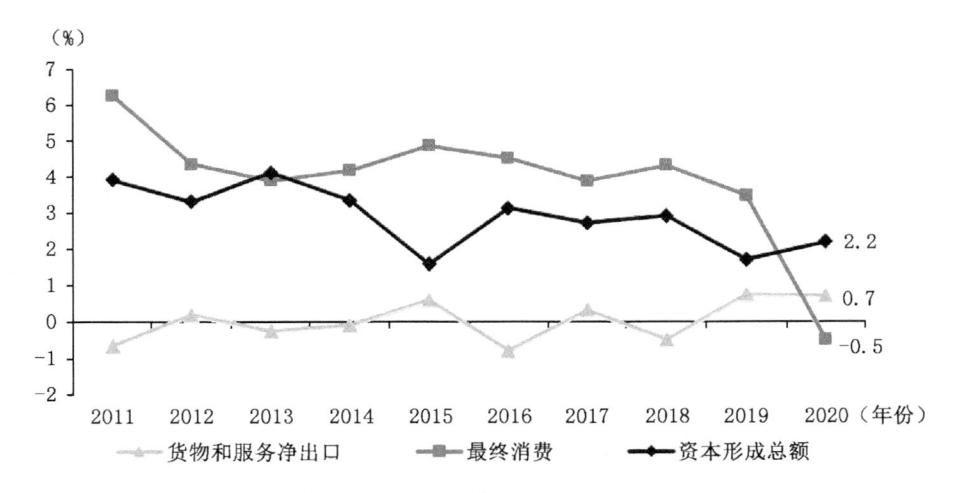

资料来源：根据国家统计局网站数据计算整理而得。

图 1.3 三大需求对 GDP 增长的拉动

随着稳投资政策持续发力，投资在促进经济恢复中发挥了积极作用。受疫情冲击，2020 年 1—2 月份全国固定资产投资大幅下降 24.5%，而后降幅逐月收窄，上半年下降 3.1%，至前三季度增速实现由负转正，增速稳步回升。全年全国固定资产投资(不含农户)518 907亿元,比上年增长2.9%。分领域看,基础设施投资增长0.9%,制造业投资下降2.2%,房地产开发投资增长7.0%。全国商品房销售面积176 086万平方米,增长2.6%;商品房销售额173 613亿元,增长8.7%。分产业来看,三次产业投资增速全部转正,其中第一产业投资增长19.5%,第二产业投资增长0.1%,第三产业投资增长3.6%。高技术产业投资增长10.6%,快于全部投资7.7个百分点,其中高技术制造业和高技术服务业投资分别增长11.5%和9.1%。高技术制造业中,医药制造业、计算机及办公设备制造业投资分别增长28.4%、22.4%;高技术服务业中,电子商务服务业、信息服务业投资分别增长20.2%、15.2%。社会领域投资增长11.9%,快于全部投资9.0个百分点,其中卫生、教育投资分别增长29.9%和12.3%。

随着我国经济运行稳步恢复,消费对经济增长的拉动作用逐季增强,继续发挥对经济发展的基础性因素。2020年社会消费品零售总额391 981亿元,比上年下降3.9%。分季度来看,一季度消费市场受到疫情明显冲击,市场销售大幅下降19%,二季度市场销售降幅明显收窄,三季度增速首次转正,四季度社会消费品零售总额同比增长4.6%,增速比三季度加快3.7个百分点。此外,我国的线上消费实现了较快增长。受疫情影响,居家消费需求明显增长,"宅经济"带动新型消费模式加快发展。2020年,全国网上零售额比上年增长10.9%,其中,实物商品网上零售额增长14.8%,明显好于同期社会消费品零售总额;在实物商品网上零售额中,吃类和用类商品零售额增速较快,分别增长30.6%和16.2%。随着疫情得到有效控制,升级类商品消费需求也得到了持续释放。2020年,限额以上单位文化办公用品类、体育娱乐用品类、化妆品类和通信器材类等消费升级类商品零售额比上年分别增长5.8%、8.4%、9.5%和12.9%,增速明显高于商品零售平均水平。

在疫情和国际经济环境变化的双重压力下,对外贸易实现正增长,贸易结构持续优化。2020年货物贸易规模继续扩大,全年货物进出口总额321 557亿元,创历史新高,比上年增长1.9%,是全球唯一实现货物贸易正增长的主要经济体。其中,出口179 326亿元,增长4.0%;进口142 231亿元,下降0.7%。进出口相抵,顺差为37 096亿元。机电产品出口增长6%,占出口总额的59.4%,比上年提高1.1个百分点。一般贸易进出口占进出口总额的比重为59.9%,比上年提高0.9个百分点。民营企业进出口增长11.1%,占进出口总额的比重为46.6%,比上年提高3.9个百分点。12月份,货物进出口总额

32 005 亿元,同比增长 5.9%。其中,出口 18 587 亿元,增长 10.9%;进口 13 419 亿元,下降 0.2%。进出口相抵,贸易顺差 5 168 亿元。此外,我国的服务贸易稳中提质,2020 年知识密集型服务进出口占服务进出口总额的比重达 44.5%,比上年提高 9.9 个百分点。

1.1.3 三次产业全面恢复,但增加值增速波动浮动存在差异

2020 年第一产业增加值为 77 764.1 亿元,比上年增长 3%,相较 2019 年下降了 0.1 个百分点,在 GDP 内部结构中占比也有所提高,主要是由于农业受疫情的冲击影响较小的缘故;第二产业增加值为 384 255.3 亿元,比上年增长 2.6 个百分点,占 GDP 的比重达到 37.82%,工业生产企稳回升;第三产业增加值为 553 976.8 亿元,同比增速为 2.1%,受疫情影响的波动幅度较大。服务业生产经营在年初大幅下降后,呈现逐季恢复态势,主要指标持续改善,新动能表现活跃,市场信心不断增强,且占 GDP 的比重达到 54.53%,比上年提高 0.26 个百分点,仍维持在 50% 以上(见图 1.4、图 1.5)。

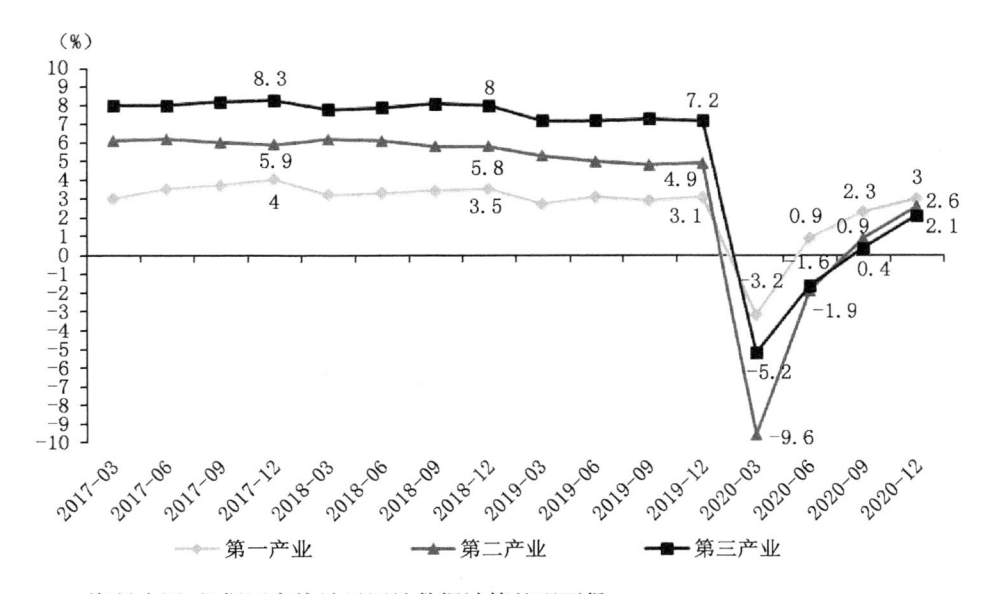

资料来源:根据国家统计局网站数据计算整理而得。

图 1.4 三次产业季度累计增加值同比增长率

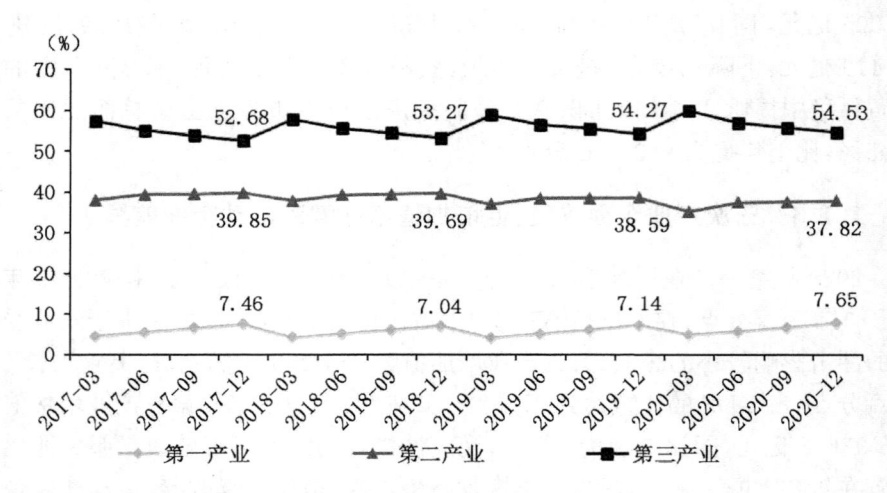

资料来源：根据国家统计局网站数据计算整理而得。

图 1.5　三次产业累计增加值占 GDP 的比重

1.1.4　工业企业效益持续改善

2020 年，全国规模以上工业增加值比上年增长 2.8%，规模以上工业企业营业收入增长 0.8%。生产和销售稳定恢复，为利润增长提供了有力支撑。2020 年，规模以上工业企业实现利润 64 516.1 亿元，比上年增长 4.1%。分季度看，2020 年规模以上工业企业利润呈现"由负转正、逐季加快"的走势。受疫情严重冲击影响，第一季度利润同比大幅下降 36.7%，随着"六稳""六保"任务不断落实落细，企业复工复产水平稳步提升，第二季度累计利润总额同比下降 12.8%，第三季度累计利润同比下降 2.4%，第四季度累计利润同比加速至 4.11%，同比增速实现由负转正（见图 1.6）。

利润增长面超过六成，制造业拉动作用明显。分行业看，2020 年，在 41 个工业大类行业中，有 26 个行业利润比上年增长，比前三季度增加 5 个，其中 15 个行业利润增速达到两位数，利润增长的行业面为 63.4%。分门类看，2020 年，制造业利润比上年增长 7.6%，增速比前三季度加快 6.5 个百分点，比规模以上工业利润增速高 3.5 个百分点，拉动全年规模以上工业企业利润增长 6.4 个百分点；采矿业利润下降 31.5%，降幅比前三季度收窄 5.7 个百分点；电力、热力、燃气及水生产和供应业利润增长 4.9%，增速加快 2.3 个百分点。

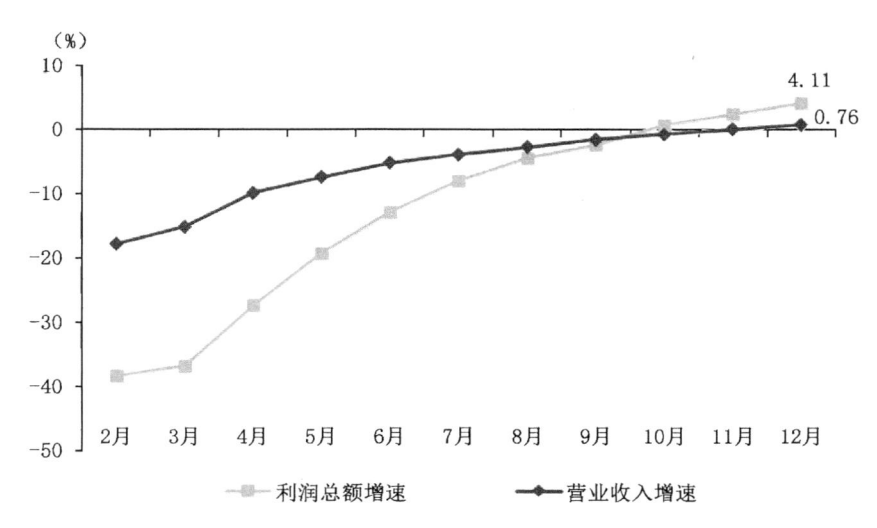

资料来源:根据国家统计局网站数据计算整理而得。

图 1.6　2020 年工业企业各月累计利润总额与营业收入同比增速

1.1.5　工业生产者价格指数(PPI)低位回升

2020 年,PPI 先降后升,总体下降 1.8%,降幅比上年扩大 1.5 个百分点。分月看,年初受疫情等因素影响,工业品需求低迷,2 月份起 PPI 环比和同比进入下降区间。随着国内疫情防控形势持续向好,工业生产稳定恢复,基建和房地产投资持续发力,加之部分国际大宗商品价格波动上行,6 月份起 PPI 环比止降转涨,同比降幅稳步收窄。12 月份,PPI 环比上涨 1.1%,为 2017 年 1 月份以来最大涨幅;同比下降 0.4%,降幅比 5 月份的最低点收窄了 3.3 个百分点。从绝对价格看,已大体接近疫情冲击前的水平(见图 1.7)。

石油、钢材和煤炭等相关行业价格下降。2020 年,受国际原油价格震荡下跌叠加疫情等因素影响,国内石油相关行业价格总体下行。石油和天然气开采业、石油煤炭及其他燃料加工业、化学原料和化学制品制造业、化学纤维制造业等石油相关行业价格全年平均降幅在 5.9%～27.4%,合计影响 PPI 下降约 1.27 个百分点,占 PPI 总降幅的七成。疫情严重冲击钢材需求,黑色金属冶炼和压延加工业价格同比从 2 月份起由涨转降,随着需求逐步恢复,加之成本因素推动,9 月份起走出下降区间,第四季度涨势加速,全年平均下降 2.1%,影响 PPI 下降约 0.12 个百分点。煤炭整体供大于求,全年平均下降 5.4%,影响 PPI

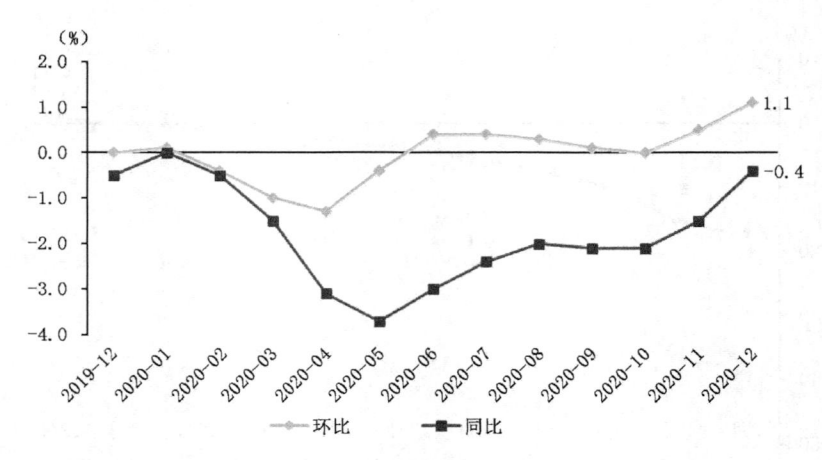

资料来源:根据国家统计局网站数据计算整理而得。

图 1.7　工业生产者价格指数(PPI)涨跌幅

下降约 0.13 个百分点。

1.1.6　采购经理指数(PMI)稳中缓升,非制造业复苏势头更为显著

2020 年第一季度,制造业呈"V"形走势;12 月份,制造业 PMI 为 51.9%,虽比上月回落 0.2 个百分点,但连续 10 个月位于临界点以上,表明制造业继续稳步恢复,总体保持稳步恢复的良好势头,景气度处于年内较高水平。相较来看,非制造业 PMI 扩张放缓,12 月份,非制造业 PMI 为 55.7%,低于上月 0.7 个百分点,仍保持在 55.0% 以上的较高景气区间,非制造业延续稳步复苏势头(见图1.8)。

从企业规模看,大型企业 PMI 为 52.7%,虽比上月回落 0.3 个百分点,但仍高于临界点;中型企业 PMI 为 52.7%,比上月上升 0.7 个百分点,继续位于临界点之上;小型企业 PMI 为 48.8%,低于上月 1.3 个百分点,降至荣枯线以下。其中,小型企业中反映原材料成本、物流成本和劳动力成本高的比例分别较上月上升 5.0 个、4.6 个和 1.5 个百分点,表明小型企业运营成本有所增加,盈利空间受到一定程度挤压。此外,从 PMI 年均值来看,2020 年大型企业 PMI 年均值为 50.7%,位于景气区间,高于制造业总体 0.8 个百分点,虽受疫情影响,但大型企业景气总体保持扩张,有力支撑制造业稳步恢复。中、小型企业 PMI 年均值分别为 49.6% 和 48.3%,低于制造业总体 0.3 个和 1.6 个百分点,

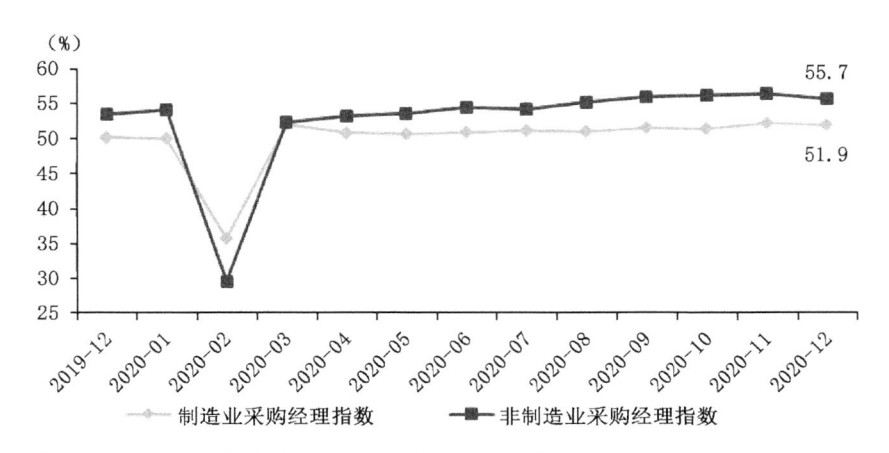

资料来源:根据国家统计局网站数据计算整理而得。

图 1.8　制造业和非制造业采购经理指数(PMI)走势

位于收缩区间,中、小型企业复苏进度滞后于大型企业,可见大型企业景气度最高,总体恢复快于中小企业。

从分类指数看,在构成制造业 PMI 的 5 个分类指数中,生产指数、新订单指数均高于临界点,原材料库存指数、从业人员指数和供应商配送时间指数均低于临界点。其中,生产指数和新订单指数分别为 54.2% 和 53.6%,虽较上月分别回落 0.5 个和 0.3 个百分点,但均为年内次高点,且两者差值继续缩小,制造业保持较好增势,产需关系更趋平衡。原材料库存指数为 48.6%,与上月持平,低于临界点,表明制造业主要原材料库存量较上月有所下降。从业人员指数为 49.6%,比上月微升 0.1 个百分点,表明制造业企业用工景气度略有改善。供应商配送时间指数为 49.9%,比上月下降 0.2 个百分点,表明制造业原材料供应商交货时间较上月有所放缓(见表 1.1)。从非制造业 PMI 来看,虽然 12 月份非制造业 PMI 保持在 55.7% 的较高景气水平,但其中的从业人员指数全年运行在荣枯线以下(见表 1.2)。

表 1.1　　　　　　　　　　中国制造业 PMI 分类指数　　　　　　　　　单位:%

月份	PMI	分类指数				
		生产	新订单	原材料库存	从业人员	供应商配送时间
2019-01	49.5	50.9	49.6	48.1	47.8	50.1

续表

月份	PMI	分类指数				
		生产	新订单	原材料库存	从业人员	供应商配送时间
2019-02	49.2	49.5	50.6	46.3	47.5	49.8
2019-03	50.5	52.7	51.6	48.4	47.6	50.2
2019-04	50.1	52.1	51.4	47.2	47.2	49.9
2019-05	49.4	51.7	49.8	47.4	47	50.9
2019-06	49.4	51.3	49.6	48.2	46.9	50.2
2019-07	49.7	52.1	49.8	48	47.1	50.1
2019-08	49.5	51.9	49.7	47.5	46.9	50.3
2019-09	49.8	52.3	50.5	47.6	47	50.5
2019-10	49.3	50.8	49.6	47.4	47.3	50.1
2019-11	50.2	52.6	51.3	47.8	47.3	50.5
2019-12	50.2	53.2	51.2	47.2	47.3	51.1
2020-01	50	51.3	51.4	47.1	47.5	49.9
2020-02	35.7	27.8	29.3	33.9	31.8	32.1
2020-03	52	54.1	52	49	50.9	48.2
2020-04	50.8	53.7	50.2	48.2	50.2	50.1
2020-05	50.6	53.2	50.9	47.3	49.4	50.5
2020-06	50.9	53.9	51.4	47.6	49.1	50.5
2020-07	51.1	54	51.7	47.9	49.3	50.4
2020-08	51	53.5	52	47.3	49.4	50.4
2020-09	51.5	54	52.8	48.5	49.6	50.7
2020-10	51.4	53.9	52.8	48	49.3	50.6
2020-11	52.1	54.7	53.9	48.6	49.5	50.1
2020-12	51.9	54.2	53.6	48.6	49.6	49.9

资料来源:根据国家统计局网站数据计算整理而得。

表 1.2　　　　　　　　　中国非制造业 PMI 分类指数　　　　　　　　单位:%

月份	商务活动PMI	新订单	新出口订单	业务活动预期	投入品价格	销售价格	从业人员	在手订单	存货	供应商配送时间
2019-01	54.7	51	49.5	59.6	52	49.8	48.6	44	47.6	51.4
2019-02	54.3	50.7	51.6	61.5	52.7	50.1	48.6	44.9	47.1	51.4
2019-03	54.8	52.5	49.9	61.1	52.5	51	48.7	45	47.1	51.5
2019-04	54.3	50.8	49.2	60.3	53	50.5	48.7	44.2	46.3	51.5
2019-05	54.3	50.3	47.9	60.2	52.2	49.9	48.3	44.4	46.6	51.7
2019-06	54.2	51.5	48.5	60.6	51.5	49.7	48.2	44.4	46	51.4
2019-07	53.7	50.4	48.4	59.8	52	49.8	48.7	44.4	45.5	52
2019-08	53.8	50.1	50.3	60.4	50.8	49.1	48.9	44.1	47	52.1
2019-09	53.7	50.5	47.3	59.7	52.8	50	48.2	43.9	46.4	51.9
2019-10	52.8	49.4	48.1	60.7	51.3	48.9	48.2	44	46.7	51.8
2019-11	54.4	51.3	48.8	61	53.2	51.3	49	44.6	47.4	52.1
2019-12	53.5	50.4	47.8	59.1	52.4	50.3	48.3	44.5	47.2	52.2
2020-01	54.1	50.6	48.4	59.6	53.3	50.5	48.6	43.6	47.2	52.1
2020-02	29.6	26.5	26.8	40	49.3	43.9	37.9	35.2	39.3	28.3
2020-03	52.3	49.2	38.6	57.3	49.4	46.1	47.7	43	46.1	46.4
2020-04	53.2	52.1	35.5	60.1	49	45.4	48.6	43.4	47	51
2020-05	53.6	52.6	41.3	63.9	52	48.6	48.5	44.3	47.8	52.9
2020-06	54.4	52.7	43.3	60.3	52.9	49.5	48.7	44.8	48	52.1
2020-07	54.2	51.5	44.5	62.2	53	50.1	48.1	44.9	48.1	51.9
2020-08	55.2	52.3	45.1	62.1	51.9	50.1	48.4	44.6	48.5	52.4
2020-09	55.9	54	49.1	63	50.5	48.9	49.1	46.3	48.5	52.2
2020-10	56.2	53	47	62.9	50.9	49.4	49.4	44.9	48.7	52.3
2020-11	56.4	52.8	49	61.2	52.7	51	48.9	45.2	48.8	51.8
2020-12	55.7	51.9	47.5	60.6	54.3	52.3	48.7	44.7	47	51.2

资料来源:根据国家统计局网站数据计算整理而得。

1.1.7　产能利用率逐季回升

2020 年,全国工业产能利用率为 74.5%,第一至第四季度分别为 67.3%、

74.4%、76.7%、78.0%,呈逐季回升态势,第四季度产能利用率提升至 2013 年以来高点。第四季度,41 个大类行业中,32 个行业产能利用率较第三季度提高,23 个行业超过 2019 年第四季度。主要板块中,第四季度装备制造业产能利用率为 80.6%,环比、同比分别回升 2.0 个和 0.7 个百分点,产能利用率提升至 2013 年以来的较高水平。其中,电气机械、汽车、通用设备、运输设备、金属制品产能利用率回升至 78.5%～82.0% 的较高水平,均超过上年同期。

1.1.8 新动能支撑作用凸显

装备制造业增势稳健,持续发挥重要支撑作用。2020 年,装备制造业增加值比上年增长 6.6%,增速与 2019 年基本持平,高于全部规模以上工业平均水平 3.8 个百分点,对全部规模以上工业增长贡献率达 70.6%,第三、第四季度均实现两位数增长,有力支撑工业增长稳步回升。从主要行业看,2020 年,电子、电气机械、汽车行业增长较快,增速分别为 7.7%、8.9%、6.6%。分产品看,挖掘机、太阳能电池、笔记本电脑、工业机器人、新能源汽车、集成电路等主要产品实现较快增长,增速分别为 36.7%、30.3%、26.3%、19.1%、17.3%、16.2%。

高技术制造业快速增长,新兴产品增长强劲。2020 年,高技术制造业增加值比上年增长 7.1%,高于全部规模以上工业平均水平 4.3 个百分点。其中,医疗仪器设备及仪器仪表制造业、电子及通信设备制造业、计算机及办公设备制造业增加值分别增长 12.1%、8.8%、6.5%。分产品看,3D 打印设备、智能手表、民用无人机、集成电路圆片等新兴产品实现高速增长,增速均达 1 倍以上。

现代服务业发展活力不断释放。从增加值看,2020 年,信息传输、软件和信息技术服务业,金融业,房地产业增加值比上年分别增长 16.9%、7.0% 和 2.9%,合计拉动服务业增加值增长 2.7 个百分点,有力支撑了总体经济的恢复。从生产指数看,12 月份,信息传输、软件和信息技术服务业,金融业,房地产业生产指数同比分别增长 16.4%、8.0% 和 8.2%,合计拉动当月服务业生产指数增长 4.1 个百分点,对当月服务业生产指数贡献率达 53.2%。

服务业转型升级态势稳健。数字变革加速了新消费行为和新经济形态的涌现,为抵御疫情冲击、释放经济活力发挥了显著作用。线上购物、直播带货、网上外卖等新消费模式强势增长,2020 年实物商品网上零售额比上年增长 14.8%,高于社会消费品零售总额增速 18.7 个百分点,占社会消费品零售总额的比重为 24.9%;线上交易的火爆拉动快递业务量大幅增长,全国快递服务企业业务量累计完成833.6亿件,比上年增长31.2%。在线办公、在线教育、远程问诊等新消费需求持续旺盛,带动相关服务业快速增长,1—12月份,全国移动互联网累计流量达1655.68亿GB,同比增长35.7%;规模以上互联网和相关服务、软件和信息技术服务业业务收入同比分别增长12.5%和13.3%。

重点服务业领域发展动能强劲。2020年,高技术服务业投资保持较快增长,比上年增长9.1%,增速高出全部服务业投资5.5个百分点。高技术产业实际使用外资金额428亿美元,增长9.5%,体现出中国市场的强大活力与吸引力。在全年规模以上服务业中,战略性新兴服务业企业营业收入比上年增长8.3%,此外,高技术服务业企业营业收入增速比全部规模以上服务业企业快9.0个百分点。

1.1.9 工业生产逐季回升

复工复产持续推进,复产水平稳步提升。规模以上工业企业的快速调查结果显示,第二季度以来复产水平持续向好。截至2020年12月下旬,达到正常生产水平八成以上的企业比例为77.9%,较6月中旬提高9.5个百分点,较9月下旬提高4.7个百分点。

工业增速逐季回升,第四季度增长较快。2020年,全国规模以上工业增加值比上年增长2.8%。分季度看,第一季度下降8.4%,第二、三、四季度分别增长4.4%、5.8%、7.1%,工业生产呈现逐季稳步回升态势。其中,第四季度各月均保持较快增长,10月、11月、12月增速分别达到6.9%、7.0%、7.3%,迭创年内新高。

三大门类均实现增长,制造业回升明显。分门类看,2020年,采矿业、制造业以及电力、热力、燃气及水生产和供应业增加值比上年分别增长0.5%、3.4%、2.0%,三大门类全年均实现增长。第四季度,采矿业、制造业以及电力、热力、燃气及水生产和供应业分别增长3.5%、7.6%、5.2%,分别比第三季度加快3.1个、1.1个、1.2个百分点。制造业生产较快增长,全年和第四季度增速分别高于全部规模以上工业0.6个和0.5个百分点,有力带动工业生产稳步恢复。

多数行业和产品实现增长,增长面持续扩大。分行业看,2020年,41个大类行业中,25个行业增加值比上年增长,较前三季度增加5个,行业增长面扩大12.2个百分点;分产品看,612种工业产品中,341种产品比上年增长,较前三季度增加58种,产品增长面扩大9.5个百分点。

1.1.10　幸福产业逆势扩张,实现较快发展

幸福产业发展提速。作为人民群众美好生活需要的重要组成部分,健康、养老等"幸福产业"顺应需求升级新变化,行业快速发展,有力提升了人民的幸福感。2020年,疫情使得全民生命健康意识全面提升,"互联网+问诊"、健康大数据与云计算等促进了医疗健康需求的快速增长;京东大数据研究院发布的数据显示,56岁以上用户增强免疫消费、"95后"养生消费增长均超2倍。养老服务向智慧化、多元化、市场化、社区化发展,其中涵盖居家安全、餐饮、康复等的居家养老服务成为有效破解养老服务发展难题的突破口。1—11月份,规模以上服务业企业中,社会工作、家庭服务营业收入同比分别增长6.3%和5.7%,增速分别快于规模以上服务业企业4.7个和4.1个百分点。

1.2　2020年收入分配活动运行状况

1.2.1　居民收入增长与经济增长基本同步,城乡居民收入差距进一步缩小

2020年,全国居民人均可支配收入32 189元,比上年名义增长4.7个百分点,扣除价格因素,实际增长2.1个百分点,增长率比上年下降了5.93个百分点,居民收入增长减速。2020年,GDP实际增速为2.3%,虽然居民人均收入的实际增长比GDP增速低0.2个百分点,基本与经济发展速度持平。

农村居民收入实际增速继续高于城镇居民,城乡居民收入差距继续缩小。按常住地分,城镇居民人均可支配收入43 834元,名义增长3.5个百分点,扣除价格因素,实际增长1.2个百分点,增长率比上年下降5.88个百分点;农村居民人均可支配收入17 131元,增长6.9个百分点,扣除价格因素,实际增长3.8个百分点,比城镇居民人均可支配收入实际增速高2.6个百分点(见图1.9)。从城乡差距的绝对额来看,二者之间的差额在不断增加,从2013年的17 037元增加到2020年的26 703元。但是从二者之间的倍差来看,城乡居民收入比由2013年的2.81下降到2020年的2.56。从动态增速来看,农村居民人均可支配收入同比增速连续多年均高于城镇居民人均可支配收入增速(见图1.10)。

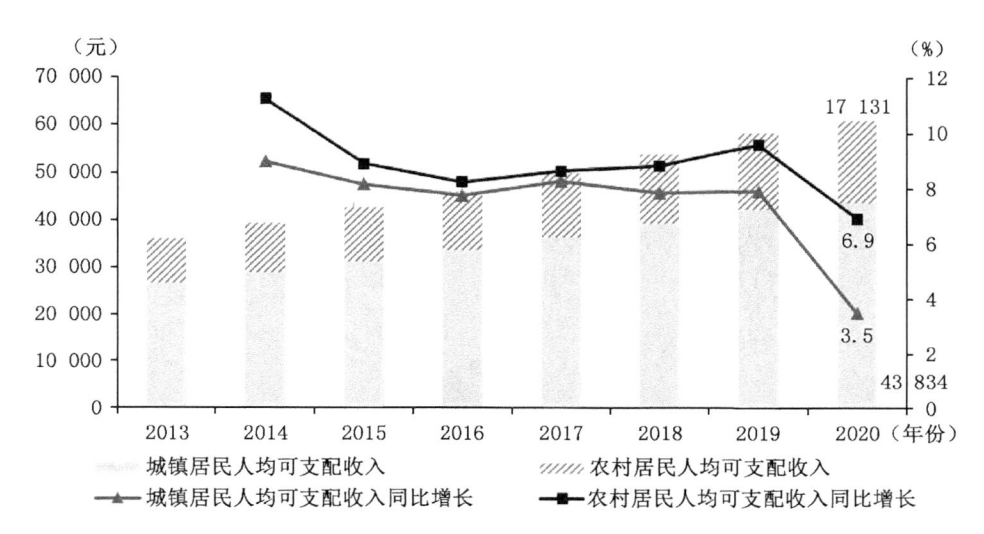

注：从2013年起，国家统计局开展了城乡一体化住户收支与生活状况调查，2013年及以后数据来源于此项调查，与2013年前的分城镇和农村住户调查的调查范围、调查方法、指标口径有所不同。

资料来源：根据国家统计局网站数据计算整理而得。

图1.9　2013—2020年城乡居民可支配收入及其增速

资料来源：根据国家统计局网站数据计算整理而得。

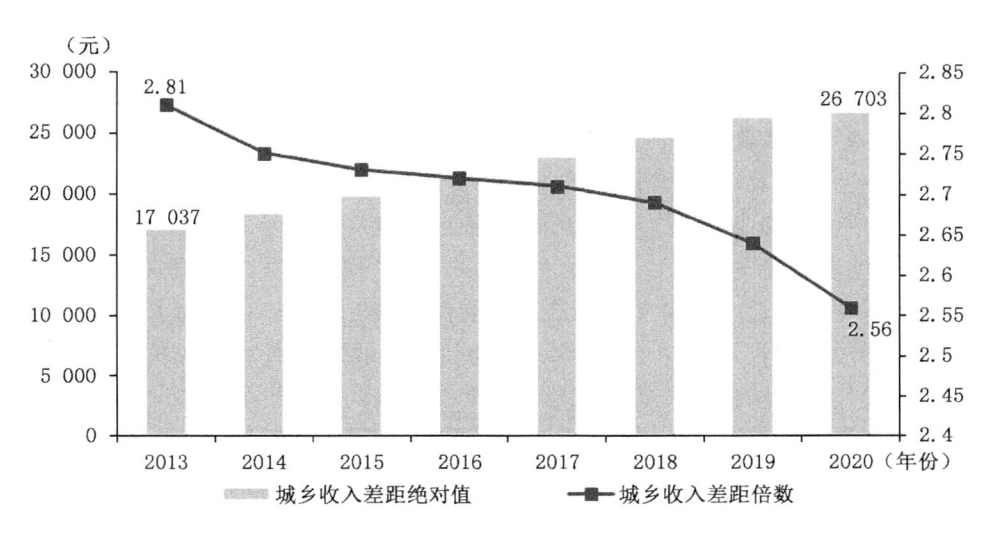

图1.10　2013—2020年城乡居民收入差距及其变化

1.2.2 各项收入增速稳步回升,保就业保民生政策持续见效

按收入来源分,2020年,全国居民人均工资性收入17 917元,增长4.3%,占可支配收入的比重为55.66%;人均经营净收入5 307元,增长1.1%,占可支配收入的比重为16.5%;人均财产净收入2 791元,增长6.6%,占可支配收入的比重为8.7%;人均转移净收入6 173元,增长8.7%,占可支配收入的比重为19.2%(见图1.11)。

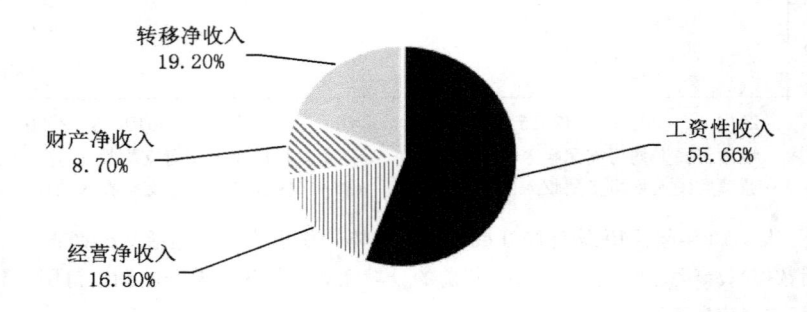

资料据来源:根据国家统计局网站数据计算整理而得。

图1.11　2020年全国居民收入结构

具体来看,保就业措施落地见效推动工资性收入增速回升。2020年,全国居民人均工资性收入17 917元,增长4.3%,比前三季度加快0.7个百分点。各地多措并举保居民就业、保市场主体,全国就业形势总体稳定,调查失业率逐步回落,城镇新增就业持续增加,加之减税降费、稳岗补贴、以工代训等各项政策措施的落地见效,带动城镇居民人均工资性收入增长3.2%。乡村振兴稳步推进,农村就业创业支持力度不断加大,各地千方百计增加农村居民本地就业机会,带动农村居民人均工资性收入增长5.9%。保基本民生力度加大使得转移净收入快速增长。2020年全国居民人均转移净收入6 173元,增长8.7%,快于全国居民人均收入4.0个百分点,对兜住居民收入增长底盘发挥了重要的"稳定器"作用。城乡居民基础养老金标准继续提高,覆盖面持续扩大,全国居民人均养老金或离退休金增长7.8%。最低生活保障政策不断完善,保障标准继续上调;各地普遍加大困难群众救助补贴力度,全国居民人均社会救济和补助收入增长18.7%,人均政策性生活补贴收入增长12.7%。农业生产形势较好促使经营净收入由降转增。2020年,全国居民人均经营净收入5 307元,增

速由前三季度下降 2.0% 转为增长 1.1%,人均经营净收入增速实现转正。其中,农村居民人均经营净收入 6 077 元,增长 5.5%,比前三季度加快 1.0 个百分点。粮食产量再获丰收,生猪出栏加快恢复,以及玉米、猪牛羊等部分农牧产品价格高位运行,共同推动农村居民人均第一产业经营净收入增长 6.6%,有力支撑农村居民经营净收入的增长。随着疫情防控的常态化,城镇居民经营活动逐步好转,全年城镇居民人均经营净收入 4 711 元,下降 2.7%,降幅比前三季度收窄 4.2 个百分点。

从收入结构来看,城镇居民的收入主要来源于工资性收入和转移性收入,其中工资性收入占比在 60% 以上,但是呈现逐年递减的趋势;转移性收入在 2020 年上升到 18.51%。农村居民的收入主要来自工资性收入和经营性收入,且在 2014 年后工资性收入开始超过经营性收入的占比,成为农村居民可支配收入中占比最高的收入来源(见图 1.12、图 1.13)。

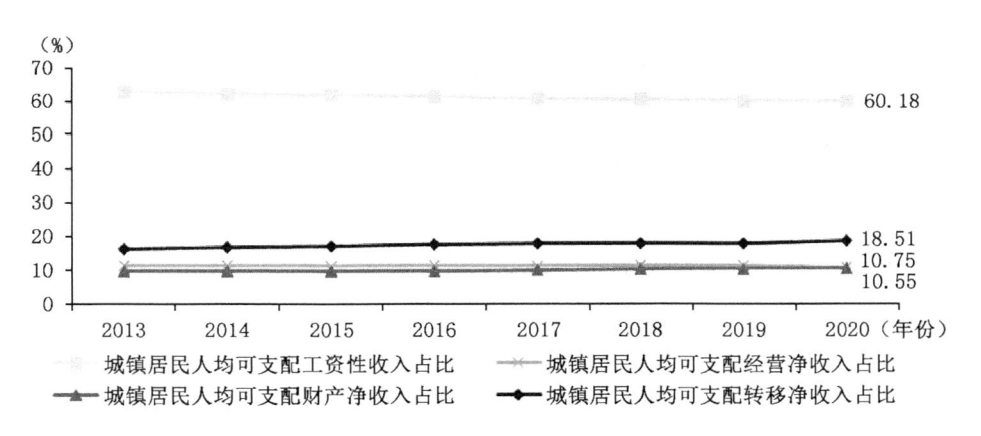

资料来源:根据国家统计局网站数据计算整理而得。

图 1.12　城镇居民可支配收入结构及其变化

1.2.3　新时代脱贫攻坚战取得全面胜利,贫困人口收入水平持续提升

各地区、各部门坚持精准扶贫、精准脱贫,针对突出问题和薄弱环节狠抓政策落实,向深度贫困堡垒发起总攻,脱贫攻坚取得重大成果。到 2020 年底,中国如期完成新时代脱贫攻坚目标任务,按照每人每年生活水平 2 300 元(2010 年不变价)的现行农村贫困标准计算,9 899 万农村贫困人口全部实现脱贫,832 个贫困县全部摘帽,区域性整体贫困得到解决,绝对贫困历史性消除。2013 年

资料来源：根据国家统计局网站数据计算整理而得。

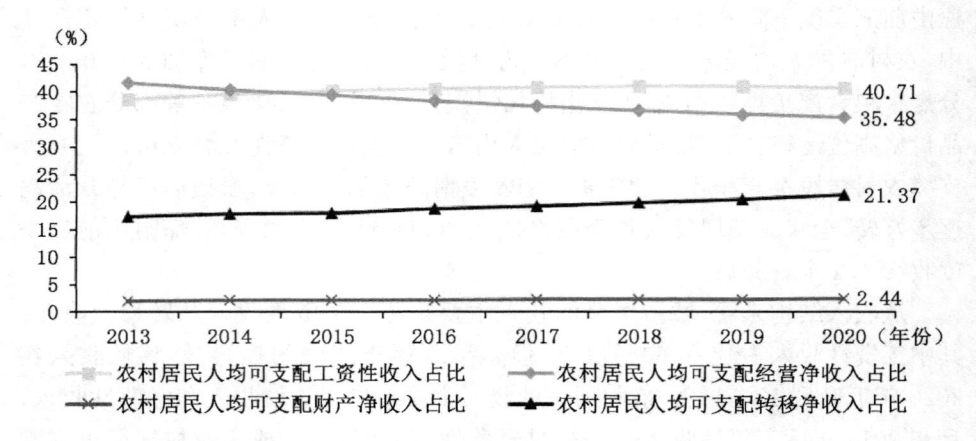

图1-13　农村居民可支配收入结构及其变化

贫困地区农村居民人均可支配收入为6 079元，2020年增长到12 588元，比上年增长8.8%，扣除价格因素，实际增长5.6%，高于全国农村居民人均可支配收入增长率1.8个百分点，贫困地区农村居民收入实现较快增长（见图1.14、图1.15）。

资料来源：根据国家统计局网站数据计算整理而得。

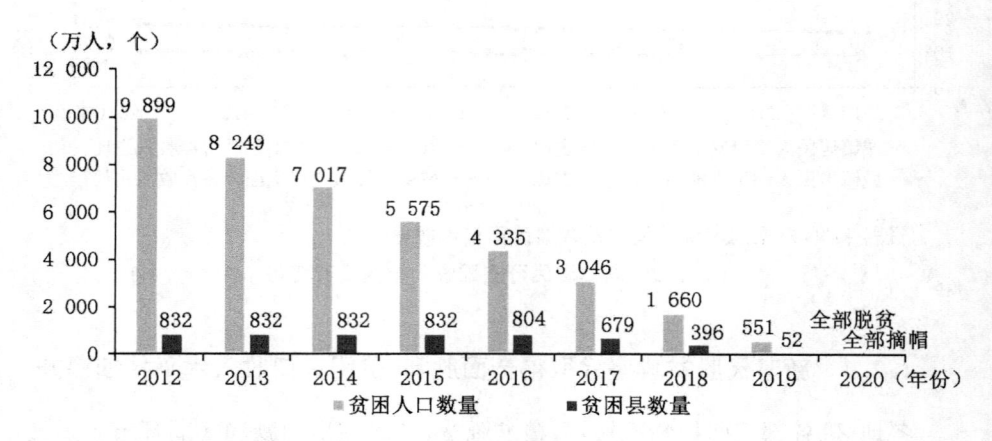

图1.14　2012—2020年年末全国农村贫困人口和贫困县数量

资料来源：根据国家统计局网站数据计算整理而得。

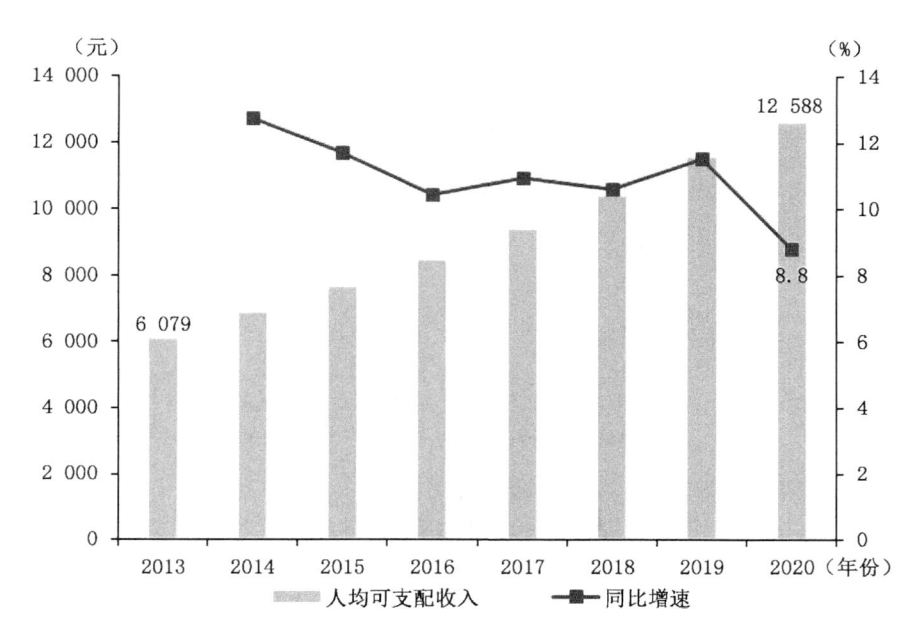

图 1.15 贫困地区农村居民人均可支配收入情况

1.2.4 就业形势总体改善，重点群体保障有力

2020年末，全国就业人员75 064万人，比上年末减少383万人。其中城镇就业人员46 271万人，比上年末增加1 022万人，农村就业人员28 793万人。整体就业人员减少，但城镇就业人员增加，城乡就业结构随新型城镇化的推进在稳步变化（见图1.16）。

2020年末全国城镇调查失业率为5.2%，低于预期目标。具体来看，全国城镇调查失业率持续回落，就业形势逐步改善。2020年初新冠肺炎疫情冲击下，经济活动受到限制，企业停工停产较多，就业市场受到明显影响，2月份全国城镇调查失业率升至6.2%的年内高点，比1月份和2019年同期均高0.9个百分点。随着疫情防控取得积极成效，复工复产复市持续推进，带动就业岗位逐步恢复，城镇就业人员持续增长。6月份城镇调查失业率降至5.7%，同比上升幅度收窄至0.6个百分点。进入下半年，社会生产生活秩序进一步恢复，工业生产稳定复苏，受冲击大的密接型和聚集型服务行业持续改善，劳动力需求不

（万人）

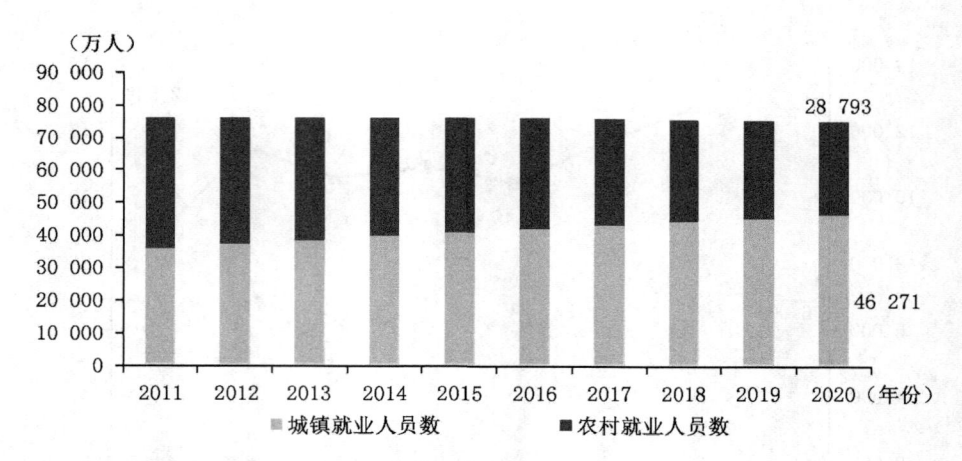

图 1.16　城乡就业人员数量

资料来源：根据国家统计局网站数据计算整理而得。

断增加，9月份失业率回落至5.4%。第四季度，就业形势进一步回稳向好，12月份失业率降至5.2%，与2019年同期持平（见图1.17）。全年城镇新增就业1 186万人，比上年少增166万人。

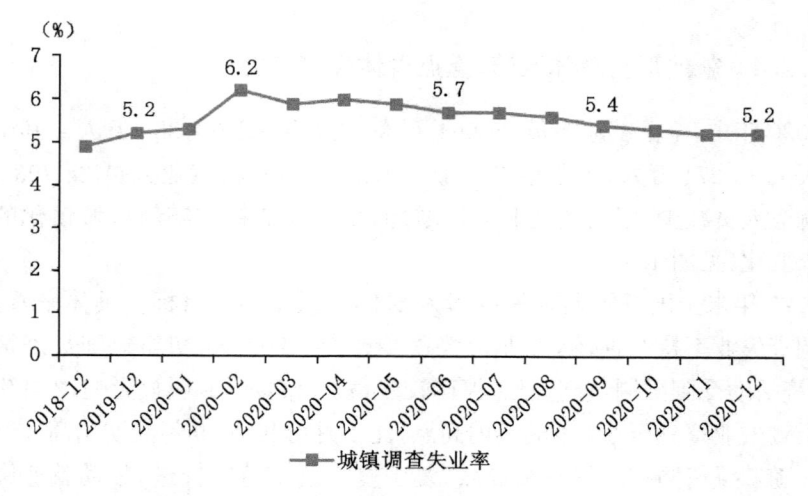

图 1.17　城镇调查失业率

资料来源：根据国家统计局网站数据计算整理而得。

农民工就业压力逐渐缓解。2020年疫情初期,农民工就业形势一度十分严峻,2月末农村外出务工劳动力人数同比减少5 400万人,3月份城镇外来农业户籍人口失业率达到6.7%的历史高点,同比升高1.3个百分点。各地区积极组织农民工有序外出就业,推动农民工就近就地就业,援企稳岗扩就业,鼓励支持灵活就业,农民工就业压力逐渐减轻,就业形势趋于稳定。年末,外出农民工人数已恢复到上年的97.3%,12月份城镇外来农业户籍人口失业率同比基本持平。全国农民工总量28 560万人,比上年下降1.8%。其中,外出农民工16 959万人,下降2.7%;本地农民工11 601万人,下降0.4%。

高校毕业生就业大局稳定。2020年全国高校毕业生人数达874万人,再创历史新高,叠加疫情冲击,就业压力十分突出。7月份,城镇20~24岁大专及以上受教育程度人员(主要是高校毕业生)失业率同比升高3.3个百分点。各部门、各地区积极拓宽高校毕业生就业渠道,扩大基层就业规模,增加研究生、专升本招生计划,鼓励企业吸纳就业和毕业生自主创业,高校毕业生就业形势逐渐改善,调查失业率趋于下降。12月份,20~24岁大专及以上受教育程度人员失业率较7月份回落7.2个百分点,与2019年同期持平。

1.2.5 财政收入逐季好转,深入推进减税降费

2020年,全国一般公共预算收入182 895亿元,比上年下降7 495亿元,同比下降3.9%。其中,中央一般公共预算收入82 771.08亿元,同比下降7.3%;地方一般公共预算本级收入100 123.84亿元,同比下降0.9%。全国一般公共预算收入中的税收收入154 310亿元,同比下降2.3%;非税收入28 585亿元,同比下降11.7%(见图1.18)。

分季度看,财政收入逐季好转。2020年第一到第四季度,全国一般公共预算收入增幅分别为-14.3%、-7.4%、4.7%、5.5%,呈现第一季度收入大幅下降后第二季度触底回升、第三季度由负转正、第四季度持续向好的态势。特别是疫情暴发蔓延时,2、3月份全国财政收入分别下降21.4%、26.1%,财政收支矛盾十分突出。随着减税降费和新增财政资金直达机制等规模性助企纾困政策效果逐步显现,复工、复产、复市、复业有序推进,疫情防控取得重大战略成果,经济逐月持续稳定恢复,带动6月份以后全国财政收入当月增幅连续正增长。

2020年,面对突如其来的新冠肺炎疫情,国家加大减税降费力度,出台一系列有针对性的减税降费措施,全年为企业新增减负超过2.5万亿元。全国

资料来源:根据国家统计局网站数据计算整理而得。

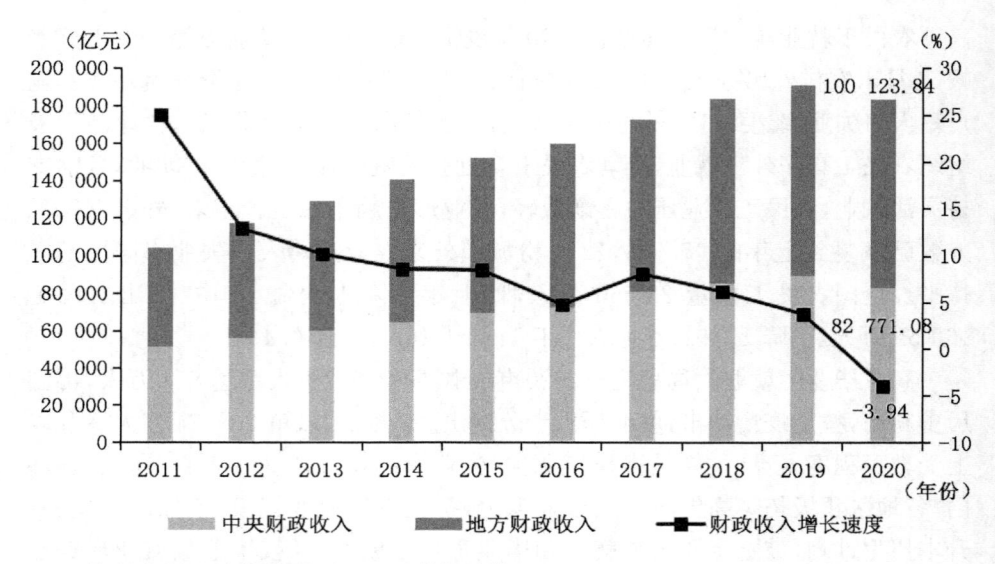

图1.18 国家财政收入总量及同比增速

5 000多万户小规模纳税人中,在近九成免征增值税的基础上,对余下600多万户征收率从3%降为1%。2020年1—11月,共计减免增值税911亿元,重点支持小微企业纾困发展;累计为疫情防控重点保障物资生产企业减免税费652亿元。其中,疫情防控重点保障物资生产企业享受增值税留抵退税政策,共退税183亿元;重点防疫物资生产企业享受新购置设备企业所得税税前一次性扣除政策,减免税额84亿元;在受疫情影响的行业中,交通运输、住宿、服务业等减税降费受益面最大,纳税人享受免征增值税政策共减轻负担382亿元;各地对受疫情影响较大的纳税人给予房产税、城镇土地使用税等减免政策,累计减税292亿元。

在大力实施减税降费的情况下,2020年全国财政收入高于预期,主要是经济持续稳定恢复,工业增加值、企业利润、进出口等主要经济指标逐步回升。其中,国内增值税下降8.9%,累计降幅连续8个月收窄,10、11、12月当月分别增长9.1%、8.1%、7.7%,基本恢复正常。进口货物增值税、消费税下降8.1%,降幅随着一般贸易进口增幅回升而逐步收窄。企业所得税下降2.4%,主要是下半年企业利润恢复性增长带动收入累计降幅收窄。个人所得税增长11.4%,主要是居民收入随经济复苏恢复性增长以及股权转让等财产性收入增加。土地增值税、契税分别增长0.1%、13.7%,主要是土地出让和房地产销售增长。

全年实际办理出口退税 14 549 亿元,有力促进了外贸出口稳定增长。

1.3 2020 年消费活动运行状况

1.3.1 市场销售逐季改善,消费市场复苏态势持续

2020 年,社会消费品零售总额 391 980.6 亿元,比上年下降 3.9%,降幅比前三季度收窄 3.3 个百分点。市场销售呈现逐季恢复态势。第一季度,消费市场受到疫情明显冲击,市场销售大幅下降 19.0%。随着疫情防控形势不断好转以及中央和地方的多项政策措施持续显效,市场主体加快复商复产,居民消费需求稳步释放。第二季度市场销售降幅明显收窄。第三季度增速首次转正。第四季度,社会消费品零售总额同比增长 4.6%,增速比第三季度加快 3.7 个百分点。12 月份,社会消费品零售总额继续保持增长,市场销售连续五个月同比正增长(见图 1.19、图 1.20)。从消费市场复苏进程看,7 月份,商品零售额月度增速转正;8 月份,社会消费品零售总额月度增速转正;9 月份,社会消费品零售总额季度增速转正;10 月份,餐饮收入月度增速年内首次转正;12 月份,餐饮收入季度增速转正。

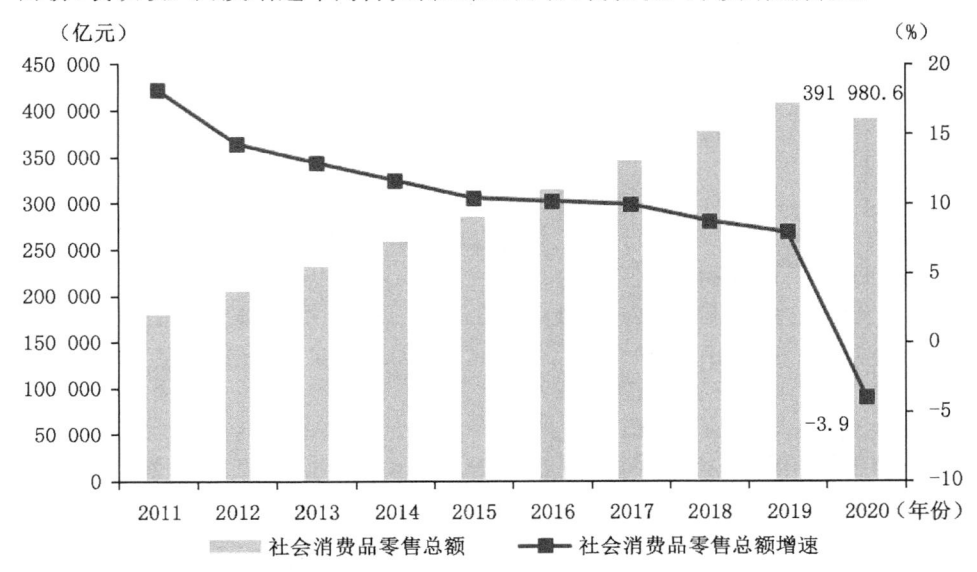

资料来源:根据国家统计局网站数据计算整理而得。

图 1.19 社会消费品零售总额及增长率变化趋势

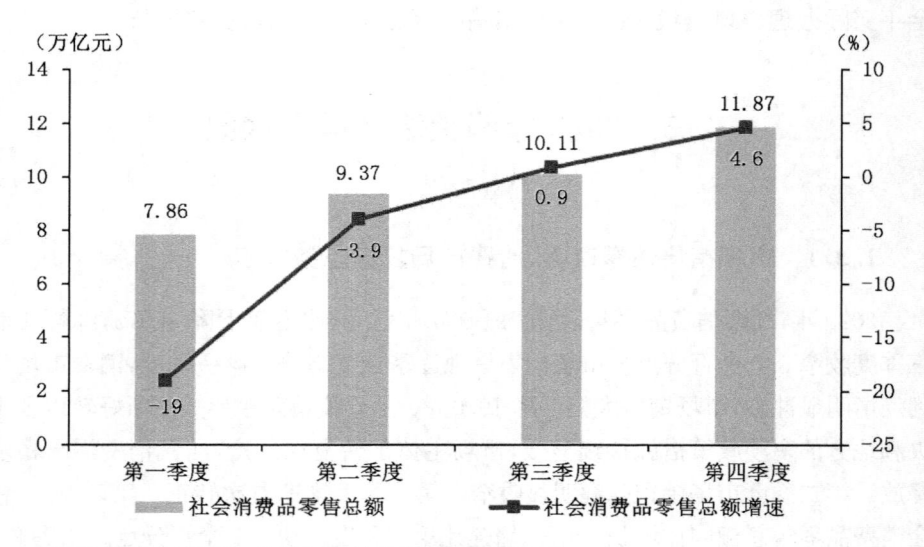

资料来源：根据国家统计局网站数据计算整理而得。

图 1.20　2020 年各季度社会消费品零售总额及增速

按经营地统计，城镇消费品零售额 339 119 亿元，下降 4.0%；乡村消费品零售额 52 862 亿元，下降 3.2%（见图 1.21）。其中，12 月份城镇消费品零售额 34 706 亿元，同比增长 4.4%；乡村消费品零售额 5 860 亿元，同比增长 5.9%。

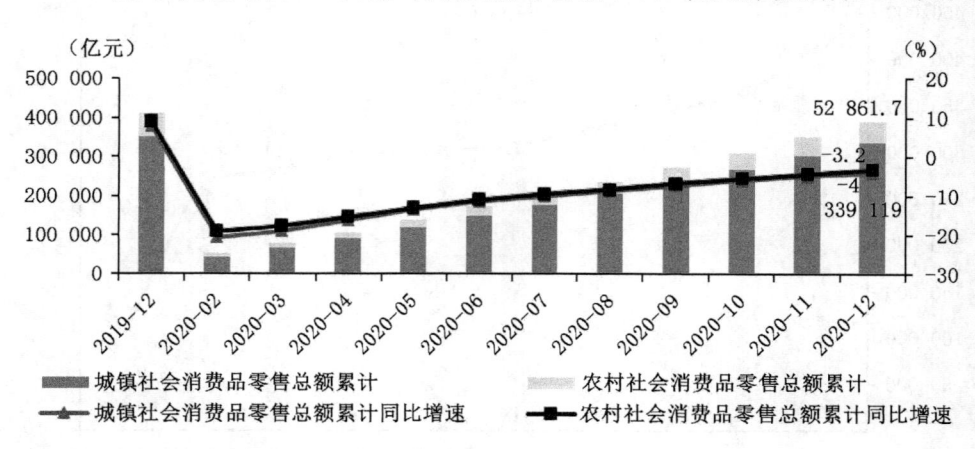

资料来源：根据国家统计局网站数据计算整理而得。

图 1.21　城镇和农村社会消费品零售总额及增速

按消费类型统计,商品零售额 352 453 亿元,下降 2.3%;餐饮收入额 39 527 亿元,下降 16.6%。其中,12 月份商品零售额 35 616 亿元,同比增长 5.2%;餐饮收入额 4 950 亿元,同比增长 0.4%。

全年限额以上单位商品零售额中,粮油、食品类零售额比上年增长 9.9%,饮料类增长 14.0%,烟酒类增长 5.4%,服装、鞋帽、针纺织品类下降 6.6%,化妆品类增长 9.5%,金银珠宝类下降 4.7%,日用品类增长 7.5%,家用电器和音像器材类下降 3.8%,中西药品类增长 7.8%,文化办公用品类增长 5.8%,家具类下降 7.0%,通信器材类增长 12.9%,建筑及装潢材料类下降 2.8%,石油及制品类下降 14.5%,汽车类下降 1.8%。

实物商品网上零售额占比持续提高。全年实物商品网上零售额 97 590 亿元,按可比口径计算,比上年增长 14.8%,占社会消费品零售总额的比重为 24.9%,比上年提高 4.0 个百分点。

1.3.2 消费领域价格涨幅回落,全年物价走势基本平稳

近十年来,我国消费者价格指数一般都处于 100 以上。自 2012 年以来,CPI 指数每年保持基本平稳。2020 年 CPI 指数为 102.5,略低于 2019 年(见图 1.22)。全年居民消费价格上涨 2.5%,其中,城市消费价格上涨 2.3%,农村上涨 3.0%。分类别看,食品烟酒价格上涨 8.3%,衣着下降 0.2%,居住下降 0.4%,生活用品及服务持平,交通和通信下降 3.5%,教育文化和娱乐上涨 1.3%,医疗保健上涨 1.8%,其他用品和服务上涨 4.3%。在食品烟酒价格中,粮食价格上涨 1.2%,鲜菜价格上涨 7.1%,猪肉价格上涨 49.7%。

从月度数据来看,CPI 月度同比前高后低。分月看,同比总体呈前高后低走势。前两个月,受新冠肺炎疫情、"猪周期"和春节等因素叠加影响,猪肉等食品价格上涨较快,带动 CPI 上涨较多,同比分别上涨 5.4% 和 5.2%;随着疫情防控形势持续向好,生猪产能不断恢复,各项保供稳价措施持续发力,CPI 涨幅从 3 月份开始回落;6、7 月份,由于高温和降雨等极端天气影响,涨幅略有扩大;8 月份 CPI 继续回落,至 11 月份转为下降 0.5%;12 月份,受低温天气、需求增加及成本上升等因素影响,CPI 上涨 0.2%(见图 1.23)。

从分类数据来看,食品价格涨幅较大。2020 年,食品价格上涨 10.6%,涨幅比上年扩大 1.4 个百分点,影响 CPI 上涨约 2.20 个百分点,是推动 CPI 上涨的主要因素。食品中,在非洲猪瘟疫情、周期性因素等共同作用下,猪肉价格上

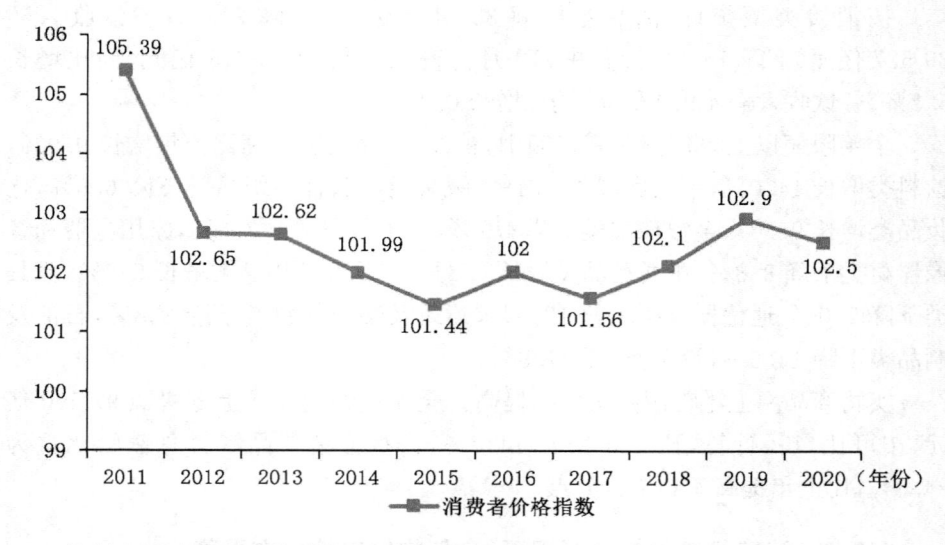

资料来源：根据国家统计局网站数据计算整理而得。

图 1.22 居民消费价格指数历史数据

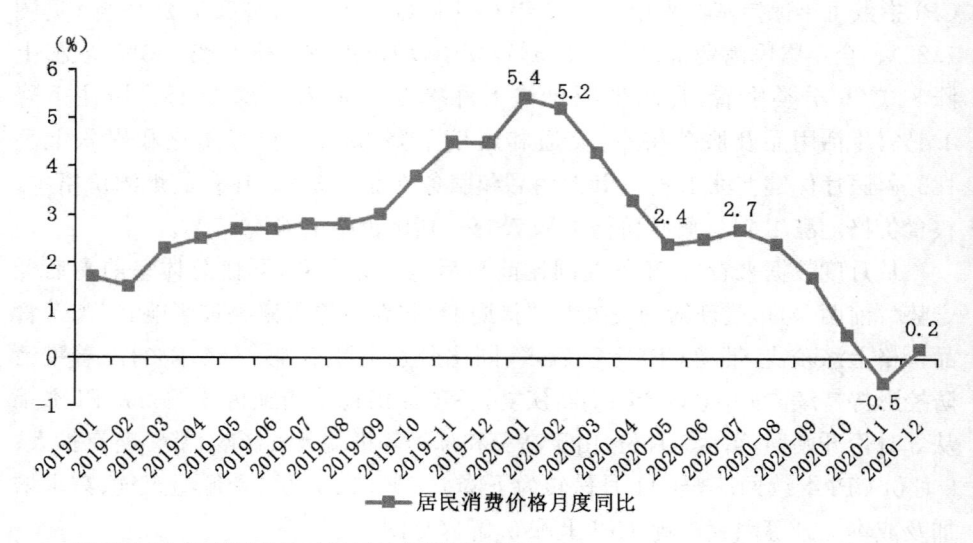

资料来源：根据国家统计局网站数据计算整理而得。

图 1.23 居民消费价格指数月度环比

涨49.7%，涨幅比上年扩大7.2个百分点，影响CPI上涨约1.60个百分点，占CPI总涨幅的六成多。在猪肉价格上涨带动下，牛肉和羊肉价格也分别上涨14.4%和8.5%，合计影响CPI上涨约0.11个百分点。2020年夏季多地发生洪涝灾害，加之冬季持续低温影响，全年鲜菜价格上涨7.1%，影响CPI上涨约0.18个百分点。受上年同期对比基数较高影响，鲜果和鸡蛋价格分别下降11.1%和10.8%，合计影响CPI下降约0.27个百分点。其他食品中，水产品价格上涨3.0%，禽肉类价格上涨2.2%，粮食和食用植物油等价格基本稳定。非食品价格总体变动较小。2020年，非食品价格上涨0.4%，涨幅比上年回落1.0个百分点，影响CPI上涨约0.28个百分点。非食品中，受需求偏弱以及国际原油价格走低影响，工业消费品价格由上年上涨0.6%转为下降0.8%。其中，汽油、柴油和液化石油气价格分别下降14.1%、15.4%和4.8%；家用器具、鞋类和服装价格分别下降1.8%、0.8%和0.1%。由于疫情影响，服务消费受到一定抑制，服务价格上涨0.6%，涨幅比上年回落1.1个百分点。其中，飞机票、景点门票和宾馆住宿等出行类服务价格分别下降18.2%、5.5%和4.2%。全年扣除食品和能源价格的核心CPI上涨0.8%，涨幅比上年回落0.8个百分点（见图1.24）。

资料来源：根据国家统计局网站数据计算整理而得。

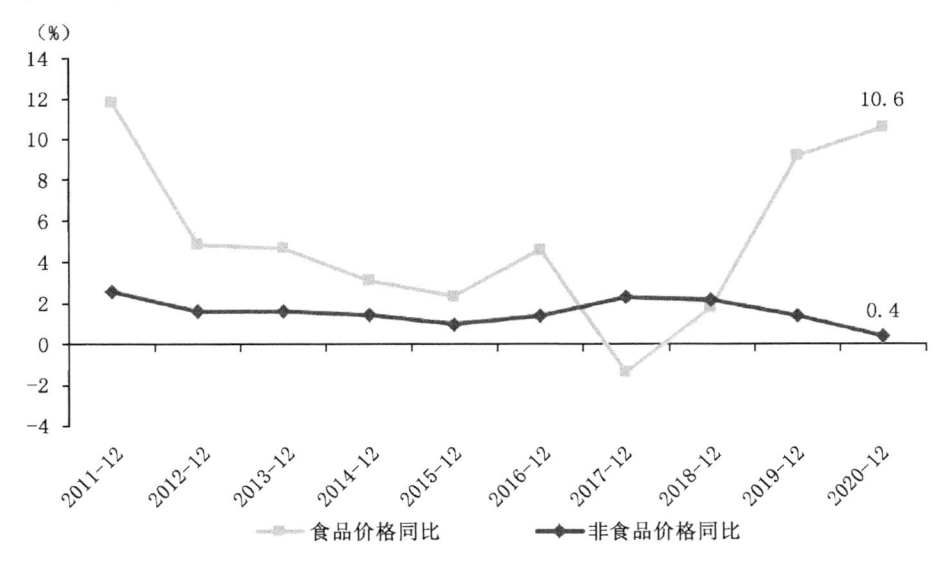

图1.24 食品价格和非食品价格同比增速

1.3.3 恩格尔系数总体呈下降趋势

2020年全国居民恩格尔系数为30.2%,进入了联合国划分的30%~40%的相对富足区间,其中城镇居民恩格尔系数为29.2%,农村居民恩格尔系数为32.7%。受疫情影响,2020年居民恩格尔系数略微上升,但随着消费升级步伐加快,近十年来城乡居民生活差距在逐步缩小,其中2020年农村居民恩格尔系数比十年前低7.66个百分点,城镇居民恩格尔系数比十年前低7.1个百分点,人民生活水平显著提高(见图1.25)。

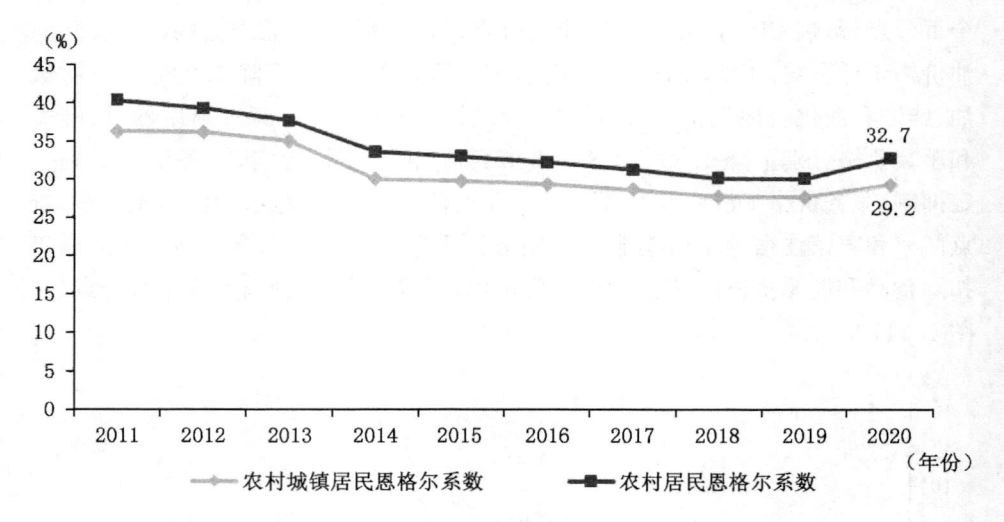

资料来源:根据国家统计局网站数据计算整理而得。

图1.25 城镇居民家庭与农村居民家庭恩格尔系数变化

1.3.4 居民消费支出稳步恢复

2020年全国居民人均消费支出21 210元,比上年下降1.6%,扣除价格因素,实际下降4.0%。按常住地分,城镇居民人均消费支出27 007元,下降3.8%,扣除价格因素,实际下降6.0%;农村居民人均消费支出13 713元,增长2.9%,扣除价格因素,实际下降0.1%。农村居民消费增长快于城镇居民,名义增速和实际增速分别快于城镇居民6.7个和5.9个百分点。分季度来看,随着经济社会秩序逐渐恢复,居民消费支出降幅逐季收窄,呈现持续恢复态势。全年人均消费支出实际降幅比前三季度收窄 2.6 个百分点,比上半年收窄 5.3 个百分点,比第一季度收窄 8.5 个百分点(见图 1.26、图 1.27)。

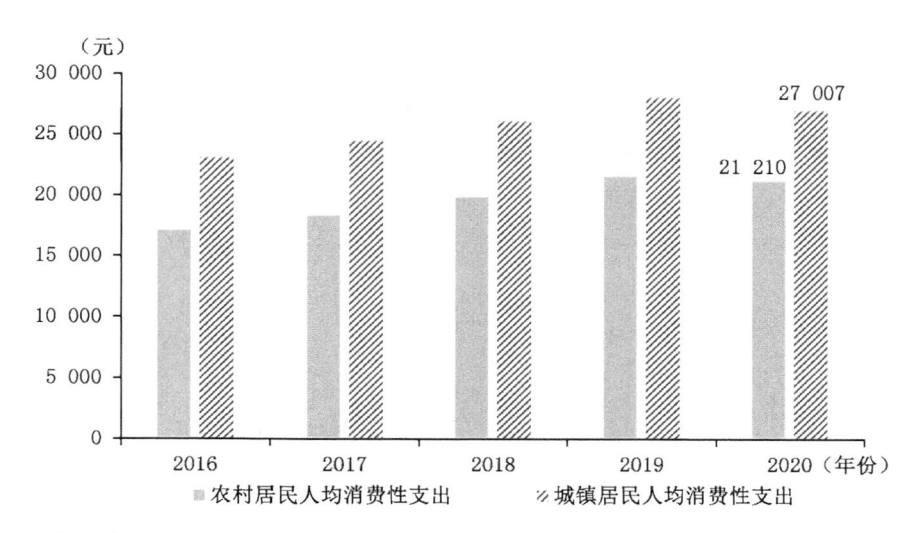

资料来源:根据国家统计局网站数据计算整理而得。

图 1.26 城镇与农村居民家庭人均消费支出

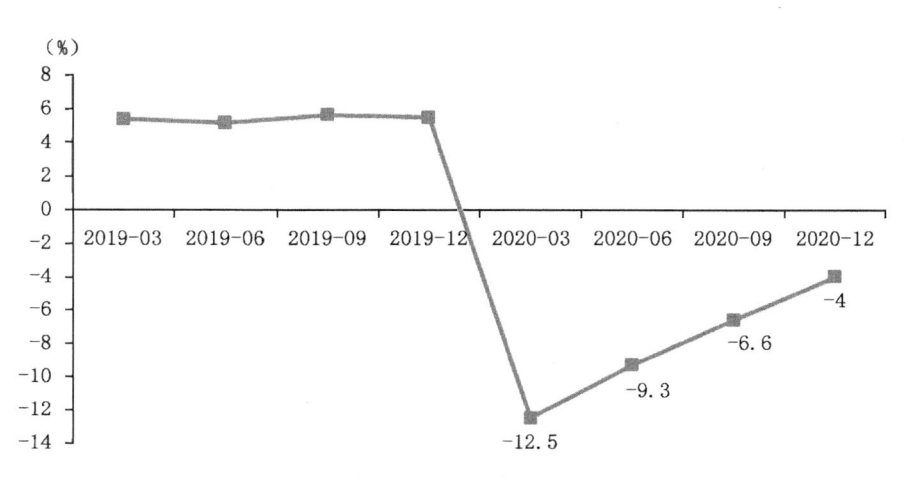

资料来源:根据国家统计局网站数据计算整理而得。

图 1.27 居民人均消费性支出累计同比实际增速

2020年全国居民人均消费支出中,食品烟酒消费最多,其次是居住消费,分别为 6 397.3 元、5 215.3 元,各自增长 5.15 个、3.18 个百分点,其余各项消费支出均为负增长,主要是受疫情影响,居民居家时间增长,食品烟酒消费和居住支出比重较往年有所提高。同样的,从占比来看,食品烟酒消费支出最高,2016—2019 年呈下降趋势,但都维持在 28% 以上,且 2020 年占比幅度有所上升;居住消费支出占比位于第二,近五年稳中有升,2020 年占人均消费支出的比重为 24.59%;教育文化和娱乐消费支出占比在 2020 年出现较大幅度下降,其余各项消费支出占比虽有所下降但降幅较低(见图 1.28、图 1.29)。

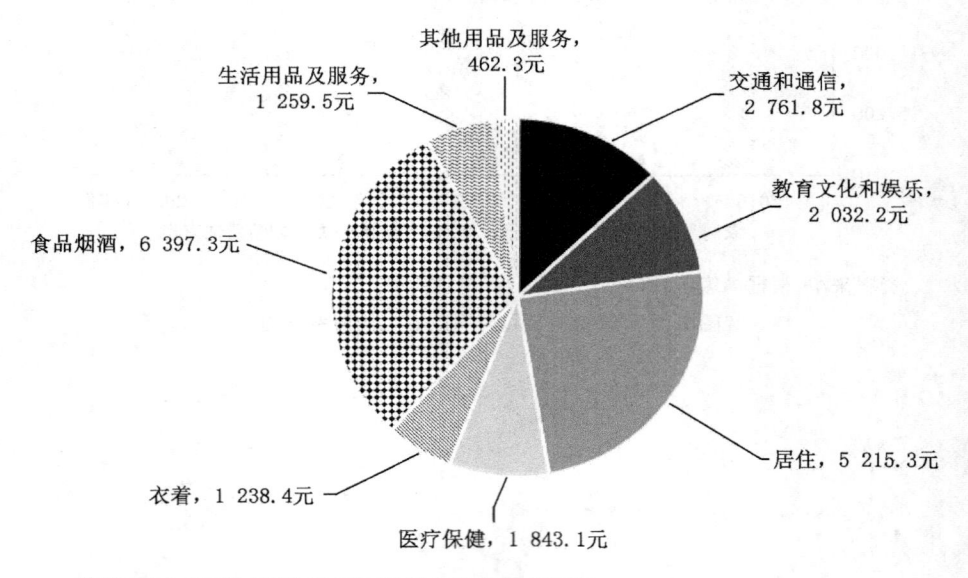

资料来源:根据国家统计局网站数据计算整理而得。

图 1.28 2020 年全国居民人均消费支出及构成

对比城镇和农村居民的消费结构可以看出,二者的食品烟酒支出的绝对额比重都最高,且比重较往年都有所提高。从同比增速来看,只有城镇居民人均食品烟酒消费支出和城镇居民人均居住消费支出增速为正,分别为 1.91% 和 2.62%,其余各项增速均为负。农村居民人均消费增长最快的一项支出是食品烟酒,比上年增长 2.37 个百分点,达到人均消费支出 4 479.4 元。居住支出增长 3.17%,同比增速虽为正,但是下降了 4.75 个百分点(见图 1.30)。

资料来源：根据国家统计局网站数据计算整理而得。

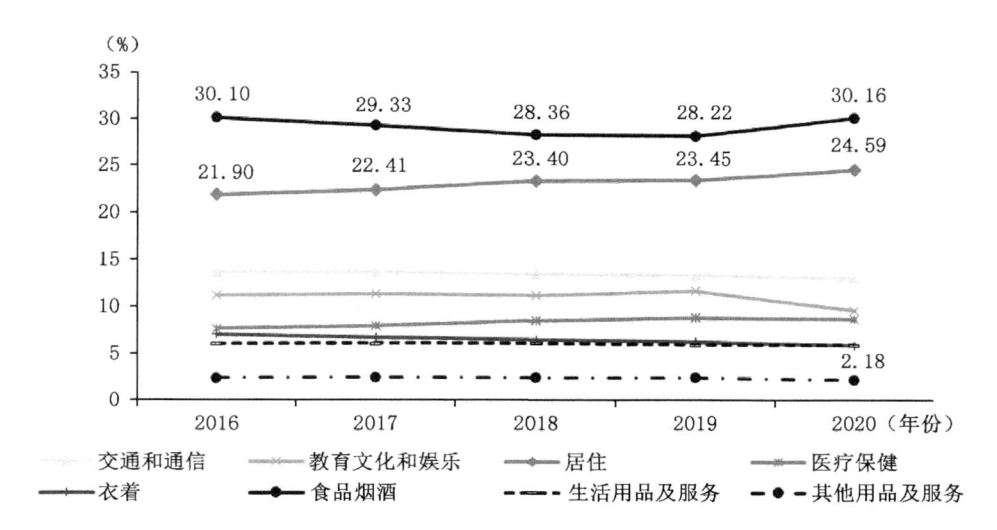

图1.29　2016—2020年各消费支出占比

资料来源：根据国家统计局网站数据计算整理而得。

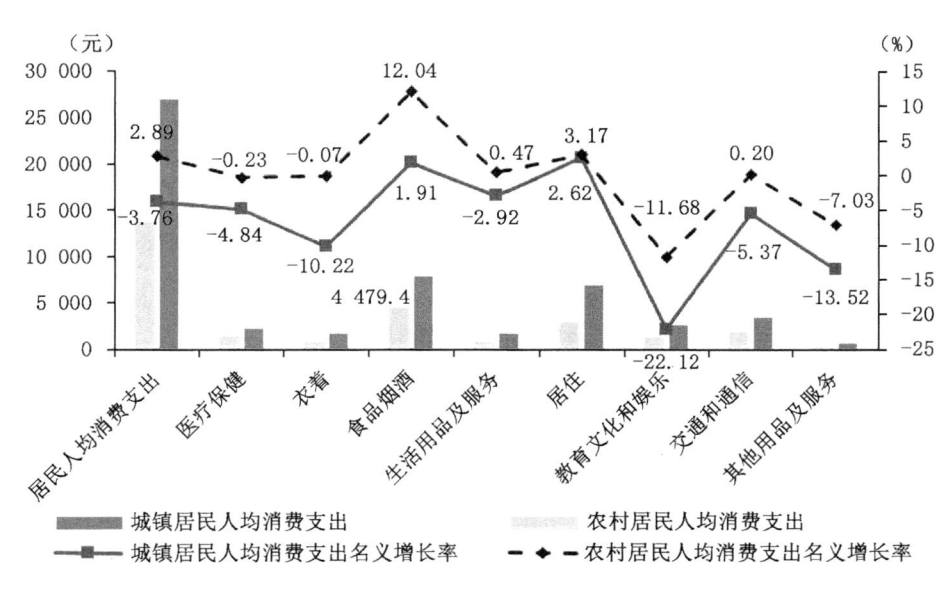

图1.30　2020年城镇与农村居民人均消费支出情况

1.3.5 新型消费模式加快发展,居民消费升级趋势日益明显

受疫情影响,居家消费需求明显增长,"宅经济"带动新型消费模式加快发展,比如线上购物、直播带货、在线诊疗、在线教育等新型消费逆势上扬。2020年网上零售额累计值117 601亿元,累计同比增长10.9个百分点,较上年增速下降6.5个百分点,降幅较大。受疫情影响,2020年各月份累计同比增速均低于2019年,但是都实现了正增长(见图1.31)。其中,实物商品网上零售额增长14.8%,明显好于同期社会消费品零售总额;实物商品网上零售额占社会消费品零售总额的比重为24.9%。在实物商品网上零售额中,吃类和用类商品零售额增速较快,分别增长30.6%和16.2%。在线上消费快速增长带动下,全年快递业务量超过830亿件,比上年增长超过30%。

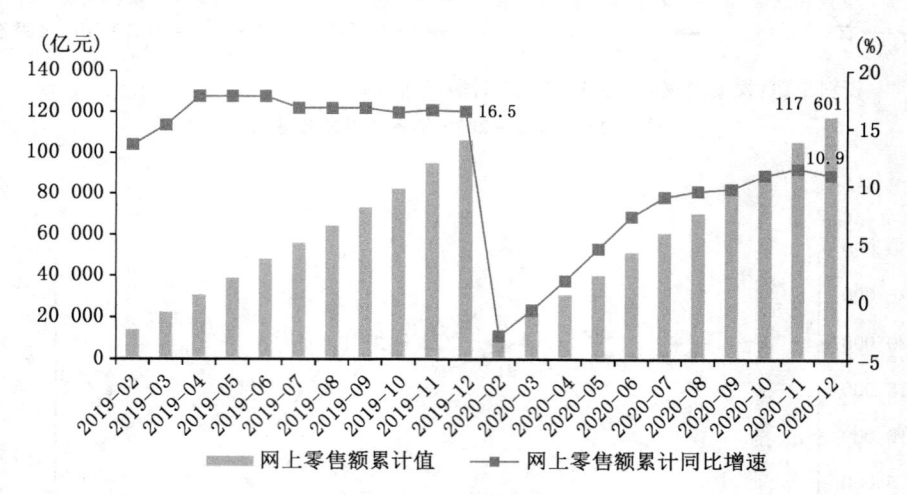

资料来源:根据国家统计局网站数据计算整理而得。

图1.31 2020年网上零售额累计值及同比增速

1.3.6 政府部门支出有增有减,全力保障重点领域需求

2020年,全国一般公共预算支出245 588.03亿元,同比增长2.8%。其中,中央一般公共预算本级支出35 096亿元,同比下降0.1%;地方一般公共预算支出210 492亿元,同比增长3.3%(见图1.32)。

各级政府严格落实过紧日子的要求,全国一般公共服务、城乡社区支出分

别下降1.1%、20%。同时,疫情防控、脱贫攻坚、基层"三保"等重点领域支出得到有力保障。全国卫生健康支出增长15.2%,其中,与疫情防控直接相关的公共卫生支出增长74.9%;农林水支出增长4.6%,其中,扶贫支出在2019年增长14.3%的基础上又增长1.5%;社会保障和就业支出增长10.9%;住房保障支出增长10.5%;教育支出增长4.4%;交通运输支出增长3.2%(见图1.33)。

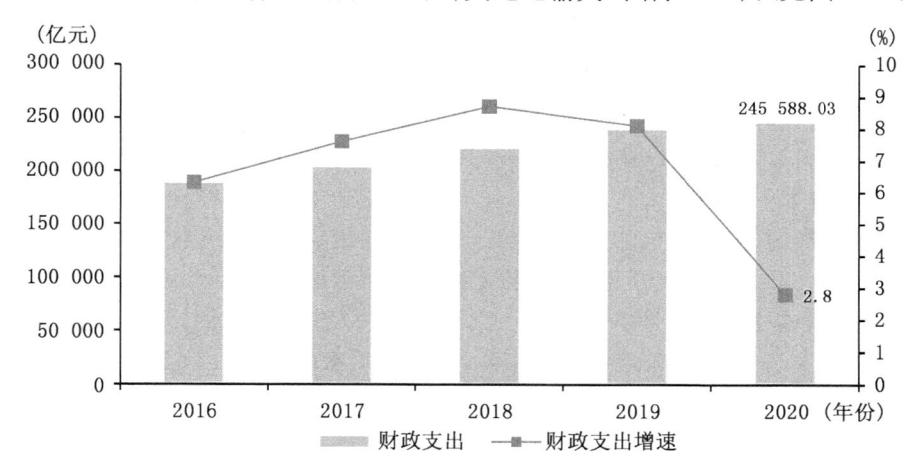

资料来源:根据财政部网站数据整理而得。

图1.32 财政支出及增速

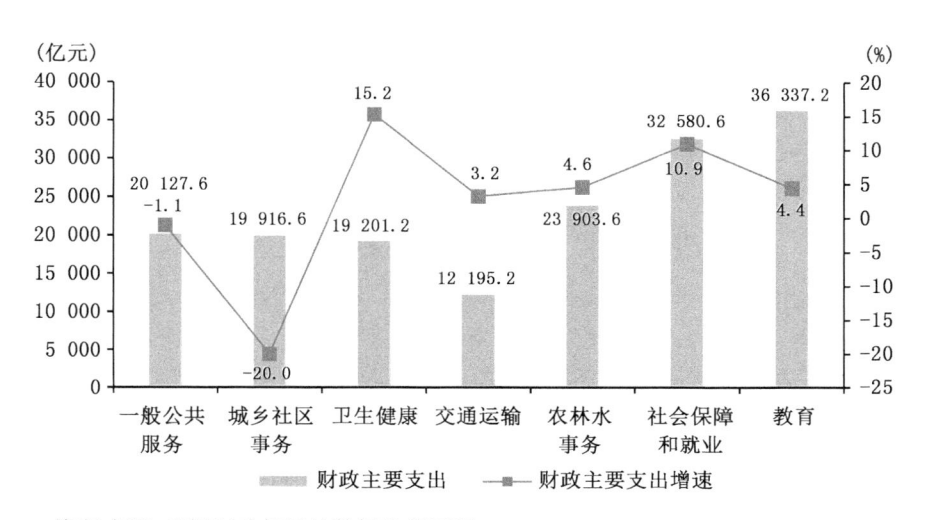

资料来源:根据财政部网站数据整理而得。

图1.33 财政主要支出科目及增速

1.4 2020年积累活动运行状况

1.4.1 投资增速持续回升，需求逐渐恢复

2020年全社会固定资产投资527 270.30亿元，其中固定资产投资（不含农户）518 907亿元，比上年增长2.9%；2020年支出法GDP中的资本形成总额为442 400.6亿元，比上年增长3.68%，其中固定资本形成总额为435 682.6亿元，同比增长3.13%。

受到疫情的负向冲击，2020年1—2月份固定资产投资（不含农户）累计同比增速为-24.5%；上半年，固定资产投资（不含农户）281 603亿元，增速为-3.1%，降幅比1—2月份收窄21.4个百分点；第三季度，固定资产投资增速为0.8%，累计增速实现由负转正。2020年第一季度、第二季度及第三季度固定资产投资增速分别为-16.1%、-3.1%及0.8%，整体呈现持续回升的趋势，为恢复国民经济提供了动力（见图1.34）。

资料来源：根据国家统计局网站数据计算整理而得。

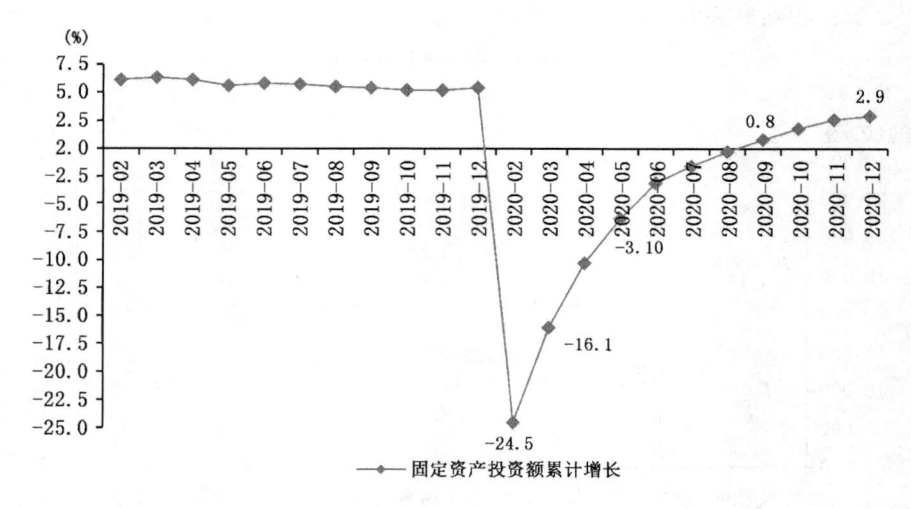

图1.34 2019—2020年月度固定资产投资额累计同比增长

总体上,2020年固定投资增速呈现明显的"V"形反弹趋势,总体投资需求恢复较好。投资先行指标持续向好,投资到位资金增长7.8%,特别是国家预算资金增速高达32.8%;新开工项目计划总投资增长11.9%,对投资稳步回升形成有力支撑。

1.4.2 三次产业投资增速变动相似,第一产业增速快速回升

分产业看,2020年第一产业投资13 302亿元,比上年增长19.5%,增速远高于上年同期0.6%的水平;第二产业投资149 154亿元,增长0.1%,而上年同期水平为3.2%;第三产业投资356 451亿元,增长3.6%,增速较上年同期下降2.9%。2020年,三大产业投资额均实现正增长,第一、二、三产业投资累计增速分别在5月、7月、12月由负转正(见图1.35)。

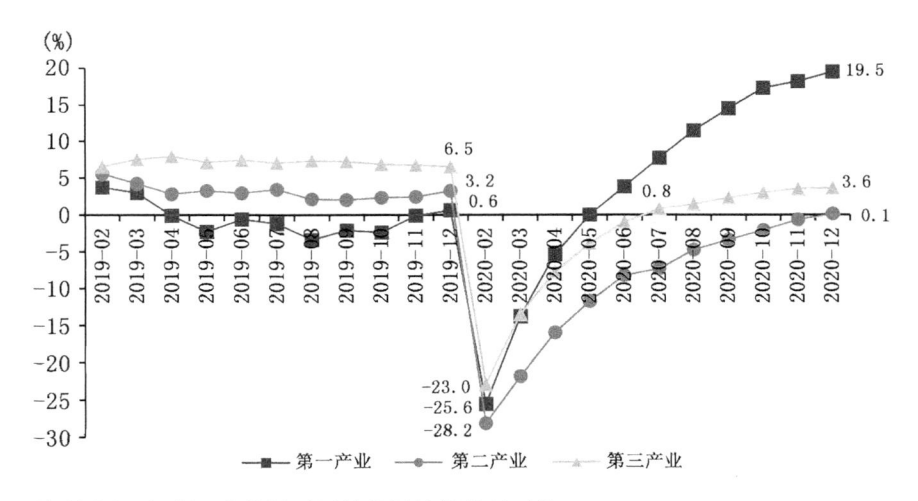

资料来源:根据国家统计局网站数据计算整理而得。

图1.35 2019—2020年三大产业月度固定资产投资额累计同比增长

第二产业中,工业投资比上年增长0.1%,1—11月份为下降0.8个百分点。其中,采矿业投资下降14.1%,降幅扩大4.9个百分点;制造业投资下降2.2%,降幅收窄1.3个百分点;电力、热力、燃气及水生产和供应业投资增长17.6%,增速提高0.1个百分点。

第三产业中,基础设施投资(不含电力、热力、燃气及水生产和供应业)比上年增长0.9%,增速比1—11月份回落0.1个百分点。其中,铁路运输业投资下

降 2.2%，1—11 月份为增长 2.0 个百分点；道路运输业投资增长 1.8%，增速下降 0.4 个百分点；水利管理业投资增长 4.5%，增速提高 1.4 个百分点；公共设施管理业投资下降 1.4%，降幅收窄 0.4 个百分点。

1.4.3 民间投资 1—11 月累计同比增速由负转正，全年实现正增长

2020 年，中央与地方出台一系列措施以调动民间投资积极性，增强企业投资信心。2020 年民间固定资产投资 289 264 亿元，较上年增长 1.0%，增速比上年下降 3.7%。2020 全年民间投资累计增速实现由 2 月的−26.4% 增长到 12 月的 1.0%，其间不断上升，民间投资呈现不断增长的趋势；11 月份民间投资累计增速为 0.2%，10 月份为下降 0.7%，民间投资累计增速实现由负转正（见图 1.36），民间投资增长加快，但修复速度滞后于固定资产投资总额，即固定资产投资修复主要依靠政府投资驱动。

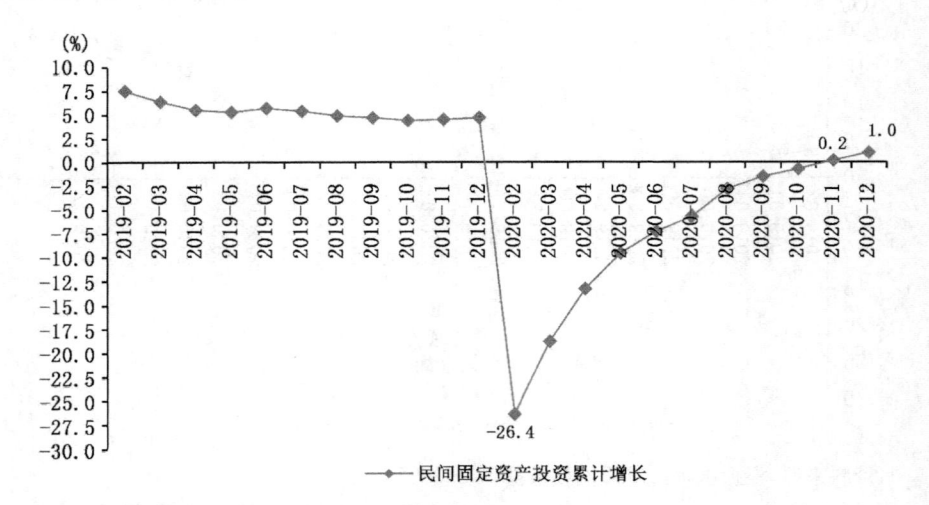

资料来源：根据国家统计局网站数据计算整理而得。

图 1.36　2019—2020 年民间固定资产投资额累计同比增长

1.4.4 中部地区固定资产投资增速同比大幅下降，东北地区逆势回升

分地区看，2020 年东部地区投资比上年增长 3.8%，增速较 1—11 月份加快 0.3 个百分点；中部地区投资增长 0.7%，1—11 月份为下降 0.7%；西部地区、东北地区投资分别增长 4.4% 和 4.3%，增速均提高 0.2 个百分点。相较于

上年,东、西部地区投资增速均有所下降,中部地区出现急剧下降的态势,而东北地区则出现逆势增长(见图1.37)。

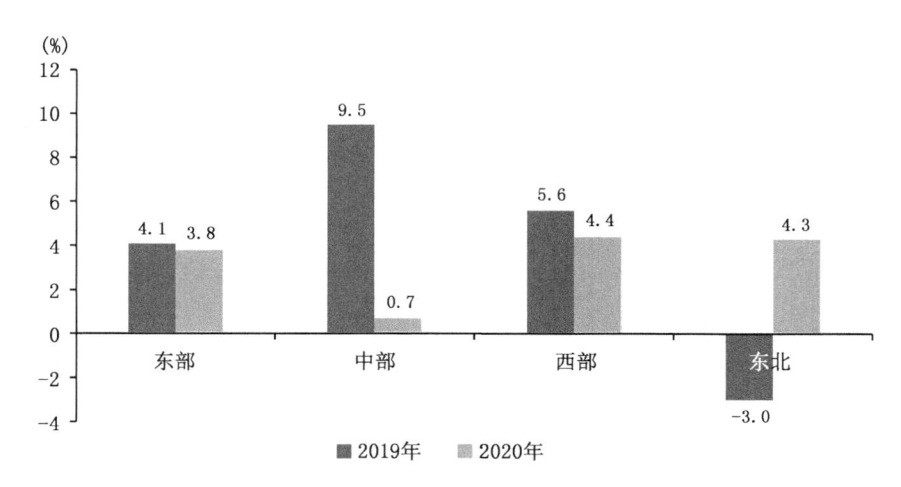

资料来源:根据国家统计局网站数据计算整理而得。

图1.37 2019—2020年分区域固定资产投资额累计增长

1.4.5 房地产开发投资拉动投资回升,制造业投资增速大幅下滑

从投资的三大组成部分制造业、房地产和基建投资增速来看,房地产投资是支持投资回升的主要动力,基建投资反弹较慢,制造业投资整体低迷。2020年房地产开发投资同比增长7.0%,较2019年回落2.9个百分点,是投资最主要的支撑力量,年内增速持续提升;基建(不含电力、热力、燃气及水生产和供应业)投资同比增长0.9%,同样较2019年下降2.9个百分点,处于低位;制造业投资同比下降2.2%,较2019年下滑5.3个百分点(见图1.38)。

但从全年看,自2020年2月后,基础设施、制造业、房地产开发等重点领域投资持续改善,从具体领域看,交通、水利等基础设施投资稳定增长,信息传输、软件和信息技术服务业等新型基础设施投资增速达18.7%;制造业投资加快恢复,计算机、通信和其他电子设备制造业、医药制造业等高技术制造业投资持续保持两位数增长。

积压需求释放、房贷利率下调是支撑2020年房地产投资高增的主要原因,叠加信贷、债券及销售回款等带动房企现金流持续好转,房地产施工进度提速。

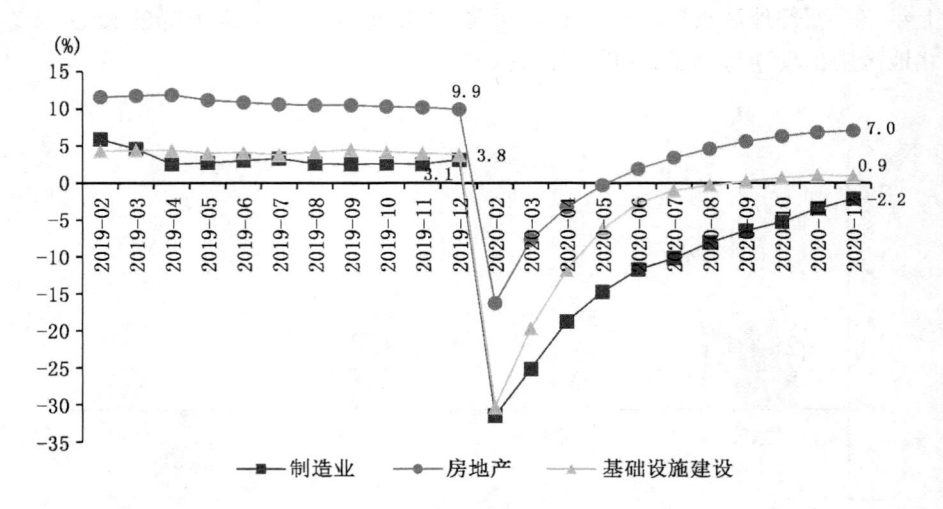

图 1.38 2019—2020 年全国三大类固定资产投资额累计同比增长

资料来源：根据国家统计局网站数据计算整理而得。

而受地方政府专项债发行增加、进度加快等影响,基建投资(不含电力、热力、燃气及水生产和供应业)累计增速实现温和增长,同时以数字经济、数字社会治理为代表的"新基建"带动投资效能提升。制造业投资累计同比增速仍处于负增状态,但降幅逐月收窄,表明单月的增速实现了显著正增长。

从供给端看,2020 年全国房地产开发投资 141 443 亿元,比上年增长 7.0%,增速比 1—11 月份提高 0.2 个百分点,比上年回落 2.9 个百分点。其中,住宅投资 104 446 亿元,增长 7.6%,增速比 1—11 月份提高 0.2 个百分点,比上年回落 6.3 个百分点;办公楼投资 6 494 亿元,增长 5.4%;商业营业用房投资 13 076 亿元,下降 1.1%(见图 1.39)。2020 年,房地产开发企业房屋施工面积 926 759 万平方米,比上年增长 3.7%,增速比 1—11 月份提高 0.5 个百分点,比上年回落 5.0 个百分点。其中,住宅施工面积 655 558 万平方米,增长 4.4%。房屋新开工面积 224 433 万平方米,下降 1.2%,降幅比 1—11 月份收窄 0.8 个百分点,上年为增长 8.5%。其中,住宅新开工面积 164 329 万平方米,下降 1.9%。房屋竣工面积 91 218 万平方米,下降 4.9%,降幅比 1—11 月份收窄 2.4 个百分点,上年为增长 2.6%。其中,住宅竣工面积 65 910 万平方米,下降 3.1%。

从需求端看,2020 年商品房销售面积 176 086 万平方米,比上年上升

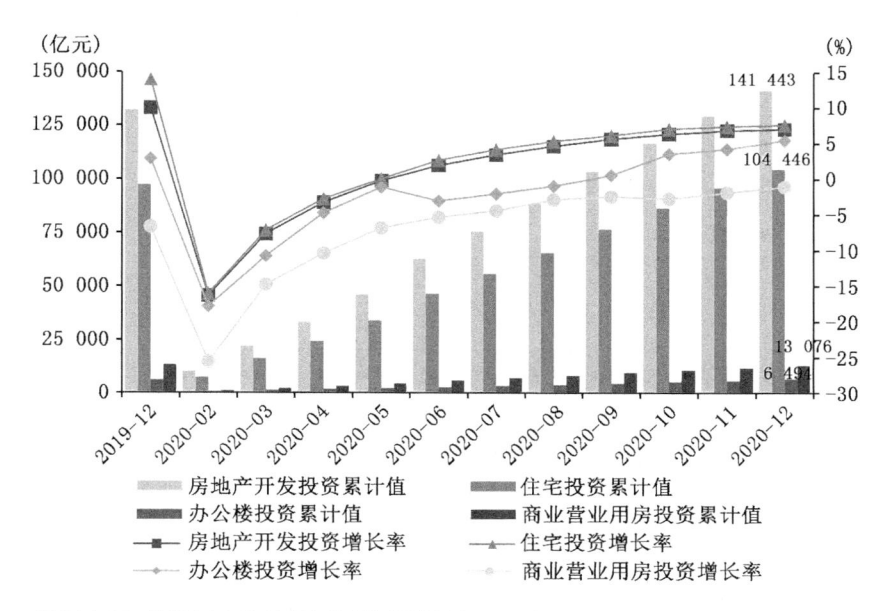

资料来源：根据国家统计局网站数据计算整理而得。

图 1.39　2020 年房地产开发投资累计值与增长

2.6%，增速比 1—11 月份提高 1.3 个百分点，上年为下降 0.1%。其中，住宅销售面积增长 3.2%，办公楼销售面积下降 10.4%，商业营业用房销售面积下降 8.7%。商品房销售额 173 613 亿元，增长 8.7%，增速比 1—11 月份提高 1.5 个百分点，比上年提高 2.2 个百分点。其中，住宅销售额增长 10.8%，办公楼销售额下降 5.3%，商业营业用房销售额下降 11.2%。

1.4.6　股市价格小幅上升，证券市场总体规模扩大

从股市上来看，2020 年上证综合指数从 3 050 点涨至 3 473 点，涨幅 13.9%；沪深 300 指数从 4 096 点涨至 5 211 点，涨幅达到 27.2%。

2020 年证券市场总体规模上升，增长率为 25.5%。从结构上看，基金市场规模变化平稳，其中私募基金市场规模下降，而公募基金市场规模有所上升，同比上升 7.3 个百分点；债券市场规模下降，股票市场规模小幅上升，同比增长 7.1 个百分点（见表 1.3）。

表 1.3　　　　　　　　我国证券市场主要金融工具规模和结构

金融工具	2020 年 12 月 规模总额（亿元）	规模占比（%）	2019 年 12 月 规模总额（亿元）	规模占比（%）	2020 年比 2019 年 结构变化（%）	规模占比变化（%）
私募基金	159 740	8.27	137 381	8.93	−0.66	−7.36
公募基金	198 915	10.30	147 673	9.59	0.70	7.32
股票	797 238	41.26	593 075	38.53	2.73	7.10
债券	776 138	40.17	661 146	42.95	−2.78	−6.47
合计	1 932 030	100.00	1 539 274	100.00	—	—

注：本表用境内上市公司总市值表示股票市场规模；用债券市值表示债券市场规模；用基金管理公司管理公募基金规模表示公募基金市场规模；用私募基金管理规模表示私募基金市场规模。

资料来源：Wind 数据库。

1.4.7　量化宽松的货币政策，宏观杠杆率快速攀升

2020 年净投放现金 7 125 亿元，同比增长 78.98%。2020 年 12 月末，广义货币(M2)余额 2 186 795.89 亿元，同比增长 10.1%，增速比上月末低 0.6 个百分点，比上年同期上升 1.4 个百分点；狭义货币(M1)余额 625 580.99 亿元，同比增长 8.6%，增速比上月末下降 1.4 个百分点，比上年同期高 4.2 个百分点；流通中货币(M0)余额 84 314.53 亿元，同比增长 9.2%，增速比上月末下降 1.1 个百分点，比上年同期加快 3.8 个百分点(见图 1.40)。货币政策不断放宽，M2、M1、M0 的增速均较上年有所增加。

2020 年全年人民币贷款增加 19.63 万亿元，同比多增 2.82 万亿元。分部门看，住户贷款增加 7.87 万亿元，其中，短期贷款增加 1.92 万亿元，中长期贷款增加 5.95 万亿元；企(事)业单位贷款增加 12.17 万亿元，其中，短期贷款增加 2.39 万亿元，中长期贷款增加 8.8 万亿元，票据融资增加 7 389 亿元；非银行业金融机构贷款减少 4 706 亿元。

受新冠肺炎疫情爆发和逆周期调控政策影响，我国宏观杠杆率(债务规模与 GDP 的比值)从 2019 年末的 245.4% 攀升至 2020 年的 270.1%，增幅为 24.7 个百分点，创 2009 年以来最大增幅。从驱动因素来看 2020 年我国宏观杠杆率上行更多是分母驱动，即名义 GDP 受疫情影响降幅偏高，而债务增速由于

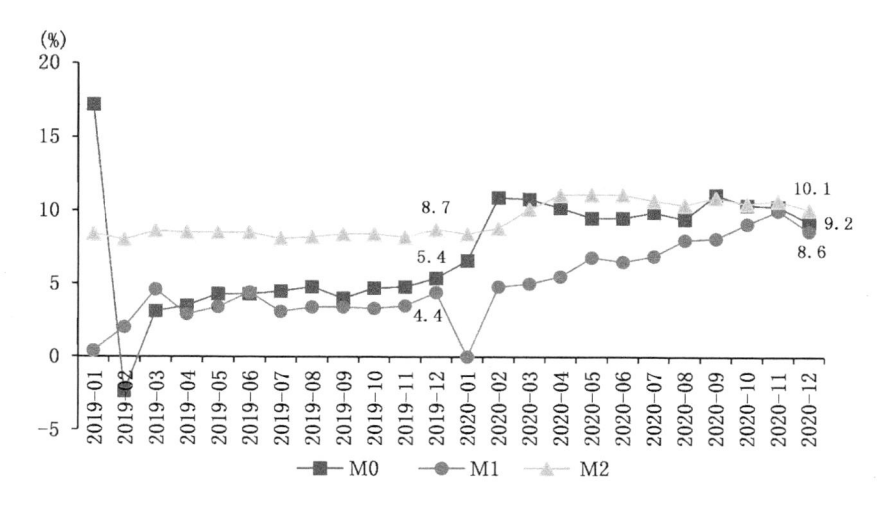

资料来源：根据国家统计局网站数据计算整理而得。

图 1.40　2019—2020 年货币供应量月度同比增速变化

逆周期政策克制而相对偏低（见图 1.41）。2020 年，金融对实体经济的支持力度加大，同时带来了债务规模大幅增长、金融风险上升等问题。

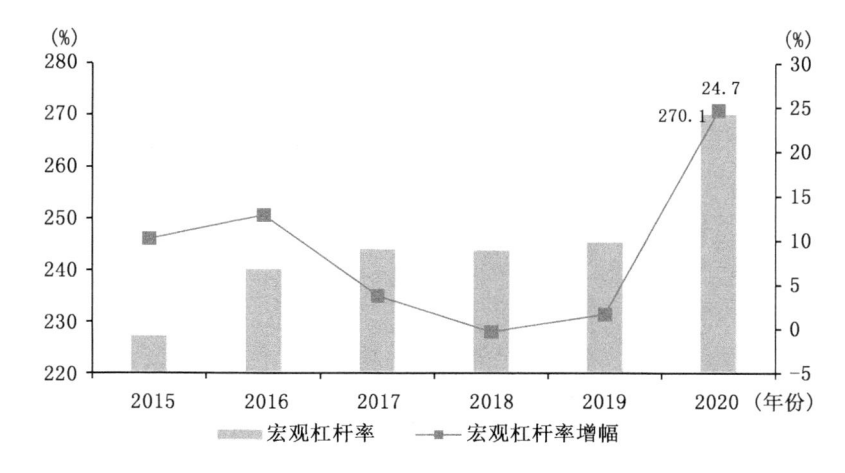

资料来源：根据国家金融与发展实验室（NIFD）网站数据计算整理而得。

图 1.41　2015—2020 年我国宏观杠杆率及其增速

1.4.8 融资规模大幅上升,企业融资仍以间接融资为主

2020年末社会融资规模存量为284.75万亿元,同比增长13.3%。其中,对实体经济发放的人民币贷款余额为171.6万亿元,同比增长13.2%;对实体经济发放的外币贷款折合人民币余额为2.1万亿元,同比下降0.5%;委托贷款余额为11.06万亿元,同比下降3.3%;信托贷款余额为6.34万亿元,同比下降14.9%;未贴现的银行承兑汇票余额为3.51万亿元,同比增长5.4%;企业债券余额为27.55万亿元,同比增长16.9%;政府债券余额为46.06万亿元,同比增长22.1%;非金融企业境内股票余额为8.25万亿元,同比增长12.1%(见图1.42)。

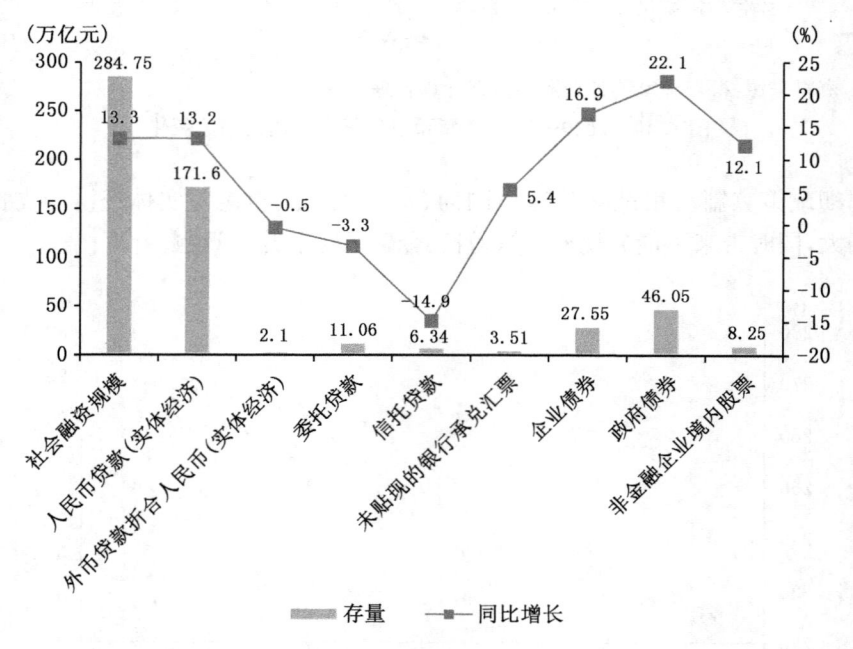

资料来源:根据中国人民银行网站数据计算整理而得。

图1.42 2020年我国社会融资规模及其构成存量及增速情况

从结构看,2020年末对实体经济发放的人民币贷款余额占同期社会融资规模存量的60.3%,同比低0.02个百分点;对实体经济发放的外币贷款折合人民币余额占比0.7%,同比低0.1个百分点;委托贷款余额占比3.9%,同比低

0.67个百分点;信托贷款余额占比2.2%,同比低0.74个百分点;未贴现的银行承兑汇票余额占比1.2%,同比低0.09个百分点;企业债券余额占比9.7%,同比高0.3个百分点;政府债券余额占比16.2%,同比高1.16个百分点;非金融企业境内股票余额占比2.9%,同比低0.03个百分点(见图1.43)。从信贷社融结构看,银行信贷、政府债券是支撑社会融资高增长的主力,银行信贷中的企业部门中长期贷款增长显著,显示出信贷结构的持续优化。

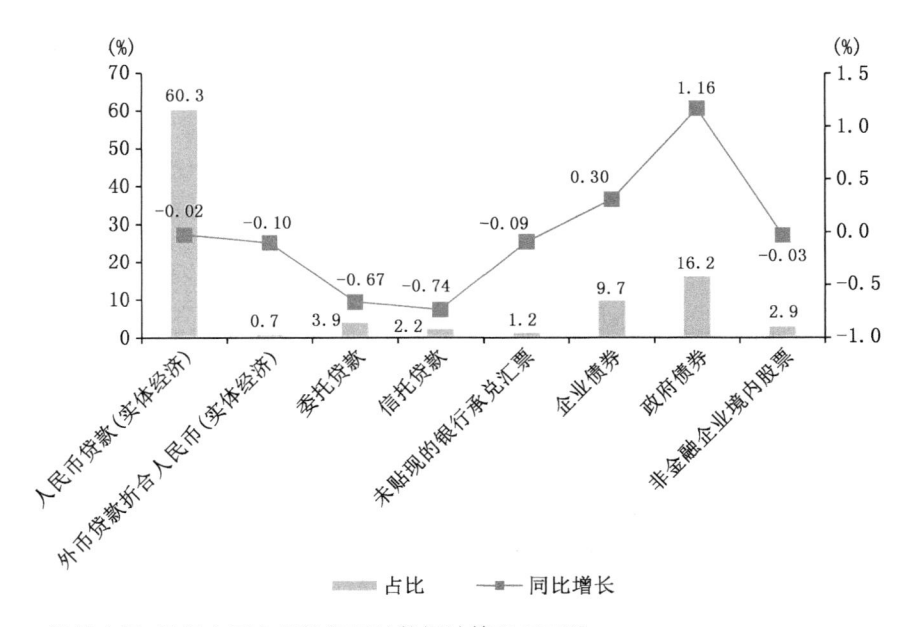

资料来源:根据中国人民银行网站数据计算整理而得。

图1.43　2020年我国社会融资结构情况

1.5　2020年我国对外经济活动运行情况

1.5.1　货物贸易规模扩大,是全球唯一实现货物贸易正增长的主要经济体

2020年,我国货物进出口总值46 462.57亿美元,同比增长1.5%,而上年

同期增速为-1.0%。其中,出口25 906.46亿美元,在全球货物出口总额中占比14.7%,达到全球最高,同比增加3.6%,比上年同期增速加快3.1个百分点;进口20 556.12亿元,同比下降1.1%,较上年同期增速水平收窄1.6个百分点;全年货物贸易顺差5 350.34亿美元,相比2019年贸易顺差4 219.32亿美元扩大26.81个百分点。无论是出口总额还是进口总额,2020年增速均有所上升(见图1.44)。

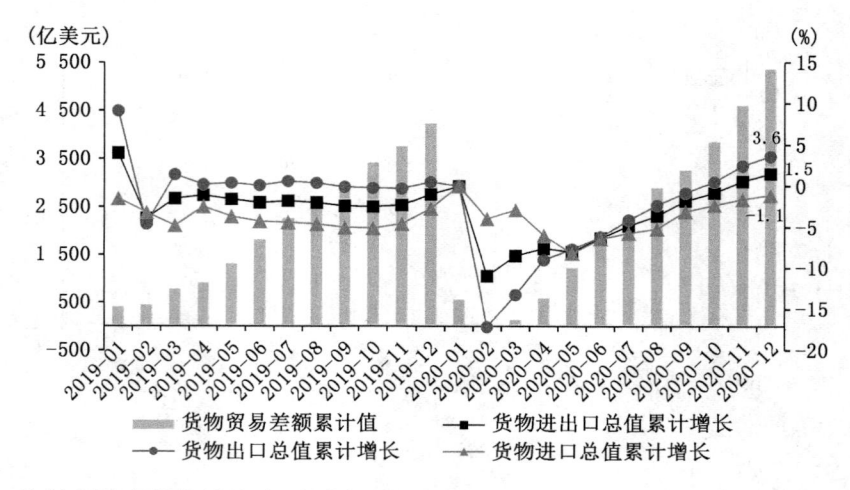

资料来源:根据海关总署网站数据整理而得。

图1.44 2019—2020年我国货物贸易累计差额及进出口总值累计同比增长

2020年1月,受疫情以及春节假期影响,当月货物贸易总额同比下跌7.3%;2月份,同比下跌16.7%,环比下跌39.5%;3月份,跌幅收窄,同比下跌4.3%;4月与5月份,跌幅进一步扩大;到6月份,货物贸易结束了连续5个月的下跌,首次出现正增长,当月同比增幅为1.1%。此后,对外货物贸易逐月向好,连续7个月实现正增长。在货物贸易出口方面,4月份出现了增速由负转正,为2.3%,在5月份经历了小波折(同比下跌3.5%)后,6月再次转正并实现连续7个月的正增长。相对来说,2020年我国货物贸易进口情况更加曲折,前8个月除2月与6月外,其余月份当月增速均为负数,自9月进口增速为正数之后,当月增速始终维持在零以上(见图1.45)。从货物贸易总值来看,全年货物进出口、出口总值均创历史新高,国际市场份额也创历史最好纪录,成为全球唯一实现货物贸易正增长的主要经济体,货物贸易第一大国地位进一步巩固。

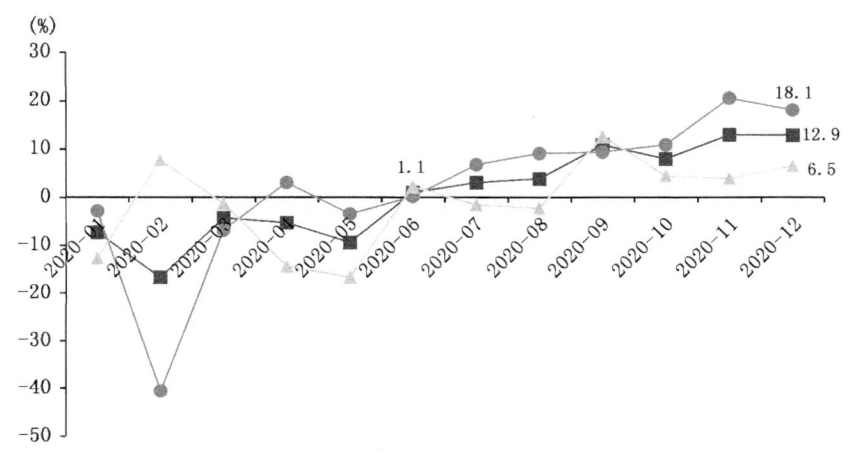

资料来源:根据海关总署网站数据整理而得。

图 1.45 2020 年我国货物进出口总值月度同比增速

2020年,我国发挥全球抗疫物资最大供应国的作用,全年出口包括口罩在内的纺织品、医疗器械、药品合计增长31%,拉动整体出口增长1.9个百分点。另外,笔记本电脑、平板电脑、家用电器等"宅经济"产品的出口额合计增长22.1%,拉动整体出口增长1.3个百分点。同时,跨境电商增长迅猛,通过海关跨境电子商务管理平台验放进出口清单达24.5亿票,同比增长63.3%。作为新兴贸易业态,跨境电商在疫情期间进出口贸易额出现了不降反升的迹象,成为稳外贸的一个重要力量。从进口商品增长幅度看,在粮食、食品方面,2020年进口增幅最大的是高粱,同比增长501.2%;猪肉进口120.4亿美元,增长157.6%;玉米进口增长134.5%;小麦进口增长134%。在医药品方面,人用疫苗进口增长61.5%。在材料方面,铝材进口增长116.3%,钢材进口增长64.4%。在机电、芯片方面,从数量看,机床进口增长18.8%,中央处理器进口增长32%,半导体制造设备进口增长29.8%,电容器增长40.9%,集成电路增长22.1%,高新技术等产品进口依存度较高。

海关统计显示,2020年我国民营企业进出口14.98万亿元,同比增长11.1%。与此同时,我国积极开拓新市场,优化全球市场布局。2020年,我国与东盟、欧盟和美国进出口同比分别增长7%、5.3%和8.8%,东盟取代欧盟成为我国第一大贸易伙伴。同期,我国与"一带一路"沿线国家合计进出口 9.37 万亿元,同比增长 1%。

2020 年,虽然中美双边关系持续紧张,但基于 2019 年末达成的贸易协议以及双方的经济结构,加上疫情对美国经济的影响,在过去的一年,中美双边贸易依然保持了较快上涨。我国虽然扩大了从美国的进口,但与美国的贸易顺差还是达到了 3 169.05 亿美元,占我国对外贸易顺差的 59.23%。在对外贸易中,美国依然是我国最大的单一贸易伙伴国。

1.5.2 服务贸易逆差大幅减少,旅游服务受冲击最大

2020 年,受新冠肺炎疫情等多种因素的影响,我国服务进出口总额 45 642.7 亿元,同比下降 15.7%。其中,服务出口总额为 19 356.7 亿元,同比下降 1.1%;服务进口总额为 26 286 亿元,同比下降 24%。服务出口总额降幅比进口少 22.9 个百分点,带动 2020 年服务贸易逆差下降 53.9% 至 6 929.3 亿元,同比减少 8 095.6 亿元,服务贸易逆差大幅减少(见图 1.46)。

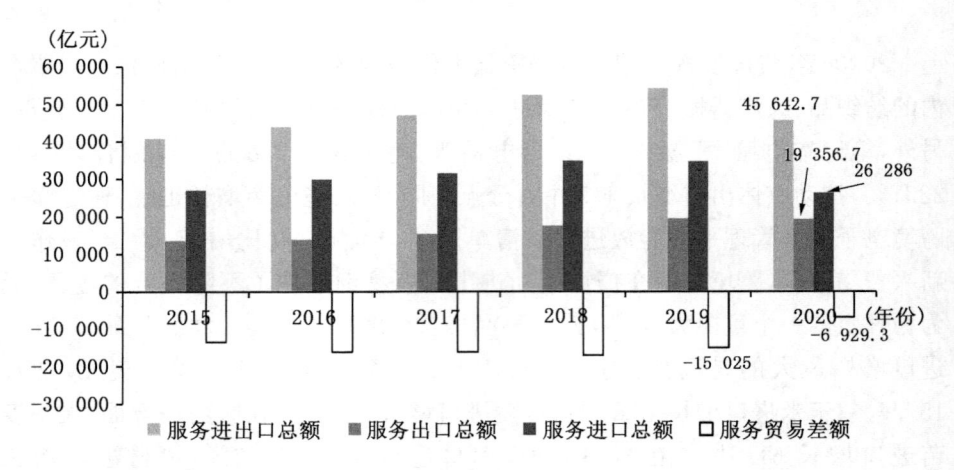

资料来源:根据商务部网站数据整理而得。

图 1.46 2015—2020 年我国服务进出口金额及贸易差额变化

从具体领域看,我国知识密集型服务进出口 20 331.2 亿元,同比增长 8.3%,占服务进出口总额的比重达到 44.5%,提升 9.9 个百分点。其中,知识密集型服务出口 10 701.4 亿元,增长 7.9%,占服务出口总额的比重达到

55.3%,提升4.6个百分点;出口增长较快的领域是知识产权使用费、电信计算机和信息服务、保险服务,同比分别增长30.5%、12.8%和12.5%。知识密集型服务进口9 629.8亿元,同比增长8.7%,占服务进口总额的比重达到36.6%,提升11个百分点;进口增长较快的领域是金融服务、电信计算机和信息服务,同比分别增长28.5%、22.5%。

在全球新冠肺炎疫情形势严峻的情况下,世界范围内旅行服务进出口受到很大影响。2020年,我国旅行服务进出口10 192.9亿元,同比下降48.3%,其中出口下降52.1%,进口下降47.7%,是导致服务贸易下降的主要因素。剔除旅行服务,2020年我国服务进出口增长2.9%,其中出口增长6%,进口基本持平。

1.5.3 实际利用外资直接投资规模大幅上升,对外直接投资活动持续推进

2020年外商直接投资(不含银行、证券、保险领域)新设立企业38 570家,比上年下降5.7%。实际使用外商直接投资金额1 444亿美元,增长4.5个百分点,居全球第一。其中"一带一路"沿线国家对华直接投资(含通过部分自由港对华投资)新设立企业4 294家,下降23.2%;对华直接投资金额83亿美元,下降1.8个百分点。全年高技术产业实际使用外资428亿美元,增长9.5个百分点。全年对外非金融类直接投资额1 102亿美元,下降0.4个百分点。其中,对"一带一路"沿线国家非金融类直接投资额178亿美元,增长18.3个百分点。全年对外承包工程完成营业额1 559亿美元,下降9.8个百分点。其中,对"一带一路"沿线国家完成营业额911亿美元,下降7.0个百分点(见表1.4)。2020年在全球疫情的影响下,尽管我国经济增速放缓,但外商直接投资总金额有所上升;同时,可以看到除了2016年外商直接投资总金额有小幅度下降外,2017年之后几乎是逐年上升的,甚至在2020年面对全球疫情的冲击时,同比增速仍达到4.5%,比上年加快2.2个百分点(见图1.47),这表明外商对中国经济持续看好的态度。

在新冠肺炎疫情冲击导致跨国投资大幅下滑的背景下,我国吸引外资实现逆势新高。2020年全球外国直接投资总额骤减42%,美国吸引外资剧减49%,欧盟减少三分之二;而我国在吸引外资方面逆势增长,超越美国,成为全球最大外资流入国。

表 1.4　　　　　　　　　　2020 年我国国际投资情况

地区	外商直接投资（不含银行、证券、保险领域）		对外非金融类直接投资		对外承包工程完成营业额	
	新设立企业数（家）	同比增长（%）	总额（亿美元）	同比增长（%）	总额（亿美元）	同比增长（%）
全球	38 570	−5.7	1 444	4.5	1 102	−0.4
"一带一路"沿线国家	4 294	−23.2	83	−1.8	178	18.3

（续表）

地区	总额（亿美元）	同比增长（%）
全球	1 559	−9.8
"一带一路"沿线国家	911	−7.0

资料来源：根据国家统计局网站数据计算整理而得。

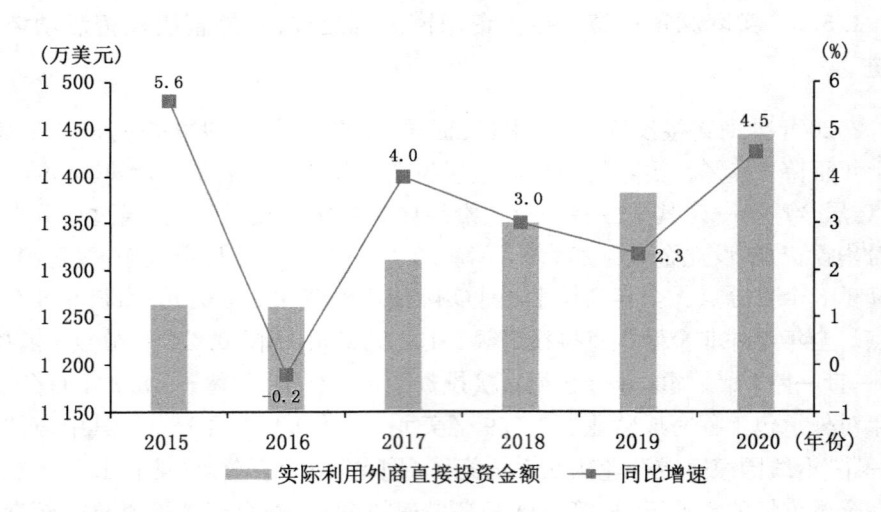

资料来源：根据国家统计局网站数据计算整理而得。

图 1.47　2015—2020 年实际利用外商直接投资情况

2020 年，我国在 2019 年的基础上继续向实现更高水平的对外开放前进。

第一，市场主体多元化。2020 年我国全年新设立外商投资企业 38 570 家，日均新设 100 多家。截至 2020 年底，我国累计设立外资企业数为 1 039 947 家。外商投资企业货物进出口总额 17 975.9 亿美元，占全国比重 38.69%。其中，出口总额 9 322.74 亿美元，占全国比重 35.99%；进口总额 8 653.16 亿美元，占全国比重 42.10%。相比而言，外商投资企业的货物进口额在全国货物进口总额中所占比重更高。

第二，引资结构优化。服务业实际使用外资 7 767.7 亿元，增长 13.9%，占比 77.7%。其中，批发和零售业，租赁和商业服务业，信息传输、软件和信息技术服务，吸收外资分别增长 33.3 个百分点、22.6 个百分点和 13.3 个百分点。同时，高技术产业吸收外资增长 11.4%，高技术服务业吸收外资增长 28.5%，其中研发与设计服务、科技成果转化服务、电子商务服务、信息服务均有增长。2020 年，服务业规模增长与服务业占比增长的"双增长"预期是我国吸引外资直接投资的"吸金点"。

第三，地方对外投资活跃。2020 年，地方企业对外非金融类直接投资 807.5 亿美元，同比增长 16.4%，占同期对外直接投资总额的 73.3%。其中，东部地区对外投资同比增长 21.8%，广东、上海、浙江位列前三。

第四，主要来源地保持稳定。对华投资前 15 位国家和地区投资增长 6.4%。其中，荷兰、英国分别增长 47.6%、30.7%，东盟对华投资增长 0.7%。

第五，对"一带一路"沿线国家投资合作稳步推进。2020 年，我国企业对"一带一路"沿线 58 个国家非金融类直接投资 177.9 亿美元，同比增长 18.3%，占同期总额的 16.2%，较上年提升 2.6 个百分点，主要投向新加坡、印度尼西亚、越南、老挝、马来西亚、柬埔寨、泰国、阿联酋、哈萨克斯坦和以色列等国家。对外承包工程方面，我国企业在"一带一路"沿线的 61 个国家新签对外承包工程项目合同 5 611 份，新签合同额 1 414.6 亿美元，完成营业额 911.2 亿美元，分别占同期总额的 55.4% 和 58.4%。

1.6　2021 年宏观经济走势分析

受全球新冠肺炎疫情等多种因素的影响，2020 年 2 月份，我国宏观经济各指标出现了断崖式的下跌。面对肆虐的新冠肺炎疫情，我国积极应对，率先控制住疫情，并实现复工复产，让全年宏观经济持续加快复苏，呈现出"V"形反弹趋势。2020 年，我国国民经济稳定恢复，主要目标完成好于预期，在世界经济增长中表现突出，主要成就包括：①我国 GDP 总量首次突破 100 万亿元大关，成为全球唯一实现正增长的主要经济体；②我国货物贸易总额 46 462.57 亿美元，同比增长 1.5%，是全球唯一实现货物贸易正增长的主要经济体；③我国实际利用外资直接投资规模1 444亿美元,居全球第一。

2020年我国经济的良好表现,很大程度上得益于宏观政策因素,其中包括积极的财政政策。2020年全国减税降费规模超过2.5万亿元,减税降费规模约占GDP的2.5%,是"十三五"期间减税降费力度最大的一年。在市场主体困难,特别是小微企业面临现金流断裂风险的情况下,我国先后出台7批28项税费优惠政策,迅速释放政策红利,增加了企业的现金流,增强了发展后劲。同时,财政政策也刺激了消费。从支出角度看,2020年的财政刺激政策力度也很大。2020年,我国财政赤字3.76万亿元,既保证了对经济的合理刺激,又规避了过高风险。除了3.76万亿元赤字,我国还发行了3.75万亿元专项债、1万亿元抗疫特别国债,三者合计占GDP的比重约为8%,与2.5万亿元的减税降费合计占GDP的比重接近11%。

2020年我国经济在各国疫情全面爆发以及复杂严峻的国内外环境下保持稳定,并取得了2.3%的增长。在2020年初经历了经济增速大幅下滑的情况后,我国采取一系列措施稳定经济并逐渐恢复,为2021年经济实现全面复苏打下了基础,但同时也面临着全球疫情的长期威胁、产业结构科学性和韧性等方面的问题。综合来看,2021年我国经济发展的机遇大于挑战,经济将继续复苏。我国经济长期向好,发展质量不断提升的态势不会改变;同时短期应保持审慎乐观,既要看到经济增长的动力,也要重视面临的挑战。

1.6.1 坚持防控不松懈

在疫情趋于平缓,疫情防控常态化的情况下,依旧要坚持将各项防控工作抓紧、抓实、抓细,并处理好政府防控疫情与市场调节经济的关系。坚持常态化防控和精准防控相结合,精细化设计和实施防控,既要防控住疫情,又要尽最大可能保证消费和生产服务正常运行。

1.6.2 加快构建双循环的新发展格局

新冠肺炎疫情严重冲击国际产业链供应链,外部需求萎缩叠加国际经贸摩擦,要求我国加快构建以国内大循环为主体、国内国际双循环相互促进的新发展格局,这是基于当前和今后一个时期国内外环境变化而作出的重大战略抉择。

促进国内大循环的首要任务是扩大内需,扩大内需又以扩大消费需求为重点。要充分发挥消费在经济增长中的重要作用,鼓励消费新模式、新业态发展,构建在线消费和实体消费融合发展的良性格局。同时要扩大开放,吸引更多外资企业,稳定产业链供应链。

形成双循环相互促进,需要提升国际循环质量和水平,也需要打破联通内外循环的制度性壁垒。要健全外商投资负面清单管理制度,健全境外投资法律保障体系;也要有序推进自由贸易试验区建设,完善海南自由贸易港的配套制度体系,持续推动"一带一路"建设,深化多边合作,建立互利共赢的贸易伙伴关系与产业链、供应链合作关系。

1.6.3 继续深化要素市场化改革

要深化劳动力市场改革,夯实人口基础。人力资本是经济增长最基本的因素。随着我国人口红利的逐渐消失和老龄化社会压力的逼近,应在"放开两孩"后继续优化调整我国人口政策,改革孕期、哺乳期休假制度,加快发展学前教育,降低年轻人养育小孩的社会成本。要努力释放现有人口潜力,通过推迟退休年龄、加快完善社会保障制度改革、加快农村转移人口市民化步伐,以真正形成城乡一体化、全国统一的劳动力市场。

要深化土地要素市场化改革,盘活城乡闲置和低利用土地要素,与需要就业的劳动力要素相组合,更大力度地放开人口、劳动力、土地、住房宅院、资金、技术等的城乡双向流动,稳定并鼓励资本有机构成低、容纳就业量大的个体和中小微企业发展,保持和稳定居民收入、支出、消费和生产间的流动和循环。

要深化金融改革,促进供给主体多元化。金融是现代经济的核心,资金是市场经济运行的血液。针对我国金融体系结构性失衡长期存在、金融产品的多样化严重不足和金融风险因素频发、中小民营企业长期融资难、融资贵等问题,应加快金融供给侧结构性改革,加快发展一批民营银行、网商银行、村镇银行、社区银行,使金融供给主体尽快多元化。对解决小企业融资难问题有独特作用的互联网金融,要边规范、边发展。要重点发展多层次资本市场,进一步扩大直接融资的比例。要研究新形势下货币政策的方向与重点,努力服务于实体经济。要加快数字货币的应用推广,掌握金融主动权。

要深化科技制度改革,切实解决科技与经济"两张皮"的问题。创新对于今日之中国可以说是非常重要的,应牢牢抓住科技成果市场化、产业化,促进科技成果转化。在高端特定领域要靠原始、自主创新艰难前行,在中高端则依靠全面开放,将"引进、消化吸收再创新"与"集成创新"相结合。要继续改革我国科技管理的人、财、物体制,加大对基础研究的持续投入与支持,完善科研经费管理制度,优化科技成果的产权界定,提高科技成果的转化率。

1.6.4 加快发展现代产业体系

要构建实体经济、科技创新、现代金融、人力资源协同发展的现代产业体系。在新发展阶段,以巩固壮大实体经济根基为导向对发展现代产业体系提出了以下几个方面的要求:一是制造立国,必须始终高度重视发展壮大实体经济,深入实施制造强国战略,推动制造业高质量发展;二是结构优化,在制造业比重保持基本稳定的前提下,不断培育壮大战略性新兴产业和现代服务业,促进新旧动能接续转换;三是绿色低碳,要求生产方式绿色化,完善生态文明领域统筹协调机制,推动产业结构、能源结构调整,实现经济发展和生态环境保护相协调;四是数字赋能,推动产业数字化、数字产业化,促进数字经济与实体经济深度融合,增强数字经济的赋能作用,以显著降低社会成本,提高产品附加值,推动高质量发展;五是安全可控,推动制造业发展向研发设计、中高端制造等价值链高端环节延伸,培育一批产业链"链主"企业,不断增强产业链控制力与主导能力。

综合来说,发展现代产业体系要向巩固壮大实体经济根基聚焦聚力,发挥我国制造业规模体量大、配套体系全、发展空间广等优势,大力发展先进制造业、战略性新兴产业和现代服务业,强化基础设施支撑引领作用,推进产业基础高级化、产业链现代化。

1.6.5 继续实施积极的财政政策和稳健的货币政策

财政政策和货币政策应以国家经济战略规划为导向,与就业、产业、区域等各方面政策相配合,提高宏观经济治理水平。2021年是经济复苏与转型升级的关键之年,应以更加积极有效的财政政策为主,审慎灵活的货币政策予以配合。同时,应注意短期宏观调控机制与中长期国家发展战略的衔接问题,提升跨周期政策和逆周期政策的设计水平和调节效果。要完善政府债务管理制度,严格防范地方债务风险,强化地方政府债券的信用评级、信息披露等机制,提升财政可持续性,各级机关政府要过紧日子。要稳住实体经济部门和居民部门杠杆,严厉打击逃废债行为,加强债券市场法制建设,针对企业短期债务还本付息压力,通过有针对性、精准的货币政策助其渡过难关。

1.6.6　强化反垄断和防止资本无序扩张

反垄断、反不正当竞争,是完善社会主义市场经济体制、推动高质量发展的内在要求。国家支持平台企业创新发展、增强国际竞争力,支持公有制经济和非公有制经济共同发展,同时要依法规范发展,健全数字规则。

针对互联网平台等出现的限制竞争、价格歧视等行为,要严格按照法律法规进行监管治理。要完善平台企业垄断认定、数据收集使用管理、消费者权益保护等方面的法律规范。要加强规制,提升监管能力,坚决反对垄断和不正当竞争行为。金融创新必须在审慎监管的前提下进行。要引导新业态、新模式健康发展,更好地服务于满足人民日益增长的美好生活需要。

1.6.7　实现高水平对外开放

要以高水平开放促进深层次市场化改革。作为新型开放大国,开放牵动全局,开放与改革直接融合。把高水平开放作为主线,形成全面深化改革的新动力,在扩大开放中实现高质量发展;以高水平开放推动形成市场决定资源配置的新格局。推进高水平开放与建设高标准的市场经济,核心是充分发挥市场在资源配置中的决定性作用和更好地发挥政府作用。要以高水平开放强化竞争政策的基础性地位。

实行高水平对外开放,要更大范围、更宽领域、更深层次。"更大范围"的对外开放,就是对外开放的"空间范围"更加扩大。要把自贸试验区、自由港等对外开放高地的改革经验复制到全国,实现对内对外"双向开放",而且要重视对包括发达国家和发展中国家的多元性、全球性对外开放,从而全方位参与全球资源配置,加快构建我国的全球利益分布格局。

"更宽领域"的对外开放,是在继续扩大制造业、采掘业、农业领域的对外开放的同时,更加重视金融、科技、教育、医疗等现代服务业的对外开放,在更多领域取消外资占比限制,允许外资控股或独资经营,最大限度地引进外国直接投资,转向"引进来"和"走出去"并重,既重视引进国外企业直接投资,又重视我国企业"走出去"到国外投资。

"更高层次"的对外开放,是要通过推进加入《全面与进步跨太平洋伙伴关系协定》的谈判议程,进一步扩大多边合作范围,促进贸易和投资便利化。同时要通过"一带一路"建设平台向国际社会提供尽可能多的公共产品,帮助更多发展中国家,让中国市场成为世界的市场、共享的市场,为国际社会注入更多正能量。

2　2020年中国财政收入分析

2.1　2019年财政收入决算回顾

2019年,在以习近平同志为核心的党中央坚强领导下,各地区、各部门以习近平新时代中国特色社会主义思想为指导,深入贯彻党的十九大和十九届二中、三中、四中全会精神,增强"四个意识"、坚定"四个自信"、做到"两个维护",全面贯彻落实党中央、国务院决策部署,认真执行十三届全国人大二次会议审议批准的《政府工作报告》、2019年国民经济和社会发展计划,落实全国人大财政经济委员会审查意见,坚持稳中求进工作总基调,深入贯彻新发展理念,坚持以供给侧结构性改革为主线,推动高质量发展,扎实做好"六稳"工作,统筹推进稳增长、促改革、调结构、惠民生、防风险、保稳定,全年经济社会发展主要目标任务较好完成,"十三五"规划主要指标完成进度符合预期,为全面建成小康社会打下决定性基础。

2.1.1　2019年财政收入决算

2019年全国公共财政收入190 390.08元,比2018年同口径增长3.8%。其中,中央财政收入89 309.47亿元,完成预算的99.5%,比2018年同口径增长4.5%,加上年初从中央预算稳定调节基金以及中央政府性基金预算、中央国有资本经营预算调入3 194.00亿元,收入总量为92 503.47亿元。2019年末中央财政国债余额168 038.04亿元,控制在年度预算限额175 208.35亿元以内。地方本级收入101 080.61亿元,加上中央对地方税收返还和转移支付74 359.86亿元,地方一般公共预算收入总量为175 440.47亿元,增长5.0%。

2019年全国政府性基金收入84 517.72亿元,增长了12.0%。其中,中央政府性基金收入4 039.78亿元,为预算的96.3%,与上年相比增加了0.1%。地方政府性基金本级收入80 477.94亿元,增长12.6%。其中,国有土地使用权出让收入72 580.48亿元,增长11.4%。加上中央政府性基金转移支付1 065.45亿元,地方政府性基金收入为81 543.39亿元。

2019年全国国有资本经营收入3 971.82亿元,比上年度增加36.7%。其中,中央国有资本经营收入1 635.96亿元,为预算的99.9%,较上一年度增加23.3%,加上2018年结转收入6.70亿元,收入总量为1 642.66亿元。地方国有资本经营收入2 335.86亿元,为预算收入的135.2%,较上一年度增加了47.9%,中央对地方国有资本经营转移支付122.25亿元,收入总量为2 458.11亿元,与上一年度相比增加了47.5%。

2.1.2　2019年财政收入特点

2019年财政收入的完成情况如表2.1和图2.1、图2.2所示,主要有以下特点:

(1)从收入总量来看,财政收入增长速度有所回升。2019年全国公共财政收入190 390亿元,比2018年相比名义增长3.8%,增幅比上一年度降低了2.4个百分点,从表2.1和图2.1可以看出,这一增幅自2011年连续下降五年后在2017年首次出现回升,在2018年之后又出现回落,且2018年回落幅度高于GDP名义增长率,因此财政收入占GDP的比重与2017年相比继续降低;2019年,财政收入和GDP增长率回落幅度相当,财政收入占GDP的比重仍有下降。

(2)从中央与地方财政收入的比重关系来看,2019年中央财政收入的名义增长率继续回落,为4.5%,降低了0.8个百分点,且为近十年的较低值;而地方财政收入名义增长率自2012年起持续降低,2018年首次回升到7%后,2019年再次大幅度回落至3.2%,降低了3.8个百分点,为近十年最低水平。中央财政收入的占比较2018年上升了0.3个百分点,为自2011年以来的最高值,为46.91%。

(3)从收入结构来看,来源于税收收入的比例保持在较高水平。税收收入在财政收入中所占比重在2016年下降到最低点81.68%,2017年、2018年持续回升至85.30%,2019年下降至83.0%,结合前文,2019年财政收入增长放慢的原因可能为中央和地方税收收入的增长速度均有所减缓,尤其是地方税收收入的增长。

2 2020年中国财政收入分析

表 2.1 2009—2019年财政收入及增长状况

单位：亿元，%

年份	财政收入	财政收入名义增长率	GDP名义增长率	财政收入占GDP比重	中央财政收入 收入	中央财政收入 名义增长率	中央财政收入 占收入比	地方财政收入 收入	地方财政收入 名义增长率	地方财政收入 占收入比	税收收入	税收/财政收入
2009	68 518	11.7	9.2	19.7	35 916	9.9	52.42	32 603	13.8	47.58	59 522	86.9
2010	83 080	21.3	18.2	20.2	42 470	18.2	51.12	40 610	24.6	48.88	73 202	88.1
2011	103 740	24.9	18.4	21.3	51 306	20.8	49.46	52 434	29.1	50.54	89 720	86.5
2012	117 254	13.0	10.4	21.8	56 175	9.5	47.91	61 078	16.5	52.09	100 614	85.8
2013	129 143	10.1	10.1	21.8	60 174	7.1	46.59	68 969	12.9	53.41	110 531	85.6
2014	140 370	8.7	8.5	21.8	64 493	7.2	45.95	75 877	10.0	54.05	119 175	84.9
2015	152 269	8.5	7.0	22.1	69 267	7.4	45.49	83 002	9.3	54.51	124 922	82.0
2016	159 605	4.8	8.4	21.4	72 366	4.5	45.34	87 239	5.1	54.66	130 361	81.7
2017	172 593	8.1	11.5	20.7	81 123	12.1	47.00	91 469	4.8	53.00	144 370	83.6
2018	183 360	6.2	10.5	19.9	85 456	5.3	46.61	97 903	7.0	53.39	156 403	85.3
2019	190 390	3.8	7.8	19.2	89 309	4.5	46.91	101 081	3.2	53.09	158 000	83.0

注：①中央财政收入与地方财政收入均指本级政府收入，未包括中央对地方的税收返还和转移支付。②为保证当年财政收入状况统一口径，GDP名义增长率未经过价格指数调整，以当年价格计算。③由于"营改增"等其他政策的影响，中央财政收入和地方财政收入的名义增长率同口径增长率可能与同口径增长率不相等。

资料来源：根据《中国统计年鉴 2020》以及财政部、国家统计局网站相关资料汇总计算整理。

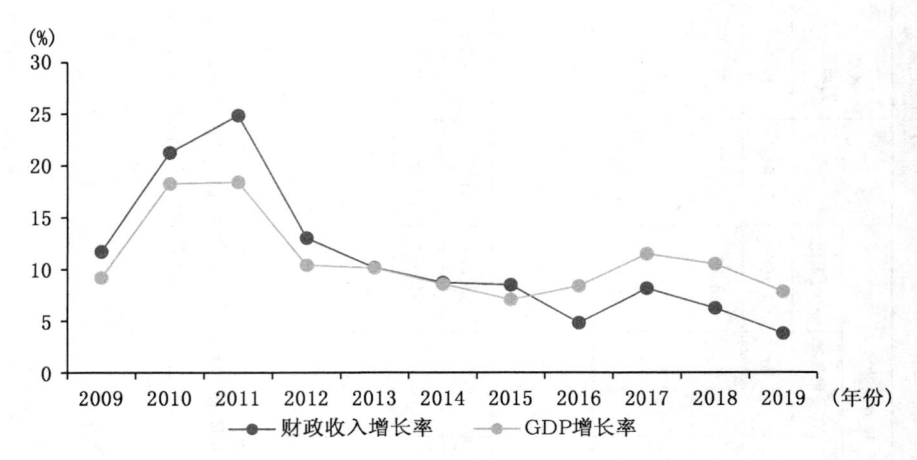

注：图中财政收入增长率和 GDP 增长率同为未经过价格指数调整的名义增长率。
资料来源：根据《中国统计年鉴 2020》和财政部网站相关资料汇总计算整理。

图 2.1　2009—2019 年财政收入增长率及 GDP 增长率比较

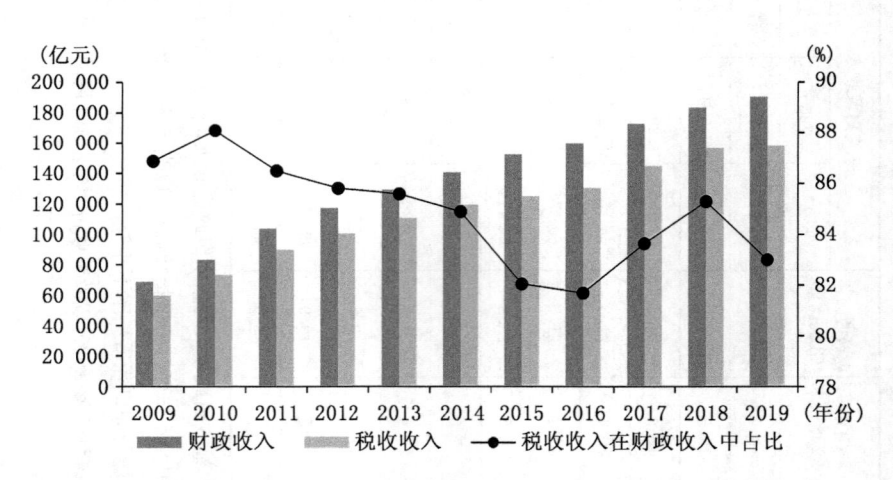

资料来源：根据《中国统计年鉴 2020》和财政部网站相关资料汇总计算整理。

图 2.2　2009—2019 年税收收入在财政收入中占比

2.2 2020年财政收入总量分析

2.2.1 2020年财政收入预算安排情况[①]

2020年预算编制和财政工作的总体要求是:2020年是全面建成小康社会和"十三五"规划收官之年,也是脱贫攻坚决战决胜之年,做好预算编制和财政工作意义重大。要按照党中央、国务院部署要求,统筹推进疫情防控和经济社会发展工作,科学研判财政形势,合理编制财政预算,系统谋划财政工作,确保完成决战决胜脱贫攻坚目标任务,全面建成小康社会。要在以习近平同志为核心的党中央坚强领导下,以习近平新时代中国特色社会主义思想为指导,全面贯彻党的十九大和十九届二中、三中、四中全会精神,坚决贯彻党的基本理论、基本路线、基本方略,增强"四个意识"、坚定"四个自信"、做到"两个维护",紧扣全面建成小康社会目标任务,统筹推进疫情防控和经济社会发展工作,在疫情防控常态化前提下,坚持稳中求进工作总基调,坚持新发展理念,坚持以供给侧结构性改革为主线,坚持以改革开放为动力推动高质量发展,坚决打好三大攻坚战,加大"六稳"工作力度,保居民就业、保基本民生、保市场主体、保粮食能源安全、保产业链供应链稳定、保基层运转,坚定实施扩大内需战略,以更大的宏观政策力度对冲疫情影响,积极的财政政策要更加积极有为,提高赤字率,发行抗疫特别国债,增加地方政府专项债券,坚持精打细算,把钱用在刀刃上,提高资金使用效率,真正发挥稳定经济的关键作用,维护经济发展和社会稳定大局,确保完成决战决胜脱贫攻坚目标任务,全面建成小康社会。贯彻上述指导思想,要着重把握好以下原则:一是艰苦奋斗、勤俭节约。坚决落实政府真正过紧日子要求,开源节流、增收节支、精打细算,执守简朴、力戒浮华,厉行节约办一切事业。二是以收定支、提质增效。实事求是编制收入预算,提高财政收入质量。坚持量入为出、有保有压、可压尽压,打破基数概念和支出固化格局。三是加强管理、严肃纪律。坚持先有预算后有支出,严控预算追加事项。严格遵守财经法律法规和制度规定,对违反财经纪律的,严肃追究责任。四是上下联动、

[①] 《关于2019年中央和地方预算执行情况与2020年中央和地方预算草案的报告》,中央政府门户网站。

齐心协力。强化全国"一盘棋"思想，加强中央与地方协同配合，在应对疫情冲击、落实财税改革部署、强化财政收支管理、增强财政可持续性和经济社会发展后劲等方面形成强大合力。在此原则下，我国 2020 年财政收入预算安排情况如下：

(1) 公共财政预算安排情况。全国一般公共预算收入 180 270 亿元，下降 5.3%。加上调入资金及使用结转结余 29 980 亿元，收入总量为 210 250 亿元。从中央财政预算来看，中央一般公共预算收入 82 770 亿元，比 2019 年执行数下降 7.3%。加上从中央预算稳定调节基金调入 5 300 亿元（包括决算整理期内预计新增补充的部分资金），从中央政府性基金预算、中央国有资本经营预算调入 3 580 亿元，收入总量为 91 650 亿元。地方一般公共预算本级收入 97 500 亿元，下降 3.5%。加上中央对地方转移支付收入 83 915 亿元，地方财政调入资金及使用结转结余 21 100 亿元，收入总量为 202 515 亿元。地方一般公共预算支出 212 315 亿元，增长 4.2%。地方财政赤字 9 800 亿元，比 2019 年增加 500 亿元，通过发行地方政府一般债券弥补。

2020 年中央财政主要收入项目指标安排如下[①]：

国内增值税 28 700 亿元，预算数为上年执行数的 92.1%；国内消费税 12 520 亿元，预算数为上年执行数的 99.7%；进口货物增值税、消费税 13 310 亿元，预算数为上年执行数的 84.2%；企业所得税 23 665 亿元，预算数为上年执行数的 99.5%；个人所得税 6 350 亿元，预算数为上年执行数的 99.5%；出口货物退增值税、消费税 12 140 亿元，预算数为上年执行数的 73.6%；关税 2 750 亿元，预算数为上年执行数的 95.2%；非税收入 3 000 亿元，预算数为上年执行数的 36.2%。

中央对地方税收返还和转移支付安排情况：中央对地方转移支付 83 915 亿元，增长 12.8%。其中，一般性转移支付 70 107.62 亿元，增长 4.9%，；专项转移支付 7 757.38 亿元，增长 2.5%。在一般性转移支付中，均衡性转移支付 17 192 亿元，增长 10.0%，主要用于缓解地方减收增支压力；老少边穷地区转移支付 2 796.10 亿元，增长 12.4%；基本养老金转移支付 8 150.52 亿元，增长 11.6%；城乡居民医疗保险转移支付 3 537.55 亿元，增长 6.3%。中央对地方税收返还及固定补助 11 375.42 亿元，比 2019 年执行数增加 0.7%。

---

① 《2020 年中央公共财政收入预算表》，中华人民共和国财政部网站。

(2)政府性基金预算安排情况。中央政府性基金收入 3 611.41 亿元,下降 10.6%。加上上年结转收入 180.04 亿元和抗疫特别国债收入 10 000 亿元,收入总量为 13 791.45 亿元。地方政府性基金本级收入 77 834.64 亿元,下降 3.3%,其中,国有土地使用权出让收入 70 406.89 亿元,下降 3%。加上中央政府性基金预算对地方转移支付收入 8 007.63 亿元、地方政府专项债务收入 37 500 亿元,地方政府性基金收入总量为 123 342.27 亿元。汇总中央和地方预算,全国政府性基金收入 81 446.05 亿元,下降 3.6%。加上上年结转收入 180.04 亿元、抗疫特别国债收入 10 000 亿元和地方政府专项债务收入 37 500 亿元,全国政府性基金收入总量为 129 126.09 亿元。

(3)国有资本经营预算安排情况。2020 年中央国有资本经营预算收入 1 691.65 亿元,增长 3.4%。加上上年结转收入 144.06 亿元,收入总量为 1 835.71 亿元。对地方转移支付 60.61 亿元,为上年执行数的 49.6%。向一般公共预算调出 577.5 亿元,增长 48.2%,调入比例进一步提高到 35%。地方国有资本经营预算本级收入 1 946.61 亿元,下降 16.3%。加上中央国有资本经营预算对地方转移支付收入 60.61 亿元、上年结转收入 202.67 亿元,收入总量为 2 209.89 亿元,提高 19.7%。汇总中央和地方预算,全国国有资本经营预算收入 3 638.26 亿元,下降 8.1%。加上上年结转收入 346.73 亿元,收入总量为 3 984.99 亿元。

(4)社会保险基金预算。根据机关事业单位养老保险改革进展,2018 年开始编制中央和地方机关事业单位基本养老保险基金预算,社会保险基金预算首次按中央预算和地方预算分别编制。2020 年中央社会保险基金预算收入 1 384.44 亿元,增长 101%,其中,保险费收入 741.61 亿元,财政补贴收入 630.92 亿元。地方社会保险基金收入 75 902.94 亿元,下降 5.3%,其中,保险费收入 51 676.28 亿元,财政补贴收入 20 998.04 亿元。2020 年中央社会保险基金收支增长较多,主要是中央机关事业单位集中补缴以前年度养老保险费。汇总中央和地方预算,全国社会保险基金收入 77 287.38 亿元,下降 4.4%,其中,保险费收入 52 417.89 亿元,财政补贴收入 21 628.96 亿元。

2.2.2　2020 年财政收入实际执行情况

2020 年中央和地方预算执行情况较好。

(1)公共财政收入情况。2020 年,全国一般公共预算收入 182 894.92 亿元,为预算的101.5%,比2019年下降3.9%。其中,中央一般公共预算收入82 771.08亿元,为预算的100%,下降7.3%,比2019年减少7.3%;地方一般公共预算本级收入100 123.84亿元,比2019年同口径下降0.9%。

(2)政府性基金收入情况。2020年,全国政府性基金收入93 488.74亿元,为预算的114.8%,增长10.6%。其中,中央政府性基金收入3 561.58亿元,为预算的98.6%,下降11.8%,主要是受疫情影响部分基金减收较多,同时出台阶段性免征政策;地方政府性基金本级收入89 927.16亿元,增长11.7%,其中,国有土地使用权出让收入84 142.29亿元,增长15.9%。

(3)国有资本经营收入情况。2020年,全国国有资本经营预算收入4 777.82亿元,为预算的131.3%,增长20.3%。其中,中央国有资本经营预算收入1 785.61亿元,为预算的105.6%,增长9.1%;地方国有资本经营预算本级收入2 992.21亿元,增长28.1%。

(4)社会保险基金收入情况。2020年,全国社会保险基金收入72 115.65亿元,为预算的93.3%,下降13.3%,其中,保险费收入46 973.69亿元,财政补贴收入20 946.94亿元。

2.2.3　2020年财政收入总体趋势

2020年,影响我国财税收入的主要财税政策和重点财政工作主要包括:全力支持抗击新冠肺炎疫情;出台实施规模性纾困政策;推动三大攻坚战取得决定性成就;大力支持科技创新;着力支持实体经济转型升级;持续保障和改善民生;创新实施新增财政资金直达机制;坚持政府过紧日子;持续提升财政管理水平。

总的来看,2020年预算执行情况较好。这些成绩的取得是以习近平同志为核心的党中央坚强领导的结果,是习近平新时代中国特色社会主义思想科学指引的结果,是全国人大、全国政协及代表委员们监督指导的结果,是各地区、各部门和全国各族人民共同努力的结果。2020年是新中国历史上极不平凡的一年。面对严峻复杂的国际形势、艰巨繁重的国内改革发展稳定任务,特别是新冠肺炎疫情的严重冲击,以习近平同志为核心的党中央统揽全局,保持战略定力,准确判断形势,精心谋划部署,果断采取行动,付出艰苦努力,及时作出统筹疫情防控和经济社会发展的重大决策。各地区、各部门坚持以习近平新时代中国特色社会主义思想为指导,全面贯彻党的十九大和十九届二中、三中、四中、五中全会精神,按照党中央、国务院决策部署,沉着冷静应对风险挑战,坚持高质量发展方向不动摇,严格执行十三届全国人大三次会议审查批准的预算,统筹疫情防控和经济社会发展,扎实做好"六稳"工作、全面落实"六保"任务,我国经济运行逐季改善、逐步恢复常态,在全球主要经济体中唯一实现经济正增长,脱贫攻坚战取得全面胜利,决胜全面建成小康社会取得决定性成就,交出一份人民满意、世界瞩目、可以载入史册的答卷。

2.3 2020年财政收入结构分析

2.3.1 财政收入的月度结构分析

从总体上来看,2020年财政收入增幅比上年同期明显回升。2020年1—12月累计,全国财政收入182 895亿元,为预算的101.5%,比2019年同口径减少3.93%。具体月度增长情况如表2.2和图2.3所示。

表2.2　　　　　　2020年1—12月全国财政收入及其增长　　　　单位:亿元,%

月份	2020年 全国财政收入	中央财政收入	地方财政收入	2019年 全国财政收入	同期增长额	同期增长率
1—2	35 232	17 242	17 990	39 104	−3 872	−9.90
3	10 752	3 915	6 837	14 552	−3 800	−26.11
4	16 149	7 365	8 784	18 995	−2 846	−14.98
5	15 539	7 476	8 063	17 268	−1 729	−10.01
6	18 504	8 349	10 155	17 927	577	3.22
7	18 549	9 228	9 321	17 777	772	4.34
8	12 043	5 684	6 359	11 438	605	5.29
9	14 234	6 076	8 158	13 617	617	4.53
10	17 531	8 274	9 257	17 026	505	2.97
11	10 956	4 564	6 392	11 263	−307	−2.73
12	13 406	4 598	8 808	11 415	1 991	17.44

续表

月份	2020年 全国财政收入	中央财政收入	地方财政收入	2019年 全国财政收入	同期增长额	同期增长率
总计	182 895	82 771	100 124	190 382	−7 487	−3.93

注:2019年12月份和2020年12月份的财政收入数据根据全年总额倒推计算得出。
资料来源:根据财政部网站有关数据整理编制。

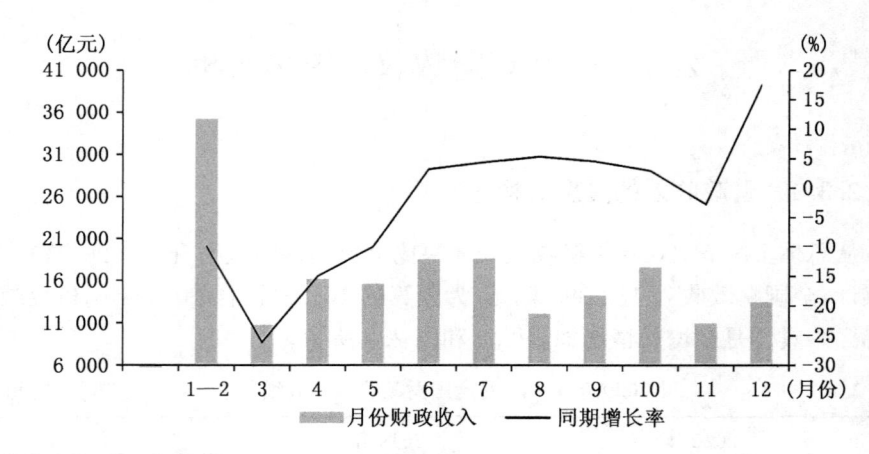

资料来源:根据财政部网站有关数据整理编制。

图 2.3　2020 年 1—12 月全国财政收入同比增长情况

在月度增长结构方面,2020年各月全国财政收入较上年同期呈现"减—增—减"的增长态势,其中6—10月和12月份财政收入同比增长率为正,在12月份达到当年峰值17.44%;其余月份较上年均为负增长,其中3月份较上年同期同比增长率为−26.11%。

2.3.2　财政收入的省际结构分析

2020年,全国一般公共预算收入182 894.92亿元,为预算的101.5%,比2019年下降3.9%。其中,中央一般公共预算收入82 771.08亿元,为预算的100%,下降7.3%;地方一般公共预算本级收入100 123.84亿元,下降0.9%。

从全国各地方政府的财政收入来看,2020年的增长情况相比2019年有所下降,绝大多数省份当年财政收入的增幅都较2019年的增长率有所降低。表

2.3 显示了各地区本级公共财政收入的完成情况和增长率。2020 年各省份的公共预算收入完成情况有以下几个基本特点：第一，从各地方政府 2020 年公共预算收入的数量来看，规模最大的为广东省，为 12 921.97 亿元，与上一年度相比增长 2.1%，也是唯一超过万亿元的省份；规模最小的为西藏自治区，为 220.98 亿元，与上一年度相比降低 0.5%。第二，公共预算收入超过 5 000 亿元的有 6 个省份，分别是广东省、江苏省、浙江省、上海市、山东省和北京市；公共预算收入不足千亿元的有 5 个省份，分别是西藏自治区、青海省、宁夏回族自治区、海南省和甘肃省；其他地区的公共预算收入介于 1 000 亿元至 4 000 亿元之间。第三，从各地政府当年本级财政收入的增长率来看，青海省和四川省增速最快，分别为 5.6% 和 4.6%；负增长的有 14 个省份，分别是内蒙古自治区、西藏自治区、宁夏回族自治区、陕西省、上海市、重庆市、山西省、吉林省、广西壮族自治区、北京市、新疆维吾尔自治区、黑龙江省、天津市、湖北省，增速最低的为湖北省，达到 −25.9%；其他省份的增长率皆处于 0～10%。第四，2020 年本级一般公共预算收入增长速度与 2019 年相比有所提升的有 8 个省份，分别为吉林省、甘肃省、重庆市、宁夏回族自治区、西藏自治区、青海省、江苏省、四川省，增速分别提高了 7.1%、5.2%、3.9%、3.7%、3.2%、2.2%、0.9% 和 0.5%，其中吉林省提高最多，增速由上一年度的 −10% 升至 2.9%，提高了 12.9 个百分点；其他 23 个省份的增速与上一年度相比均有不同程度的回落。

表 2.3　　　　　　　　　2020 年全国各省份地方财政情况

序号	省份	本级公共财政收入(亿元)	2020 年增长率(%)	2019 年增长率(%)	占全国地方财政收入总额的比例(%)
1	北京市	5 483.89	−5.7	0.5	5.5
2	天津市	1 923.05	−20.2	14.4	1.9
3	河北省	3 826.43	2.3	6.4	3.8
4	山西省	2 296.52	−2.2	2.4	2.3
5	内蒙古自治区	2 051.26	−0.4	10.9	2.0
6	辽宁省	2 655.5	0.1	1.4	2.7
7	吉林省	1 085	−2.9	−10.0	1.1
8	黑龙江省	1 152.49	−8.7	−1.5	1.2
9	上海市	7 046.3	−1.7	0.8	7.0
10	江苏省	9 058.99	2.9	2.0	9.0

续表

序号	省份	本级公共财政收入(亿元)	2020年增长率(%)	2019年增长率(%)	占全国地方财政收入总额的比例(%)
11	浙江省	7 248	2.8	6.8	7.2
12	安徽省	3 215.96	1.0	4.4	3.2
13	福建省	3 078.96	0.9	1.5	3.1
14	江西省	2 507.53	0.8	4.9	2.5
15	山东省	6 559.9	0.5	0.6	6.6
16	河南省	4 155.22	2.8	7.4	4.2
17	湖北省	2 511.52	−25.9	2.5	2.5
18	湖南省	3 008.66	0.1	5.1	3.0
19	广东省	12 921.97	2.1	4.6	12.9
20	广西壮族自治区	1 716.94	−5.2	7.8	1.7
21	海南省	816.05	0.2	8.2	0.8
22	重庆市	2 094.84	−1.9	−5.8	2.1
23	四川省	4 257.98	4.6	4.1	4.3
24	贵州省	1 786.78	1.1	2.4	1.8
25	云南省	2 116.69	2.1	4.0	2.1
26	西藏自治区	220.98	−0.5	−3.6	0.2
27	陕西省	2 257.23	−1.3	2.0	2.3
28	甘肃省	874.54	2.8	−2.3	0.9
29	青海省	298.03	5.6	3.4	0.3
30	宁夏回族自治区	419.43	−1.0	−4.7	0.4
31	新疆维吾尔自治区	1 477.21	−6.4	3.0	1.5
	全国	100 123.85	−0.9	3.2	100.0

资料来源：国家统计局官网。

2.3.3　财政收入的类型结构分析

从2011年初开始，我国正式实施改革后的预算管理制度，将原预算外资金（不含教育收费）全部纳入预算管理，但当年各省份的实际执行结果有所不同，只有部分省份做到了将预算外资金全部纳入预算管理。而从2012年开始，全国范围都要求做到将全部财政收支纳入预算盘子中,预算外资金由此成为历史。

2.3.3.1 全口径财政收入中四类收入构成比例分析

2014年8月,第十二届全国人大常委会第十次会议表决通过了全国人大常委会关于修改《中华人民共和国预算法》(以下简称《预算法》)的决定,新《预算法》于2016年1月1日起施行。新《预算法》第五条规定,预算包括一般公共预算、政府性基金预算、国有资本经营预算、社会保险基金预算。一般公共预算、政府性基金预算、国有资本经营预算、社会保险基金预算应当保持完整、独立。政府性基金预算、国有资本经营预算、社会保险基金预算应当与一般公共预算相衔接。

2017年3月,财政部和中国人民银行发布《关于修订2017年政府收支分类科目的通知》,从2017年1月1日起,将新增建设用地土地有偿使用费、南水北调工程基金、烟草企业上缴专项收入三项基金调整转列一般公共预算并统筹使用。

2020年四类财政收入的占比情况见图2.4。与上一年度相比,一般公共预算占比继续降低,由2019年的53%下降为52%,社会保险基金收入占比下降2个百分点,政府性基金预算收入占比上升3个百分点。

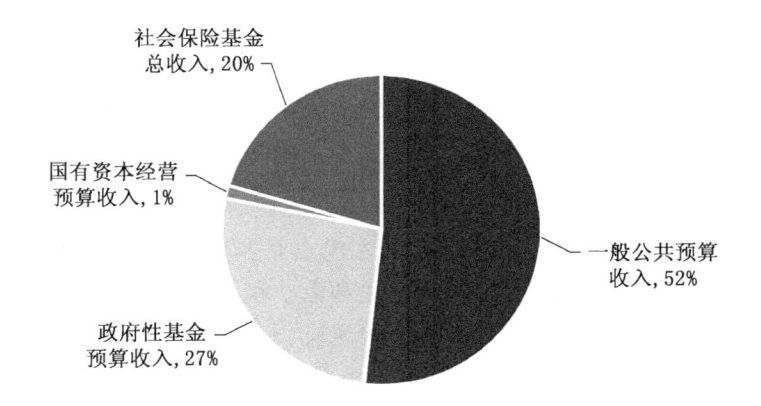

资料来源:根据财政部公告整理得出。

图2.4 2020年全口径财政收入中四类收入构成比例

2.3.3.2 公共财政收入中税收收入构成结构分析

2020年全国公共财政预算收入为182 895亿元,其中,税收收入154 310

亿元,占比为84.4%,与上一年度相比上升了1.4个百分点;非税收入28 585亿元,占比为15.6%。从收入增速上来看,2020年1—12月累计,全国公共财政收入同比下降3.9%,其中,税收收入同比下降2.3%,非税收入同比下降11.7%。

2020年税收收入增长的主要特点有:

一是税收总收入增速与上一年度相比继续降低,且在近10年中首次为负。2010—2020年全国税收收入增长率见图2.5。

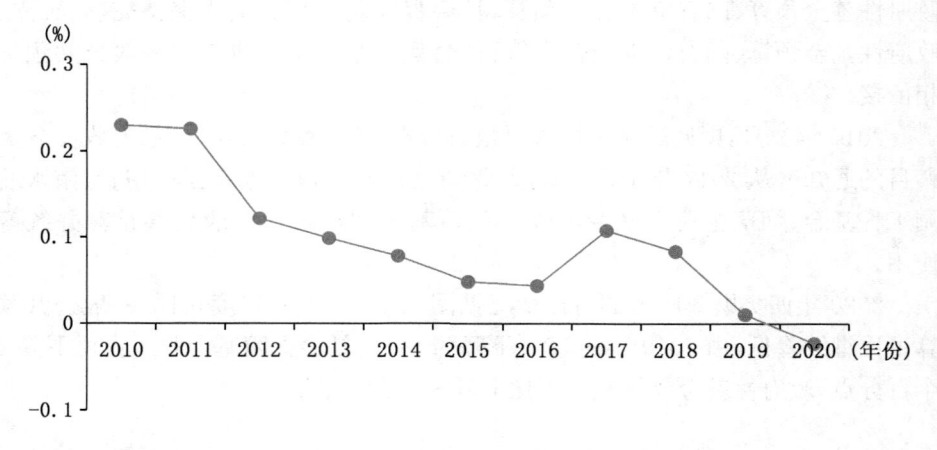

资料来源:根据财政部公告整理得出。

图2.5　2010—2020年全国税收收入增长率

二是分季度来看,税收收入较上年同期先减后增,且增速逐渐上升,第三、第四季度都实现了同比增长,第四季度较上年同比增加14.2%(见图2.6)。

三是分税种看,2020年各税种的收入规模大多有所下降,降幅较高的税种为关税、耕地占用税、增值税、进口增值税和消费税;收入规模有所上升的税种是证券交易印花税、契税、个人所得税、印花税、车辆购置税、土地增值税(见表2.4)。另外,我国的税制结构依旧呈现出流转税占主体的税制结构模式。2020年商品(或劳务)占税收收入的比重约为53.4%,占主要地位;财产税占比为14.8%;所得税占比31.1%。

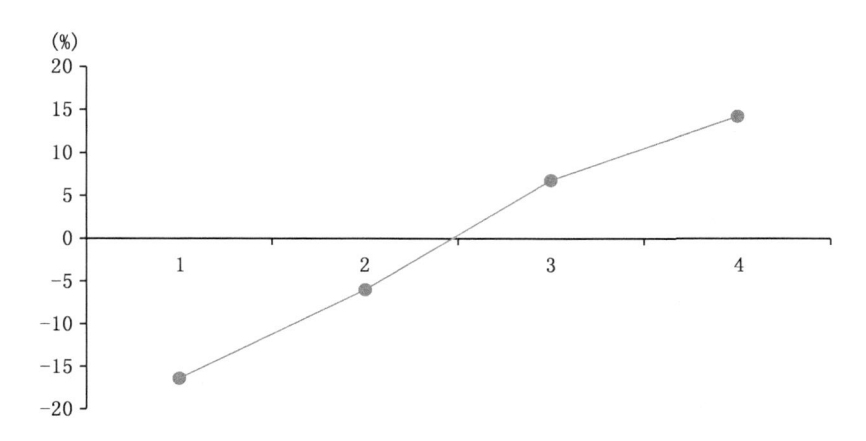

资料来源：财政部公告。

图 2.6　2020 年分季度全国税收收入同比增长

表 2.4　　　　　　2020 年 1—12 月全国税收总收入和主要税种收入

	税种	收入规模（亿元）	同期增长额（亿元）	同期增长率（％）	占总税额的比重（％）
商品（劳务）税	国内增值税	56 791	−5 555	−8.9	36.8
	国内消费税	12 028	−534	−4.3	7.8
	进口货物增值税、消费税	14 535	−1 277	−8.1	9.4
	出口货物退增值税、消费税	−13 629	2 874	−17.4	−8.8
	关税	2 564	−325	−11.2	1.7
	城市维护建设税	4 608	−213	−4.4	3.0
	资源税	1 755	−67	−3.7	1.1
	车辆购置税	3 531	33	0.9	2.3
	环境保护税	207	−14	−6.3	0.1
	合计	82 390	−5 078	−5.8	53.4

续表

税种		收入规模（亿元）	同期增长额（亿元）	同期增长率（%）	占总税额的比重（%）
财产税	契税	7 061	848	13.6	4.6
	证券交易印花税	1 774	545	44.3	1.1
	印花税（证券交易印花税以外）	1 313	79	6.4	0.9
	耕地占用税	1 258	−132	−9.5	0.8
	房产税	2 842	−146	−4.9	1.8
	城镇土地使用税	2 058	−137	−6.2	1.3
	土地增值税	6 468	3	0.05	4.2
	合计	22 774	1 060	4.9	14.8
所得税	企业所得税	36 424	−876	−2.3	23.6
	个人所得税	11 568	1 180	11.4	7.5
	合计	47 992	304	0.6	31.1
其他税收		1 153	31	2.8	0.7
税收总收入		154 309	−3 683	−2.3	100.0

资料来源：根据财政部公告整理。

2.3.3.3 2020年全国税收收入特征分析

2020年，税务部门组织的税收收入下降2.6%，圆满完成财政预算安排的税收收入目标。本年度税收收入的主要特征包括：

2020年，党中央、国务院继续加大减税降费力度，税务部门不折不扣加以落实，前11个月累计新增减税降费23 673亿元，全年预计超过2.5万亿元，可圆满完成2020年政府工作报告确定的全年为企业减负目标。2020年，税务部门认真落实阶段性减免企业社保费政策，切实减轻企业负担。自2020年11月份起，社保费已全部由税务部门征收，各级税务部门在维持征收方式稳定的同时，不断优化缴费服务，为广大缴费人提供"网上、掌上、自助"等多种缴费渠道，便于缴费人申报缴费。2020年，全国税务部门组织社保费收入3.8万亿元。

2020年，全国新办涉税市场主体达到1 144万户，比2019年增长10.1%，显示国家支持市场主体纾困解难、健康发展的政策措施落地见效，市场活力快速恢复。

2020年,税务部门推行无纸化、"非接触式""容缺办理"等便利举措,加快出口退税进度,正常退税业务办理平均时间比2019年提速20%,全年办理出口退税14 549亿元,有力缓解企业资金压力,为外贸稳定恢复发挥了重要支持作用。"十三五"时期,全国累计办理出口退税70 736亿元,比"十二五"时期增加16 453亿元,有力促进了外贸出口稳定增长。

2.4　2020年国债发行分析

2.4.1　2020年我国国债总量规模

根据2020年初公布的本年财政预算数与2019年决算数的比较,可以看出,2020年中央财政总收入的增长率为-0.9%,比上年度降低了6.7个百分点,而中央财政总支出的增长率是7.8%,比上年度增加了0.2个百分点;从财政赤字的角度来看,2020年的赤字较2019年增加了近9 500亿元,比上年增加了51.9%;国债余额增长率26.8%,增幅增加了9.7个百分点(见表2.5)。

表2.5　　　　　　2019年和2020年财政收支及债务数据比较

项目	2019年决算数(亿元)	2020年预算数(亿元)	增长率(%)
中央财政总收入	92 499.41	91 650	-0.9
中央财政总支出	110 799.41	119 450	7.8
中央财政赤字	18 300	27 800	51.9
中央财政国债余额	168 038.04	213 008.35	26.8

注:中央财政总收入包括中央一般公共预算收入、从中央预算稳定调节基金调入收入、从中央政府性基金预算、中央国有资本经营预算调入收入;中央财政总支出包括中央一般公共预算支出(包括本级支出、对地方税收返还和转移支付)和补充中央预算稳定调节基金支出。

资料来源:财政部《关于2019年中央和地方预算执行情况与2020年中央和地方预算草案的报告》。

在国债余额管理制度下,经全国人民代表大会批准,2020年末国债余额限额为 213 008.35 亿元。而根据 2020 年初公布的《2020 和 2021 年中央财政国债余额情况表》,2020 年末中央财政债务余额实际数为 208 905.87 亿元,比预算数少 1.93%,与 2019 年决算数相比增长 24.3%。

2.4.2　2020 年国债余额结构分析

从国债余额内外债构成来看,2020 年末中央财政债务余额中,内债为 206 290.31 亿元,外债为 2 615.56 亿元,分别占全部国债余额的 98.75% 和 1.25%。近五年内内债与外债占全部国债余额的比例见表 2.6。

表 2.6　　　近五年我国国债余额中内债余额与外债余额所占比例　　　单位:%

债务类型	2016 年	2017 年	2018 年	2019 年	2020 年
内债	98.95	99.02	99.07	98.81	98.75
外债	1.05	0.98	0.93	1.19	1.25

资料来源:《2020 和 2021 年中央财政国债余额情况表》。

由表 2.6 看出,我国外债在全部债务余额中仅占 1% 左右,并且占比先降后升。

2.4.3　2020 年国债发行品种结构分析

2020 年我国发行国债 70 907.87 亿元,同比增加 29 073.16 亿元。其中,储蓄国债 1 769.79 亿元,同比减少 2 228.45 亿元;记账式国债 69 138.08 万亿元,同比增加 31 301.61 亿元(见图 2.7)。

2.4.4　2020 年国债发行期限结构分析

通常,政府发行的债券会具有多种不同的期限,我国的国债也是如此。储蓄国债包括凭证式国债和电子式国债,期限包括 3 年、5 年期。2020 年发行 8 次储蓄国债,包括 4 次凭证式国债和 4 次电子式国债,筹资占比分别为 38.5%、61.5%,3 年、5 年期国债占比分别为 52.1%、47.9%;平均发行期限 3.96 年,比 2019 年缩短 0.01 年。记账式国债包括关键期限国债、非关键期限国债以及抗疫特别国债,2020 年关键期限国债包括 1 年、2 年、3 年、5 年、7 年和 10 年六个期限品种,非关键期限国债包括 91 天和 182 天短期国债、30 年和 50 年超长期国债,抗疫特别国债包括 5 年、7 年和 10 年三个期限品种。2020 年发行 186 次

储蓄国债,1 769.79亿元

记账式国债,69 138.08亿元

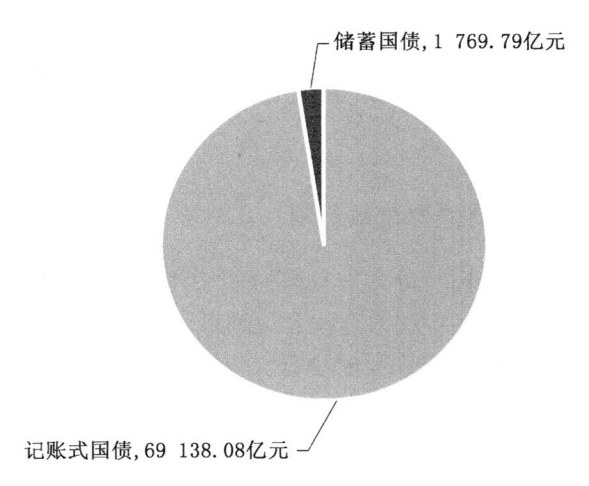

图 2.7　2020 年国债发行品种结构

记账式国债,包括 93 次关键期限国债、77 次非关键期限国债(含 64 次短期国债)和 16 次抗疫特别国债,平均发行期限 7.03 年,比 2019 年缩短 0.59 年。

2.4.5　2020 年国债发行利率结构分析

国债是由中央政府发行并以国家财力和国家信誉为保证的债券,是债券市场中信誉最高、安全性最好、风险最小的债券品种。按照市场上收益与风险对等的原则,国债利率在市场利率体系中往往是较低的,并可以作为基准利率供市场参照。不过,目前我国国债主要分为可以上市交易的记账式国债和不可以上市交易的凭证式国债及储蓄国债。记账式国债通过招标方式发行,其利率已经市场化;凭证式国债和储蓄国债由于不流通,因此发行时票面利率由财政部比照银行同期限储蓄存款利率设计。

2020 年,储蓄国债平均发行利率 3.88%,比 2019 年降低 0.25 个百分点。记账式国债平均发行利率 2.66%,分别比 2018 年、2019 年降低 0.58 个、0.26 个百分点。

2.5 2020年地方政府债券发行分析

2.5.1 我国地方政府债券改革历程

按照发行主体分类,公债可分为中央政府公债和地方政府公债。中央政府公债一般称为国债,其发行由中央政府决定,公债收入列入中央预算,由中央财政支配,还本付息由中央政府承担。地方政府公债一般称为地方债,由地方政府发行并偿还。考虑到财政风险因素,2015年以前我国《预算法》禁止地方政府发债。2015年新《预算法》实施后,正式赋予了地方政府发行债券的权利。但在这之前,我国已对地方政府发行债券有过多年的试点。

2015年1月,新《预算法》正式实施,其中第三十五条规定:经国务院批准的省、自治区、直辖市的预算中必需的建设投资的部分资金,可以在国务院确定的限额内,通过发行地方政府债券举借债务的方式筹措。举借债务的规模,由国务院报全国人民代表大会或者全国人民代表大会常务委员会批准。省、自治区、直辖市依照国务院下达的限额举借的债务,列入本级预算调整方案,报本级人民代表大会常务委员会批准。举借的债务应当有偿还计划和稳定的偿还资金来源,只能用于公益性资本支出,不得用于经常性支出。

2015年12月,财政部发文《关于对地方政府债务实行限额管理的实施意见》,规定对地方政府债务余额实行限额管理。年度地方政府债务限额等于上年地方政府债务限额加上当年新增债务限额(或减去当年调减债务限额),具体分为一般债务限额和专项债务限额。地方政府债务总限额由国务院根据国家宏观经济形势等因素确定,并报全国人民代表大会批准。年度预算执行中,如出现下列特殊情况需要调整地方政府债务新增限额,由国务院提请全国人大常委会审批:当经济下行压力大、需要实施积极财政政策时,适当扩大当年新增债务限额;当经济形势好转、需要实施稳健财政政策或适度从紧财政政策时,适当削减当年新增债务限额或在上年债务限额基础上合理调减限额。

2016年11月9日,财政部印发《地方政府专项债务预算管理办法》和《地方政府一般债务预算管理办法》,对地方政府专项债务和一般债务的筹措方式、使用范围、债务限额和余额、预算编制、预算执行和决算等事项进行了规范。

2017年3月23日,财政部印发《新增地方政府债务限额分配管理暂行办法》,规定新增地方政府一般债务限额、新增地方政府专项债务限额分别按照一般公共预算、政府性基金预算管理方式不同,单独测算。新增限额分配管理应当遵循立足财力水平、防范债务风险、保障融资需求、注重资金效益、公平公开透明的原则。

2017年5月16日,财政部、国土资源部印发《地方政府土地储备专项债券管理办法(试行)》。2017年6月26日,财政部、交通运输部印发《地方政府收费公路专项债券管理办法(试行)》。2017年6月,财政部印发《关于试点发展项目收益与融资自求平衡的地方政府专项债券品种的通知》。2018年3月1日,财政部、住房城乡建设部印发《试点发行地方政府棚户区改造专项债券管理办法》。多个文件对我国地方政府专项债券的管理办法进行了规定。

2018年8月14日,财政部印发《关于做好地方政府专项债券发行工作的意见》,表明为加快地方政府专项债券(以下简称专项债券)发行和使用进度,更好地发挥专项债券对稳投资、扩内需、补短板的作用,需要做到:加快专项债券发行进度;提升专项债券发行市场化水平;优化债券发行程序;简化债券信息披露流程;加快专项债券资金拨付使用;加强债券信息报送。

2018年7月30日和2018年8月14日,财政部分别印发了《地方政府债券公开承销发行业务规程》和《地方政府债券弹性招标发行业务规程》,对地方政府债券的公开承销发行业务和弹性招标发行业务进行了规范。

2018年12月20日,为进一步做好地方政府债务信息公开工作,增强地方政府债务信息透明度,自觉接受监督,防范地方政府债务风险,财政部发布《地方政府债务信息公开办法(试行)》,对地方政府债务信息公开提出了详尽、具体的要求。

2019年6月10日,中共中央办公厅、国务院办公厅印发了《关于做好地方政府专项债券发行及项目配套融资工作的通知》,进一步健全地方政府举债融资机制,推进专项债券管理改革,在较大幅度增加专项债券规模的基础上,加强宏观政策协调配合,保持市场流动性合理充裕,做好专项债券发行及项目配套融资工作,促进经济运行在合理区间。

2020年7月27日,财政部印发《关于加快地方政府专项债券发行使用有关工作的通知》,指出要贯彻落实国务院常务会议部署,用好地方政府专项债券,加强资金和项目对接、提高资金使用效益,做好"六稳"工作、落实"六保"任务,做到合理把握专项债券发行节奏,科学合理确定专项债券期限,优化新增专项债券资金投向,依法合规调整新增专项债券用途,严格新增专项债券使用负面清单,加快新增专项债券资金使用进度,依法加大专项债券信息公开力度,健全通报约谈机制和监督机制。

2.5.2 2020年我国地方政府债券总量分析

截至2020年末,全国地方政府债务余额256 615亿元,控制在全国人大批准的限额之内。其中,一般债务127 395亿元,专项债务129 220亿元;政府债券254 864亿元,非政府债券形式存量政府债务1 751亿元。如图2.8所示,2016—2020年,地方政府专项债券和一般债券的余额均持续上升,地方政府的债务负担率变化呈"U"形,在2020年达到最低值,为25.3%。

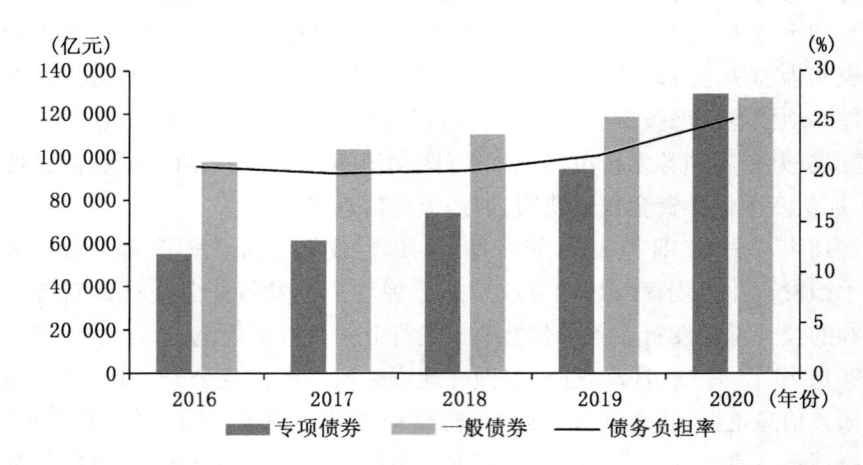

资料来源:财政部公告。

图2.8 2016—2020年地方政府债券余额和债务负担率

2.5.3 2020年我国地方政府债券发行规模分析

2020年,全国发行地方政府新增债券45 525亿元,其中发行一般债券9 506亿元,发行专项债券36 019亿元。2020年1—12月,全国发行地方政府再融资债券18 913亿元。其中,发行一般债券13 527亿元,发行专项债券5 386亿元。

全国36个省、自治区、直辖市、计划单列市及新疆生产建设兵团发行地方政府债券1 848只,共计64 438.12亿元。其中,一般债券23 033.65亿元,专项债券41 404.47亿元。按债券性质划分,新增债券45 524.85亿元,再融资债券18 913.27亿元。从发行进度看,1—12月,新增债券完成地方政府债务限额47 300.00亿元的96.25%。其中,一般债券9 506.15亿元,完成97.00%;专项债券36 018.70亿元,完成96.05%。

从地区来看,如图2.9所示,发行量超过2 000亿元的省份有8个,从大到小依次为广东、山东、江苏、四川、河北、浙江、湖北和河南,其中广东地区发行量最大,达3 105.82亿元,大连市的地方债发行规模最小,仅为91亿元。

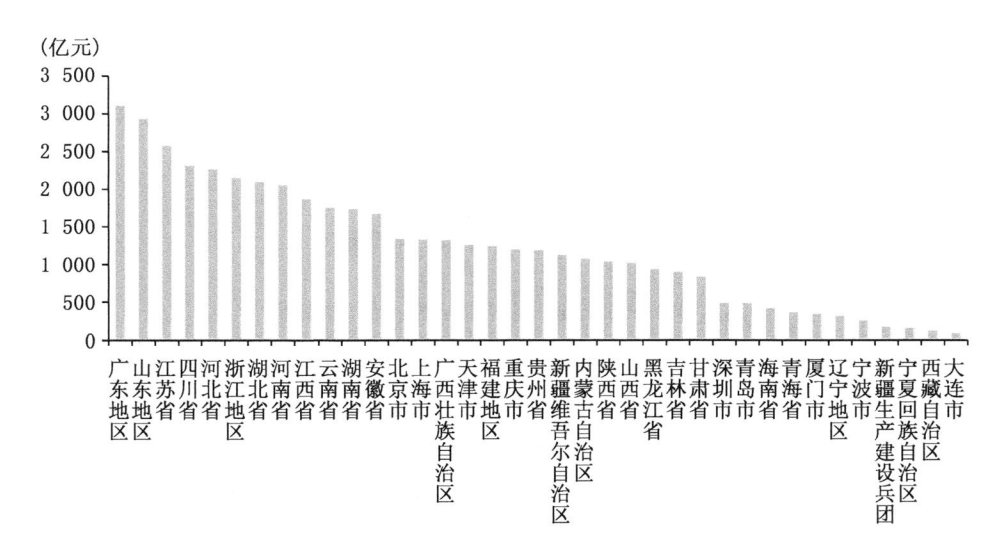

资料来源:财政部公告。

图2.9 2020年1—12月新增地方政府债券发行规模(分地区)

从发行时间来看,2020年地方债从1月份开始发行,全年来看,集中在1—3月、5月和8—9月发行(见图2.10),发行规模占全年的89.1%;而2019年地方债主要集中在1—3月和6—8月发行,发行规模占全年的90.8%。

2.5.4 2020年我国地方政府债券期限结构分析

2020年,地方政府债券平均发行期限14.7年,比2019年延长4.39年。其中,一般债券14.7年,专项债券14.6年。不同期限发行规模见表2.7。截至2020年末,地方政府债券剩余平均年限6.9年,其中一般债券6.3年,专项债

7.5 年。

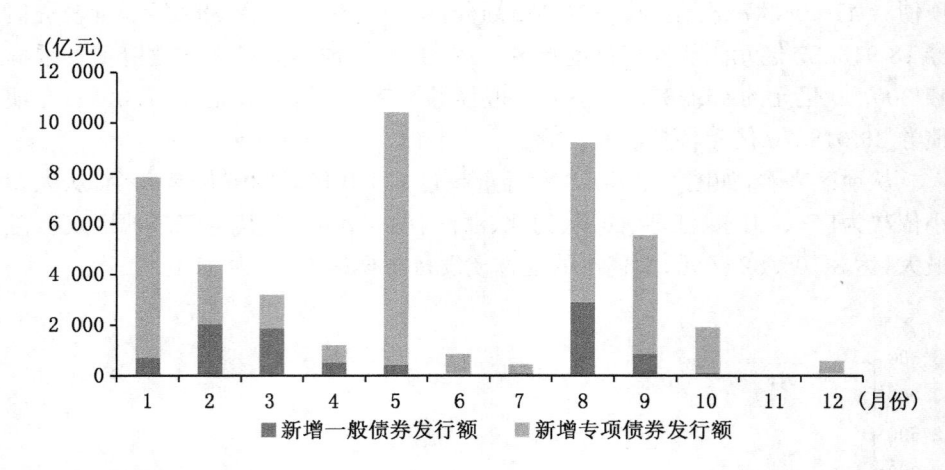

资料来源：财政部公告。

图 2.10　2020 年地方政府债券发行量（分月）

表 2.7　　　　　　　　2020 年 1—12 月地方政府债券发行额（分期限）

期限（年）	2	3	5	7	10	15	20	30
发行额（亿元）	34.07	1 305.84	6 646.97	7 066.25	19 897.31	10 335.87	7 146.08	12 005.73
一般债券（亿元）	34.07	1 014.97	3 306.27	2 932.28	6 432.65	1 917.88	1 648.73	5 746.8
专项债券（亿元）		290.87	3 340.7	4 133.97	13 464.66	8 417.99	5 497.35	6 258.93

资料来源：财政部官网。

2.5.5　2021 年我国地方政府债券利率结构分析

2020 年地方债券地方政府债券平均发行利率 3.40%，同比下降 7 个基点。其中，一般债券 3.34%，专项债券 3.44%。分期限看，2 年、3 年、5 年、7 年、10 年、15 年、20 年、30 年平均发行利率分别为 3.15%、2.85%、2.93%、3.22%、3.18%、3.60%、3.70%、3.86%。

截至 2020 年末，地方政府债券平均利率 3.51%，其中一般债券 3.51%，专项债券 3.50%。

2.6　2021年财政收入预期分析

2.6.1　2020年财政收入总结

回顾2020年财政收入的完成情况,主要有以下特点:

(1)从财政收入总量来看,2020年全国一般公共预算收入182 894.92亿元,比2019年下降3.9%。其中,中央一般公共预算收入82 771.08亿元,为预算的100%,下降7.3%;地方一般公共预算本级收入100 123.84亿元,下降0.9%。全国一般公共预算收入中的税收收入154 310亿元,占比为84.4%,同比增长1.4%;非税收入同比下降1.4%。

(2)从财政收入走势看,2020年各月全国财政收入较上年同期呈现"减—增—减"的增长态势,其中6—10月和12月份财政收入同比增长率为正,在12月份达到当年峰值17.44%;其余月份较上年均为负增长,其中3月份较上年同期同比增长率为-26.11%。

(3)从全国各地方政府的财政收入来看,2020年的增长情况相比2019年有所下降,绝大多数省份当年财政收入的增幅都较2019年的增长率有所降低。第一,从各地方政府2020年公共预算收入的数量来看,规模最大的为广东省,与上一年度相比增长2.1%,也是唯一超过万亿元的省份;规模最小的为西藏自治区,与上一年度相比降低0.5%。第二,公共预算收入超过5 000亿元的有6个省份,分别是广东省、江苏省、浙江省、上海市、山东省和北京市;公共预算收入不足千亿元的有5个省份,分别是西藏自治区、青海省、宁夏回族自治区、海南省和甘肃省。第三,从各地政府当年本级财政收入的增长率来看,青海省和四川省增速最快,内蒙古自治区、西藏自治区、宁夏回族自治区、陕西省、上海市、重庆市、山西省、吉林省、广西壮族自治区、北京市、新疆维吾尔自治区、黑龙江省、天津市、湖北省为负增长。第四,2020年本级一般公共预算收入增长速度与2019年相比提高最多的地区是吉林省;有23个省份的增速与上一年度相比有所回落。

(4)从财政收入构成比例分析,与上一年度相比,一般公共预算占比继续降低,由2019年的原来的53%下降为52%,社会保险基金收入占比下降2个百分点,政府性基金预算收入上升3个百分点。税收收入中证券交易印花税、契税、个人所得税、印花税的增长率较高。

(5)2020年末我国中央财政债务余额实际数为208 905.87亿元,比预算数少1.93%,与2019年决算数相比增长24.3%。2020年国债发行总额同比增加29 073.16亿元,其中储蓄国债同比减少、记账式国债同比增加。国债平均发行利率有所下降。2020年,国债余额约208 905.87亿元。

2.6.2　2021年财政收入预期

2021年是我国现代化建设进程中具有特殊重要性的一年,"十四五"开局,全面建设社会主义现代化国家新征程开启。当前和今后一个时期,我国发展仍然处于重要战略机遇期,我国已转向高质量发展阶段,制度优势显著,治理效能提升,经济长期向好,物质基础雄厚,人力资源丰富,市场空间广阔,发展韧性强劲,社会大局稳定,继续发展具有多方面优势和条件。同时,国际环境日趋复杂,不稳定性、不确定性明显增加,新冠肺炎疫情影响深远,经济全球化遭遇逆流,我国发展不平衡、不充分问题仍然突出,重点领域关键环节改革任务仍然艰巨,经济稳定恢复的基础还不牢固,防范化解风险的任务依然艰巨。从财政收入看,2020年国内生产总值增速和财政收入基数降低,预计2021年随着经济逐步恢复常态、价格指数反弹,财政收入将恢复性增长。但由于新增财政赤字、动用历年结转结余资金等一次性措施增加的收入大幅减少,不再发行抗疫特别国债,因而实际可用的财力总量增幅较低。

2021年积极的财政政策要提质增效、要可持续。一方面,保持宏观政策的连续性、稳定性,保持对经济恢复的必要支持力度,兼顾稳增长和防风险需要,合理安排赤字、债务、支出规模,不急转弯,把握好时、度、效。另一方面,政策操作上更加精准有效,以更大力度调整优化支出结构,进一步完善政策实施机制,切实提升政策效能和资金效益。

综合各方面因素,预计2021年财政收入可能会实现恢复性增长。

3 2020年中国财政支出分析

3.1 2019年财政支出决算回顾

2019年,面对国内外风险挑战明显上升的复杂局面,在以习近平同志为核心的党中央坚强领导下,各级财政部门深入贯彻落实党中央、国务院决策部署,坚持稳中求进工作总基调,深入贯彻新发展理念,坚持以供给侧结构性改革为主线,推动高质量发展。总体来看,2019年预算执行情况较好,财政改革发展各项工作取得积极进展,为经济持续健康发展与社会和谐稳定提供了有力保障。

3.1.1 一般公共支出决算

2019年全国一般公共支出238 874.02亿元,完成预算的101.5%,较2018年增长8.1%。加上补充中央预算稳定调节基金1 269.16亿元,支出总量为240 143.18亿元。收支总量相抵,赤字27 600亿元,与预算持平。①

3.1.1.1 中央一般公共支出决算情况

首先,从中央一般公共支出决算的总体情况来看,2019年中央一般公共支出109 530.25亿元,完成预算的98.4%,增长7%;其中,中央本级支出35 115.15亿元,完成预算的99.2%,增长6%;对地方转移支付74 415.1亿元,完成预算的98.7%,增长7.5%。加上补充中央预算稳定调节基金1 269.16亿元,支出总量为110 799.41亿元。收支总量相抵,中央财政赤字18 300亿元,与预算持平。

其次,从中央一般公共支出决算的具体结构来看(见表3.1),完成预算低于

---

① 全国一般公共预算支出大于收入的差额=支出总量(全国一般公共预算支出+补充中央预算稳定调节基金)-收入总量(全国一般公共预算收入+全国财政使用结转结余及调入资金)。

100%的支出项目包括一般公共服务支出、外交支出、科学技术支出、文化旅游体育与传媒支出、商业服务业等支出、金融支出、自然资源海洋气象等支出、其他支出、债务付息支出、一般性转移支付、专项转移支付11项,除以上11项支出外,其他各项支出均完成或超额完成年初预算。在超额完成年初预算的支出中,除节能环保支出、农林水支出、灾害防治及应急管理支出分别超出16.1%、17.9%、30.3%以外,其余支出超出预算均不超过10%。

最后,从中央一般公共支出决算的增长速度来看(见表3.1),2019年中央一般公共预算支出同比下降的项目包括一般公共服务支出、节能环保支出、农林水支出、自然资源海洋气象等支出、粮油物资储备支出、其他支出6项,除以上6项支出以外,其余各项支出均同比有所增长。其中,增幅超过20%以上的有卫生健康支出、灾害防治及应急管理支出、债务发行费用支出、专项转移支付,增幅分别达到34.5%、41.5%、20.9%、23.1%,除此之外其余各项支出同比增幅均在0~20%。

表3.1　　　　　　　　2019年中央一般公共预算支出决算

项　目	预算数 (亿元)	决算数 (亿元)	决算数为 预算数的%	决算数为上年 决算数的%
一、中央本级支出	35 395.00	35 115.15	99.2	106.0
一般公共服务支出	1 990.46	1 985.16	99.7	96.8
外交支出	627.10	615.39	98.1	105.4
国防支出	11 898.76	11 896.56	100.0	107.5
公共安全支出	1 797.80	1 839.45	102.3	110.8
教育支出	1 835.13	1 835.88	100.0	106.0
科学技术支出	3 543.12	3 516.18	99.2	112.5
文化旅游体育与传媒支出	309.54	308.84	99.8	110.5
社会保障和就业支出	1 135.71	1 231.53	108.4	105.6
卫生健康支出	243.58	247.72	101.7	134.5
节能环保支出	362.68	421.19	116.1	98.5
城乡社区支出	83.40	91.61	109.8	106.1
农林水支出	451.66	532.34	117.9	90.3

续表

项　目	预算数（亿元）	决算数（亿元）	决算数为预算数的%	决算数为上年决算数的%
交通运输支出	1 355.18	1 422.32	105.0	108.3
资源勘探信息等支出	326.35	355.26	108.9	102.8
商业服务业等支出	87.21	82.42	94.5	117.5
金融支出	947.72	943.72	99.6	111.6
自然资源海洋气象等支出	314.33	314.17	99.9	91.0
住房保障支出	560.22	561.84	100.3	106.2
粮油物资储备支出	1 177.15	1 204.05	102.3	87.7
灾害防治及应急管理支出	357.36	465.65	130.3	141.5
其他支出	952.79	632.23	66.4	76.5
债务付息支出	4 994.23	4 566.62	91.4	109.7
债务发行费用支出	43.52	45.02	103.4	120.9
二、中央对地方转移支付	75 399.00	74 359.86	98.6	107.4
一般性转移支付	67 763.10	66 798.16	98.6	105.8
专项转移支付	7 635.90	7 561.70	99.0	123.1
三、中央预备费	500.00			
中央一般公共预算支出	111 294.00	109 475.01	98.40	106.9
补充中央预算稳定调节基金		1 328.46		130.1

资料来源：财政部网站。

3.1.1.2　地方一般公共支出决算情况

首先，从地方一般公共支出决算的总体情况来看，2019年地方一般公共支出203 758.87亿元，为预算的102.2%，增长8.5%。收支总量相抵，地方财政赤字9 300亿元，与预算持平。

其次，从地方一般公共支出决算的具体结构来看（见表3.2），除外交支出、文化旅游体育与传媒支出、住房保障支出、粮油物资储备支出、灾害防治及应急管理支出、其他支出、债务发行费用支出以外，其余各项支出完成比例均等于或者高于100%。在超额完成预算的各项支出中，除金融支出与债务付息支出超出幅度分别达到24.3%、20.0%以外，其余各项超出幅度均在0～10%区间范围之内。此外需要说明的是,以上各项支出中包括地方用中央税收返还和转移支付资金安排的支出。

最后,从各主要支出项目的增长速度来看(见表3.2),增长幅度前三位分别为金融支出、债务付息支出、节能环保支出,增长幅度分别达到25.8%、19.6%、18.7%。

表 3.2 2019年地方一般公共预算支出决算

项 目	预算数（亿元）	决算数（亿元）	决算数为预算数的%	决算数为上年决算数的%
一、一般公共服务支出	16 980.82	18 359.50	108.1	110.5
二、外交支出	18.32	2.11	11.5	11.8
三、国防支出	215.30	225.54	104.8	107.0
四、公共安全支出	11 980.99	12 062.48	100.7	105.8
五、教育支出	32 965.25	32 961.06	100.0	108.3
六、科学技术支出	5 590.49	5 954.61	106.5	114.4
七、文化旅游体育与传媒支出	3 841.47	3 777.47	98.3	103.1
八、社会保障和就业支出	27 906.71	28 147.55	100.9	108.7
九、卫生健康支出	16 318.60	16 417.62	100.6	108.8
十、节能环保支出	6 422.83	6 969.01	108.5	118.7
十一、城乡社区支出	23 787.50	24 803.63	104.3	112.6
十二、农林水支出	21 794.50	22 330.46	102.5	109.0
十三、交通运输支出	10 396.90	10 395.23	100.0	104.3
十四、资源勘探信息等支出	4 266.00	4 559.14	106.9	108.3
十五、商业服务业等支出	1 143.91	1 157.28	101.2	102.6
十六、金融支出	540.51	671.64	124.3	125.8
十七、援助其他地区支出	461.88	471.31	102.0	106.6
十八、自然资源海洋气象等支出	1 824.25	1 868.53	102.4	104.4
十九、住房保障支出	6 274.61	5 839.35	93.1	92.4
二十、粮油物资储备支出	710.34	693.06	97.6	101.2

续表

项目	预算数（亿元）	决算数（亿元）	决算数为预算数的%	决算数为上年决算数的%
二十一、灾害防治及应急管理支出	1 151.57	1 063.55	92.4	106.3
二十二、其他支出	1 502.48	1 116.56	74.3	75.1
二十三、债务付息支出	3 230.75	3 875.91	120.0	119.6
二十四、债务发行费用支出	23.02	20.62	89.6	89.7
地方一般公共预算支出	199 349.00	203 743.22	102.2	108.5

资料来源：财政部网站。

3.1.2 政府性基金支出决算

2019年，全国政府性基金预算支出91 364.8亿元，增长13.4%。下面我们分别说明中央与地方政府性基金的支出决算情况。

3.1.2.1 中央政府性基金支出决算情况

2019年，中央政府性基金预算支出4 178.86亿元，完成预算的91.9%，增长3.9%，其中，本级支出3 113.41亿元，对地方转移支付1 065.45亿元。支出金额超过300亿元的项目有：铁路建设基金支出554.9亿元、民航发展基金支出407.18亿元、中央水库移民扶持基金支出300.8亿元、中央特别国债经营基金财务支出632.92亿元、彩票公益金安排的支出717.56亿元、可再生能源电价附加收入安排的支出859.18亿元。2019年中央政府性基金支出的具体项目如表3.3所示。

表3.3　　　　　2019年中央政府性基金支出决算

项目	预算数（亿元）	决算数（亿元）	决算数为预算数的%	决算数为上年决算数的%
一、中央农网还贷资金支出	183.34	178.25	97.2	112.7
中央本级支出	183.34	178.25	97.2	112.7
二、铁路建设基金支出	573.80	554.90	96.7	98.2
中央本级支出	573.80	554.90	96.7	98.2
三、民航发展基金支出	545.77	407.18	74.6	85.2

续表

项目	预算数（亿元）	决算数（亿元）	决算数为预算数的%	决算数为上年决算数的%
中央本级支出	186.73	120.46	64.5	56.8
对地方转移支付	359.04	286.72	79.9	107.9
四、港口建设费安排的支出	193.62	186.07	96.1	97.4
中央本级支出	78.46	77.91	99.3	132.7
对地方转移支付	115.16	108.16	93.9	81.7
五、旅游发展基金支出	16.43	16.16	98.4	98.2
中央本级支出	2.42	2.15	88.8	118.1
对地方转移支付	14.01	14.01	100.0	95.7
六、国家电影事业发展专项资金安排的支出	12.23	12.23	100.0	115.7
中央本级支出	2.49	2.49	100.0	78.8
对地方转移支付	9.74	9.74	100.0	131.4
七、国有土地使用权出让金收入安排的支出	38.30	49.44	129.1	173.3
中央本级支出	38.30	49.44	129.1	173.3
八、国有土地收益基金安排的支出	0.31	0.01	3.2	33.3
中央本级支出	0.31	0.01	3.2	33.3
九、农业土地开发资金安排的支出	0.16	0.05	31.3	33.3
中央本级支出	0.16	0.05	31.3	33.3
十、中央水库移民扶持基金支出	300.91	300.80	100.0	140.1
中央本级支出	1.26	1.15	91.3	105.5
对地方转移支付	299.65	299.65	100.0	140.3
十一、中央特别国债经营基金财务支出	632.92	632.92	100.0	100.0
中央本级支出	632.92	632.92	100.0	100.0

续表

项目	预算数（亿元）	决算数（亿元）	决算数为预算数的%	决算数为上年决算数的%
十二、彩票公益金安排的支出	839.76	717.56	85.4	122.8
中央本级支出	642.89	522.66	81.3	126.5
对地方转移支付	196.87	194.90	99.0	113.9
十三、城市基础设施配套费安排的支出	0.35	2.57	734.3	626.8
中央本级支出	0.35	2.57	734.3	626.8
十四、国家重大水利工程建设基金安排的支出	177.69	175.74	98.9	78.1
中央本级支出	118.55	116.60	98.4	65.5
对地方转移支付	59.14	59.14	100.0	125.1
十五、核电站乏燃料处理处置基金支出	30.00	8.15	27.2	54.4
中央本级支出	30.00	8.10	27.0	54.3
对地方转移支付		0.05		83.3
十六、可再生能源电价附加收入安排的支出	866.10	859.18	99.2	102.4
中央本级支出	780.10	778.10	99.7	101.2
对地方转移支付	86.00	81.08	94.3	115.3
十七、船舶油污损害赔偿基金支出	2.04	0.17	8.3	106.3
中央本级支出	2.04	0.17	8.3	106.3
十八、废弃电器电子产品处理基金支出	38.60	34.84	90.3	153.2
中央本级支出	38.60	34.84	90.3	153.2
十九、彩票发行和销售机构业务费安排的支出	94.43	41.79	44.3	107.4
中央本级支出	82.43	29.79	36.1	102.2
对地方转移支付	12.00	12.00	100.0	123.2

续表

项目	预算数（亿元）	决算数（亿元）	决算数为预算数的%	决算数为上年决算数的%
二十、污水处理费安排的支出	0.40	0.83	207.5	
中央本级支出	0.40	0.83	207.5	
中央政府性基金支出	4 547.16	4 178.84	91.9	103.9
政府性基金预算调出资金	4.23	4.23	100.0	289.7

资料来源：财政部网站。

3.1.2.2 地方政府性基金支出决算情况

2019年，地方政府性基金预算支出88 534.38亿元，完成预算的91.8%，增长14.2%。其中支出额超过1 000亿元的有：国有土地使用权出让金收入安排的支出74 316.64亿元、国有土地收益基金安排的支出1 350.88亿元、城市基础设施配套费安排的支出1 816.44亿元、车辆通行费安排的支出2 950.05亿元。2019年地方政府性基金支出的具体情况如表3.4所示。

表3.4　　　　　　　　2019年地方政府性基金支出决算

项目	预算数（亿元）	决算数（亿元）	决算数为预算数的%	决算数为上年决算数的%
一、地方农网还贷资金支出	42.95	40.33	93.9	91.2
二、民航发展基金支出	359.04	284.85	79.3	107.7
三、海南省高等级公路车辆通行附加费安排的支出	25.34	42.84	169.1	126.8
四、港口建设费安排的支出	164.52	134.34	81.7	88.9
五、旅游发展基金支出	14.01	14.47	103.3	78.3
六、国家电影事业发展专项资金安排的支出	29.85	25.05	83.9	107.7
七、国有土地使用权出让金收入安排的支出	62 310.99	74 316.64	119.3	109.1
八、国有土地收益基金安排的支出	2 089.72	1 350.88	64.6	81.4

续表

项目	预算数（亿元）	决算数（亿元）	决算数为预算数的％	决算数为上年决算数的％
九、农业土地开发资金安排的支出	256.25	86.11	33.6	68.4
十、中央水库移民扶持基金支出	299.65	285.49	95.3	119.2
十一、彩票公益金安排的支出	903.14	726.02	80.4	101.2
十二、城市基础设施配套费安排的支出	2 767.07	1 816.44	65.6	106.4
十三、地方水库移民扶持基金支出	56.98	30.56	53.6	59.9
十四、国家重大水利工程建设基金安排的支出	115.39	140.65	121.9	94.5
十五、核电站乏燃料处理处置基金支出		0.05		83.3
十六、车辆通行费安排的支出	1 455.35	2 950.05	202.7	122.8
十七、可再生能源电价附加收入安排的支出	86.00	80.85	94.0	115.1
十八、彩票发行和销售机构业务费安排的支出	195.55	145.28	74.3	91.9
十九、污水处理费安排的支出	596.54	551.19	92.4	116.2
二十、其他政府性基金支出	501.35	5 512.29		509.2
二十一、地方政府专项债券安排的支出	21 500.00			
二十二、地方政府专项债券付息支出	2 610.42			
二十三、地方政府专项债券发行费用支出	26.06			
地方政府性基金支出	96 406.17	88 534.38	91.8	114.2
收入大于支出		14 509.01		173.5

资料来源：财政部网站。

3.1.3 国有资本经营支出决算

2019年全国国有资本经营预算支出2 287.43亿元,增长6.2%。下面我们分别说明中央与地方国有资本经营支出决算情况。

3.1.3.1 中央国有资本经营支出决算情况

2019年中央国有资本经营预算支出1 108.8亿元,完成预算的88.4%,同比增长0.4%,其中,本级支出986.55亿元,对地方转移支付122.25亿元。调入一般公共预算389.77亿元,结转下年支出144.09亿元。具体情况如表3.5所示。

表3.5　　　　　　　　　　2019年中央国有资本经营支出决算

项目	预算数（亿元）	决算数（亿元）	决算数为预算数的%	决算数为上年决算数的%
一、国有资本经营预算补充社保基金支出	0.25	0.43	172.0	3.2
中央本级支出	0.25	0.43	172.0	3.2
二、解决历史遗留问题及改革成本支出	529.49	609.12	115.0	128.7
中央本级支出	411.49	486.87	118.3	123.8
对地方转移支付	118.00	122.25	103.6	152.7
三、国有企业资本金注入	386.67	361.41	93.5	111.3
中央本级支出	386.67	361.41	93.5	111.3
四、国有企业政策性补贴	82.07	83.66	101.9	103.2
中央本级支出	82.07	83.66	101.9	103.2
五、金融国有资本经营预算支出	250.00	34.74	13.9	17.3
中央本级支出	250.00	34.74	13.9	17.3
六、其他国有资本经营预算支出	5.49	19.44	354.1	160.3
中央本级支出	5.49	19.44	354.1	160.3
中央国有资本经营支出	1 253.97	1 108.80	88.4	100.4

续表

项目	预算数（亿元）	决算数（亿元）	决算数为预算数的%	决算数为上年决算数的%
国有资本经营预算调出资金	389.77	389.77	100.0	121.2
结转下年支出		144.09		

资料来源：财政部网站。

3.1.3.2 地方国有资本经营支出决算情况

2019年，地方国有资本经营预算支出1 308.86亿元，完成预算的103.5%，同比增长16%。细分来看，超出预算数最多的项目是国有企业政策性补贴，超出幅度达到57.3%。此外，金融国有资本经营预算支出仅完成预算的9.7%。具体情况如表3.6所示。

表3.6　　　　　　　　2019年地方国有资本经营支出决算

项　目	预算数（亿元）	决算数（亿元）	决算数为预算数的%	决算数为上年决算数的%
一、解决历史遗留问题及改革成本支出	342.42	253.14	73.9	94.0
二、国有企业资本金注入	634.89	749.00	118.0	123.2
三、国有企业政策性补贴	37.08	58.34	157.3	145.4
四、金融国有资本经营预算支出	51.39	5.01	9.7	87.0
五、其他国有资本经营预算支出	199.10	243.37	122.2	118.7
地方国有资本经营支出	1 264.88	1 308.86	103.5	116.0
国有资本经营预算调出资金	580.85	1 068.76	184.0	189.7
结转下年支出		80.49		

资料来源：财政部网站。

3.1.4　社会保险基金决算

2019年全国社会保险基金支出74 989.23亿元，增长11.3%。下面我们分别说明中央与地方社会保险基金支出决算情况。

3.1.4.1 中央社会保险基金支出决算情况

2019年中央社会保险基金支出663.31亿元,加上安排给地方的基本养老保险中央调剂基金支出6 273.8亿元,支出总量为6 937.11亿元。其中,失业保险基金支出超出预算最为明显,超出幅度达到40.1%。具体情况如表3.7所示。

表3.7　　　　　　　　2019年中央社会保险基金支出决算

项　目	预算数（亿元）	决算数（亿元）	决算数为预算数的%	决算数为上年决算数的%
一、企业职工基本养老保险基金支出	313.90	320.82	102.2	109.5
二、城乡居民基本养老保险基金支出	0.38	0.39	102.6	118.2
三、机关事业单位基本养老保险基金支出	321.35	277.59	86.4	150.8
四、职工基本医疗保险基金支出	47.73	50.25	105.3	114.7
五、居民基本医疗保险基金支出	7.76	8.20	105.7	127.9
六、工伤保险基金支出	2.65	2.46	92.8	98.4
七、失业保险基金支出	2.57	3.60	140.1	150.0
中央社会保险基金支出小计	696.34	663.31	95.3	124.6
其中:社会保险待遇支出	693.41	653.39	94.2	123.8
中央调剂基金支出	4 844.60	6 303.00	130.1	260.2
扣除安排给中央单位的中央调剂基金	31.00	29.20	94.2	188.4
安排给地方的中央调剂基金支出	4 813.60	6 273.80	130.3	260.7
中央社会保险基金支出合计	5 509.94	6 937.11	125.9	236.0

资料来源:财政部网站。

3.1.4.2 地方社会保险基金支出决算情况

2019年地方社会保险基金支出74 077.47亿元,加上基本养老保险中央调剂基金支出6 280亿元,支出总量为80 357.47亿元。其中,失业保险基金支出增长幅度最大,同比增长达到 40.3%。具体情况如表 3.8 所示。

表 3.8 2019 年地方社会保险基金支出决算

项 目	预算数（亿元）	决算数（亿元）	决算数为预算数的%	决算数为上年决算数的%
一、企业职工基本养老保险基金支出	34 589.85	34 398.95	99.4	110.0
二、城乡居民基本养老保险基金支出	3 175.57	3 147.92	99.1	107.1
三、机关事业单位基本养老保险基金支出	13 378.71	13 749.30	102.8	110.0
四、职工基本医疗保险基金支出	12 535.24	12 439.53	99.2	110.7
五、居民基本医疗保险基金支出	7 898.29	8 262.85	104.6	113.8
六、工伤保险基金支出	785.88	798.20	101.6	110.5
七、失业保险基金支出	1 192.41	1 280.72	107.4	140.3
地方社会保险基金支出小计	73 555.95	74 077.47	100.7	110.8
其中:社会保险待遇支出	72 246.86	72 261.09	100.0	110.1
中央调剂资金支出	4 826.60	6 280.00	130.1	260.2
地方社会保险基金支出合计	78 382.55	80 357.47	102.5	116.0

资料来源:财政部网站。

3.2 2020 年财政支出预算安排

2020 年 5 月 22 日,在第十三届全国人民代表大会第三次会议上,财政部发布了《关于 2019 年中央和地方预算执行情况与 2020 年中央和地方预算草案的报告》,该报告对 2020 年一般公共预算、政府性基金预算、国有资本经营预算以及社会保险基金预算的安排情况进行了说明,下面我们对其支出安排情况进行简要分析。

3.2.1 一般公共支出预算安排情况

2020年,全国一般公共支出预算247 850亿元(含中央预备费500亿元),比上年执行数(扣除地方使用结转结余及调入资金)增长3.8%。赤字37 600亿元,比2019年增加10 000亿元。下面我们将分别说明中央与地方一般公共支出预算安排情况。

3.2.1.1 中央一般公共支出预算安排情况

从中央一般公共支出预算的总体情况来看,2020年中央一般公共支出预算119 450亿元,增长9.1%。其中,中央本级支出35 035亿元,下降0.2%;对地方转移支付83 915亿元,增长12.8%;中央预备费500亿元,与2019年预算持平。收支总量相抵,中央财政赤字27 800亿元,比2019年增加9 500亿元。

从中央一般公共支出预算的具体结构来看,2020年预算数比上年执行数增长最快的项目主要有国防支出、卫生健康支出、债务付息支出与债务发行费用支出,增长幅度分别达到6.6%、9.4%、18.2%、10.1%;2020年预算数比上年执行数下降最快的项目主要有商业服务业等支出、资源勘探工业信息等支出、金融支出与交通运输支出,下降幅度分别达到37.6%、27.9%、22%、20.6%。具体情况如表3.9所示。

表3.9   2020年中央一般公共预算支出预算

项目	2019年执行数（亿元）	2020年预算数（亿元）	预算数为上年执行数的%
一、中央本级支出	35 115.15	35 035.00	99.8
一般公共服务支出	1 985.16	1 721.76	86.7
外交支出	615.39	543.05	88.2
国防支出	11 896.56	12 680.05	106.6
公共安全支出	1 819.33	1 832.72	100.7
教育支出	1 835.88	1 699.09	92.5
科学技术支出	3 516.18	3 196.51	90.9
文化旅游体育与传媒支出	308.85	268.93	87.1
社会保障和就业支出	1 231.53	1 251.78	101.6
卫生健康支出	247.71	271.07	109.4

续表

项目	2019年执行数（亿元）	2020年预算数（亿元）	预算数为上年执行数的%
节能环保支出	420.80	331.71	78.8
城乡社区支出	91.61	74.96	81.8
农林水支出	532.70	453.14	85.1
交通运输支出	1 422.33	1 128.70	79.4
资源勘探工业信息等支出	355.25	256.01	72.1
商业服务业等支出	82.43	51.44	62.4
金融支出	943.72	736.21	78.0
自然资源海洋气象等支出	314.17	262.09	83.4
住房保障支出	581.96	611.80	105.1
粮油物资储备支出	1 204.07	1 216.18	101.0
灾害防治及应急管理支出	465.65	426.12	91.5
其他支出	632.23	572.68	90.6
债务付息支出	4 566.62	5 399.43	118.2
债务发行费用支出	45.02	49.57	110.1
二、中央对地方转移支付	74 415.10	83 915.00	112.8
一般性转移支付	66 845.10	70 107.62	104.9
专项转移支付	7 570.00	7 757.38	102.5
特殊转移支付		6 050.00	
三、中央预备费		500.00	
中央一般公共预算支出	109 530.25	119 450.00	109.1
补充中央预算稳定调节基金	1 269.16		

资料来源：财政部网站。

3.2.1.2 地方一般公共支出预算安排情况

2020年地方一般公共支出预算212 315亿元,增长4.2%。地方财政赤字9 800亿元,比2019年增加500亿元,通过发行地方政府一般债券弥补。需要说明的是,地方预算由地方各级人民政府编制,报同级人民代表大会批准,相关汇总数据并未在《关于2019年中央和地方预算执行情况与2020年中央和地方预算草案的报告》中列示,因而限于数据的可得性,本报告中未列示地方支出预算安排的详细科目数据。

3.2.2 政府性基金支出预算安排情况

2020年,汇总中央和地方预算,全国政府性基金预算支出126 123.59亿元,增长38%。中央政府性基金支出和地方政府性基金支出的预算安排情况分别如下。

3.2.2.1 中央政府性基金支出预算安排情况

2020年,中央政府性基金预算支出10 788.95亿元,其中,本级支出2 781.32亿元,下降10.7%;对地方转移支付8 007.63亿元,主要是抗疫特别国债安排的支出增加。从各项目的增长速度来看,增长最快的是核电站乏燃料处理处置基金支出,增长幅度高达335.3%,其次是国有土地收益基金安排的支出与农业土地开发资金安排的支出,增长幅度分别达到100%、40%,这主要是上年基数较小所致。此外,增长幅度较大的项目还包括彩票发行和销售机构业务费安排的支出与中央农网还贷资金支出,增长幅度分别为18.8%、13.2%。具体情况如表3.10所示。

表3.10　　　　　　　　2020年中央政府性基金支出预算

项　目	2019年执行数（亿元）	2020年预算数（亿元）	预算数为上年执行数的%
一、中央农网还贷资金支出	178.25	201.82	113.2
中央本级支出	178.25	201.82	113.2
二、铁路建设基金支出	554.90	550.96	99.3
中央本级支出	554.90	550.96	99.3
三、民航发展基金支出	407.18	416.83	102.4
中央本级支出	120.46	128.45	106.6
对地方转移支付	286.72	288.38	100.6
四、港口建设费安排的支出	186.07	184.96	99.4
中央本级支出	77.91	81.79	105.0
对地方转移支付	108.16	103.17	95.4

续表

项　目	2019年执行数（亿元）	2020年预算数（亿元）	预算数为上年执行数的%
五、旅游发展基金支出	16.16	10.96	67.8
中央本级支出	2.15	0.87	40.5
对地方转移支付	14.01	10.09	72.0
六、国家电影事业发展专项资金安排的支出	12.23	2.97	24.3
中央本级支出	2.49	2.00	80.3
对地方转移支付	9.74	0.97	10.0
七、国有土地使用权出让金收入安排的支出	49.47	53.28	107.7
中央本级支出	49.47	53.28	107.7
八、国有土地收益基金安排的支出	0.01	0.02	200.0
中央本级支出	0.01	0.02	200.0
九、农业土地开发资金安排的支出	0.05	0.07	140.0
中央本级支出	0.05	0.07	140.0
十、中央水库移民扶持基金支出	300.80	286.09	95.1
中央本级支出	1.15	1.21	105.2
对地方转移支付	299.65	284.88	95.1
十一、中央特别国债经营基金财务支出	632.92	632.92	100.0
中央本级支出	632.92	632.92	100.0
十二、彩票公益金安排的支出	717.56	315.11	43.9
中央本级支出	522.66	175.11	33.5
对地方转移支付	194.90	140.00	71.8
十三、城市基础设施配套费安排的支出	2.56	2.31	90.2

续表

项　目	2019 年执行数（亿元）	2020 年预算数（亿元）	预算数为上年执行数的 %
中央本级支出	2.56	2.31	90.2
十四、国家重大水利工程建设基金安排的支出	175.74	93.71	53.3
中央本级支出	116.60	12.47	10.7
对地方转移支付	59.14	81.24	137.4
十五、核电站乏燃料处理处置基金支出	8.15	35.48	435.3
中央本级支出	8.10	35.48	438.0
对地方转移支付	0.05		
十六、可再生能源电价附加收入安排的支出	859.18	923.55	107.5
中央本级支出	778.10	838.65	107.8
对地方转移支付	81.08	84.90	104.7
十七、船舶油污损害赔偿基金支出	0.17	2.18	
中央本级支出	0.17	2.18	
十八、废弃电器电子产品处理基金支出	34.84	25.64	73.6
中央本级支出	34.84	25.64	73.6
十九、彩票发行和销售机构业务费安排的支出	41.79	49.65	118.8
中央本级支出	29.79	35.65	119.7
对地方转移支付	12.00	14.00	116.7
二十、污水处理费安排的支出	0.83	0.44	53.0
中央本级支出	0.83	0.44	53.0
二十一、抗疫特别国债支出		7 000.00	
对地方转移支付		7 000.00	

续表

项　目	2019年执行数（亿元）	2020年预算数（亿元）	预算数为上年执行数的%
中央政府性基金支出	4 178.86	10 788.95	258.2

资料来源：财政部网站。

3.2.2.2 地方政府性基金支出预算安排情况

2020年地方政府性基金预算支出 123 342.27 亿元，增长 39.8%。需要说明的是，地方预算由地方各级人民政府编制，报同级人民代表大会批准，相关汇总数据并未在《关于 2019 年中央和地方预算执行情况与 2020 年中央和地方预算草案的报告》中列示，因而限于数据的可得性，本报告中未列示地方支出预算安排的详细科目数据。

3.2.3 国有资本经营支出预算安排情况

2020年，中央国有资本经营预算支出 1 258.21 亿元，增长 13.5%。地方国有资本经营预算支出 1 417.32 亿元，增长 9%。汇总中央和地方预算，全国国有资本经营预算支出 2 614.92 亿元，增长 14.3%。

表 3.11 列示了 2020 年中央国有资本经营支出预算安排情况的相关数据。可以发现，预算数较上年执行数增长幅度最大的项目为金融国有资本经营预算支出，增长幅度达到 303%。此外，值得注意的是，解决历史遗留问题及改革成本支出的预算数仅为上年执行数的 29.8%。最后，限于数据可得性，本报告中未列示地方国有资本经营支出的详细汇总数据。

表 3.11　　　　　　　　2020 年中央国有资本经营支出预算

项　目	2019年执行数（亿元）	2020年预算数（亿元）	预算数为上年执行数的%
一、国有资本经营预算补充社保基金支出	0.43	0.45	104.7
中央本级支出	0.43	0.45	104.7
二、解决历史遗留问题及改革成本支出	609.92	181.95	29.8
中央本级支出	487.67	121.34	24.9
对地方转移支付	122.25	60.61	49.6

续表

项 目	2019年执行数（亿元）	2020年预算数（亿元）	预算数为上年执行数的%
三、国有企业资本金注入	361.41	586.26	162.2
中央本级支出	361.41	586.26	162.2
四、国有企业政策性补贴	83.66	86.16	103.0
中央本级支出	83.66	86.16	103.0
五、金融国有资本经营预算支出	34.74	140.00	403.0
中央本级支出	34.74	140.00	403.0
六、其他国有资本经营预算支出	18.64	263.39	
中央本级支出	18.64	263.39	
中央国有资本经营支出	1108.80	1258.21	113.5
国有资本经营预算调出资金	389.77	577.50	148.2
结转下年支出	144.06		

资料来源：财政部网站。

3.2.4 社会保险基金预算安排情况

全国社会保险基金预算按险种分别编制，包括：基本养老保险基金（含企业职工基本养老保险、城乡居民基本养老保险）、基本医疗保险基金（含城镇职工基本医疗保险、城镇居民基本医疗保险和新型农村合作医疗）、工伤保险基金、失业保险基金、生育保险基金等社会保险基金。汇总中央和地方预算，2020年全国社会保险基金支出82 284.11亿元，增长9.7%。其中，中央社会保险基金支出预算1 407.82亿元，加上安排给地方的基本养老保险中央调剂基金支出7 370.05亿元，支出总量为8 777.87亿元。具体情况如表3.12所示。另外，限于数据可得性，本报告中未列示地方社会保险基金支出的详细汇总数据。

表 3.12　　　　　　　　　　2020 年中央社会保险基金支出预算

项　目	2019 年执行数（亿元）	2020 年预算数（亿元）	预算数为上年执行数的 %
一、企业职工基本养老保险基金支出	320.71	343.14	107.0
二、城乡居民基本养老保险基金支出	0.42	0.49	116.7
三、机关事业单位基本养老保险基金支出	276.90	993.62	358.8
四、职工基本医疗保险基金支出	50.25	53.94	107.3
五、城乡居民基本医疗保险基金支出	8.28	8.83	106.6
六、工伤保险基金支出	2.67	2.78	104.1
七、失业保险基金支出	3.97	5.02	126.4
中央社会保险基金支出小计	663.20	1 407.82	212.3
其中:社会保险待遇支出	654.24	1 400.90	214.1
中央调剂基金支出	6 303.00	7 399.72	117.4
扣除安排给中央单位的中央调剂基金	29.20	29.67	101.6
安排给地方的中央调剂基金支出	6 273.80	7 370.05	117.5
中央社会保险基金支出合计	6 937.00	8 777.87	126.5

资料来源:财政部网站。

3.3　2020 年公共财政支出规模分析

3.3.1　预算完成情况

在预算完成方面(见表 3.13),2020 年 1—12 月份全国一般公共预算累计支出 245 588.03 亿元,完成预算的 99.1%,增长 2.8%。分中央和地方看,中央一般公共预算支出118 410.87亿元,完成预算的99.1%,增长8.2%。其中,本级支出35 095.57亿元,完成预算的100.2%(主要是国债付息支出增加),下降0.1%;对地方转移支付83 315.3亿元,完成预算的99.3%,增长12%。此外,地方一般公共预算支出210 492.46亿元,增长3.3%。

表3.13　　　　　　　　　2020年全国一般公共预算支出情况

类别		预算数		预算执行数	
		金额(亿元)	较2019年执行数增长(%)	金额(亿元)	较2019年执行数增长(%)
全国一般公共支出	总额	247 850	3.8	245 588	2.8
	全国赤字	37 600	36.2	37 600	36.2
中央一般公共支出	总额	119 450	9.1	118 411	8.2
	本级支出	35 035	−0.2	35 096	−0.1
	对地方的税收返还和转移支付	83 915	12.8	83 315	12.0
	中央赤字	27 800	51.9	27 800	51.9
地方一般公共支出	总额	212 315	4.2	210 492	3.3
	地方赤字	9 800	5.4	9 800	5.4

资料来源:财政部网站。

3.3.2　公共财政支出与收入关系分析

从全年来看(见表3.14),2020年全年累计全国一般公共预算支出245 588亿元,同比增长2.8%;中央财政加大对地方转移支付力度,全年下达对地方转移支付83 315.3亿元,较上年增长12%。同期公共财政收入182 895亿元,同比下降3.9%,主要原因在于2020年国内经济遭受疫情的冲击,经济增速有所放缓,非税收入与主要税收收入均出现下滑。例如,国内增值税56 791亿元,同比下降8.9%;国内消费税12 028亿元,同比下降4.3%;企业所得税36 424亿元,同比下降2.4%;进口货物增值税、消费税14 535亿元,同比下降8.1%。从收支差额来看,可以发现,2020年大多数月份收入均小于支出,全国一般公共预算支出全年累计超出全国一般公共预算收入62 693亿元,较2019年增加

14 201亿元。

表3.14　　　　　　　2020年1—12月财政支出与收入关系分析

月份	全国一般公共预算支出 金额（亿元）	全国一般公共预算支出 同比增长（%）	全国一般公共预算收入 金额（亿元）	全国一般公共预算收入 同比增长（%）	收支差额（亿元）
1—2	32 350	−2.9	35 232	−9.9	2 882
3	22 934	−9.4	10 752	−26.1	−12 182
4	18 312	7.5	16 149	−15.0	−2 163
5	16 685	−3.9	15 539	−10.0	−1 146
6	26 130	−14.4	18 504	3.2	−7 626
7	17 088	18.5	18 549	4.3	1 461
8	16 426	8.7	12 043	5.3	−4 383
9	25 260	−1.1	14 234	4.5	−11 026
10	14 254	19.0	17 531	3.0	3 277
11	18 407	15.9	10 956	−2.7	−7 451
12	37 742	16.4	13 406	17.4	−24 336
1—12月累计	245 588	2.8	182 895	−3.9	−62 693

注：收支差额根据当月财政收入减去支出得到。
资料来源：财政部网站。

另外，从历年财政支出增长率与收入增长率的关系来看（见图3.1），2008年、2009年财政收入增长率急剧下降，大大低于支出增长率，这主要是因为：一方面，2008年金融危机使得我国经济面临非常严峻的国际经济形势，财政收入增长率较之前明显放缓；另一方面，为应对这一严峻的经济形势，我国实施了积极的财政政策，财政支出增幅位居高位。2010年与2011年，财政收入大幅回升，收入增长率又超过了支出增长率；2011—2017年，除公共财政支出增长率在2015年和2017年有短期回升之外，公共财政收入和支出均基本呈下滑趋势。财政收入增长率这几年一直下滑的原因包括：一是工业生产、消费、投资、进出口、企业利润等指标增幅均不同程度回落，增值税、营业税、进口环节税收、企业所得税等主体税种增幅相应放缓。二是工业生产者出厂价格（PPI）持续下降，影响以现价计算的财政收入增长。三是房地产市场调整影响扩大，商品房销售额明显下滑,与之相关的房地产营业税、房地产企业所得税、契税、土地增值税等回落较多。四是扩大"营改增"试点范围等政策,在减轻企业负担的同时,对财政形成减收。伴随财政收入的放缓,财政支出增长率也有一定程度的降低。2018年在大力实施减税降费背景下,公共财政收入下降幅度不大,超年初预算0.1%完成执行,主要是因为经济运行总体平稳、稳中有进,发展质量和效益提升。2019年中央提出减税降费2万亿元目标,前三季度全国减税降费1.78万亿元,财政部预计全年完成2.3万亿元,但经济下行叠加减税降费导致财政形势尤其是地方财政极为严峻,前三季度税收收入负增长,下半年略有好转也接近零增长,全年公共财政收入增长3.8%,创近十年最低点。2020年受新冠肺炎疫情影响,国内经济增长有所放缓,主要税收收入与非税收收入均出现下滑,导致公共财政收入首次出现负向增长,与此同时公共财政支出增速也有所放缓,同比增长2.8%,较2019年下降5.3个百分点。

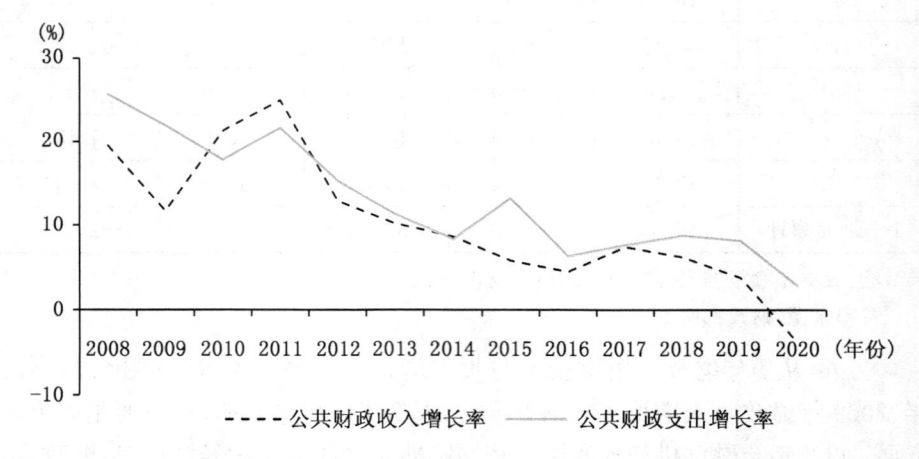

图 3.1　2008—2020 年公共财政收入增长率与支出增长率

3.3.3　公共财政支出与 GDP 关系分析

表 3.15 反映了我国 2008—2020 年公共财政支出、GDP 增长率与公共财政支出占 GDP 的比重情况。从中可以看出:

第一,我国公共财政支出增长率受到经济增长状况的影响,但当经济增长趋缓时,财政支出增长率也相应下降,但财政支出增长率的下降存在 1~2 期的滞后,并且下降幅度要远低于 GDP 的下降情况。相反,当 GDP 增长率上升时,财政支出的增速立即回升。

第二,除 2016 年外,我国公共财政支出增长率均超过 GDP 增长率,这主要是因为:当经济增长速度放缓时,政府往往趋向于采用扩张性政策以刺激经济,因此在经济增长放缓时,财政支出的增长速度反而提高;当经济增长速度提高时,由于财政刚性,财政支出的增速即使下降,亦不会有大幅度的降低,同时由于棘轮效应的存在,在经济增长较快时,财政支出也无法大幅度下降,从而使得在绝大多数年份,公共财政支出的增长速度都超过 GDP 的增长速度。

第三,2008—2016 年,公共财政支出占 GDP 比重呈逐年增加态势,由不足 20% 一度上升到 25% 以上。2017—2020 年公共财政支出占 GDP 比重一直徘徊在 24%~25%,呈现出稳中略降的趋势,但总体数值变化不到 1 个百分点。

表 3.15　　　　　2008—2020 年公共财政支出与 GDP 的关系　　　　单位:%

年份	增长率		公共财政支出占 GDP 比重
	公共财政支出	GDP	
2008	25.7	9.7	19.6
2009	21.9	9.2	21.9
2010	17.8	10.5	21.8
2011	21.6	9.3	22.4
2012	15.3	7.7	23.4
2013	11.3	7.7	23.6
2014	8.3	7.4	23.7
2015	13.2	6.9	25.6
2016	6.3	6.7	25.4
2017	7.6	6.9	24.7
2018	8.7	6.7	24.5
2019	8.1	6.1	24.1
2020	2.8	2.3	24.2

资料来源:根据财政部网站和国家统计局网站数据计算得到。

3.4 2020年公共财政支出结构分析

3.4.1 公共财政支出的月度结构

2020年1—12月份全国一般公共预算支出执行情况如表3.16所示。2020年全国一般公共预算支出245 588亿元,比2019年增加6 714亿元,增长2.8%。分季度来看,第一、第二、第三及第四季度的支出数额分别为55 284亿元、61 127亿元、58 774亿元和70 403亿元。从各月支出情况来看,每一季度中最后一个月的支出都比前两个月的支出要大,即在3月份、6月份、9月份与12月份都有较大的支出,这4个月支出所占的比重都是当季最高的,这反映了各预算单位在季末"突击花钱"的现象仍然存在。2020年12月份支出数额为37 742亿元,占全年总支出的比重为15.37%,这一比例相比前几年有所回升,这表明年末"突击花钱"的现象仍然存在[1],可能主要与各级在减税降费执行到年末,吃准了全年财政收入之后,再量入为出地执行支出项目有关。

表3.16　　　　　2020年1—12月全国一般公共预算支出及增长情况

月份	全国一般公共预算支出 (亿元)	比上年同期增加额 (亿元)	同比增长 (%)	所占比重 (%)
1—2	32 350	−964	−2.9	13.17
3	22 934	−2 381	−9.4	9.34
4	18 312	1 274	7.5	7.46
5	16 685	−671	−3.9	6.79
6	26 130	−4 385	−14.4	10.64
7	17 088	2 663	18.5	6.96
8	16 426	1 320	8.7	6.69
9	25 260	−283	−1.1	10.29

---

① 2010—2020年,12月份支出数额占全年总支出的比重分别为20.3%、18.6%、16.6%、17.9%、16.7%、14.5%、11.7%、13.2%、13.6%、15.4%,2017年之前呈逐年下降趋势,但2018年开始有所回升,但回升幅度不大。从纵向角度来看,我国财政支出的均衡性趋于提高。

续表

月份	全国一般公共预算支出（亿元）	比上年同期增加额（亿元）	同比增长（%）	所占比重（%）
10	14 254	2 279	19.0	5.80
11	18 407	2 531	15.9	7.50
12	37 742	5 331	16.4	15.37
1—12月累计	245 588	6 714	2.8	100.00

资料来源：财政部网站。

3.4.2 公共财政支出的结构分析

由于2020年地方一般公共预算支出决算情况尚未披露，我们接下来将主要对2020年中央一般公共预算支出决算情况进行分析。2020年中央一般公共预算支出的项目结构如表3.17所示。

表3.17　　　　　2020年中央一般公共预算支出决算情况　　　　单位：亿元

项目	决算数（亿元）	决算数为预算数的%	决算数为上年决算数的%	增长率排序	支出占比（%）
一、中央本级支出	35 095.57	100.2	99.9		
一般公共服务支出	1 735.21	100.8	87.4	13	4.94
外交支出	514.07	94.7	83.5	16	1.46
国防支出	12 679.92	100.0	106.6	4	36.13
公共安全支出	1 835.91	100.2	100.9	7	5.23
教育支出	1 673.64	98.5	91.2	11	4.77
科学技术支出	3 216.48	100.6	91.5	10	9.16
文化旅游体育与传媒支出	250.24	93.1	81.0	21	0.71
社会保障和就业支出	1 119.98	89.5	90.9	12	3.19
卫生健康支出	342.78	126.5	138.4	1	0.98
节能环保支出	344.26	103.8	81.8	20	0.98
城乡社区支出	77.25	103.1	84.3	15	0.22

续表

项　目	决算数（亿元）	决算数为预算数的%	决算数为上年决算数的%	增长率排序	支出占比（%）
农林水支出	503.32	111.1	94.5	8	1.43
交通运输支出	1 165.93	103.3	82.0	19	3.32
资源勘探工业信息等支出	308.85	120.6	86.9	14	0.88
商业服务业等支出	47.16	91.7	57.2	23	0.13
金融支出	639.05	86.8	67.7	22	1.82
自然资源海洋气象等支出	262.18	100.0	83.5	16	0.75
住房保障支出	606.58	99.1	104.2	5	1.73
粮油物资储备支出	1 224.57	100.7	101.7	6	3.49
灾害防治及应急管理支出	429.82	100.9	92.3	9	1.22
其他支出	527.21	92.1	83.4	18	1.50
债务付息支出	5 538.95	102.6	121.3	2	15.78
债务发行费用支出	52.21	105.3	116.0	3	0.15
二、中央对地方转移支付	83 217.93	99.2	111.9		
一般性转移支付	69 459.86	99.1	104.0		
专项转移支付	7 765.92	100.1	102.7		
特殊转移支付	5 992.15	99.0			
三、中央预备费					
中央一般公共预算支出	118 313.50	99.0	108.1		
补充中央预算稳定调节基金	1 137.22		85.6		

资料来源：根据财政部网站数据计算得到。

从预算完成情况来看，2020年中央本级支出中，超额完成20%以上的项目仅有卫生健康支出与资源勘探工业信息等支出项目，分别达到26.5%、20.6%。

此外,完成预算数额不足 90% 的项目主要有社会保障和就业支出与金融支出,分别为预算数的 89.5%、86.8%。从决算增长情况来看,2020 年中央本级支出中,较 2019 年增幅前三名的项目分别为卫生健康支出、债务付息支出与债务发行费用支出,增幅分别达到 38.4%、21.3%、16%。从各项目支出占比情况来看,2020 年中央本级支出中,占比前三名的分别为国防支出、债务利息支出、科学技术支出,占比分别达到 36.13%、15.78%、9.16%。

3.4.3 公共财政支出的上下级结构分析

表 3.18 反映了我国在 2001—2020 年中央本级和地方财政的支出数额及比重情况。从中可以看出:无论是中央本级还是地方,财政支出的数额都逐年递增,中央本级财政支出数额由 2001 年的 5 768 亿元增加至 2020 年的 35 096 亿元;同期地方财政支出数额由 13 135 亿元增加到 210 492 亿元。但从中央和地方财政支出占总支出的比例来看,2001—2011 年,中央本级财政支出占比由 30.5% 持续下降至 15.2%,而同期地方财政支出占比逐年增加,由 69.5% 增加到 84.8%,到 2012 年之后两项指标都基本趋于稳定。就这一财政支出结构而言,联系财政收入中中央政府占据较大的比例,说明中央对于地方的转移支付的力度很大,且有不断提升的趋势。中央转移支付力度的加大一方面有利于促进地方之间的平衡,但另一方面也说明中央对财政收入的控制能力不断加强,即"分税制"以来财政的"集权"程度反而是不断加强了,这对于地方积极性的提升存在一定的不利影响。

表 3.18　　　　　　　　中央本级和地方财政支出数额及比重

年份	绝对数(亿元)			比重(%)	
	全国	中央本级	地方	中央本级	地方
2001	18 903	5 768	13 135	30.5	69.5
2002	22 053	6 772	15 281	30.7	69.3
2003	24 650	7 420	17 230	30.1	69.9
2004	28 487	7 894	20 593	27.7	72.3
2005	33 930	8 776	25 154	25.9	74.1
2006	40 423	9 991	30 431	24.7	75.3
2007	49 781	11 442	38 339	23.0	77.0

续表

年份	绝对数（亿元）			比重（%）	
	全国	中央本级	地方	中央本级	地方
2008	62 593	13 344	49 248	21.3	78.7
2009	76 300	15 256	61 044	20.0	80.0
2010	89 874	15 990	73 884	17.8	82.2
2011	108 930	16 514	92 416	15.2	84.8
2012	125 712	18 765	106 947	14.9	85.1
2013	139 744	20 472	119 272	14.7	85.4
2014	151 662	22 570	129 092	14.9	85.1
2015	175 768	25 549	150 219	14.5	85.5
2016	187 841	27 404	160 437	14.6	85.4
2017	203 330	29 859	173 471	14.7	85.3
2018	220 906	32 708	188 198	14.8	85.2
2019	238 874	35 115	203 759	14.7	85.3
2020	245 588	35 096	210 492	14.3	85.7

资料来源：财政部网站和《中国财政年鉴》。

3.5 2020年财政支出重点项目分析

2020年，全国一般公共预算支出245 588亿元，同比增长2.8%。其中，中央一般公共预算本级支出35 096亿元，同比下降0.1%；地方一般公共预算支出210 492亿元，同比增长3.3%。主要支出科目方面，教育支出36 337亿元，同比增长4.4%；科学技术支出9 009亿元，同比下降4.9%；文化旅游体育与传媒支出4 233亿元，同比增长3.6%；社会保障和就业支出32 581亿元，同比增长10.9%；卫生健康支出19 201亿元，同比增长15.2%；节能环保支出6 317亿元，同比下降14.1%；城乡社区支出19 917亿元，同比下降20%；农林水支出23 904亿元，同比增长4.4%；交通运输支出12 195亿元，同比增长3.2%；债务付息支出9 829亿元,同比增长16.4%。综合考虑各项支出的数额大小以及增长情况,我们选取了教育支出、社会保障与就业支出、医疗卫生支出、住房保障支出、文化体育与传媒支出、农林水支出、扶贫支出以及国防支出作为重点项目进行分析。

3.5.1　教育支出

教育投入是支撑国家长远发展的基础性、战略性投资,是教育事业的物质基础,把教育摆在突出位置予以重点保障是公共财政的重要职能。多年来,各级财政部门积极采取措施进一步增加教育投入,努力拓宽财政性教育经费来源渠道,促进教育改革发展,全国财政性教育经费占GDP比例逐年提高,教育支出已经成为公共财政的第一大支出。各级财政部门落实教育经费法定增长要求,进一步加大财政教育投入。汇总公共财政预算、政府性基金预算中安排用于教育的支出以及其他财政性教育经费,2012年国家财政性教育经费支出占国内生产总值达到4%以上,这是我国自1993年提出国家财政性教育经费支出占GDP比重4%的战略目标后,首次实现这一目标。2020年,用于教育的全国财政支出为36 337亿元,同比增长4.4%。

2020年的教育支出主要用于推动教育公平发展和质量提升,稳定教育投入,优化投入结构,主要包括:①统一全国义务教育生均公用经费基准定额,将中西部地区标准提高到与东部一致。②支持深入实施义务教育薄弱环节改善与能力提升工作,基本消除城镇"大班额",基本补齐乡村小规模学校和乡镇寄宿制学校短板。③支持地方公办民办并举扩大普惠性学前教育资源,巩固完善幼儿资助制度。④加快推进高中阶段教育普及攻坚,促进职业教育高质量发展,加大对中西部高校的支持力度。

3.5.2　社会保障与就业支出

完善的社会保障体系是维护社会稳定和国家长治久安的重要保障。近年来,财政部门不断加大对社会保障和就业的支持力度,并取得了良好的效果。如新型农村社会养老保险覆盖范围扩大到60%以上地区,连续12年提高企业退休人员基本养老金,进一步健全企业职工基本养老保险省级统筹制度。此外,各地普遍建立了社会救助和保障标准与物价上涨挂钩的联动机制,落实优抚对象等人员抚恤和生活补助政策等。

2020年，全国财政安排社会保障和就业支出32 581亿元，同比增长10.9%。资金的使用方向主要有：①按照5%左右的幅度调整退休人员基本养老金水平，城乡居民基础养老金最低标准提高到93元。②企业职工基本养老保险基金中央调剂比例进一步提高至4%，22个中西部和老工业基地省份净受益1 768.45亿元。③保障养老金按时足额发放，实现企业养老保险基金省级统收统支。④提高优抚对象等人员抚恤和生活补助标准。⑤中央层面划转部分国有资本充实社保基金工作全面完成，共划转93家中央企业和金融机构国有资本总额1.68万亿元。

3.5.3 医疗卫生支出

医药卫生事业关系亿万人民健康，关系千家万户幸福，是重大民生问题。自2009年4月启动医改工作以来，各级财政部门优化财政支出结构，不断加大医疗卫生投入，为医改的成功推进提供了强有力的资金保障。通过政策创新和相应的制度安排，确保了医改的顺利实施。2009—2020年，我国医疗卫生体制改革与制度创新进展迅猛，医疗卫生事业得到快速发展，国家财政对医疗卫生投入不断增加，2009—2020年占财政支出的比例从4.4%提高到至7%~8%，全国财政医疗卫生支出预算安排自2014年首破万亿元大关后，继续保持增长。2020年全国财政继续加大在医疗卫生方面的支出，例如居民医保、基本公共卫生服务经费人均财政补助标准分别提高到每人每年550元、74元。2020年全年全国财政对医疗卫生的投入为19 201亿元，同比增长达到15.2%。

3.5.4 住房保障支出

努力让更多的人特别是低收入群体"居者有其屋"是我们党和国家的住房政策。自2008年起，政府加快建设保障性安居工程，并将其作为扩大内需的十项措施之首。特别是在2010年以后，中央财政对住房保障支出的预算数大幅增长，2010年政府新开工建设保障房580万套，2011年1 000万套，2012年700万套，2013年630万套，2014年700万套，2015年740万套。2020年，全国财政住房保障支出主要用于支持24个试点城市培育发展住房租赁市场，支持各地开工改造城镇老旧小区4.03万个等方面。

值得一提的是，为规范中央财政城镇保障性安居工程专项资金的使用和管理，提高资金使用效益，财政部、住房城乡建设部决定从2014年开始，将中央补助廉租住房保障专项资金、中央补助公共租赁住房专项资金和中央补助城市棚户区改造专项资金,归并为中央财政城镇保障性安居工程专项资金。

3.5.5 文化体育与传媒支出

文化是民族的血脉,是人民的精神家园。近年来,我国公共文化服务体系建设呈现出良好态势,覆盖城乡的公共文化设施网络基本形成,公共文化服务体系框架基本建立。在提高人民群众科学文化和思想道德素质、促进人的全面发展方面,发挥了重要作用。党的十七届六中全会对深化文化体制改革、推动社会主义文化大发展大繁荣作出了重要部署。为支持构建有利于文化繁荣发展的体制机制,促进社会主义文化大发展大繁荣,2020年,财政部门继续加大文化体育与传媒投入,全国财政安排文化体育与传媒支出4 233亿元,同比增长3.6%,资金主要用于推动文化体育事业发展,包括强化基层公共文化服务,支持5万余家博物馆、图书馆等公共文化设施免费开放。

3.5.6 农林水支出

"三农"问题是关系到我国经济和社会全面发展的根本问题。财政部门始终把支持解决"三农"问题作为重中之重来抓。2019年的"中央一号"文件连续第十六年聚焦"三农"。财政部门始终把支持解决好"三农"问题作为财政工作的重中之重,多年来,坚决贯彻落实党中央确定的"多予、少取、放活"的方针,不断完善支持农业农村发展的政策和机制,逐步建立健全财政强农惠农富农政策体系,有力地促进了农村经济社会发展和农民增收,具体体现在以下几个方面:

第一,以促进农民增收为核心,充分调动农民积极性。积极拓宽农民增收渠道,通过取消农业税、实行农业直接补贴、完善粮食收储体系等措施,促进实现农民连年增收。

第二,以转变农业发展方式为主线,支持提高农业综合生产能力。大力支持农业基础设施建设,推动农业科技创新,扶持优势特色产业发展,积极引导社会资金投入现代农业建设,努力提高粮食和农业综合生产能力。

第三,以着力保障农村民生为目标,建设农民幸福生活的美好家园。积极调整支出结构,加大对农村教育、卫生、社会保障和文化等方面的投入,将农村义务教育全面纳入公共财政保障范围,实现新型农村合作医疗制度和新型农村社会养老保险制度全覆盖,支持丰富农村文化生活。建立完善财政综合扶贫政策体系,促进提高农村贫困地区和贫困人口自我发展能力。

第四,以创新体制机制为抓手,为深化农村改革提供财力和政策支撑。积极推进乡镇机构、农村义务教育和县乡财政管理体制改革,支持集体林权制度改革,促进解放和发展农村生产力。

2020 年,中央财政用于"三农"的支出安排合计 23 904 亿元,同比增长 4.4%,主要用于:①增加产粮大县奖励,完善玉米、大豆生产者补贴和稻谷补贴政策。②支持新建高标准农田 8 000 万亩,实施东北黑土地保护性耕作 4 000 万亩。③支持统筹做好粮食库存消化和库存投放,优化储备结构。④扩大生猪养殖临时贷款贴息补助范围,促进生猪稳产保供。

3.5.7　扶贫支出

2020 年,中央财政专项扶贫资金连续第五年增加 200 亿元,达到 1 461 亿元,增长 15.9%,并向受疫情影响较重地区、挂牌督战地区倾斜。一次性增加综合性财力补助资金 300 亿元,支持地方脱贫攻坚补短板。加大对产业扶贫、就业扶贫的支持,着力解决"两不愁、三保障"突出问题。加强扶贫项目资金全过程绩效管理,健全部门协同、上下联动的资金监管机制。

3.5.8　国防支出

2020 年,中央预算安排国防支出 12 680 亿元,比上年执行数增长 6.6%,完成预算的 100%;国防费规模的确定既要适应国家经济社会发展水平,也要适应国防需求。作为经济总量世界第二的大国,我国国防支出总量相对较低。当前我国周边环境很不平静,恐怖主义等非传统安全威胁也不容忽视。这些必然要求我们加大国防建设投入,才能持续推进中国特色军事变革,为国家安全提供可靠保障。

3.6　财政支出总结与展望

3.6.1　2020 年财政支出总结

2020 年,面对严峻复杂的国内外环境,特别是新冠肺炎疫情的严重冲击,各级财政部门深入贯彻党中央、国务院决策部署,坚决落实积极的财政政策要更加积极有为的要求。整体来看,全国一般公共预算收入下降3.9%,好于预期。全国一般公共预算支出增长2.8%,增速较2019年有所放缓。中央和地方预算执行情况较好。全年财政支出运行主要呈现以下特点:

一是加大对地方的财力支持。安排中央对地方转移支付8.39万亿元,增长12.8%,增量和增幅为近年来最高,重点向革命老区、民族地区、边疆地区、贫困地区以及受疫情影响较大的地区倾斜,提高地方尤其是困难地区的财力水平,支持地方兜牢"三保"底线。

二是坚持政府过紧日子。中央部门带头精打细算、勤俭节约,本级支出负增长,其中非急需非刚性支出压减50%以上。督促地方大力压减一般性支出,强化"三公"经费管理,严格执行各项经费开支标准,严禁铺张浪费和大手大脚花钱,厉行节约办一切事业。

三是大力优化支出结构,重点领域支出得到有力保障。坚持有保有压,把严把紧预算支出关口,集中财力保障党中央、国务院各项决策部署的有效落实,重点支持疫情防控、脱贫攻坚、基层"三保"等领域。全国卫生健康支出增长15.2%,其中与疫情防控直接相关的公共卫生支出增长74.9%;农林水支出增长4.4%,其中扶贫支出在2019年增长14.3%的基础上又增长1.5%;社会保障和就业支出增长10.9%;住房保障支出增长10.5%;教育支出增长4.4%;交通运输支出增长3.2%。同时,加强绩效结果应用,坚决削减低效无效资金,切实将有限的资金用在刀刃上。

此外,预算执行和财政工作中还存在一些困难和问题,主要是:财政收入增长乏力,预算平衡难度加大,紧平衡特征进一步凸显;区域间财力不平衡,一些地方财政收支矛盾突出,部分市县财政收支运行紧张;一些地方项目储备不足、前期准备不充分不到位,影响了扩大有效投资等相关政策落实;一些领域存量项目固化僵化问题依然突出,调整优化支出结构力度还需加大;部分部门和单位预算绩效管理不够到位,全过程预算绩效管理的质量有待提升;违法违规新增地方政府隐性债务情况仍然存在,有的地方政府债务负担较重;随着人口老龄化程度加深及保险待遇稳步提高,社会保险基金的长期平衡压力逐步增大等。

3.6.2 2021年财政支出展望

2021年是我国现代化建设进程中具有特殊重要性的一年,"十四五"开局,全面建设社会主义现代化国家新征程正式开启。现阶段,我国发展仍然处于重要战略机遇期,我国已转向高质量发展阶段,制度优势显著,治理效能提升,经济长期向好,物质基础雄厚,人力资源丰富,市场空间广阔,发展韧性强劲,社会大局稳定,继续发展具有多方面优势和条件。同时,国际环境日趋复杂,不稳定性不确定性明显增加,新冠肺炎疫情影响广泛深远,经济全球化遭遇逆流,我国发展不平衡不充分问题仍然突出,重点领域关键环节改革任务仍然艰巨,经济稳定恢复的基础还不牢固,防范化解风险的任务依然艰巨。我们预计2021年的财政支出安排将会有如下特征:

第一,公共财政支出可能呈现一定程度的增幅,公共财政收入增速由负转正,财政赤字有所减少。2020年受新冠肺炎疫情影响,经济增长有所放缓,全国一般公共预算收入182 895亿元,比2019年下降3.9%。由于2020年国内生产总值增速和财政收入基数降低,预计2021年随着经济逐步恢复常态、价格指数反弹,财政收入将恢复性增长。与此同时,从财政支出看,2021年各领域资金需求加大,实施"十四五"规划、构建新发展格局,以及乡村振兴、污染防治、教育科技、应急救灾、基层"三保"、国防武警、债务付息等重点和刚性支出都需要加强保障,财政支出增长刚性较强,预计财政支出将继续小幅增长,但增幅可能小于2020年。综合来看,我们预计2021年国内公共财政赤字可能会有所减少。

第二,坚持政府过紧日子,继续进一步优化财政支出结构。一方面,行政管理支出等行政经费比重会下降。2012年国务院办公厅发布了《机关事务管理条例》,其中对公务接待费、公务用车购置和运行费、因公出国(境)费等机关运行经费、政府采购管理以及会议管理等方面做出了很多限制。2021年,在按照中央部门带头过紧日子有关要求,可以预计行政经费比重应会进一步下降。另一方面,公共财政支出将继续向医药卫生、社会保障以及住房保障等民生领域和薄弱环节倾斜。中央财政在增加对地方转移支付的同时,督促地方加大教育投入,落实国家财政性教育经费支出占国内生产总值比例一般不低于4%的要求。此外,还将稳步提高社会保障水平、强化卫生健康投入、支持发展文化事业和文化产业、加强自然灾害防治和救助等。

第三,增加中央对地方转移支付规模,政府预算体系将更加完善。从前面五年增加一般性转移支付规模、提高一般性转移支付比重的经验[1]以及预算扩

---

[1] 2007—2020年,一般性转移支付占转移支付总量的比例由2007年的50.8%提高到2020年的83.5%。2021年预算安排中,一般性转移支付增长7.8%,专项转移支付增长7.5%。

大的财政赤字规模来看，2021年我国转移支付中一般性转移支付的比重仍会进一步提高，用于支持地方落实教育、养老、医保等领域。同时，预计还会进一步加大专项转移支付的力度，集中资金引导地方落实党中央、国务院重大决策部署。此外，在政府预算体系方面，十八届三中全会明确提出要深化财税体制改革、建立现代财政制度。2014年6月，中央政治局会议审议通过《深化财税体制改革总体方案》，明确2016年基本完成深化财税体制改革重点工作和任务，2020年基本建立现代财政制度。由此我们推测，2021年我国政府将继续深化财税金融体制改革，在推进中央和地方收入划分改革、深化增值税改革等方面有所行动，建立全面规范、公开透明的现代预算制度，建立健全有利于科学发展、社会公平、市场统一的税收制度体系，调整中央和地方政府间财政关系，建立事权和支出责任相适应的制度，为建立现代财政制度打下坚实基础。

4 中国财政经济运行计量分析

4.1 概 述

本章采用计量经济模型对中国财政经济体系进行分析和评价。虽然时间序列数据的不连续、统计口径的不完全一致以及宏观经济变量的时间滞后性等,使得建立一个完整的财政经济计量模型体系存在着相当大的困难,但我们仍尝试构建计量模型,力图反映出我国财政经济体系主要变量的运动轨迹、变化规律以及它们之间的相互影响关系。

财政的良好运转在国民经济体系和社会发展中作用巨大。财政是实现国家宏观调控的重要手段之一,对实现资源的优化配置起着重要作用。通过国家对财政收支数量和方向的控制,有利于实现社会总需求和总供给的平衡及结构的优化,保证国民经济的持续、快速和健康发展。同时,财政也可以有力地促进科学、教育、文化、卫生事业的发展。此外,财政还可以通过税收和社会保障支出,对社会分配进行广泛的调节。可以说,财政问题渗透到一国经济和社会发展的方方面面,处理和分析财政问题仅仅从定性的角度去分析和理解是不充分的,往往还需要结合现实数据,从定量的角度进行探究和讨论,从而全面把握财政问题。从计量角度连续地对财政体系进行建模分析,可以宏观地描述和预测财政经济体系主要变量的未来取值、范围和趋势,从总体上把握我国财政经济体系的运行规律,为相关财税政策的制定提供理论依据。

在建模的设计中,为便于事后对预测精度进行分析,我们基本保证了所选择的预测指标与同名的官方统计指标有相同的统计口径,在此基础上尽可能准确地确定中国财政计量经济模型的变量。在模型结构设定和行为方程设计上,尽可能遵循中国财政和经济体系运行的客观过程和实际结构。在建模方法上,除了传统的最小二乘法之外,本章还运用了时间序列的协整理论分析。如果数据是平稳的,则采用传统的最小二乘法;而若数据是单位根过程,则采用协整估计和等价的误差矫正模型。

本章 4.2 节简要阐述基本的建模思路和方法,4.3 节简要介绍数据来源和统计描述,4.4 节列出中国财政计量经济模型,4.5 节展示计量分析结果。

4.2 经济模型构建的基本思路和方法

一般而言,构建经济系统模型遵循两种思路:一是基于机理(或者理论)的分析,在经济学理论的指导下,运用数理分析方法,对经济系统中关键因素之间所满足的守恒律或者因果关系予以描述,用意刻画各种因素之间的关联以及相互影响机制,从而反映出经济系统的运行状态。另一种是基于数据(或计量)的分析,主要利用经济系统中关键因素的时间数据或者空间数据,通过时间序列或者面板数据分析等计量工具,描述各个因素之间的相关性和因果律,从而反映经济系统中的关键指标或变量在时间、空间上的变化规律及其相互影响。目前,这两种建模思路有相互融合的趋势,或者说,仅仅依靠机理分析或者数据分析,都不能全面、客观地揭示出经济系统的复杂运行机制。

在计量方法的选取上,考虑到时间序列的伪回归以及经济惯性,本书采用如下方式处理:为降低数据的波动性,采取对变量的水平值取对数并适当加以差分以消除趋势,运用 ADF 检验法对时间序列进行变量平稳性检验。对平稳序列的处理则采用普通最小二乘法估计;而对非平稳序列的处理,采用线性协整估计,并给出其误差纠正形式。

4.3 数据来源及主要变量的描述统计分析

需要说明的是,由于我国 2007 年度财政支出分类科目进行了大规模的调整,与 2011 年的发展报告一样,在对财政支出的计量分析模型中,本书采用 2007 年以后的月度数据进行分析,此外,在财政计量分析模型中不包含预算外的收入和支出方程。最后,本书的计量建模和数据分析采用了 STATA 14.2 和

Eviews 8.0 软件,数据来源为中国经济信息网统计数据库(详见表 4.1)。

表 4.1　　　　　　　　　　　数据来源说明

数据名称	数据来源
财政总收入年度数据(1979—2020)	中经网统计数据库
税收总收入年度数据(1979—2020)	中经网统计数据库
中央财政收入年度数据(1979—2020)	中经网统计数据库
地方财政收入年度数据(1979—2020)	中经网统计数据库
国内生产总值年度数据(1979—2020)	中经网统计数据库
第二产业增加值年度数据(1980—2020)	中经网统计数据库
第三产业增加值年度数据(1980—2020)	中经网统计数据库
工业增加值年度数据(1985—2020)	中经网统计数据库
增值税收入年度数据(1985—2020)	中经网统计数据库
营业税收入年度数据(1985—2020)	中经网统计数据库
关税收入年度数据(1980—2020)	中经网统计数据库
进口总额年度数据(1980—2020)	中经网统计数据库
社会消费品零售总额年度数据(1985—2020)	中经网统计数据库
财政总支出年度数据(1979—2020)	中经网统计数据库
中央财政支出年度数据(1979—2020)	中经网统计数据库
地方财政支出年度数据(1979—2020)	中经网统计数据库
一般公共服务支出月度数据(2007.1—2018.12)	中经网统计数据库
教育支出月度数据(2007.1—2021.6)	中经网统计数据库
科学技术支出月度数据(2007.1—2021.6)	中经网统计数据库
社会保障支出月度数据(2007.1—2021.6)	中经网统计数据库
环境保护支出月度数据(2007.1—2021.6)	中经网统计数据库
医疗卫生支出月度数据(2007.1—2021.6)	中经网统计数据库
城乡社区事务支出月度数据(2007.1—2021.6)	中经网统计数据库
农林水事务支出月度数据(2007.1—2021.6)	中经网统计数据库
交通运输支出月度数据(2007.1—2021.6)	中经网统计数据库

对表 4.1 中的几个主要变量,特别是 GDP 和财政总收入、财政总支出数据,我们分别进行拟合。我国改革开放以来经济持续增长,相应的财政收入和支出也呈现出持续的增长,这可以从图 4.1 所示的简单散点图看出,而要准确估计财政收入、财政支出与 GDP 等主要变量之间的关系,则需要进一步的计量实证分析。

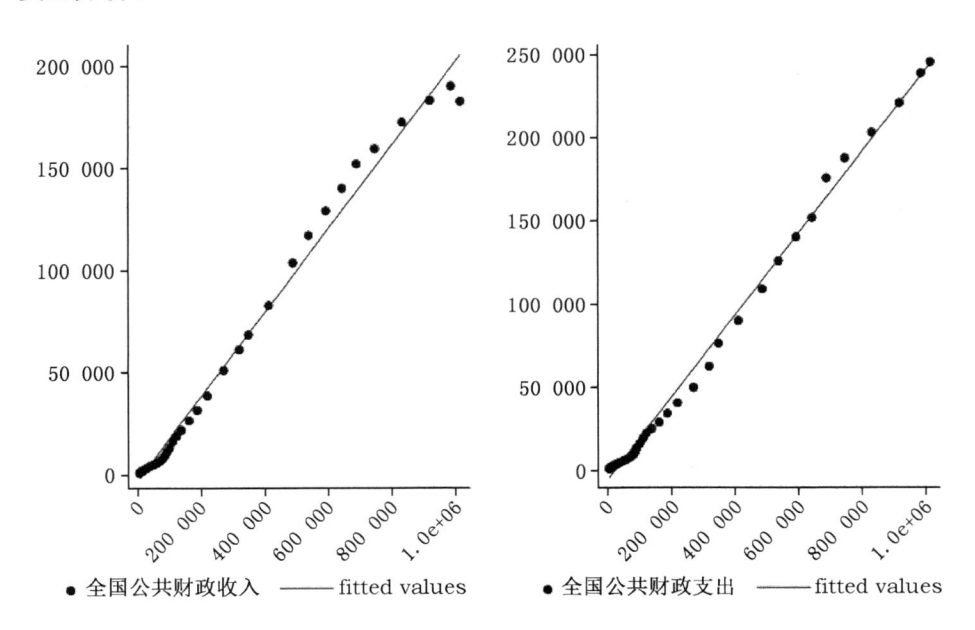

图 4.1　全国财政总收入和财政总支出与 GDP 的关系

4.4　中国财政计量经济模型的设定

4.4.1　财政收入计量经济模型

财政收入计量经济模型包括收入总量模型和收入增长模型。

4.4.1.1　收入总量模型中设计有 4 个方程

(1) 财政总收入和税收总收入之间的关系方程,财政总收入增量和税收总收入增量之间的关系方程;

(2)税收总收入与国内生产总值之间的关系方程,税收总收入增量与国内生产总值增量之间的关系方程;

(3)增值税收入和工业总产值增量之间的关系方程,增值税收入和最终消费之间的关系方程;

(4)关税收入与进口总额之间的关系方程。

4.4.1.2 收入增长模型中设计有4个方程

(1)中央财政收入增长率与地方财政收入增长率对财政总收入增长率的贡献作用分析方程;

(2)税收总收入增长率与国内生产总值增长率之间的关系方程;

(3)财政收入增长率与第二产业增加值及第三产业增加值之和的增长率之间的关系方程;

(4)财政收入增长率与营业税收入增长率、增值税收入增长率之间的关系方程。

4.4.2 财政支出计量经济模型

财政支出计量经济模型包括支出总量模型和支出增长模型。

4.4.2.1 支出总量模型中设计有10个方程

(1)财政总支出与财政总收入、国内生产总值之间的关系方程;

(2)一般公共服务支出与财政收入的关系方程;

(3)教育支出与财政收入的关系方程;

(4)科学技术支出与财政收入的关系方程;

(5)社会保障和就业支出与财政收入的关系方程;

(6)环境保护支出与财政收入方程;

(7)医疗卫生支出与财政收入方程;

(8)城乡社区事务支出与财政收入方程;

(9)农林水事务支出与财政收入方程;

(10)交通运输支出与财政收入方程。

4.4.2.2 支出增长模型中设计有2个方程

(1)中央财政支出增长率与地方财政支出增长率对财政总支出增长率的贡献作用分析方程;

(2)一般公共服务支出增长率、教育支出增长率、社会保障和就业支出增长率和环境保护支出增长率对财政支出增长率的贡献作用分析方程。

4.4.3 经济增长及其构成因素模型

经济增长及其构成因素模型中设计有 4 个方程：
(1)国内生产总值增量与总消费规模增量、全社会固定资产总投资规模增量和进出口差额增量之间的关系方程；
(2)财政决算支出增长率滞后量对国内生产总值增长率的贡献作用分析方程；
(3)第一产业增加值增长率、第二产业增加值增长率和第三产业增加值增长率对国内生产总值增长率的贡献作用分析方程；
(4)工业总产值增加率和建筑业增加值增长率对第二产业增加值增长率的贡献作用分析方程。

4.5 中国财政税收计量经济模型运行结果分析

4.5.1 财政收入计量经济模型运行结果分析

4.5.1.1 收入总量模型运行结果分析

(1)财政总收入与税收总收入的关系方程。

当样本数据取值为 1979—2020 年时，首先进行财政总收入[$lnrev_t =$ $\ln(rev_t)$]与税收总收入[$lntax_t = \ln(tax_t)$]的平稳性单位根检验，其 ADF 统计量分别为 -1.371 和 -1.019，而差分后的财政正总收入（$\Delta lnrev_t = lnrev_t - lnrev_{t-1}$）和税收总收入（$\Delta lntax_t = lntax_t - lntax_{t-1}$），其 ADF 统计量则为 -2.375 和 -5.367，分别在在 5% 和 1% 水平上通过平稳性检验[①]，可知财政总收入与税收总收入均为一阶单整时间序列。要考察二者是否具有共同方式变

---

① 单位根 ADF 检验的原假设为序列是单位根过程，拒绝原假设则意味着无法认定原序列具有单位根，相应的 ADF 统计量 1% 水平显著的临界值为 -2.429，5% 水平显著的临界值为 -1.686，10% 水平显著的临界值为 -1.304，下面几个变量的单位根检验临界值都与此相同。

动,也就是说是否具有协整关系,还需要进行协整关系检验,这里采用 Johansen(1995)[①]的协整检验,其统计量值为 2.7293,在 5% 水平上通过显著检验,也即两者之间存在协整关系。接下来估计这两者之间的协整方程,这里采用 Johansen(1995)的极大似然法(MLE)来估计其协整关系。

① 财政总收入 $[\text{ln}rev_t = \text{ln}(rev_t)]$ 与税收总收入 $[\text{ln}tax_t = \text{ln}(tax_t)]$ 之间的协整关系方程:

$$协整估计式为 \widehat{\text{ln}rev_t} = \underset{(-5.62)}{-0.412} + \underset{(-35.70)}{1.059\ \text{ln}tax_t}$$

这表明按照年度数据测算,就长期而言财政总收入对税收总收入的弹性为 1.059,这表明税收总收入每增加 1%,会使得财政总收入平均增加约 1.059%,这表明全国财政收入超税收增长,对此的一个解释是税收的增加意味着税基的扩大,进而也会使得非税收入增加,比如一些政府基金,且这些非税收入增长更快。

② 财政总收入增量($\Delta\text{ln}rev_t$)与税收总收入增量滞后一期($\Delta\text{ln}tax_{t-1}$)之间的关系方程:

$$\widehat{\Delta\text{ln}rev_t} = \underset{(1.46)}{0.026} + \underset{(1.58)}{0.054ecm_{t-1}} - \underset{(-2.37)}{0.198\ \Delta\text{ln}\ tax_{t-1}} + \underset{(6.41)}{1.001\Delta\text{ln}rev_{t-1}}$$

上述方程的估计,这里采用的是 Johansen(1995)的误差修正方法,误差修正项 ecm_{t-1} 的系数反映了对短期偏离长期均衡路径的调整力度,其系数为 0.054,表明了税收收入增长与财政收入增长具有同步性,税收收入的增长会带动财政总收入的增长。

(2)税收总收入与国内生产总值之间的关系方程。

当样本数据取值为 1979—2020 年时,首先对国内生产总值 $[\text{ln}gdp_t = \text{ln}(gdp_t)]$ 进行平稳性单位根检验,其 ADF 统计量为 0.453,而国内生产总值的一阶差分($\Delta\text{ln}gdp_t = \text{ln}gdp_{it} - \text{ln}gdp_{it-1}$)单位根 ADF 检验统计量为 -2.323,这显示国内生产总值 $[\text{ln}gdp_t = \text{ln}(gdp_t)]$ 为一阶单整变量。由上文的检验得知税收总收入($\text{ln}tax_t$)也为一阶单整变量,接下来考察二者之间是否具有协整关系,首先进行 Johansen(1995)的协整检验,检验统计量为 3.206,这显示二者具有显著的协整关系(5%水平),接下来可以放心进行协整估计。

---

① JOHANSEN S. *Likelihood-Based Inference in Cointegrated Vector Autoregressive Models*[M]. Oxford: Oxford University, 1995.

①税收总收入（$\ln tax_t$）与国内生产总值[$\ln gdp_t=\ln(gdp_{it})$]之间的关系方程为：

$$\widehat{\ln tax_t} = \underset{(-4.25)}{-2.471} + \underset{(19.53)}{1.080} \ln gdp_t$$

模型运行的结果是：税收总收入除按自身惯性规律运行外，显著的依赖于国民经济的发展。按照年度数据测算，税收总收入对国内生产总值的长期弹性约为1.080，这意味着国内生产总值每增加1%，税收总收入平均增加1.080%，这说明税收总收入与国内生产总值的增长并非同步，经济体所承受的税收负担增加幅度仍然略快于国民经济的增幅。税收超GDP增长将不利于经济增长，比如说，企业盈利水平越高，所得税增收的幅度越大，净收益增加幅度相对减少；同样在这种情况下，个人所得税的增收也会降低劳动者的收益增幅。长此以往，将不利于经济的持续发展。这说明我国的税制结构需要进一步调整，给经济体创造一个良好的发展空间。

②税收总收入增量（$\Delta \ln tax_t$）与国内生产总值增量滞后一期（$\Delta \ln gdp_{t-1}$）之间的关系方程：

$$\widehat{\Delta \ln tax_t} = \underset{(0.33)}{0.0194} - \underset{(-1.10)}{0.1065} ecm_{t-1} + \underset{(1.59)}{0.5810} \Delta \ln gdp_{t-1} + \underset{(0.12)}{0.0232} \Delta \ln tax_{t-1}$$

上述误差纠正方程实证分析的结果是：误差修正项 ecm_{t-1} 的系数反映了对短期偏离长期均衡路径的调整力度，其系数为 -0.1065，当短期波动偏离长期均衡时，将以0.1065的调整力度把非均衡状态拉回到均衡状态，且平均每年对上年的调整幅度大约为10.65%。

（3）增值税收入相关的几个方程。

当样本数据取值为1985—2020年时，首先进行增值税收入[$\ln vat_t = \ln(vat_s)$]与工业增加值[$\ln ivi_t = \ln(incresed\ value\ of\ industry_t)$]的平稳性单位根检验，其ADF统计量分别为 -1.436 和 0.163，而差分后的增值税收入（$\Delta \ln vat_t = \ln vat_t - \ln vat_{t-1}$）和工业增加值（$\Delta \ln ivi_t = \ln ivi_t - \ln ivi_{t-1}$），其ADF统计量则为 -4.300 和 -2.076，通过平稳性检验，可知增值税收入与工业总产值增加值增量均为一阶单整时间序列。而要考察二者是否具有共同方式变动，也就是说是否具有协整关系，还需要进行协整关系检验，这里继续采用Johansen(1995)的协整检验，其统计量值为4.7085，在5%水平上通过显著检验，也即两者之间存在协整关系。

①增值税收入[$\ln vat_t = \ln(vat_t)$]与工业增加值[$\ln ivi_t = \ln(incrsed\ value$

$of\ industry_t)$]之间的关系方程：

$$\widehat{\ln vat_t} = \underset{(-3.26)}{-4.5275} + \underset{(26.22)}{1.2221\,livi_t}$$

模型运行的结果是：增值税收入对工业增加值的弹性为 1.222 1，建模过程中发现，增值税与工业增加值的回归系数在 1% 水平上显著，这表明增值税增长快于工业增加值的增长，对此的一个解释是诸如税收制度、征管水平、经济结构的变化，以及经济和税收在计算、统计口径上的差异等，使得增值税税收收入增长过快。

②增值税税收入增量（$\Delta \ln vat_t$）与工业增加值增量滞后一期（$\Delta \ln ivi_{t-1}$）之间的关系方程：

$$\widehat{\Delta \ln vat_t} = \underset{(-0.11)}{-0.0056} - \underset{(-2.49)}{0.4385\,ecm_{t-1}} + \underset{(1.77)}{0.8124\Delta \ln ivi_{t-1}} + \underset{(0.60)}{0.1327\Delta \ln vat_{t-1}}$$

误差纠正模型实证分析的结果是：误差修正项 ecm_{t-1} 的系数反映了对短期偏离长期均衡路径的调整力度，其系数为 −0.438 5，当短期波动偏离长期均衡时，将以 0.438 5 的调整力度把非均衡状态拉回到均衡状态，且平均每年对上年的调整幅度大约为 43.85%。

由于我国税制改革的逐步实施，增值税已由生产型转变为消费型，为此建立了模型②，研究最终消费对增值税收入的长期影响。当样本取值为 1985—2020 年时，首先进行最终消费[$\ln fvc_t = \ln(final\ value\ of\ consumption_t)$]的平稳性单位根检验，其 ADF 统计量分别为 −0.077，而差分后的最终消费（$\ln fvc_t = \ln fvc_t - \ln fvc_{t-1}$）其 ADF 统计量则为 −1.968，可知最终消费 $\ln fvc_t$ 为一阶单整时间序列，由上文得知增值税 $\ln vat_t$ 也为一阶单整序列。要考察二者是否具有共同方式变动，也就是说是否具有协整关系，还需要进行协整关系检验，这里继续采用 Johansen（1995）的协整检验，其统计量值为 1.828 4，在 5% 水平上通过显著检验，也即两者之间存在协整关系。

③增值税收入（$\ln vat_t$）与最终消费（$\ln fvc_t$）之间的关系方程：

$$\widehat{\ln vat_t} = \underset{(-1.23)}{-2.9282} + \underset{(7.97)}{1.0858\,fvc_t}$$

从长期协整关系来看，增值税的最终消费弹性为 1.085 8，这表明增值税收入增长会快于最终消费增长，也就是说，最终消费增长 1%，增值税收入会增长 1.085 8%。

④增值税收入增量（$\ln vat_t$）与最终消费增量滞后一期（$\ln fvc_{t-1}$）之间的关

系方程：

$$\widehat{\Delta \ln vat_t} = \underset{(-0.07)}{-0.005\ 1} - \underset{(-1.91)}{0.154\ 8ecm_{t-1}} + \underset{(1.45)}{0.809\ 0\Delta\ln fcv_{t-1}} + \underset{(0.52)}{0.102\ 4\Delta\ln vat_{t-1}}$$

误差纠正模型实证分析的结果是：误差修正项 ecm_{t-1} 的系数反映了对短期偏离长期均衡路径的调整力度，其系数为 $-0.154\ 8$，当短期波动偏离长期均衡时，将以 $0.154\ 8$ 的调整力度把非均衡状态拉回到均衡状态，且平均每年对上年的调整幅度大约为 15.48%。

(4)关税收入与进口总额之间的关系方程。

在样本数据取值为 1980—2020 年时，关税收入 $[\ln dut_t = \ln(duty\ taxation_t)]$ 与进口总额($\ln im_t$)这两个变量首先需要进行平稳性单位根检验，其水平值的 ADF 统计量值分别为 -2.467 和 -0.378，差分值的 ADF 统计量值分别为 -6.079 和 -4.131，这显示这两个变量都为一阶单整过程。要考察这二者是否具有共同方式变动，也就是说是否具有协整关系，还需要进行协整关系检验，这里继续采用 Johansen(1995)的协整检验，其统计量值为 5.084 3，在 5%水平上通过显著检验，也即两者之间存在协整关系。

①关税收入($\ln dut_t$)与进口总额($\ln im_t$)之间的关系方程是：

$$\widehat{\ln dut_t} = \underset{(0.64)}{0.205\ 6} + \underset{(11.89)}{0.679\ 8im_t}$$

模型运行的结果是：关税对税收收入的系数为正值，说明关税收入和税收收入存在同向变化关系，且进口总额每增加 1%，关税收入将增加 0.679 8%，关税收入显著依赖于进口总额。

②关税收入增量($\Delta\ln dut_t$)与进口总额增量滞后一期($\Delta\ln im_{t-1}$)之间的关系方程：

$$\widehat{\Delta\ln dut_t} = \underset{(0.03)}{0.002\ 4} - \underset{(-1.55)}{0.229\ 9ecm_{t-1}} - \underset{(-0.31)}{0.084\ 7\Delta\ln im_{t-1}} + \underset{(0.74)}{0.158\ 8\Delta\ln dut_{t-1}}$$

误差纠正模型实证分析的结果是：误差修正项 ecm_{t-1} 的系数反映了对短期偏离长期均衡路径的调整力度，其系数为 $-0.229\ 9$，当短期波动偏离长期均衡时，将以 $0.229\ 9$ 的调整力度把非均衡状态拉回到均衡状态，且平均每年对上年的调整幅度大约为 22.99%。

4.5.1.2 收入增长模型运行结果分析

(1)中央财政收入增长率与地方财政收入增长率对财政总收入增长率的贡献作用分析方程。

当样本数据取值为1980—2020年时,国家财政总收入增长率(rtr_t=rate of total revenue increased)、中央财政收入增长率(rcr_t=rate of central revenue increased)和地方财政收入增长率(rlr_t=rate of local revenue increased)需要进行单位根检验,相应的ADF统计量为−2.574、−6.352和−6.242,这表明这三个变量都是平稳的,因此可以进行普通的最小二乘法回归。

中央财政收入增长率(rcr_t=rate of central revenue increased)与地方财政收入增长率(rlr_t=rate of local revenue increased)对财政总收入增长率(rtr_t=rate of total revenue increased)的贡献作用分析方程是[1]:

$$\widehat{rtr_t} = 0.007\,9 + 0.211\,9rcr_t + 0.691\,2rlr_t + 0.005\,6d93 - 0.011\,5d09$$
$$(1.12)\quad(15.87)\quad\quad(18.98)\quad\quad(0.65)\quad\quad(-1.35)$$
$$R^2 = 0.949\,0 \quad\quad DW = 1.324\,2$$

模型运行的结果是:财政总收入增长率对中央财政收入增长率的依存度为0.211 9。财政总收入增长率对地方收入增长率的依存度为0.691 2。这说明财政总收入增长率显著地依赖于中央财政收入增长率与地方财政收入增长率。同时,1993年税改后的虚拟变量回归值和2009年增值税转型虚拟变量的回归系数分别为0.005 6和−0.011 5,并且均不显著。

(2)税收总收入增长率与国内生产总值增长率之间的关系方程。

当样本数据取值为1980—2020年时,下面需要对税收收入总额增长率和国内生产总值增长率进行平稳型单位根检验,其ADF统计量分别为−5.779和−2.389,可知这两者皆为平稳的过程,因此可以进行普通最小二乘法的回归。

税收总收入增长率($rttr_t$)与国内生产总值增长率($rgdp_t$=rate of GDP increased)之间的关系方程是:

$$\widehat{rttr_t} = -0.003\,4 + 1.100\,9rgdp_t$$
$$(-0.06)\quad\quad(3.15)$$
$$R^2 = 0.202\,5 \quad\quad DW = 1.932\,1$$

模型运行的结果是:税收总收入增长率对国内生产总值增长率的依存度为1.100 9,且在1%水平上显著,这说明税收总收入增长率显著地高于国内生产总值增长率。在样本取值区间内,税收总收入的平均增长率为15.75%,国内生产总值平均增长率为14.61%,高于国内生产总值平均增长率1.14个百分点。

---

① 这里d93和d09为1993年和2009年的时间虚拟变量,以此来表示1993年税改和2009年开始的增值税转型改革影响。

值得注意的是,若税收远高于国民收入的增长速度,将会对经济产生一系列负面的影响。我国经济要长期稳定、均衡发展,应推进税制改革,同时注重实行结构性减税,用减税、退税或抵免的方式减轻税收负担,促进企业投资和居民消费,实行积极财政政策,促进国民经济稳健发展,从而对税收形成良性的影响。

(3)财政总收入增长率与第二产业增加值及第三产业增加值之和的增长率之间的关系方程。

当样本数据取值为1980—2020年时,考虑第二产业增加值及第三产业增加值之和的增长率之间的关系(rfs_t = $rate\ of\ increased\ value\ of\ first\ and\ second\ industry$)对财政总收入增长率($rtr_t$)的贡献程度,首先进行单位根检验,财政总收入增长率和第二产业增加值及第三产业增加值之和的增长率的ADF统计量分别为-2.510和-2.507,这表明二者都为平稳的过程,可以进行普通最小二乘法回归。

财政总收入增长率(rtr_t)与第二产业增加值及第三产业增加值之和($value\ added\ first\ and\ second\ industry$)的增长率($rfs_t$)之间的关系方程:

$$\widehat{rtr_t} = 0.049\ 1 + 0.552\ 1 rfs_t$$
$$(2.16)\quad (4.22)$$
$$R^2 = 0.312\ 4 \quad DW = 0.604\ 0$$

模型运行的结果是:财政总收入增长率对第二产业增加值及第三产业增加值之和的依存度为0.552 1,即有第二、三产业增加值每增长1%将会使得财政收入增长0.552 1%,这说明第二产业和第三产业增加值对财政总收入的增长贡献具有很重要的作用。

(4)财政总收入增长率与营业税收入增长率、增值税收入增长率之间的关系方程。

当样本数据取值为1985—2016[①]年时,财政总收入增长率(rtr_t)与营业税收入增长率($rtut_t$)及增值税收入增长率($rvat_t$)的平稳性ADF检验统计量分别为-2.612、-4.413和-5.004,可知这三者都为平稳的,可以进行普通的最小二乘回归,而不必担心会产生伪回归问题。

财政总收入增长率(rtr_t)与营业税收入增长率($rtut_t$)及增值税收入增长率($rvat_t$)之间的关系方程:

---

① 尽管2016年5月1日起开始全面"营改增",但作为过渡,我国2016年的统计数据仍有营业税。

$$\widehat{rtr_t} = 0.1184 + 0.1651 rtut_t + 0.0465 rvat_t$$
$$(5.67) \quad (2.20) \quad\quad (0.94)$$
$$R^2 = 0.1533 \quad DW = 0.7290$$

模型运行的结果是：财政总收入增长率对于营业税增长率的依存度为 0.165 1，财政总收入增产规律对于增值税增长率的依存度为 0.046 5，这说明营业税和增值税的变动对财政收入的影响很大。

4.5.2 财政支出计量经济模型运行结果分析

财政支出计量经济模型结果分析包括支出总量分析、支出增量分析和经济增长分析三个部分。

4.5.2.1 支出总量模型运行结果分析

（1）财政总支出与财政总收入、国内生产总值之间的关系方程。

财政总支出按自身惯性规律运行之外，显著地依赖于财政总收入和国内生产总值。

当样本数据取值为 1979—2020 年时，财政总支出的对数值 [$lnexp_t = \ln(total\ fscal\ expenditure)$] 需要进行单位根检验，其 ADF 统计量为 -3.054，其差分值的 ADF 统计量为 -3.095，这表明其在 1% 水平上为一阶单整过程，结合上面的单位根检验结果，得知财政总支出（$lnexp_t$）与财政总收入（$lnrev_t$）和国内生产总值（$lngdp_t$）都为一阶单整过程，要考察三者是否具有共同方式变动，也就是说是否具有协整关系，还需要进行协整关系检验，这里继续采用 Johansen(1995) 的协整检验，其统计量值为 8.903 7，在 5% 水平上通过显著检验，也即三者之间存在协整关系。

财政总支出（$lnexp_t$）与财政总收入（$lnrev_t$）、国内生产总值（$lngdp_t$）之间的协整关系方程是：

$$\widehat{lnexp_t} = -0.2424 + 0.8349 rev_t + 0.1835 gdp_t$$
$$(-2.56) \quad\quad (28.71) \quad\quad (6.08)$$

模型的运行结果是：财政总支出对国内生产总值的弹性为 0.183 5，这说明随着经济的增长，财政支出也在随着增加，经济增长对财政支出的需求为正，财政总支出按自身惯性规律运行之外，财政总支出对财政收入的弹性为 0.834 9，这说明财政收入增加也会导致财政支出增加，财政支出显著地依赖于财政总收入和国内生产总值。

（2）一般公共服务支出与财政收入的关系方程。

当样本数据取值为 2007 年 1 月—2018 年 12 月时,一般公共服务支出($\lg pe_t$)和财政收入[$lrev_t=\ln(rev_t)$]这两个变量需要进行平稳单位根检验,其 ADF 统计量分别为－16.320 和－10.969,这说明其都是平稳的,可以进行普通的最小二乘估计。

一般公共服务支出($\lg pe_t$)与财政收入[$lrev_t=\ln(rev_t)$]之间的关系方程:

$$\widehat{\lg pe_t}=1.843\ 8+0.545\ 8lrev_t$$
$$\quad\quad\quad\ (3.506)\quad(9.477)$$
$$R^2=0.408\ 6\quad DW=2.430\ 4$$

模型估计结果表明政府财政收入每增加 1%,相应的一般公共服务则会增加 0.545 8%,由于公共服务支出在财政支出的比重较小,这就意味着公共服务的开支不足,需要进一步加大公共服务的支出比重,实现民生财政的转型。

(3)教育支出与财政收入的关系方程。

当样本数据取值为 2007 年 1 月—2021 年 6 月时,教育支出($lfee_t$)的水平值 ADF 统计量为－12.957,说明其是平稳的,同时财政总收入($lrev_t$)的水平值 ADF 统计量为－10.143,说明两者都是平稳的,可以进行普通的最小二乘估计。

教育支出($lfee_t$)与财政收入[$lrev_t=\ln(rev_t)$]的关系方程:

$$\widehat{lfee_t}=-2.614\ 7+1.076\ 6lrev_t$$
$$\quad\quad\quad\ (-4.36)\quad\ (16.52)$$
$$R^2=0.639\ 92\quad DW=2.152\ 8$$

模型的运行结果是:教育经费支出的财政收入弹性为 1.076 6,这表明财政收入每增加 1%,将使得教育支出增加 1.076 6%,这使得教育支出的增长率略高于财政收入增长率,这与这几年国家对教育的财政投入力度加大有关。

(4)科学技术支出与财政收入的关系方程。

当样本数据取值为 2007 年 1 月—2021 年 6 月时,通过平稳性检验,科学技术支出[$lfes_t=\ln(fiscal\ expenditure\ of\ science_t)$]的 ADF 统计量为－11.188,这表明其是平稳的变量,结合财政收入($lrev_t$)也为平稳的,所以可以进行普通的最小二乘估计。

科学技术支出[$lfes_t=\ln(fiscal\ expenditure\ of\ science_t)$]与财政收入($lrev_t$)之间的关系方程:

$$\widehat{lfes_t}=6.958\ 0+0.390\ 4lrev_t$$
$$\quad\quad\quad\ (35.95)\quad(11.68)$$
$$R^2=0.469\ 9\quad DW=1.567\ 6$$

模型估计结果表明科学技术支出对财政收入的弹性为0.3904,也即政府财政收入每增加1%,将使得科学技术支出增加0.3904%。

(5)社会保障和就业支出与财政收入之间的关系方程。

当样本数据取值为2007年1月—2021年6月时,通过平稳性检验,社会保障和就业支出[$lfese_t = \ln(fiscal\ expenditure\ of\ social\ security\ and\ employment_t)$]的ADF统计量为$-10.738$,结合财政收入($lrev_t$)也为平稳的,可以使用普通最小二乘进行估计。

社会保障和就业支出($lfese_t$)与财政收入($lrev_t$)的关系方程:

$$\widehat{lfese_t} = \underset{(-4.98)}{-3.2476} + \underset{(15.81)}{1.1193} lrev_t$$

$$R^2 = 0.6187 \quad DW = 2.0279$$

模型的运行结果显示社会保障和就业支出对财政收入的弹性为1.1193,也即财政收入每增加1%,社会保障支出将会增加1.1193%,在国民经济增长过程中,应该逐步增加民生投入,这一比重比较小,需要进一步增加社会保障支出。

(6)环境保护支出与财政收入方程。

当样本数据取值为2007年1月—2021年6月时,通过平稳性检验,环境保护支出[$lfeep_t = \ln(fiscal\ expenditure\ of\ environmert\ protection_t)$]的ADF统计量为$-9.376$,这说明其是平稳的变量,结合上文的财政收入变量$lrev_t$也是平稳的,那么可以进行最小二乘估计。

环境保护支出($lfeep_t$)与财政收入($lrev_t$)之间的关系方程:

$$\widehat{lfeep_t} = \underset{(-7.37)}{-7.5347} + \underset{(12.59)}{1.3989} lrev_t$$

$$R^2 = 0.5073 \quad DW = 1.5180$$

上述模型的运行结果显示环境保护支出对财政收入的弹性为1.3989,这表明财政收入每增加1%,环境保护支出将会增加1.3989%,这说明在经济增长过程中,环保支出投入日益重要。

(7)医疗卫生支出与财政收入方程。

当样本数据取值为2007年1月—2021年6月时,通过平稳性检验,医疗卫生支出[$lfem_t = \ln(fiscal\ expenditure\ of\ medcine_t)$]的ADF统计量为$-9.630$,这说明其是平稳的变量,结合上文的财政收入变量$lrev_t$也是平稳的,那么可以进行最小二乘估计。

医疗卫生支出（$lfem_t$）与财政收入（$lrev_t$）之间的关系方程：

$$\widehat{lfem_t} = -7.7214 + 1.5311 lrev_t$$
$$(-9.53) \quad (17.41)$$
$$R^2 = 0.6631 \quad DW = 2.0981$$

上述模型的运行结果显示医疗卫生支出对财政收入的弹性为 1.5311，这表明财政收入每增加 1%，医疗卫生支出将会增加 1.5311%，这说明在经济增长过程中，医疗卫生支出投入日益重要。

（8）城乡社区事务支出与财政收入方程。

当样本数据取值为 2007 年 1 月—2021 年 6 月时，通过平稳性检验，城乡社区事务支出 [$lfecr_t = \ln(fiscal\ expenditure\ of\ city\ and\ rural_t)$] 的 ADF 统计量为 -14.066，这说明其是平稳的变量，结合上文的财政收入变量 $lrev_t$ 也是平稳的，那么可以进行最小二乘估计。

城乡社区事务支出（$lfecr_t$）与财政收入（$lrev_t$）之间的关系方程：

$$\widehat{lfecr_t} = -5.5215 + 1.3260 lrev_t$$
$$(-6.12) \quad (13.52)$$
$$R^2 = 0.5429 \quad DW = 2.4968$$

上述模型的运行结果显示城乡社区事务支出对财政收入的弹性为 1.3260，这表明财政收入每增加 1%，城乡社区事务支出将会增加 1.3260%。

（9）农林水事务支出与财政收入方程。

当样本数据取值为 2007 年 1 月—2021 年 6 月时，通过平稳性检验，农林水事务支出 [$lfeafw_t = \ln(fiscal\ expenditure\ of\ agriculture\ foreign\ and\ water_t)$] 的 ADF 统计量为 -8.902，这说明其是平稳的变量，结合上文的财政收入变量 $lrev_t$ 也是平稳的，那么可以进行最小二乘估计。

农林水事务支出（$lfeafw_t$）与财政收入（$lrev_t$）之间的关系方程：

$$\widehat{lfeafw_t} = -5.3469 + 1.3127 lrev_t$$
$$(-7.26) \quad (16.41)$$
$$R^2 = 0.6360 \quad DW = 1.6435$$

上述模型的运行结果显示农林水事务支出对财政收入的弹性为 1.3127，这表明财政收入每增加 1%，农林水事务支出将会增加 1.3127%。

（10）交通运输支出与财政收入方程。

当样本数据取值为 2007 年 1 月—2021 年 6 月时，通过平稳性检验，交通运输支出 [$lfet_t = \ln(fiscal\ expenditure\ of\ transportation_t)$] 的 ADF 统计量为

−7.301，这说明其是平稳的变量，结合上文的财政收入变量 $lrev_t$ 也是平稳的，那么可以进行最小二乘估计。

交通运输支出（$lfet_t$）与财政收入（$lrev_t$）之间的关系方程：

$$\widehat{lfet_t} = -5.6411 + 1.2936 lrev_t$$
$$(-6.40) \quad (13.51)$$
$$R^2 = 0.5422 \quad DW = 1.5540$$

上述模型的运行结果显示交通运输支出对财政收入的弹性为 1.2936，这表明财政收入每增加 1%，交通运输支出将会增加 1.3093%。

4.5.2.2 财政支出增长模型运行结果分析

(1) 中央财政支出增长率与地方财政支出增长率对财政总支出增长率的贡献作用分析方程。

当样本数据取值为 1979—2020 年时，首先对中央财政支出增长率（rce_t = rate of increased centural fiscal expenditure）与地方财政支出增长率（rle_t = rate of increased local fiscal expenditure）对财政总支出增长率（rte_t = rate of increased total fiscal expenditure）进行单位根检验，ADF 统计量分别为 −3.016、−4.073 和 −4.260，这表明这三者皆为平稳的，可以进行普通的最小二乘估计。

中央财政支出增长率（rce_t）与地方财政支出增长率（rle_t）对财政总支出增长率（rte_t）的贡献作用分析方程是：

$$\widehat{rte_t} = 0.0083 + 0.5674 rle_t + 0.3968 rce_t$$
$$(1.41) \quad (20.28) \quad (12.78)$$
$$R^2 = 0.9443 \quad DW = 1.2897$$

模型运行结果是：财政总支出增长率对中央、地方财政支出增长率的依存度分别为 0.3968、0.5674，进一步计算它们在 1979—2020 年这段时间内的平均增长率之后，可得到地方财政支出平均增长率为 15.69%，高于中央财政的平均增长率 10.57%，这表明财政总支出增长率显著地依赖于中央财政支出增长率与地方财政支出增长率。

(2) 一般公共服务支出增长率、教育支出增长率、社会保障和就业支出增长率和环境保护支出增长率对财政总支出增长率的贡献作用分析方程。

当样本数据取值为 2007 年 1 月—2018 年 12 月时，一般公共服务支出增长率、教育支出增长率、社会保障和就业支出增长率、环境保护支出增长率和财政支出增长率都通过了平稳性检验，其 ADF 统计量分别为 −21.955、−20.38、

—17.484、—15.678和—20.643。这表明这些变量皆为平稳的，可以进行普通的最小二乘估计。

财政总支出增长率（rte_t）与一般公共服务支出增长率（$rgpe_t$）、教育支出增长率（$rfee_t$）、社会保障和就业支出增长率（$rfese_t$）和环境保护支出增长率（$rfeep_t$）的回归方程：

$$\widehat{rte_t} = -0.0156 + 0.1845 rgpe_t + 0.3429 rfee_t + 0.0989 rfese_t + 0.1766 rfeep_t$$
$$(-1.90) \quad (4.42) \quad\quad (6.44) \quad\quad (3.06) \quad\quad (9.01)$$
$$R^2 = 0.9277 \quad DW = 2.5262$$

回归结果显示一般公共服务的增长率对财政总支出增长率的贡献为0.1845，教育支出增长率对财政总支出增长率的贡献为0.3429，社会保障和就业支出增长率对财政总支出增长率的贡献为0.0989，环境保护支出增长率对财政总支出增长率的贡献为0.1766。

4.5.2.3 经济增长及其构成因素的运行结果分析

（1）国内生产总值增量与总消费规模增量、全社会固定资产总投资规模增量和进出口差额增量之间关系的方程。

当样本数据取值为1980—2020年时，国内生产总值增量（$dgdp_t$）与总消费增量（dtc_t）、全社会固定资产总投资增量（$difc_t$）和进出口差额增量（$dexm_t$）都通过平稳性检验，其ADF统计量分别为—6.928、—1.748、—1.686、—4.132，表明了上述几个变量皆为平稳过程，因此可以直接使用普通最小二乘法进行估计，其回归方程为：

$$\widehat{dgdp_t} = 331.04 + 0.9737 dtc_t + 1.0070 difc_t + 1.1635 diexm_t$$
$$(3.19) \quad (19.89) \quad\quad (9.97) \quad\quad (4.11)$$
$$R^2 = 0.9370 \quad DW = 2.2534$$

从回归方程来看，总消费增量、总投资量以及进出口差额增量有助于国内生产总值增加。

（2）财政决算支出增长率滞后量对国内生产总值增长率的贡献作用分析方程。

当样本数据取值为1979—2020年时，通过平稳性检验，国内生产总值增长率（$rgdp_t$）和财政决算支出增长率滞后量（rte_{t-1}）的ADF统计量为—2.383和—3.256，皆为平稳过程。

国内生产总值增长率（$rgdp_t$）和财政决算支出增长率滞后量（rte_{t-1}）之间的回归方程：

$$\widehat{rgdp_t} = 0.109\ 1 + 0.265\ 3rte_{t-1}$$
$$\quad\quad\quad\quad (4.38)\quad\ (1.70)$$
$$R^2 = 0.070\ 9 \quad\quad DW = 0.692\ 5$$

采取一般线性回归分析得知财政决算支出增长率滞后量对国内生产总值增长率的贡献为26.53%。

(3)第一产业增加值增长率、第二产业增加值增长率和第三产业增加值增长率对国内生产总值增长率的贡献作用分析方程。

当样本数据取值为1979—2020年时,第一产业增加值增长率(rfi_t)、第二产业增加值增长率(rsi_t)和第三产业增加值增长率(rti_t)的ADF统计量分别为－3.772、－2.385和－3.198,通过平稳性检验。第一产业增加值增长率(rfi_t)、第二产业增加值增长率(rsi_t)和第三产业增加值增长率(rti_t)对国内生产总值增长率($rgdp_t$)的贡献作用分析方程是:

$$\widehat{rgdp_t} = 0.013\ 2 + 0.193\ 7rfi_t + 0.488\ 0rsi_t + 0.269\ 7rti_t$$
$$\quad\quad (5.42)\quad (11.66)\quad\quad (23.86)\quad\quad (12.06)$$
$$R^2 = 0.992\ 7 \quad\quad DW = 0.940\ 2$$

模型运行的结果是:国内生产总值增长率对第一产业增加值增长率、第二产业增加值增长率和第三产业增加值增长率的依存度分别为0.193 7、0.488 0和0.269 7。这说明国内生产总值增长率显著地依赖于第一产业增加值增长率,第二产业增加值增长率和第三产业增加值增长率,尤其依赖于第二产业的增长率。

(4)工业总产值增加率和建筑业增加值增长率对第二产业增加值增长率的贡献作用分析方程。

当样本数据取值为1980—2020年时,工业总产值增长率($ravi_t$)和建筑业增加值增长率($rava_t$)的ADF统计量为－2.442和－3.350,通过平稳性检验。工业总产值增长率($ravi_t$)和建筑业增加值增长率($rava_t$)对第二产业增加值增长率(rsi_t)的贡献作用分析方程是:

$$\widehat{rsi_t} = 0.000\ 7 + 0.885\ 2ravi_t + 0.110\ 0rava_t$$
$$\quad\quad (1.46)\quad (172.01)\quad\quad (27.49)$$
$$R^2 = 0.999\ 6 \quad\quad DW = 0.887\ 4$$

模型运行的结果是:第二产业增加值增长率对工业总产值增加率和建筑业增加值增长率的依存度分别为0.885 2和0.110 0。这说明第二产业增加值增长率显著地依赖于工业总产值增加率和建筑业增加值增长率。

4.5.3 中国财政及宏观经济主要指标预测

结合对中国财政及经济运行规律与机制的理解和把握,并向有关专家咨询后,我们构建模型对中国财政及宏观经济主要指标进行短期预测,见表4.2。

表4.2　　　　　　　中国财政及宏观经济主要指标预测　　　　　　单位:亿元

经济变量	2020年	2021年	2022年
财政总收入	182 894.9*	197 709.4	213 723.9
税收总收入	154 310.1*	166 037.7	178 656.6
财政总支出	245 588.0*	261 235.0	277 878.9
国内生产总值	1 025 916.6*	1 121 326.8	1 225 610.1
国内增值税收入	56 791.0*	61 198.5	65 948.1
中央财政收入	82 771.1*	86 909.7	91 255.2
地方财政收入	100 123.8*	104 128.8	108 294.0
中央财政支出	35 095.6*	37 001.4	39 010.7
地方财政支出	210 492.5*	216 912.2	223 527.7
第一产业增加值	77 754.1*	80 146.5	82 612.5
第二产业增加值	384 255.3*	415 435.1	449 144.9
第三产业增加值	553 976.8*	625 873.5	707 101.2
工业增加值	313 071.1*	350 209.4	391 753.2

注:带*号的数值来自Wind数据库。

表4.2的预测结果表明,得益于我国政府在抗疫中总体优异表现和民众的配合,主要的几个宏观经济和财政变量,如财政总收入、税收总收入、财政总支出、增值税收入、中央财政收入、地方财政收入、中央财政支出和地方财政支出相比去年进一步转好,增速基本恢复至或接近疫情前的水平。其中,国内生产总值将会增长较多,估计在9%~10%。

5 财政政治学

早在19世纪末20世纪初现代学科体系分化之际,就已有许多重要的财政学家基于当时的学科名称断言,财政学是介于经济学与政治学之间的学科,像德国财政学大师阿道夫·瓦格纳在自己的《财政学》(1883)中、英国财政学家道尔顿在他的《财政学原理》(1922)中,都有如此的表达。时至今日,无论是出于摆脱财政学自身发展的困境,还是回应学界对财政学所含政治学属性的强调,财政研究都应该有系统的政治学路径的探索,发展一种财政政治学。本章的内容,是对财政政治学发展做一个初步的探索,涉及财政政治学的研究基础与财政政治学的体系构建。

5.1 发展财政政治学的必要性

中国虽然有丰富且源远流长的古典财政思想,但近现代财政学的发展却主要是"西学东移"(晚清民国时期)和移植苏联(新中国成立后)的结果。到了20世纪90年代初,在中国从计划经济向市场经济转轨的关键时期,财政学教学与研究一度出现了困境。原来适用于计划经济的财政学教材,被塞进了许多市场经济的内容,从而在教学和研究中出现"财政学体系凌乱、观点不一"[①]的现象。为了解决这一问题,各财经高校大多引进了美国财政学教材,运用西方主流经济学或者说新古典经济学的方法改造财政学的内容,从而形成一个相对完整的教学和研究体系。这一体系的内容主要包括:运用福利经济学准则(效率和公平)构造财政学的基础理论、运用市场缺陷理论阐明财政支出的理由、运用数理经济学方法探讨税收、公债及预算支出的经济影响、运用财政联邦主义理论探

---

① 朱柏铭. 中国财政学的革命[J]. 经济学家,2000(2).

讨财政管理制度等。

在经济学这一名称日益被主流经济学话语垄断的大背景下,被归属到应用经济学之下并成为二级学科的财政学,按主流经济学范式构建的内容及体系得到了进一步的说明和强化,发表于主流期刊的财政学论文也越来越多地以形式化和定量研究为主。财政学的教学与研究,也因此得到一定程度的发展。不过,将财政学定位为经济学分支的做法,也逐渐引发出新的问题,这些问题构成发展财政政治学的必要。

5.1.1 将财政学定位为经济学的分支,不能满足财政学科自身发展的要求

财政活动并非单纯的经济活动,它不但具有经济属性,同时还有政治和管理方面的属性。在研究财政活动的经济属性时(如探讨财政活动会对国民经济产生怎样的影响),经济学方法当然适用。但就财政的政治属性和管理属性进行研究时,单纯应用经济学的方法就显得捉襟见肘。比如说从经济学路径出发撰写财政学教科书或者研究税收问题,只需要简单地将税收界定为强制地、无偿地、固定地取得的财政收入,然后就可以研究税收对经济效率和收入分配的影响。但在现实财政活动中,按此定义却无法解释清楚为什么要推行税收法定:用行政部门颁布的条例或规章去征税或者收费,完全可以做到强制性、无偿性、固定性,税收法定似乎并无必要。更为糟糕的是,这样的定义方式,无法说清楚国家征收的税收和黑社会收取的保护费有什么区别,因为保护费同样也可以采取强制、无偿和固定的形式。这些经济学不予讨论的话题,财政学却必须在理论上给出明确的答复。

在现实教学和研究活动中,一篇讨论预算制度的博士论文,毫无疑问是财政学论文。但在现行学科体系下,它到底是一篇经济学论文、政治学论文,还是管理学论文呢?一位财政学博士生,如果提交的博士论文内容是预算制度研究,能否获得经济学博士学位呢?这并不是一个虚假的问题,事实上一再地发生于现实中。换言之,如果仅将财政学界定为经济学,那就不能涵盖财政的全部活动,不能说明财政的全部属性,因而无法促进财政学自身的发展。

在目前各院校,除主流财政学者所做的研究外,还有一部分人致力于探索财政正义、预算公开、财政思想变迁等多个主题。这些研究,如果将其统统纳入经济学的学科体系,则显得非常勉强,甚至根本不合适。但是,这些研究对中国

的财政制度甚至国家制度的发展,都会带来积极的影响。对这些主题,如果仅仅在研究工作上做一些项目,而不能将相关内容在财政学科体系中给予说明,或者用相关成果去补充、完善现有的财政学科体系,那么这既不利于研究工作的进一步开展,也不利于财政学科的发展。

5.1.2 将财政学定位为经济学的分支,将使财政学失去指导财政工作的意义

经济学特别是主流经济学的研究,是在"价值无涉"前提下进行的,认为经济学是实证性地研究资源配置效率。对此,一般的说法是:"经济学不讲道德"。一些经济学家也颇以此为自豪,如樊纲所言:"经济学本身不谈道德……经济学不想'越俎代庖',去干伦理学家、哲学家、文学家、政治家、传教士以及各种思想工作者的工作。"[①]

也许经济学确实可以不讲道德,但是财政学肯定不行。财政工作涉及的是政府对公共资金的筹集和使用,在这一过程中充满着价值的判断和评估。如果坚持财政学是经济学的一部分,坚持所谓"价值中立"的立场,那财政学就没有能力去指导时刻进行价值评估的财政活动。而没有理论指导的财政活动,是无法想象的。财政学若抛弃价值,人们就会抛弃财政学。

正像梁小民先生在他的《经济学家不能治国》一文中所强调的,现实比经济学理论的假设要复杂得多,制定政策要考虑到许多经济理论未涉及的因素,如伦理因素、政治因素等。但许多时候,经济学家很天真,总是坚信自己理论的正确性,并顽固地要把这些理论直接变为政策,因此单纯的经济学家不能成为治国者。遵循梁小民的这一说法,我们完全可以断言,只限于经济学取向的财政学,也不能指导实际的财政工作。

5.1.3 将财政学定位为经济学的分支,不能满足中国现实政治发展的要求

财政制度是国家权力运行的重要渠道,财政的收支和管理活动是典型的政治活动。因此,财政制度的变迁是一国政治变迁的表征,财政领域是观察和理解一个国家政治现象的重要窗口。宋代苏辙在《上皇帝书》中的名言被人们广

---

① 樊纲."不道德"的经济学[EB/OL]. http://www.china-review.com/sao.asp? id=1922.

泛引用,"财者,为国之命而万事之本。国之所以存亡,事之所以成败,常必由之"。对于财政与国家变迁的关系,熊彼特发表的以下看法,更是为人们一再引用,"一个民族的精神、文化水平、社会结构以及由政策而产生的行为,所有这一切以及更多的内容,都写在民族的财政史中,无须任何修饰之词。懂得在此处聆听财政史传达出来的信息的人,比起那些身居他处的人,更能清晰地识别出世界史的惊雷"①。正因如此,詹姆斯·布坎南财强调,研究财政问题,必须包括经济学和政治学两个环节。②

不仅如此,财政制度改革在一定条件下还可能是政治变革的良好切入点和政治转型的推动力量。事实上,离开财政问题,谈对政府权力进行制度上的约束是不可能的。控制钱袋子,才是防止政府滥用权力的最根本的方法。正如王绍光所言:"改造公共财政是政治改革的最佳切入口。财政改革是低调的,不会过分提高人们的期望值;它是具体的,比抽象谈论'政治民主'更容易操作;它是务实的,可以在不太长的时间里产生看得见的变化。"③因此,财政学是中国政治发展的必要学科。要承担这样的使命,财政学就需要摆脱所谓"纯经济学"的面貌,对财政涉及的政治问题,必须给予回答。也就是说,财政学必须在财政领域内研究那些能够促进中国政治发展和社会进步的种种问题。

5.2 财政政治学研究具有深厚的学术传统

从西方学术史来看,早在 19 世纪 80 年代意大利财政学者那里,财政政治学的名称就已经开始使用,当时他们将财政学科划分为三个分支:财政政治学(politica finanziaria)、财政经济学(economia finanziaria)、财政法学(diritto finanziario)。不过这样的学科划分和意大利财政学一样,并未对后世财政学发展产生多大影响。当然,对财政活动中所包含的政治属性展开研究,可以追溯得更早,如孟德斯鸠、洛克等人的著作中就可以找到很多。在 19 世纪,德国学者从国家学出发研究用财政手段来实现社会整体的福祉,英国学者运用政治经济

---

① 熊彼特. 税收国家的危机[M]//格罗夫斯. 税收哲人. 上海:上海财经大学出版社,2018.《税收哲人》一书收录在上海财经大学出版社出版的"财政政治学译丛"中。
② 布坎南. 公共财政[M]. 北京:中国财政经济出版社,1991:序.
③ 王绍光. 从收支两方面改造公共财政[N]. 中国财经报,2002-08-30.

学方法探讨税收与公债问题,也都带有今天政治学的强烈倾向。

对财政领域中政治问题的研究,在1917—1918年葛德雪、熊彼特等人那里,都被称为"财政社会学"。作为创始人,葛德雪和熊彼特之所以使用"财政社会学"一词,是基于欧陆传统形成的。在他们那个时代,欧陆传统中的"社会学",与当今学科体系下学界所使用的"社会理论"甚至"社会科学"更为接近。就是说,熊彼特他们使用的社会学,是理解、解释或识别大规模社会变迁的学说,关注的是社会制度的起源、发展、危机、衰落或进步等主题,集中探讨的是财政与国家之间的关系。在如今的国内学界,这些主题更多地被归入政治学(或者政治社会学)学科内。因此,笔者将葛德雪与熊彼特的研究视为财政政治学的真正起源。

葛德雪和熊彼特倡导的以"财政社会学"为名称的研究,在20世纪20—30年代的德语学者中一度兴起风潮。不过由于战争的影响,这批德语学者后来要么身死道灭,要么迁移到美国之后在现代主流经济学框架下研究财政问题。后者的典型就是德裔美国财政学家马斯格雷夫,他被称为"现代财政学之父",但其财政学摒弃了制度与历史的内容而专注于使用经济学工具研究财政活动。财政学原来所包含的政治学或者说政治社会学的内容,因处于学科交叉之处而坠入学科分野的缝隙,少人问津。从此,财政学在国外被进一步称为"公共经济学"。

到了20世纪70年代之后,在西方可归为财政政治学建设的学术活动又开始恢复,并分别使用了"财政社会学"和"财政政治学"这两个名称。前者以贝克豪斯和理查德·瓦格纳为代表,其最终成果体现为他们联合主编的《2003年财政学手册》。另外,艾萨克·马丁等人于2009年主编的《新财政社会学》论文集,也是其中的典型代表。后者以詹姆斯·奥康纳为代表,在那本于20世纪70年代风行一时的《国家的财政危机》一书中,他明确提出要建设"财政政治学"[1]。此外,像加斯帕等人于2017年主编的论文集,也以《财政政治学》为名[2]。此外,布坎南自20世纪50年代去意大利访学后就一直致力于传承1880—1920年曾流行于意大利的财政学传统,其公共选择理论和宪政经济学也可归入财政政治

---

[1] 詹姆斯·奥康纳. 国家的财政危机[M]. 沈国华,译. 上海:上海财经大学出版社,2017.

[2] 此处提到的四本书(《2003年财政学手册》《新财政社会学》《国家的财政危机》《财政政治学》)都收录在上海财经大学出版社出版的"财政政治学译丛"中,其中《国家的财政危机》已经出版,其他三本即将出版。

学的范畴或者说是同道者。而马斯格雷夫也念念不忘财政学的欧洲大陆传统，在其各时期关于财政思想的研究中，始终都给欧洲大陆财政学研究传统留有一席之地，而这样的传统在今天很难归入"公共经济学"。还有其他一些学者，在研究财政活动、历史事件等内容时，分别使用过税收政治学、支出政治学①、预算政治学等名称，其成果也构成了此领域的进展。

就中国而言，古代中国有悠久的利用财政工具治理国家的历史，财政"为国之命而万事之本"得到广泛的认同，学者们也始终从治国理财的高度进行思考②，用今天的学科语言来说，对财政展开这样的思考，综合了政治学与经济学等多种知识。在近现代中国面临生存危机以及 1949 年后在社会主义制度下实行国家赶超战略之际，学者们运用财政作为国家治理工具的思考也从未停止，由此产生的很多成果也可以归入财政政治学。自 20 世纪 80 年代起，随着西方经济学的引入以及学科界限的明确，财政学被日益界定为应用经济学的分支学科。如前所述，由此形成的财政研究呈现出繁荣的局面，但对财政活动政治属性的忽视也越来越明显。近些年来，不断有学者对此予以强调。这些学者又大致分为两类：一类是以高培勇为代表的财政学者，他们重视财政活动的政治属性，呼吁构建包含研究政治属性在内、适应国家治理要求的新财政学框架体系③；另一类是政治领域的学者，他们特别重视财政在政府活动中的作用以及预算在公共管理中的地位，强调中国政治学界缺乏财政学的视角、知识和工具，呼吁发展财政政治学，突出表现在李金珊、吴超以"当代中国财政政治学的新知识与新实践"为题所整理的首届"国家治理与财政绩效"论坛上各位学者的言论④。这两类学者在论文、著作、译著等方面，对财政政治学做出了可贵的探索，在研究中也时常顺带运用来自西方学术界的税收政治学、预算政治学、财政政治学等名称。除此之外，国内还有不少学者吸收熊彼特等人的理论和西方财政政治学/财政社会学的发展，来做自己的研究。⑤

---

① 举例而言，如马丁·唐顿的名著《信任利维坦：英国的税收政治学(1799—1914)》(上海财经大学出版社 2018 年版，收于于"财政政治学译丛")；唐纳德·萨瓦的《加拿大支出政治学》(即将由上海财经大学出版社出版，并收录于"财政政治学译丛")。
② 刘守刚，林矗，宋浩天. 中国古代治国理财经典阐释[M]. 上海：复旦大学出版社，2020.
③ 高培勇. "一体两翼"：新形势下的财政学科建设方向[J]. 财贸经济，2002(12).
④ 李金珊，吴超. 当代中国财政政治学的新知识与新实践[J]. 政治学研究，2019(2).
⑤ 总体而言，国内学者探索财政政治学学科建设或者研究财政的政治属性与政治过程的论文和专著，还处于起步阶段。由刘守刚与刘志广主编的"财政政治学文丛"(复旦大学出版社出版)目前已收录国内有关此专题的 20 本研究著作，现已出版 7 本。

5.3 "税收国家"理论是财政政治学研究的重要基础

在财政政治学以及以"财政社会学"为名的研究中,不可或缺的基础就是熊彼特提出的与"税收国家"相关的理论。目前对于谁是"税收国家"一词最早的使用者并无定论,有学者认为是德国历史学派曾用它来说明德国社会的历史变迁。葛德雪在创立财政社会学时也使用了此概念,在1925年论文的英译本(其内容与1917年发表的论文基本相同)"财政研究的社会学路径"中,他两次使用了"tax state"一词[①]。不过,应该说是熊彼特在1918年发表的《税收国家的危机》一文(前已提及),给"税收国家"注入了更清晰的时代内涵,从而把熊彼特的名字与税收国家紧密相连。另外,我们也可以看到,托克维尔在1835年出版的《论美国的民主》(第一卷)中,也已谈到了被熊彼特归为"税收国家"的一些特征以及跟税收国家相关的一些理论,正因为如此,托克维尔也被看作财政政治学/财政社会学的先驱[②]。

在《税收国家的危机》这篇论文中,熊彼特重点讨论了税收作为现代国家发展的原因和征兆、从领主经济(后来被改称为"领地国家")到税收国家所标志的历史进步、税收国家的性质与前景等重要问题,极大地影响了后世学者的研究。这样的影响,又可分为两个路径:一个路径强调的是,国家运用税收手段来塑造社会。比如,熊彼特发表了以下重要的论点:"财政的需要以及国家的政策对经济发展、对全部生活方式及文化的所有方面,都产生了直接的塑造作用";"我们的民族,也是经国家的财政压力塑造出来的";"财政措施确实创造了也摧毁了产业、产业形态和产业布局,并且以此直接地构建了或扭曲了现代经济大厦,进而影响到现代精神";"税收一经产生就成为一把可以操作的手柄,而且好像它一直都在;各种社会力量都能握住这一手柄,以改变社会结构"。另一个路径强调的是,社会运用税收反向塑造国家。比如,熊彼特的说法有:"如果不是财政需要的话,那就不存在创造现代国家的直接原因了""税收不仅帮助创造了国

[①] 此篇论文的中译文可参见马斯格雷夫、皮考克主编的《财政理论史上的经典文献》(上海财经大学出版社2015年版)。该著作收录在"财政政治学译丛"中。

[②] TOCQUEVILLE M L. Pioneer of Fiscal Sociology[J]. *European Journal of Sociology*,2010,51.

家,而且还帮助塑造了国家的形式""税收国家绝对不能从民众那里索取太多,否则民众会在金钱上丧失生产的兴趣,或者无论如何也不肯尽力地工作"。[1] 总的来说,税收国家作为历史阶段的意义、税收国家的内在性质、国家与社会通过税收进行相互塑造等内容,是熊彼特这篇论文的闪光之处。后世学者基于上述两个路径一再发挥,创作出很多文献,构成了自称为"财政社会学"或"财政政治学"的研究流派或研究领域。

以今天的眼光看,熊彼特所说的"税收国家"具有内在的本质和思想内容,代表了性质上不同于中世纪封建国家、构成历史断裂的一种新型国家(即现代国家)。对于后来顺着熊彼特的思路从事研究的学者来说,"税收国家"概念一方面可以突出税收在建构现代国家时发挥的动因作用,另一方面可以用来为我们分析现代国家危机乃至向下一个阶段转型提供洞见。

5.3.1 税收动因在现代国家形成中的作用

在葛德雪、熊彼特这样的学者眼中,西欧在近代史上之所以发生国家转型,其动因来自中世纪晚期西欧国家的主体财政收入从君主领地收入转向了税收收入。显然,葛德雪和熊彼特这里的"税收"是一个狭义的概念,仅指普遍、直接、平等、规范地征收于私人财产与收入的税收,而不像有些学者所使用的广义税收概念(几乎指一切政府收入)。后来自称"财政社会学"的学者,进一步发展了葛德雪和熊彼特有关税收国家的看法,并基于西欧的经验,构建了一个"财政社会契约命题"[2]。这样的命题,有以下几个方面的要点:

第一,在国家间持续的战争或战争威胁的背景下,那些能够有效获得物质资源支持的国家将在战争中获胜。

第二,那些征收压迫性税收(特别是在农业社会的背景下)而没有建立纳税人代议制的国家不能获得生存。这是因为,压迫性税收的征收通常会引起纳税人的反抗而使得征税成本过高,而且靠压迫而获取收入的代理人,也会将大量的收入留归己用,这样压迫性税收通常会导致低下且不可靠的收入。

第三,与此相反,基于纳税人(或纳税人代表)同意而征税是一个更好的制度,既有利于统治者也有利于纳税人:既然税收是经人民同意的,征税就会简

---

[1] 熊彼特. 税收国家的危机[M]//格罗夫斯. 税收哲人. 上海:上海财经大学出版社,2018.
[2] 具体可参考上海财经大学出版社出版的"财政政治学译丛"中《发展中国家的税收与国家构建》(2016)、《战争、收入与国家构建》(2021)等著作。

单、低成本，也更可靠。纳税人能够用税收来换取统治者的政策，这就会使征纳双方找到对彼此都有利的政策。如果纳税人能够决定国家的主要政策，那他们就更愿意满足战时财政的紧急需要。在存在代表纳税人的组织（即代议机构）的情况下，该组织会相对有效地监督收支过程、减少浪费与腐败。

第四，更一般地说，统治者若在收入上依赖于纳税人，就等于把自己的命运与公民的富裕程度联系在一起，这样统治者就会致力于推动公民富裕程度的提高。

事实上，从众多学者关于税收与代议制关系的论述来看，大致存在着弱、强两个版本的财政社会契约命题。其中的弱版本大致描述的是，税收与代议制之间未必有很强的决定与被决定关系，但在统治者对税收的依赖程度、代议制政府的出现、国家在对外竞争（尤其是战争）中的优势之间，确实存在着协同效应。而强版本说的是，相对于其他类型的国家，税收国家将倾向于产生一个负责任的代议制政府。在强版本基础上，更强的表述可能是用财政社会契约命题来代替其他解释西欧现代化的学说，表述如下：现代西欧所经历的伟大的、历史性的转变，既不是因为资本主义的产生（如马克思所说），也不是因为现代理性官僚制的兴起（如韦伯所说），而是中世纪晚期从领地国家向税收国家的变迁或者说在财政上用税收收入代替了领地收入作为主体收入形式。

运用西欧的经验，基于财政社会契约命题，学者们继续考察发现，并非所有的税收都能够促进现代国家的构建，其中当税收主要是向农业收入征收时、当税收主要是关税（向进出口贸易征税）时、当税收主要依赖于寡头企业时，都不利于一个国家成为现代国家。特别地，许多发展中国家之所以迟迟不能成为现代国家，是因为它们主要靠租金（包括因自然资源获得的租金和因战略地位获得的租金）而非税收作为主要财政收入形式，于是国家与社会之间就不能像征税那样获得有利于现代国家成长的机会：国家与社会之间，不能因征税而互动、谈判和交易，也就不能形成有效的政府治理结构，难以创造人群之中的共同体（民族）意识，不能建立起对政府权力进行强有力约束的制度。

5.3.2 税收国家及其危机是分析现代国家危机的重要路径

成为税收国家或者说进入现代国家之后，历史并没有终结。现代国家因征税带来的危机，推动着现代国家制度不断完善，甚至推动现代国家向下一个阶段升级。

在前已述及的《财政研究的社会学路径》一文中，葛德雪就说，从中世纪成长起来的现代国家是最贫困的组织，只能通过间接手段即税收来获取资源。这样的国家，事实上处于严重的危机之中，因为它受到普遍性的敌视："那些掌权的人敌视国家，因为很自然地他们希望国家保持经济上的弱势地位，这样就不会从自己身上过多地征税；那些贫穷的人也敌视国家，因为在自己贫弱之时它无法给予只有共同体才能给的帮助。"他提出的解决办法是超越现有的国家阶段，把财产还给国家，建设一种他所说的"国家资本主义"。

在前已提及的《税收国家的危机》一文中，熊彼特强调，从中世纪领主经济中逐渐诞生的税收国家，在收入上是有限的。这是因为，如果它主要依靠间接税的话，间接税能提供的最大收入是有限度的，越过此限度，间接税收入就会降低。如果它主要依靠向企业利润征税的话也有限度，因为超出一定限度，直接税的税收压力将伤害甚至摧毁征税的对象，大大延缓产业发展的进程。国家对个人收入征税也是有限度的，因为此种税收会阻碍资本形成、挫伤经济活动的积极性。国家靠自己经营取得利润或者借债也是靠不住的，这是由于国家经营能力有限、垄断会剥削民众或者有其他的原因。在这种情况下，"国家的财政能力有其界限，它的含义不证自明"。可是，人民的意愿总是要求越来越高的公共支出，"如果有越来越多的权力被用来支持这种意愿，以及最终如果关于私人财产与生活方式的全新思想掌握了所有阶层的人民，那么税收国家就将走完全程"，税收国家原则会因此而不再适用。在熊彼特看来，税收国家的产生并非人类历史的终结，他也不将巨大的财政压力作为税收国家原则失效的理由，他所给出的明确条件是：私人企业和经济努力的作用已经达到其最高限制时，也就是私人企业失去其社会意义时。由此形成的新阶段，也被熊彼特称为"社会主义"。对社会主义这一新的发展阶段的性质和具体特征，熊彼特在那篇文章中并未涉及。但和葛德雪一样，熊彼特不仅认为战争是税收国家产生的重要诱因，它也在很大程度上促成了社会主义的到来。

可见，在葛德雪和熊彼特这里，税收国家这个概念具有强烈的社会批判色彩，它揭示了现代国家内部仍然存在着重大矛盾。到了 1973 年，奥康纳等美国学者再次接过熊彼特的税收国家概念，从另一个角度预言了现代国家的危机及其崩溃的命运。他说，现代国家要同时达成资本积累和合法化两个目标，为此遭遇到困境：国家既要为资本集中的垄断产业部门的资本家承担大量的社会化成本，如提供基础设施、实施城市改造、治理环境污染、资助科学研究等，以实现资本积累的使命，又要为劳动力集中的竞争产业部门中长期领取低廉工资的劳动力提供福利，以实现政权的合法性。可是，国家没办法从资本增值中增加税收（受到资本家的抵制以及资本外流的影响），又不可能从收入低微的劳动者身上获得税收。于是，财政支出的巨大与税收收入的有限，注定现代国家要陷入深重的财政危机之中，表现为要么财政破产（国家丧失合法性），要么公债额攀升（把财政危机延至将来）[1]。于是，税收国家概念中再一次恢复了它作为犀利解剖刀分析现代国家危机的作用：因税收不能满足支出需要而导致财政危机，并最终引发社会危机。

接过葛德雪、熊彼特等人的理论，日本学者大岛通义从预算管理方面探讨了现代国家的危机[2]。他认为，从中世纪领主国家成长起来的税收国家，之所以具有合法性或者说获得人民的认同，是因为采用了严格的预算管理形式，即由民众选举产生的代议机构（议会）对征税行为与支出安排进行严格的管控，这样在制度上可以落实预算责任。可以落实预算责任的国家，他称为"预算国家"。可是在现代世界的各个国家，都出现了明显的趋势，那就是议会对财政的管控越来越形同虚设。这是因为，随着常任制官僚从事的公共管理活动以及他们掌握的预算技术日益复杂，议会事实上很难再发挥真正的管控作用。而且，由于不受议会监控的中央银行活动范围扩大、各种中间组织为政府分担事务与责任、国家主权多元化（对地方分权、向跨国组织转移权力）、代际间负担转移等，预算的责任事实上无法真正地落实。就是说，仅靠议会的预算管理活动，事实上无法实现民众对政府的真正控制。于是，现代国家原来具有的公共性开始崩溃（或者至少出现了动摇），落实预算责任就成了奢望，预算国家陷入严重的合法性（或认同性）危机之中。大岛先生的原话是："预算国家的危机的根本在哪里？在于国民对政府行为的'谅解'发生了动摇，并逐渐地崩溃。我们经常会提到'财政的可持续性'，而财政的可持续性问题中最大的威胁正在这种'谅解'的动摇。"[3]

---

[1] 奥康纳著. 国家的财政危机[M]. 上海：上海财经大学出版社，2017：8.
[2] 大岛通义. 预算国家的危机[M]. 上海：上海财经大学出版社，2019：前言，2.
[3] 大岛通义. 预算国家的危机[M]. 上海：上海财经大学出版社，2019：前言，2.

5.4 从税收国家概念发展而来的财政政治学研究领域:财政国家

基于上述税收国家的概念,在财政领域特别是财政史领域发展出另一个重要的概念"财政国家"。与税收国家概念相似,这个概念连接了"财政"与"国家"这两个目前分属于财政学与政治学的概念,因而由此概念出发形成的研究,都可以归属到财政政治学领域。下面对运用此概念产生的研究,进行简要的概括,以作为当前财政政治学研究进展的例证以及未来财政政治学发展的基础。

5.4.1 邦尼等人对"财政国家"概念的发展

在《从国家财政到财政国家》一书中,财政史学者倪玉平交代了自己理解的财政国家的含义,即"具有自我持续增长特征的国家,能够通过借贷手段解决财政支出问题,并且能够通过税收保证偿还"[1],还说明这一含义来自奥姆罗德和邦尼夫妇主编的《危机、革命与自维持型增长:1130—1830年的欧洲财政史》一书。和文凯界定了他所使用的"财政国家"概念,即"现代财政国家作为一项制度创新,其特征是国家能够用集中征收的间接税从市场调动长期的金融资源"[2],不过他没有交代这个概念的来源,可能是觉得这个概念已被学界广泛使用,无须交代[3]。在使用过程中,学者们赋予"财政国家"的含义基本相似,主要是强调两个方面:以常规性税收收入为基础;能够通过大规模举债来获得财政收入。

那么,理查德·邦尼等人,到底给"财政国家"这一概念赋予了什么样的含义呢?在1995年出版的《危机、革命与自维持型增长》(中文版2020年由上海

---

[1] 倪玉平.从国家财政到财政国家——清朝咸同年间的财政与社会[M].北京:科学出版社,2017:前言.

[2] 和文凯.通向现代财政国家的路径:英国、日本和中国[M].香港:香港中文大学出版社,2020:2.

[3] "财政政治学译丛"中已引进并出版了以理查德·邦尼为核心的团队写作的三本书:《经济系统与国家财政:现代欧洲财政国家的起源(13—18世纪)》《欧洲财政国家的兴起(1200—1815年)》《危机、革命与自维持型增长:1130—1830年的欧洲财政史》,接下来即将出版两本著作,分别是梅罗特拉的《美国财政国家的形成与发展》、尤恩-卡萨利拉和奥布莱恩的《全球财政国家的兴起(1500—1914)》,都是使用财政国家概念的经典名作。

财经大学出版社出版)一书的导论中,他们详细交代了自己在财政史研究中对这一概念的使用。这个概念来自前文所提到的熊彼特对西欧国家历史发展过程的一个描述,即从"领地国家"向"税收国家"的转型。克鲁格在1987年依据熊彼特的描述,构建出一个反映财政史视野下国家变迁的概念模型,可参见表5.1由邦尼等人对克鲁格模型的总结。

表5.1　　　　　从领地国家到税收国家的转型(克鲁格模型)

	领地国家	税收国家
财政理论提出者	Jean Bodin、Kaspar Klock、Melchior von Osse	Justus Lipsius、Barrtholomäus、Keckermann
治理方式	人治;决策几乎不受约束	法治;行为受法律约束
中央政府	官员人数很少	官员人数众多;有分工明确的专业部门
地方政府	几乎自治	通常被置于中央政府控制之下
官员	本阶层家族成员	受过职业训练
国家职责	维持治安	除此之外,主动影响并规范不同的生活方式
筹款方式	实物	货币
收入来源	领地产出剩余	税收
赋税	规定用途的非经常性贡金	定期直接税和间接税
贷款	短期过渡性实物利息贷款或者领地抵押贷款	货币利息、国家长期担保或者王室不动产抵押贷款
在经济中扮演的角色	独立、主动、追求收益	把税收作为分享被统治者收益的手段
经济政策	干预市场,平抑价格,保障食品供应	监督市场,补贴营利性工商企业
公营企业	领地与农业和采矿业并举	通过垄断来保证供应,并推行财政定价
政治参与	影响较小,非经常的三级会议活动	先是政治参与水平提高,后来征税的权威与管理受到限制(或者被专制国家夺走)
社会影响	可忽略不计,农业经济稳定	强制性提高生产率、推行社会规训、再分配购买力

续表

	领地国家	税收国家
统计资料	稀缺；只有助于进行产出估计	常开展生产力调查、家庭和土地所有者税收登记、商人和工匠登记

注：部分译文有调整。

资料来源：奥姆罗德，玛格丽特·邦尼，理查德·邦尼. 危机、革命与自维持型增长：1130—1830年的欧洲财政史[M]. 沈国华，译. 上海：上海财经大学出版社，2020：2—3.

在表5.1基础上，邦尼等人又进一步地将克鲁格的两阶段国家变迁模型改编为四阶段变迁模型，即贡纳国家、领地国家、税收国家、财政国家，以便用来从财政上概括欧洲的国家从中世纪到现代的发展全过程。大体上，克鲁格模型中的领地国家阶段被细分为贡纳国家和领地国家两个阶段，克鲁格模型中的税收国家阶段被细分为税收国家和财政国家两个阶段。这样四个阶段有先后关系或者承先启后的关系，但并非每个欧洲国家都依次经历这四个国家。正如他们特地提醒的："1815年前的欧洲财政史并没有遵循任何线性模式发展：财政发展常是起伏不定。"①

我们只选取邦尼等人四阶段模型中的"税收国家"与"财政国家"，来看一看邦尼等人使用"财政国家"概念时所赋予的含义，可参见表5.2。

表5.2　从财政看欧洲国家变迁的概念模型（部分）

	税收国家	财政国家
财政理论	Justus Lipsius、Bartholomaus Keckermann；后来的"重商学派"和官房学派作者	关于高度发达信贷市场恰当"产品"的理论高度成熟；提出了国家部门与国内生产总值的关系
治理方式	发达的制度和明确的法律程序朝向一个发达的"财政宪法"发展	有明确的信贷和税收立法，并具有高度发达的"财政宪法"
中央行政机构	官员配备齐全；有权责明确的专业化部门；有些国家严重依赖捐班官员作出的财政贡献	政府部门齐全；制定未来计划/"规划"；行政机构开始有公共利益和公平的概念

---

① 奥姆罗德，玛格丽特·邦尼，理查德·邦尼. 危机、革命与自维持型增长：1130—1830年的欧洲财政史[M]. 沈国华，译. 上海：上海财经大学出版社，2020.

续表

	税收国家	财政国家
地方行政机构	受到中央政府的正式控制	中央对外围实行高度发达的控制,包括严格的概算、会计和审计控制
任职官员	由科班出身的官员担任官职;但仍有很多捐班官员;科班出身的官员与捐班出身的官员关系可能比较紧张	由科班出身的官员担任官职;已废除捐班制,按功绩和推定能力任命官员
国家职责	维护治安;更加主动地影响和规范生活的各个方面	维护治安,更加主动地影响和规范生活的各个方面;规范过程有可能包括一些"社会工程"元素
筹款方法	钱币化程度低的地区仍存在实物收款现象,但总体趋势是钱币化收款;钱币化收款趋势随着钱币化程度而不断提高	货币化程度高,但随着经济的发展,越来越依赖纸币和先进的支付工具
财政收入来源	税收的重要性不断提高,但在相对落后的财政体系中,仍显著依赖由王领或其他王权创造的剩余	根据经济状况和公众舆论制定精确的税收计划;税收也许不能满足本期支出需要,经常依赖贷款和其他资产收入,并且可能成为一种常态
财政支出	与备战规模高度相关;军队规模扩大、技术发展水平提高,陆军和海军军备同时扩展,在持续战争时期导致军费开支失控;债务的还本付息成本在战争时期会急剧增加;但政府的其他支出在战时有可能需要削减	军队规模扩大、技术发展水平提高以及陆军和海军军备的同时扩展,导致"财政-军事化国家"获得发展;有些"财政-军事化国家"赢得了超级大国的地位;"现代"高度发达的国家可能会发生很高水平的医疗保险、社会保险和其他"福利"支出
财政收入	经常征收直接税和间接税,不再规定特定用途;横征暴敛和敲诈勒索只发挥很小的作用,或者根本就不再起任何作用;就连战时也很少降低铸币重量和/或成色;努力统一税制,避免征收累退税;税收负担更加贴近财富来源	征收高度复杂的直接税和间接税,如所得税、财产税以及其他出于最大限度地提高财政效率和推动经济发展的目的征收的关税;统一后的税制或多或少地强调"累进性";经济增长水平和通货膨胀对于纳税人的预期产生越来越大的影响

续表

	税收国家	财政国家
信贷结构	最初是高利率短期贷款；后来把短期贷款转换成由国家或者代议机构担保的长期贷款；利息用货币支付，并且有可能要缴税；在一些借款需求大的国家出现了复杂的低息信贷结构，但这些信贷结构缺乏整体性；国内和国际信贷市场之间存在潜在的紧张关系；有些国家创建了国家银行	浮动利率但经常是低息复杂信贷结构；国内和国际市场更趋一体化；国家的借贷能力已经达到了过去不可想象的水平，而且不存在大幅度削减债务的希望；国家银行在规范和引导市场方面起到了一定的作用，但私人大银行和大量的金融机构一起扮演了"金融市场"的角色
在经济中扮演的角色	税收被作为分享被统治者创造的利润的手段；通过引入复杂的信贷结构来对新型财富征税	税收被作为分享被统治者创造的利润的手段；通过引入复杂的信贷结构来对新型财富征税
经济政策	市场监管；补贴潜在的可盈利工商企业；在国家间贸易方面采取"重商主义"干预政策；为了构建排他性贸易优势和获取原材料，收购海外产业	在国内危机或者战争时期，对经济进行强势干预；在和平时期，对工商业实行放任自流程度较高的政策，但管制仍是常态；在影响利率和货币供给方面扮演了至关重要的角色；有些国家为了满足政府的借款需要而操纵通货膨胀；而另一些国家市场监管失灵，发生"恶性通货膨胀"
公共事业（或企业）	供应有保证、价格固定的专卖或专营事业；在短缺时期，对粮食和其他商品供应进行管制；王室或"国家"创办贸易公司	由于国家承担更大的职责，国家部门扩大；国家部门的某些事业（如医疗卫生、社会保险）支出增加，有助于保证国家部门规模的自维持增长
政治参与	政治参与度最初有所提高；税收授权和管理在有些国家后来受到"专制"统治者的限制，或者被他废除；复杂的信贷结构要求较高的政治参与度	政治参与是一种趋势，但参与度因对信贷结构的依赖以及信贷结构复杂化而高度不定
社会影响	有提高生产率的冲动；实行社会规训，导致购买力再分配；在很多国家，特权阶层享受的税收豁免权和特许权仍是阻碍财政效率的障碍	为了提高财政效率，除了享受特别税或者社会保险待遇的群体外，特权阶层享受的税收豁免权和特许权大多被废除；国家有提高经济生产率的冲动，并已成为改变税收结构的关键；规模相对较小的税改在民主国家具有显著的选举意义

续表

	税收国家	财政国家
统计/会计	经常组织生产率调查;编制房屋和土地所有者登记册、商人和工匠登记册;已经采用比较复杂的会计技术,并且已有比较明确的预算和现金流概念	统计水平大大提高;趋向于频繁进行统计和频繁利用统计数据;最终编制和公布月度统计数据(如英国公共部门融资缺口、国际收支、通货膨胀、利率等统计数据),并且定期组织10年一次人口普查并公布普查结果
不稳定成因/变迁成因	高债务还本付息成本或者高债务-收入比率有可能导致准破产;由于公债具有契约性质,因此,无法拒付公债;王室与强大的利益集团在制定"财政宪法"的问题上陷入政治僵局;国家面临被某个大国通过军事干预颠覆的危险	出于意识形态的考虑而想让国家"逆变"的努力从长期看能否取得成功,仍有待证明;医疗和社会保险支出必然趋向于随着平均寿命的延长而增加;战争的高技术成本也会阻止"持续"冲突,更何况动用核武器和生物武器

注:部分译文有调整。

资料来源:奥姆罗德,玛格丽特·邦尼,理查德·邦尼.危机、革命与自维持型增长:1130—1830年的欧洲财政史[M].沈国华,译.上海:上海财经大学出版社,2020:4—8.

从表5.2可以看到,邦尼等人赋予财政国家的政治、经济、社会、技术等方面的特征,相当程度上是欧洲国家非常晚近才获得的,其中一部分甚至是1945年以后国家的特征(如大规模福利支出),而赋予税收国家的主要特征则主要出现在近代(18—19世纪)的英国等国家,其内容在一定程度上可以视为财政国家的低配版。中国近现代财政史研究者强调的财政国家具有的特征(主要收入来自税收,能够大规模在信贷市场上借款等),只是邦尼所说财政国家的一部分特征而并非全部。邦尼等人强调,之所以提出财政国家并与税收国家区分开,是因为要强调财政国家才具备自维持型特征,而之前的税收国家,"无论其收入基础有多么现代,其信贷结构有多么复杂,都无法通过这种构成现代性本质的自维持型增长的检验"[1]。这种自维持型特征,"公共支出和税收占国民生产总值的份额不断增加,货币供给通胀性增加,借贷作为递延税收来利用"[2],在相当程

---

[1] 奥姆罗德、玛格丽特·邦尼,理查德·邦尼.危机、革命与自维持型增长:1130—1830年的欧洲财政史[M].沈国华,译.上海:上海财经大学出版社,2020:12.

[2] 奥姆罗德、玛格丽特·邦尼,理查德·邦尼.危机、革命与自维持型增长:1130—1830年的欧洲财政史[M].沈国华,译.上海:上海财经大学出版社,2020:26.

度上又是因为财政国家拥有高度发达的"财政宪法"。此处的"财政宪法",指的是"一种主要财政体系在某个特定国家历史的某个特定阶段所采取的特定形式"[1],显然它是税收国家长期发展才出现的结果。

当然,正如邦尼等人交代的,使用术语这一行为会引起麻烦,"不明确区分这些术语也许比较省事,因为这些术语的定义本身就有问题"[2]。从邦尼等人对财政国家术语的使用情况看,确实存在一些模糊不清的地方:一方面,他们赋予财政国家那么多的特征是非常晚近才出现的,可另一方面,他们却在自己出版的欧洲财政史书中都用上"财政国家"来命名,还明确地将时间从中世纪追溯起,这样财政国家在时间上到底对应于何时就不那么清晰。在邦尼等人眼中,财政国家本来是税收国家的高级版,可他们又宣称,在1815年前后,欧洲"只有英国一个国家达到了'财政国家'比较高级的阶段……先进的信贷结构与持续的增长财政能力的结合造就了当时在政治和经济方面独一无二的英国……其他欧洲国家财政体制中以欠发达形式已经出现现代财政国家的元素"[3]。就是说,邦尼等人似乎在这里又区分出比较高级的财政国家与比较低级的财政国家两种类型或者两个阶段,这样的话似乎又取消了将税收国家作为财政国家的低级版或者在前的一个阶段的划分。

5.4.2 财政国家与税收国家在概念使用上的不同:外部描述与内部本质

比较邦尼等人对财政国家概念的使用与熊彼特对税收国家概念的使用,可以发现,虽然前者渊源于后者,但二者是在不同层次上加以使用的。对邦尼等人来说,"财政国家"相当程度上只是一个历史描述性概念,一种处理史料的整体架构,它是历史连续体中的一个阶段。而熊彼特的"税收国家",具有内在的本质和思想内容,它代表了性质上不同于中世纪封建国家、构成历史断裂的一种新型国家(即现代国家),而且从领地国家向税收国家的转型(即从传统国家变成现代国家)在所难免。

---

[1] 奥姆罗德、玛格丽特·邦尼,理查德·邦尼. 危机、革命与自维持型增长:1130—1830年的欧洲财政史[M]. 沈国华,译. 上海:上海财经大学出版社,2020:9.

[2] 奥姆罗德、玛格丽特·邦尼,理查德·邦尼. 危机、革命与自维持型增长:1130—1830年的欧洲财政史[M]. 沈国华,译. 上海:上海财经大学出版社,2020:3.

[3] 理查德·邦尼. 欧洲财政国家的兴起(1200—1815年)[M]. 沈国华,译. 上海:上海财经大学出版社,2016:14.

如果用一个例子来理解二者的区别的话,可以用费正清与列文森在讨论中国现代化过程中使用的同一个名称但含义却不同的框架("冲击-回应")。在费正清等人那里,"西方冲击-中国回应"这一模式,是一种处理史料的整体结构与一种主导性的观念,可以依此时间框架梳理中国近现代历史上发生的种种历史事件。而在列文森那里,他对该框架的运用,更具有本质性与深层的人文关怀,"他认识到,某一民族、社会的存活需要一种新的异质'真理',此种真理将否定他们自己所拥有的传统价值,为此他们会经历一种巨大的精神迷失"[①]。就是说,列文森认为,任何文明或者民族(包括中国在内)要能获得进步,就必须经受某种外来文明挑战,这是具有真理性质的。当然,列文森还同时关注到,这样的外来挑战会让本土掌握传统价值的知识分子陷入某种痛苦状态。

5.4.3 "财政国家"概念的优缺点

邦尼等人所使用的"财政国家"概念以及构建的四阶段国家模型,在学术界有广泛的影响。由此产生的众多研究论著,构成了财政政治学学科的文献基础。

从学术发展而言,使用财政国家这样的概念,至少有三个优点。

第一,可以区分现代国家的发展阶段。历史学上普遍将 1500 年之后的西方国家划为现代国家,而熊彼特用税收国家一词表达的无非是从财政收入角度看西方逐渐进入用税收作为主体收入标志的现代国家。但在研究现代国家时,也需要分期或者划分出阶段来。比如史学界有人用早期现代(Early Modern,15 世纪晚期到 18 世纪末)与现代,来给 1500 年之后的现代国家分期。在财政史和财政研究上,用"税收国家"与"财政国家"来分期,应该说是有助于深化我们对历史分阶段发展以及各阶段特征的认识。

第二,财政国家概念突出了政府收入来自大规模借贷的特征,在研究中有助于我们深化认识公债在现代经济发展和国家生存竞争中的作用。就现代经济发展而言,典型的例证就是葛德雪强调过的马克思对公债在原始积累中杠杆作用的肯定[②],正如马克思所言,"公债成了原始积累的最强有力的手段之一","公债和与之相适应的财政制度在财富的资本化和对群众的剥夺中所起的重大作用,使科贝特、达布耳德等许多著作家错误地要在公债和财政制度中寻找现

---

① 列文森. 儒教中国及其现代命运[M]. 南宁:广西师范大学出版社,2009:代译序,12.
② 马斯格雷夫,皮考克. 财政理论史上的经典文献[M]. 上海:上海财经大学出版社,2015:265.

代人民贫困的根本原因"。① 就国家生存竞争而言,邦尼、唐顿等诸多财政史学者特别强调,英国之所以在18—19世纪能够多次赢得战争,就是因为能将政府收入流与大规模的借款结合起来以获得可靠的财政收入来源。法国历史学家布罗代尔也有过类似的结论:"公债正是英国胜利的重要原因。当英国需要用钱的时刻,公债筹集巨款归它调拨",它"有效地动员了英国的有生力量,提供了可怕的作战武器"。②

第三,财政国家概念可以把债券持有人引入现代国家形成的研究范围内,有助于探讨更为复杂的政治经济关系。比如,在17—18世纪的英国和荷兰,为什么政府能够赢得民众信任,以至于可以用比较低的利率举借大量公债?一旦把债券持有人引入分析框架,就会发现在当时这两个国家的纳税人、债权人、议会议员的身份高度重合,这就对国家举债的可信承诺产生良好的影响。就是说,债券持有人往往就是大的纳税人,同时又是国会议员,他们有权决定或者至少可以发挥巨大影响力让议会决定:国家是否举借债务,怎么归还,用什么样的税收来归还。

概念是有用的工具,能让我们的研究足够深入;与此同时,概念也可能是陷阱,会遮蔽掉许多我们原本可以发现东西,甚至引我们进入歧途。前者正如上面笔者对"财政国家"概念优点的描述,而就后者来说,表现在使用"财政国家"概念时需要注意它可能存在着的缺点或者说不足。

第一,熊彼特所说的税收国家,实际上指的就是现代(资本主义)国家,而这样的国家在财政收入手段上,已经包含了运用常规税收作为大规模借贷担保的含义。在"税收国家的危机"中,熊彼特多次描述了税收国家举借债务的性质、可能的界限以及对税收国家的影响。他一再说到,哪怕像当时奥地利这样深陷大战的国家所举借的大规模公债及增发货币形成的通货膨胀,也不能真正地摧毁税收国家。为此,熊彼特还设计了一个具体的方案:向主体为资本家(特别是那些发了战争财的资本家)的群体征收一次性资本税,允许他们用现金、银行存款、股票、战争公债券等形式来缴纳(若获得的是股权证书就把它拿到市场上交换现金或公债券),最后将因此获得的现金与公债券销毁,以恢复货币与商品之

---

① 马克思,恩格斯. 马克思恩格斯选集:第二卷[M]. 北京:人民出版社,1972:259,261.
② 布罗代尔. 15至18世纪的物质文明、经济和资本主义:第3卷[M]. 北京:三联书店,1993:433.

间平衡,并大幅减少公债。① 可见,说"财政国家"概念有助于提醒人们注意公债在财政收入中的重要作用是对的,但如果说"税收国家"概念忽略掉公债的重要性,则有些过了。

第二,"财政国家"这一概念及其提倡者似乎有意无意地在暗示,只要能借债,国家就没有危机,或者举借债务更有利于国家的发展。这样一来,包括熊彼特在内的历代学者曾经发出的对国家举借债务的警惕与批判就被忽略了。在维克塞尔、布坎南等众多财政学家看来,税收才是公共产品的对价,缴纳税收带来的牺牲制约着民众想要获得更多公共产品的意愿。换言之,要获得更好的公共服务,就必须缴纳更多的税收,而想要少交税,就必须接受比较少的公共服务,这样的财政运行才是健康的,这样的财政制约才是真实的而不是幻觉。如果采用财政国家的概念,就可能忽视掉税收代价的制约作用,撕裂原有的税收一支出间的纽带,而将债务收入作为支持公共服务的正常资金来源,这样本代人似乎可以无须负担公共服务的成本,而将公共服务的代价推迟给后代人承担。在这样的"财政幻觉"下,不仅可能会让政府获得充足的资金以至于任意扩大它干预社会的权力,而且可能造成社会资本的丧失(个人不用为自己负责任、政府不用为未来负责)。② 事实上,财政幻觉支配下政府肆意扩张、利息负担攀升、通货膨胀严重等结果,很有可能等不到后代而不得不由本代人承受。2011年前后"欧猪五国"(葡萄牙、意大利、爱尔兰、希腊和西班牙)主权债务的危机,最终冲击了这些国家乃至欧洲各国的经济和社会发展,正是如此。

第三,使用财政国家这个概念,很可能会丢掉熊彼特与葛德雪等人使用"税收国家"概念时的深刻洞见,即税收国家不仅是推动形成西方现代国家的动因,而且税收国家目前存在的危机还将继续推动现代国家向下一个阶段发展。由于税收只是财政收入的一种形式,国家还可以通过借债、国企经营、租金收入等获取财政收入,这样采用财政国家概念,就可能失掉"税收"曾有的和未来可能有的革命意义。就是说,只要国家能获得收入(不管是通过何种形式得到的),似乎一切都万事大吉,而无需制度的任何改变。具体前文已经涉及。

---

① 若想了解该方案的全文,可参考"财政政治学译丛"中的《税收哲人》(上海财经大学出版社2019年版)一书的附录。

② 对于用公债融资造成财政支出扩张的后果,布坎南评价说,"在私人行为和公共行为中我们观察到的大量道德败坏现象,究其根源就是相对于整个经济公共部门规模过度膨胀"(马斯格雷夫,布坎南.公共财政与公共选择:两种截然不同的国家观[M].北京:中国财政经济出版社,2000:163)。

5.5 财政政治学理论体系的设想

是否可以以上述财政政治学研究领域中进展为基础,进一步推进国内学者从事的财政政治学研究,并以此为基础创新和完善财政理论,建立财政政治学理论体系,从而突破目前学界将财政学定为经济学学科所带来的局限呢?

5.5.1 学界目前对理论体系的创建

就目前来说,基于财政政治学/财政社会学的已有基础,并以此为基础创新财政学基础理论的,最重要努力的也许来自美国财政学家理查德·瓦格纳。他借助于财政社会学/财政政治学思想资源特别是意大利的财政学研究传统,构建出了一种不同于主流财政学的新型财政理论[1]。在《财政社会学与财政理论》中,瓦格纳比较了自己想要构建的财政理论与传统理论的不同,得出了以下结论。

在他看来,基于一般均衡的微观经济学,仍主导着目前绝大多数财政学者的研究。由此形成的主流财政学,将国家视为一个组织实体,认为它是一个自主的、具备改革能力的有意识存在,站在社会经济之外并对之进行干预,其目标是通过矫正市场失灵来实现社会福利的最大化。当然也有一些财政学者在将国家视为一个组织时,把它看作是一个重要的外在掠夺者,服务于那些控制了国家机器的人的利益。这种主流财政学的研究,主要是致力于探讨预算行动对市场活动的影响,即把预算行动处理为外生冲击,致力于分析其后果。由此,主流财政学将自己视为治国之术的直接工具,认为自己的任务是给国家(政府)提供建议,告诉它应该怎样开展行动才能让社会变得更美好。瓦格纳认为这样的财政理论所包含的思维模式是在君主制时期形成的,那时的财政行动可以被合理地描述为君主的选择。

在今天的民主时代,瓦格纳认为,应该把国家看作是社会经济的参与性广场,或者说国家应该被视为一种秩序,它容纳无数追求不同目标的参与者在其中活动。这样的国家是一个互动的过程,而不是一个有意识的存在;身处其中

---

[1] 我们已经将瓦格纳的《赤字、债务与民主》《财政社会学与财政理论》和《作为系统理论的宏观经济学——超越宏观-微观二分法》收录于"财政政治学译丛",即将由上海财经大学出版社出版。

的个体参与者能够被模型化为追求最大化的人,但政府本身并不是某个追求最大化的主体,它仅仅是那些追求最大化的人进行互动的场所。由这样的国家观构建而成的新型财政学,主要任务不是给国家提供行动建议,而是解释在国家广场上各主体活动产生的结果;对这样的结果进行解释是一个更复杂的问题,它涉及参与者之间的互动模式,而这些模式反过来又是由各种各样的制度和习俗塑造的,而制度和习俗本身在某种程度上又是通过以往的互动产生的。这种新型财政理论的实践意义是,它会促使一种多中心治理方式的形成,各种政府组织提供让人们可以参与对他们之间的关系和行动进行治理的广场。

在理论史上,瓦格纳举出埃奇沃斯、西蒙斯作为第一种财政理论的典型代表,而以维克塞尔、德·维提为第二种财政理论的典型代表,并分别陈述了这两种理论在两类学者身上的体现。瓦格纳强调,我们没有必要在接受一种理论是合理的同时拒绝承认另一种理论的合理性。这是因为,财政学是一个传统的术语,它描述了两种不同的研究行动,分别对应这两种财政理论:一种参与国家治理当中,另一种对社会和社会进程进行理论化。不过,瓦格纳自己显然更赞成第二种财政理论,即把财政学视为社会理论的一个分支,认为它的特定研究对象是那些通过政府制度和过程来组织的人类行动。

除了瓦格纳根据财政政治学/财政社会学理论资源构建新型财政理论外,前面提到的由贝克豪斯和瓦格纳主编的《2003年财政学手册》,由马丁、梅罗特拉、普拉萨德主编的《新财政社会学》等著作,也分别构想了他们的财政社会学理论,以此作为现行财政理论的补充甚或替代。比如,贝克豪斯在《2003年财政学手册》的最后一章,为我们列出一份财政社会学领域非常有趣的、用尽所有西文字母开头的议题清单,包括税收负担、税收抵免、财政幻觉等议题。他认为,由这些议题入手,财政学者就能为各种分立的学术研究架起桥梁,并促进更多的学者去研究重大的立法。而由马丁、梅罗特拉、普拉萨德为《新财政社会学》撰写的序言,特别指出现有财政社会学研究的不足(主要是碎片化),认为这样的不足既体现在研究者的孤立与小群体生存状况上,也体现在现有三个研究主题(用现代化理论与经济发展的后果解释税收形式、用精英理论解释人们为何赞同税收、用财政-军事国家理论解释税收在国家能力方面的后果)存在的问题上。之所以如此,是因为需要将战争、经济发展、政治制度整合成一个综合理论来说明税收国家的发展。三位作者构想一种新财政社会学,其内容主要关注非正式的社会制度、重视历史的顺序和背景、关注在社会层次而非个体层次才能被正确衡量的现象。三位作者集中于国家基础上税收政策的来源、纳税人同意的发展、税收的社会后果三个方面,逐一评点了他们在书中选录的论文。最后,三位作者指出,财政社会学的未来发展,将指向把税收作为现代世界中社会、政治、经济发展的核心元素来理解:税收是实际存在的社会契约;围绕这一契约的反复商议,改变了国家与社会的关系。

5.5.2 对财政政治学理论体系的设想

目前已有的基于财政政治学/财政社会学而发展财政学科的设想,极富价值。不过,仍有必要在此基础上发展一种系统性的财政政治学理论框架,以创新财政学基础理论。

我们可以尝试着从马克思的经典断言"国家制度只不过是政治国家和非政治国家之间的协调,所以它本身必然是两种本质上各不相同的势力之间的一种契约"[①]出发,来建构财政政治学理论框架。这是因为,财政制度(国家制度的重要组成部分)既是国家与社会之间互动的产物,又是二者进一步互动的中介,并由此产生两个方面的作用:①支配与治理,即国家经由财政制度,去界定财富资源的产权并管理经济社会活动,调整相关主体的利益关系与价值要求,创造出社会的秩序与发展;②反向的塑造,即社会在为国家输送物质资源的同时,对其制度建构、职能发挥提出要求、给予批评甚至实行反抗,进而推动国家制度的发展。

于是,由此形成的理论框架可以实现两个目的:①从财政制度作为国家与社会互动的中介出发,推衍出理论体系,以便能为未来的研究提供指引;②让这样的体系能够具有尽可能大的包容性,将目前可归属为财政政治学/财政社会学的已有研究尽量包括进来。

由此这样形成的理论框架,可设为三个部分:①财政自身;②社会经由财政而对国家的反向塑造,简称"财政与国家";③国家经由财政而对社会的支配治理,简称"财政与社会"。如此的安排,在相当程度上可以将目前学术界对财政政治学/财政社会学的分散探索形成的文献加以最高程度的概括。目前的财政政治学/财政社会学研究,事实上大致形成了以下三个脉络的文献:①探讨财政的征兆意义(即熊彼特说的"所有发生的事情都会在财政上有反映"),目的是揭

---

① 马克思,恩格斯. 马克思恩格斯全集:第1卷[M]. 北京:人民出版社,1956:316.

示财政收支活动所包含的政治性质,对应于上述的"财政自身";②探索财政的影响或决定作用(即熊彼特说的"财政事件是导致一切变化最为重要的原因"),目的是解释财政与国家之间的因果关系,对应于上述框架中的"财政与国家";③阐明财政在国家治理中作用,即国家利用前述征兆意义与因果关系,对社会进行有意识的政策制定与实践操作,对应于"财政与社会"。

需要交代的是,如此形成的财政政治学是财政学的一部分,是对财政活动进行政治学的研究。在这种意义上,现有的从经济学视角研究财政活动的学科,不妨称之为财政经济学。换言之,以现有学科体系来衡量,财政学至少横跨了政治学和经济学两个学科。

5.6 结 论

本章探讨了财政政治学建设的必要性、学科渊源、重要概念与理论发展,以及财政政治学理论体系建设设想等,范围涉及对财政政治学研究的呼吁以及理论体系构建等。

迄今为止,在西方学术界,财政政治学依然只能算是一个有倾向的特殊研究领域,已出现的成果基本上体现为可归入财政政治学领域的论著,但并未建立起比较成熟的理论体系。虽然已出现了以税收政治学、预算政治学为名的教材,但尚未见到以"财政政治学"为名的教材。即使在相当程度上与财政政治学异名而同质的"财政社会学",也未出现教材。鉴于中国传统与现实的要求,中国学者对财政政治学理论体系建设的期盼比较强,但迄今成果仍比较少,也未出现专门的教材。因此,建立相对完整的财政政治理论体系并形成较为完善的教材,是财政政治学发展的重点,也将因此有助于当前财政学和政治学等学科的发展和现实的政治进步。

6 财政伦理学

在讨论经济学研究的对象问题时,莱昂内尔·罗宾斯(2001:120)将经济学与伦理学截然对立起来。在他看来,"经济学涉及的是可以确定的事实;伦理学涉及的是估价和义务。这两个研究领域风马牛不相及"。既然如此,那提出财政伦理学的课题、将作为经济学一分支的财政学与伦理学结合在一起,这是否意味着财政伦理学是由马、鹿、牛、驴拼凑而成的"四不像"怪物呢?

对于这一问题,我们这里的回答无疑是否定性的。在理论上,既然提出了财政伦理学的课题,这就意味着,财政伦理学的提法是完全恰当的。并且,考虑到社会科学与自然科学所具有的不同性质,财政学、经济学的理论研究不应该将伦理问题排斥在其理论体系之外,相反,伦理学是包括财政学、经济学在内的整个社会科学理论研究的核心内容。由于排斥伦理问题,同时也受对伦理标准的理解存在认识论偏差的影响,现代主流财政学、经济学的诸多理论分析已经偏离其应有的轨道和方向。

既然如此,那这里所提出的财政伦理学究竟是怎样的一门学科,它研究的主题是什么?在理论上提出财政伦理学的依据及其原因具体如何?对于其主题所涉及的相关问题,财政伦理学分析的方法及其基本观点又怎样?作为本期报告的组成部分之一,本章将就财政伦理学的基本情况——主题、依据、缘由、方法及观点等——做出介绍和说明。当然,鉴于讨论的篇幅,这里的介绍是提纲式、概要式的,具体的理论分析和发展需要依赖于接下来准备撰写的有关这一主题的专门的著作。

本章的内容及其思路安排如下:6.1 节讨论财政伦理学的主题及提出这一议题的理论依据;6.2 节分析了探索财政伦理学的原因:为何要在主流财政理论分析的基础上提出财政伦理学的概念及其分析框架? 6.3 节和 6.4 节则结合财政伦理学的两个基本问题——基本原则与具体规范,就财政伦理学两大问题所涉及的认识论、方法论及基本观点做出分析;6.5 节结合财政伦理学的主题、方法和观点,就财政伦理学相比主流财政理论及政治哲学等其他相关理论分析所存在的创新等做出说明。

6.1 财政伦理学的主题及依据

任何一门学科都有其研究的主题。作为自然科学的"带头"学科,物理学是一门研究物质一般运动规律的学科。大至宏观宇宙,小至基本粒子,它们的运动形式和规律如何?而化学,它作为自然科学的另一种类型,它主要在分子、原子层面来研究化学反应,研究物质的组成、性质、结构及其变化的规律。至于经济学,保罗·萨缪尔森与威廉·诺德豪斯(2013:4—5)认为,它"研究的是一个社会如何利用稀缺的资源生产有价值的商品,并将他们在不同的个体之间进行分配"。那这里所要介绍和分析的财政伦理学呢,它所要讨论的主题是什么?在学术上,提出财政伦理学的依据又如何?一方面,在必要性方面,财政学的理论研究与现实实践为何需要有伦理学的视角?另一方面,在可能性方面,财政伦理问题有可能得到科学的分析和理性的讨论吗?

6.1.1 财政伦理学的主题

财政伦理关乎的是有关评价财政决策、制度好坏与否的规范标准。相应地,财政伦理学涉及两个层面的内容:

其一是基本原则,即就财政决策、制度好坏与否进行评价的最基本的标准。对于财政决策、制度进行规范评价,它与对其他方面的行为、制度所进行的评价那样,都涉及有关是非判断的伦理标准。特别地,在基本原则上,不管是对财政决策、制度进行评价,还是政治哲学、道德哲学和法哲学对于个体行为与其他制度和决策——道德与法律——进行评价,它们所涉及的基本原则是相同的,都涉及对社会最基本规范原则的探讨。进而,从这个意义上来说,财政伦理学有一般伦理学所涉及的内容和范畴。

其二是具体制度,即满足基本伦理原则的规范财政制度、规则。在社会规范价值体系中,尽管财政决策与其他的社会决策共享最基本的伦理原则,但财政的决策和安排又具有其个性和特性,财政决策的具体规范与一般的个体道德规范有所不同,同时也和其他的社会决策和政治决策所需要满足的具体规范标准存在差异。也正因为如此,在就基本原则做出探索的基础上,财政伦理学需要进一步就财政决策所具有的具体规范做出探索。

由于涉及一般和个别、共性和特性、抽象和具体之间的关系,财政伦理学所涉及的两方面的内容是彼此密切相关的:一方面,基本原则是具体规范得以界定的基础,对于基本规范原则的理解和把握直接关系到对于具体规范的界定,没有基本原则,或者对基本原则的理解存在偏差,有关财政规范的具体界定难免会存在这样或那样的问题;另一方面,具体规范是基本原则的具体化,基本原则往往是抽象的,它如果需要为财政决策提供实际的指导,就有必要基于财政决策所面临的个体性化问题而将其具体化。

6.1.2 财政伦理学的依据:必要性

理论上,之所以提出财政伦理问题,就评价财政决策的基本规范原则和具体制度规范进行探索,这首先在于:界定伦理规范具有理论的必要性,这不管是对于财政学的规范分析还是实证分析,都是如此。

首先,确定一个"理想类型"意义上的规范标准,这是财政学规范理论分析的前提和基础。在财政收入与支出政策的制定上,由于政策的选择要以价值目标的确定为前提,也许没有什么相比财政伦理规范的确定更为基本的了。在道德哲学领域,康德(2012:前言,3)曾明确指出,道德形而上学是必不可少的:"如果找不到主导的线索,找不到正确评价的最高标准,那么道德自身就会受到各式各样的败坏。"同样地,在财政的现实实践方面,如果作为目标导向的伦理规范在理论上不能得以阐明,财政的政策制定与制度选择就难免会误入歧途,甚至可能会与其应有的目标背道而驰。实际上,也正是因为作为目标导向的伦理规范对于财政政策制定与制度选择所具有的引领性、规范性作用,在财政学的规范理论研究上,也许没有什么相比财政伦理规范的厘清更具有前提性的了。

就财政伦理规范做出界定,这不仅是财政学规范分析的基础;同时也是具有实践价值的财政学实证分析的基本前提:财政学实证研究所获得的"知识"如果要为财政的现实实践发挥其应有的理论指引力,确定财政决策的伦理标准并"围绕"该标准来进行知识的探索就是不可或缺的。毕竟,有关财政理论的实证研究,不管是"是什么"意义上的事实描述,还是"为什么"意义上的逻辑诠释,如果相关的结论与伦理规范毫不相干,那正如"休谟的铡刀"——不能从"是"中推论出"应该"(布莱克,1992:135)——的方法论逻辑所表明的:我们无法基于科学探索的知识而就财政政策的制定与制度选择发表任何有价值和意义的见解。当然,如果有关财政决策的实证知识是以财政政策与制度的伦理规范为基础、并基于现实究竟是"接近"还是"偏离"规范来展开的,基于实证结论来推导政策建议则完全是可能的,而"休谟的铡刀"——它将"是"与"应该"两者截然分开——则是失效的:在伦理规范得以确定的基础上,我们完全可以基于"是"(事实对于伦理规范的偏离或逼近状况)而得出"应该"(就财政决策给出规范建议)。比如,如果我们知道 A 政策运行的结果比 B 政策更能趋近社会的规范目标,那在政策选择上我们就应该选择 A 而不是 B。关系上,既然规范与实证并非彼此截然对立而是相互依存的,当罗宾斯(2001:120)断言"在实证研究和规范研究的法则之间有一条明确无误的逻辑鸿沟,任何聪明才智都无法掩盖它,任何空间或时间上的并列也无法跨越它"时,他实在是过于武断和绝对了。

事实上,除了实证研究结论的现实应用需要以伦理界定为前提之外,探究财政伦理规范也是财政学实证研究的核心内容。相比自然的规律来说,财政学、经济学等社会科学所探究的有关"是"的规律和(或)倾向往往受制度规则的支配和影响,而制度和规则又是由人所选择的,这使得此等规律和倾向往往并不具有自然法则所具有的必然性和强制性;如果硬是要说具有强制性和必然性的规律,在财政学、经济学等社会科学领域,那也应该是伦理规范意义上的"道德法则"。进而,就伦理规范意义上的"道德法则"进行研究,去探究人类社会所必须遵循的具有普遍性、准永久性和历史必然性的基本制度条款,是包括财政学在内的经济理论分析的使命和初心,是经济学、财政学实证研究的核心内容。

6.1.3 财政伦理学的依据:可能性

然而,尽管就财政伦理规范做出探索对于财政学的理论研究(规范分析和实证分析)与现实实践具有重要的价值和意义,但有论者对其得以科学界定的可能性持怀疑态度。在他们看来,鉴于问题本身的主观性、相对性,伦理规范不可能得以科学界定:其一,人们头脑中有关是非判断的伦理规范纯粹只是个体主观观念的问题,伦理原则所表达的往往是作为这种断言的人的情感——它表达的是个体有关道德价值的个人"信念"。其二,从社会科学的"科学主义"视角看,既然是个人偏好,伦理规范只是一种主观评价,而主观判断,它既不可能正确,也不可能错误,它缺乏科学知识所应有的客观实在性;与科学结论的客观、确定性相比,政治哲学有关伦理标准(如公平正义)的理论界说总是会陷于主观、相对的泥沼中,理论上不可能对它们进行合乎理性的评判(钱永祥,2015;金里卡,2015:3—8)。特别地,在怀疑论者看来,"人们关于公平正义的'信念'纯粹是习俗性的,它反映的往往是特定的社会习惯和实践:当社会的安排发生改变时,人们对这些安排的正义性的信念也会相应地改变"(米勒,2001:23—24)。既然伦理规范本身是可变的、不稳定的,就它们做出科学探索是不可能的。在讨论收入分配问题时,马丁·布朗芬布伦纳(2009:93)就认为道德层面的"分配不公"问题是永远得不到最终答案的分配正义问题。

应该说,如果伦理规范纯粹是不可捉摸、毫无章法的主观臆断,而伦理学、宗教、形而上学也如果真如其批评者——实证主义者——所言的,它们其实是科学的冒险,是缺乏理性的空洞,那将伦理规范问题排除在财政学、经济学的研究体系之外,这是可以理解的:如果我们仅仅为了评价而胡乱地引入并不可靠的标准,那指引社会前行的只是虚假的幻想,而不是安全的引航灯。但实际上,正如真和假、正和负、动和静、生和死并非完全对立的两极,而其实是彼此相互联系一样(恩格斯,1972,第 3 卷:60—63),主观和客观也并不是泾渭分明的:一方面,所谓客观的认识——不管是针对自然世界的还是针对历史和精神世界的——都不可避免地带有人的主观性,毕竟,人类所认识的客观实在其实都只是人的一种主观感受,是外在世界在人的各种感觉器官上的映像和投影。另一方面,也是这里需要强调的一方面,人的主观认识、观念与意识虽然是主观的,但主观观念本身也是一种不以人的意志为转移的客观实在。进而,有关财政伦理规范——人类所富有的这样一种特殊的主观意识和情感——问题的研究,它本身就是对客观实在问题的探讨,是对主观世界的客观表达。也正因为如此,基于伦理规范具有主观性而将科学与伦理规范对立起来的观点是狭隘的:既然伦理观念是客观的,问题的关键不在于伦理观念是否具有主观性,而在于我们能否恰当地就主观观念做出客观的表达。

其实,伦理和宗教不仅具有某种客观性,同时,经验表明,就财政决策进行规范评价的伦理标准——基本原则和具体制度——进行探索也并不是非理性的和根本不可救药的。学术上,亚当·斯密对公共财政等政策问题所做的诸多分析在很大程度上就是以伦理规范为基础并基于现实究竟是符合还是偏离伦理诉求的思路而加以展开的,比如,他基于税收公平等原则而就税收征收问题所做的讨论(斯密,1997:384—469)。而杰里米·边沁、詹姆斯·穆勒与约翰·斯图亚特·穆勒等功利主义者更是创立了他们所认为的科学伦理学:功利主义者(比如边沁)建议人们把伦理学理解为以人类幸福最大化为目的的技术,他把所有的伦理问题简化为用数学公式来表达的值得尊敬的科学形式:行为是否正当,制度是否合理,这取决于该行为、该制度是否比其他方式更好地实现人类幸福的最大化。再后来,虽然逻辑实证主义者——以莫里茨·施利克和阿尔弗雷德·艾耶尔等为代表——否定了伦理学和宗教命题的意义(参见弗莱施哈克尔,2010:131－132),但随着罗尔斯的《正义论》在20世纪70年代的出版及其所引起的政治哲学的革命,古典的规范政治哲学开始复兴了。① 基于罗尔斯的学识传统、伦理规范问题,我们可以把它理解为理想环境——如罗尔斯"无知之幕"意义上的"原初状态"——下的理性选择问题。而理想环境下的理性选择问题,由于涉及的是社会基本原则和基本制度的抉择,从某种意义上来说它是社会科学领域范围内最富有挑战性和价值的选择问题:人类的理性选择不仅涉及个体利益最大化的抉择,更是涉及有关人类整体利益——与以公平正义为原则的伦理规范有关——的理性选择。②

当然,有关公平正义之类的伦理标准,有论者可能会说,不同的人往往有其自己不同的理解,人们难以就它们达成一致认识。在此方面,麦金泰尔(1996:1)就认为,受地域限定性与历史局限性的影响,不同个体对于正义的理解是千差万别的:"有些正义概念把应得作为中心概念,另一些正义概念则根本否认应得与正义有任何的相关性;有些正义概念求助于不可转让的人权,另一些则求助于某种社会契约概念,还有一些正义概念则求助于功利标准。"而在个体观念存在冲突的情况下,试图就公平分配等规范进行界定似乎是不理智的。克吉尔·托恩布鲁姆(Kjell Tornblom)在为关于分配正义的社会心理学研究的一个大型调查所写的导论中写道:"这里不会试图去定义正义。这似乎是一项'无望的和自负的工作'……是'超出了任何科学分析的能力之外的'……以往的调查已经令人信服地表明,正义概念在不同的环境中、对不同的人似乎意味着不同的东西"(转引自米勒,2001:45－46)。但实际上,只要我们真正理解公平正义等规范原

---

① 罗尔斯《正义论》的发表对于现代政治哲学的发展及其他相关领域的探索所具有的意义是不言而喻的。金里卡(2015:12)评论指出,罗尔斯的《正义论》为当代政治哲学提供了一个原点(ground zero)并意味着规范政治哲学的复兴:"要想了解当代的各种正义理论,罗尔斯的理论是一个自然的出发点;罗尔斯的理论支配着当代政治哲学的论争,并不是因为人人都接受他的理论,而是因为其他的不同观点通常是在回应罗尔斯理论的过程中产生的。"

② 罗尔斯(Rawls,1971:16)明确指出:"正义论是理性选择理论的一部分,也许是它最有意义的一部分。"

则的含义,基于个体偏好表达以及个体间观念的冲突性而否定伦理规范科学性的论点其实是无关宏旨的:因为,正如后面的分析所表明的那样,诸多个体在诸多时候所表达的公平正义其实并非真正的、作为伦理规范的公平正义。

6.2 发展财政伦理学的原因

当然,有关评价财政决策好坏的伦理规范,财政学、经济学的理论分析对此有理论的讨论,比如财政学教科书有关公共政策目标——效率、公平和稳定——的分析。与此同时,基于效率、公平与稳定等规范标准,财政学、经济学的理论分析为财政政策的制定与制度选择提供了诸多规范性的建议,而相关的政策建议其实就关乎财政的具体规范。既然如此,那为何在理论上还要单独提出财政伦理学呢?发展财政伦理学的学术基础何在?

6.2.1 对伦理问题的拒绝和排斥

理论上,尽管伦理规范对于财政的理论研究与政策实践具有重要的价值和意义,但正如莱昂内尔·罗宾斯所做的那样,伦理规范问题在很大程度上被诸多的经济学、财政学理论所忽视了,甚至是被它们排除在财政学、经济学的研究范围之外。就收入分配问题而言,经济学、财政学的主流理论分析所关心的主要是收入在社会各阶层和(或)不同生产要素——土地、资本和劳动[①]——间进行分配的理论原理及经验证据(比如财税、外贸等政策因素对收入分配格局的影响)。至于"何种分配格局为优"的规范伦理问题,它并不是此类研究所关注的对象,至少不是它们所要讨论的重点。[②] 比如,作为生产理论——解释一般商品价值或价格决定法则的理论学说——的拓展和延伸,新古典经济学的分配理论试图将生产理论的"一般法则用以解释各种要素的价值或价格的确定,从而说明各种分配份额的决定"(晏智杰,2008),即理论主要关注收入分配是如何被

[①] "科学管理之父"泰罗认为管理也是一种独立的生产要素。但事实上,鉴于管理是人所进行的管理,与其说它是一种独立的生产要素,不如说它是劳动要素的一种特殊类型。

[②] 即使相关研究将其关注点放在有关"正义信念"抑或"正义行为"的经验考察上,实证主义的社会科学家也往往将自己视作不带伦理预设的人,而把"何谓公平、何谓正义"之类的伦理问题排除在其所探究的主题的范围之外。

确定的,而不是收入分配应该如何。

比如约翰·贝克·克拉克,其代表作《财富的分配》试图描述的是"财富如何在各个要求获得应得权利的人中间分配"的"自然规律",即关心的是"分配如何形成"的"分配的科学"而不是"收入应该如何分配"的"分配的伦理";尽管克拉克关注到分配的伦理,比如,究竟是"给予某人自身所生产的产品数额"的原则是公平的,还是部分社会主义者所提出的"各尽所能,各取所需"的原则最理想、最公平(克拉克,2010:7)? 而他所提出的边际生产率理论也涉及"分配正义的规范性原则",但他更愿意将注意力集中在"纯粹事实的领域",至于国家是否应该根据需要突破财产权的限制以在经济上救济穷人等方面的问题,则因为问题本身的"伦理"属性而被排除在其理论探索的范围之外(参见弗莱施哈克尔,2010:130)。因为,他所"要研究的是经济的实际问题,而不是纯粹伦理上的问题"(克拉克,2010:7)。

无知的热心,犹如在黑暗中远征! 为了克服理想天堂最终被沦为人间地狱的危险,维克多·雨果的警言无疑是值得我们时刻铭记的。就这里所关心的问题来说,财政政策的制定与制度选择应该以应有的"知"作为其决策基础。因此,强调财政学、经济学的实证研究并加强其理论探索的力度,这怎么说都是不为过的。毕竟,从"是什么"的角度就财政运行规律做出探索是财政学作为一门科学的应有之义。但对实证研究的强调并不等于应该将伦理规范问题置于某种从属地位,更不是要将其完全搁置一边。在政治哲学的一般理论层面,政治究竟能否成为一种有理性可言的活动,关键在于我们能否寻找到一种普遍的、能就政治活动进行规范评价的政治价值抑或政治原则。而就财政政策选择与制度设计这一特殊的政治实践活动来说,其正确选择自然要以伦理规范标准的确立为前提。否则,即便我们占有了有关财政现实状况的所有信息和资料并掌握了财政运行的全部规律和原理,我们依旧无法保证财政政策应有的合理性、公正性。在此方面,戴维·米勒(2001:46)就曾明确指出,对正义的科学研究和哲学研究,它们必然是相互依赖的,而为了把那些由正义指导和不由正义指导的信念和行为区分开来,对正义的经验研究必须依赖于规范的正义理论;缺乏有关规范评价的价值尺度和标准,我们就无从对现实的好坏与否做出判断,同时也不可能对现实的改进提出任何有价值的见解。

当然,如果财政学、经济学及其实证研究的目的仅在于发现客观的事实和规律而不需要为财政实践提供改革建议,那将关注点放在事实的描述和分析上而将伦理标准问题搁置一边完全是可以理解的。然而,就实证研究的目的而言,实际的情况则如阿瑟·塞西尔·庇古(2006:8—9)所言:"在有关人类社会的科学中,这些科学作为知识载体其吸引力并没有那么大,值得我们关心的是获得成果的可能性而不是知识本身""我们的动机不是哲学家的动机,即为知识本身去掌握知识,而是生理学家的动机,即为寻找有助于治愈疾病的知识"。类似地,对于哲学家将关注点放在问题解释上的倾向,马克思(1972,第1卷:19)在《关于费尔巴哈的提纲》中曾批判性地指出:"哲学家们只是用不同的方式解释世界,而问题在于改造世界"。既然社会科学知识获取的意义在于其现实应用而不限于满足人类的好奇心,基于财政学、经济学的"知识"获取任务而将伦理规范人为地排除在学术探索领域之外就完全不可取了:伦理规范问题是包括财政学在内的所有经济理论研究和其他社会科学的重要组成部分。实际上,在学术传统方面,正如塞缪尔·弗莱施哈克尔评价所言,即便是"实证主义"术语的发明者——圣西门及其追随者奥古斯特·孔德——也并未将道德伦理问题抛弃在科学的体系之外:一方面,圣西门、孔德以及后来的实证主义者倾向于创造一种社会科学,以告诉政策制定者如何改造周围的社会,而政策的制定必然会涉及对于政策好坏的伦理评价;另一方面,在道德伦理层面,圣西门认为:"即使应该抛开基督教神学和形而上学,我们也应该继续尊重和效忠基督教的道德原则";孔德则提出了"实证主义新宗教,期待科学伦理学的到来"。而就收入分配这一特定的问题来说,圣西门和孔德其实都曾"站在原始社会主义的立场去批评资本主义过分强调个人、冷酷对待穷人"(弗莱施哈克尔,2010:130—131)。

6.2.2 有关伦理标准的认知偏差

欧根·杜林试图脱离现实的社会关系而从概念或所谓"社会"的最简单的要素构成道德和法,恩格斯(1972,第3卷:136)对此批判指出:"我们的玄想家可以随心所欲地兜圈子,他从大门扔出去的历史现实,又从窗户进来了。"与欧根·杜林的故事具有某种相似,罗宾斯传统的经济学尽管试图将伦理问题排除在经济学体系之外,但当经济学家、财政学家普遍采用帕累托效率准则来就资源配置恰当与否做出判断时,经济理论家其实就是在大大方方地将"伦理规范"扔出经济学的"大门"之后,又将它从经济学的"窗户"中偷偷地捡了回来:由于涉及好坏的评价及效率的价值基础等方面的问题,帕累托效率本身就涉及伦理评价(蒋洪,2012:22)。然而,尽管伦理规范并未被财政学、经济学的理论研究彻底抛弃,但主流经济学、财政学对于伦理规范的理解存在认知上的偏差,经济学、财政学就财政伦理问题的分析并未取得彻底的成功。

首先,是帕累托效率标准的局限。关于帕累托效率,它是基于帕累托改进不可能来定义的,即资源配置的结果已经达到这样一种状态:在提升一个人福利的同时必须要以其他个体福利的下降为代价。帕累托效率是财政学、经济学规范理论分析的压倒性原则。就帕累托效率标准而言,毋庸置疑,它有其合理性,此等原则就给定条件下资源配置的最优方式给出了恰当的理论表述:如果资源配置的结果未达到效用可能性边界,资源配置的方式还存在帕累托改进的空间,那资源配置还没有达到最优,存在进一步优化的可能。但是,财政学、经济学简单地以帕累托效率为标准来就财政决策进行评价存在很大的局限:其一,帕累托效率原则有关效率标准的表述不全面,因为帕累托效率是一个静态原则,而资源配置的效率不仅涉及静态的、给定资源与技术约束下的配置效率,它更是涉及帕累托效率可能性边界的动态拓展,静态效率标准在很大程度上将更重要的动态效率诉求给忽视了。其二,帕累托效率原则未考虑人际利益的公平协调,它只是一个效率原则而不涉及公平正义的评价。但事实上,财政决策的合理性不仅关乎其有效性,更是关乎其利益协调的公正性,这使得单纯的配置效率无法为财政决策的合理性提供基础。而另一方面,恰如布坎南(1989:385)所言:"客观上存在着符合简单的帕累托检验要求的小于无穷大的社会状况或社会秩序集""帕累托准则允许经济学家可以说的话就相当少"。不考虑利益的公平分配,经济学就帕累托边界上不同状态进行选择就缺乏应有的基础。

其次,是公平原则的伦理局限。关于公平正义,在主流的财政学、经济学的理论分析看来,平均主义几乎成为社会政策无可辩驳的目标(施蒂格勒,1990:15),进而,财政学、经济学的理论研究及相关的政策实践普遍将公平分配与收入差距缩小(一般以极差、相对平均差、方差、变差系数、对数标准差、基尼系数、相对平均差、泰尔熵以及阿特金森指数等指标来衡量[①])相等同。应该说,相比帕累托效率原则,财政学、经济学的公平正义原则涉及对人际利益协调的规范评价。但以均等主义的公正原则——绝对均等或相对均等——来为财政政策提供评价并不可取:其一,均等主义将公平正义局限在收入分配领域,这极大程度地限制了公平正义所适用的范围。但事实上,公平正义涉及存在人际利益冲

---

① 相关指标的具体含义请参阅森与福斯特(2015:24—44)。

突的方方面面;其二,均等主义的公正原则与效率原则之间存在冲突,难以兼顾财政政策所要求的效率要求;其三,均等主义的公正原则并非公平正义原则的恰当表达,基于收入差距缩小等来就收入分配的公平规范做出表述的并不可取:①收入差距缩小目标无法得以具体确定,不管是差距的整体水平还是具体格局;②正如诺奇克(Nozick,1974:164)所言,在一个允许个体自由选择的社会中,收入差距缩小目标无法维持:个体间的自由交易和转让会打破任何可能的分配模式;③在规则公平的前提下,事后缩小收入差距的做法因破坏了事先的契约基础而违背了公平的要义,同时,在规则的制定阶段,鉴于收入差距缩小目标的不确定性并出于对个体自由保护的考虑,公平的收入分配规则也不是那种试图缩小差距的规则。

最后,是社会福利标准的局限。与帕累托效率原则无法就效用可能性边界的相关状态进行选择不同,以功利主义等为代表的社会福利标准为效用可能性边界上的社会状态的选择提供了规范标准。但问题是,功利主义等规范性的伦理标准依旧存在局限:一方面,功利主义所假设的社会福利函数并不存在。在此方面,阿罗(2000)的研究就证明,在理论上并不能推导出满足帕累托公设、非独裁公设、无限制域、无关备选对象的独立性与传递性公设等公理性标准的社会福利函数;另一方面,功利主义等规范标准存在侵犯权利的伦理局限:功利主义的现实实践难免会出现践踏个体权利、无视人类尊严的行为。因为,功利主义允许人们将一些个体所拥有的资源强制转移给其他个体,而不管资源拥有者对他们所拥有的资源是否具有资格和权利。但事实上,恰如诺奇克(2008)在其著作的《前言》中所指出的:"个人拥有权利,而且有一些事情是任何人或任何群体都不能对他们做的(否则就会侵犯他们的权利)。"

6.2.3 财政学理论研究的困境

财政学、经济学对于伦理标准认知上的偏差给财政学的理论研究带来了很大的困难并进而使得财政学的诸多理论研究偏离其应有的轨道和方向。

首先,在财政学的规范理论研究方面,伦理认知的偏差使得诸多的政策选择偏离其应有的方向:一方面,是对公平正义的背离。不考虑公平正义,以帕累托效率为原则的相关政策选择无法充分保证其公平性,难免会出现违背公平正义的问题;考虑公平正义,但以绝对均等抑或相对均等来表达的公平正义以及基于功利最大化来表达的公平正义同样因本身所存在的不公平、不正义的"基因"而往往违背公平正义的要义。另一方面，是对配置效率的背离。以均等主义为目标的财政政策选择存在与效率相冲突的情况，而以帕累托效率为规范标准所进行的政策选择与制度安排则因对动态效率的忽视而无法充分实现资源配置的动态效率目标。

其次，在财政学的实证理论研究方面，伦理规范认识的偏差同样影响到其理论研究的现实价值及其方向。一方面，在实证研究的规范价值方面，为实证而实证、完全拒绝伦理规范的实证研究往往缺乏应有的规范含义，它们只是告诉我们"是"什么，但我们并不能从实证研究的结论中得出应有的规范含义。而以均等主义的公平、帕累托效率与社会福利等标准为基础的实证研究虽然具有其规范含义，但是，由于相关伦理规范本身的局限性，相关规范含义的可靠性受到了很大的限制。另一方面，在实证研究本身的内容选择上，由于对伦理规范问题的排斥并受对于伦理规范认知存在偏差的影响，主流财政学、经济学很少将伦理规范问题视为一个实证问题来看待，它们未能去探求财政学、经济学领域具有普遍性、准永久性和历史必然性的基本经济规则和条款。事实上，财政伦理规范的选择问题是一个理想环境下的理性选择问题，它同样属于实证研究所关注的理性选择的一部分。

最后，在财政学的规范伦理研究方面，理论上对于伦理规范认识的偏差其实也影响到财政伦理学本身的发展。这不仅是基本原理认知方面的，也是具体规范界定方面的。而作为基本原理认识和具体规范界定的方法论基础，理论上缺乏就基本原则和具体规范做出界定的一般的理论方法。也正因为如此，为了为财政学的规范分析和实证分析提供基础，以克服现有理论研究的不足，财政学的理论研究有必要去发展有关判断财政决策好坏的财政伦理学。

6.3 财政伦理学：基本伦理原则

财政决策所需要遵循的基本标准是什么？作为财政伦理学的核心议题并成为财政具体规范得以界定的伦理标准，财政伦理学首先需要就评判财政决策好坏的基本伦理原则进行界定。当然，由于财政决策同个体行为与其他的社会决策共享相同的基本标准，就财政基本伦理原则做出探索，这并非财政伦理学所独有，而是社会科学的伦理分析所共有。

6.3.1 认识论基础

财政学、经济学的理论分析为财政决策等社会决策提供了它们所认可的伦理标准:以帕累托效率为核心原则并将公平和稳定纳入其中的伦理标准体系。与主流财政学、经济学的认知存在不同,在我们看来,财政决策应该以公平正义为最基本的原则。之所以如此,这是由公平正义原则固有的合理性、兼容性与优先性所决定的(朱为群、曾军平,2013)。

首先,公平正义具有合理性。公平正义在社会哲学价值评价体系中具有公认的价值,无论在政治学领域还是经济学领域都是如此。一方面,在政治学领域,亚里士多德(1997:9)曾明确指出:"城邦以正义为原则。由正义衍生的礼法,可凭此判断(人间的)是非曲直,正义恰正是树立秩序的基础。"罗尔斯(2003:3)则在其已成为理论经典的《正义论》一书中开宗明义地指出:"正义是社会制度的首要价值。正像真理是思想体系的首要价值一样。一种理论,无论它多么精致和简洁,只要它不真实,就必须加以拒绝或修正;同样,某些法律和制度,不管它们如何有效率和有条理,只要它们不正义,就必须加以改造或废除。每个人都拥有一种基于正义的不可侵犯性,这种不可侵犯性即使以社会整体利益之名也不能逾越。"另一方面,在经济学领域,尽管公平正义在现代的主流经济分析中处于某种从属或补充地位,但在古典经济学理论中,尤其是在亚当·斯密的理论体系中,公平是经济学分析的核心原则。在讨论税收问题时,亚当·斯密(1997:384)首先给出了判断税收是否合理的四大原则中的首要原则就是平等:"一国国民,都须在可能范围内,按照各自能力的比例,即按照各自在国家保护下得到的收入比例,缴纳国赋……所谓赋税的平等或不平等,就看对于这种原则是尊重还是忽视。"

其次,公平正义具有兼容性。公平正义完全能够兼容效率与稳定等原则。作为一种规范性的价值原则,公平正义所涉及的是人与人之间的利益协调和调整。但在社会价值体系中,除了人际间的利益协调原则之外,还有其他非人际的原则,比如效率与稳定原则。我们之所以未将其作为财政决策的基本原则,并不是说它们不重要,而在于公平正义原则能够保证效率和稳定的实现,完全能够包容效率与稳定原则。其一,关于效率和公平。人们往往将它们视为彼此相互对立的原则来看待。但实际上,公平不是实现效率的障碍,而是实现效率的基本保障。因为,在社会的合作过程中,资源配置之所以会存在效率问题,往往与社会合作过程中个体间的利益冲突未能公正解决有关。反过来,一旦个体间的利益冲突得到公正、合理的解决,个体对于自我利益的追求就会将社会的运行导向最有效的结果(曾军平,2009:82—85)。在已有的讨论中,公平和效率之所以是相互矛盾的,在很大程度上在于公平的错误理解。其二,关于稳定和公平。在社会运行过程中,之所以需要稳定,根本原因还是它与效率和公平这两个方面的因素有关:如果经济的不稳定或者说波动并没有引起资源配置的低效和(或)人际利益分配的不公问题,那么,稳定的问题基本上就可以忽视。而对于那些与效率和公平有关的不稳定问题,鉴于公平和效率之间的关系,这也需要以公平正义为基础:只有基于公平正义的考虑,相关问题才能得以真正解决。我们很难想象,撇开公平正义而提出的经济方案会对经济的发展有真正持久的促进力(上海财经大学公共政策研究中心,2012)。

最后,公平正义具有价值优先性。公平正义不仅能够与效率、稳定等价值相兼容,而且相比其他社会原则有价值优先性。比如,自由,自由原则在社会规范价值体系中占有极其重要的地位。弗里德曼(1999:24)曾指出:"对于一个自由主义者而言,合适的手段是自由讨论和自愿合作。这也就意味着:任何形式的强制都是不合适的。"而哈耶克(1997:4)则认为:"自由政策的使命就必须是将强制或其恶果减至最小限度,纵是不能将其完全消灭。"然而,即便对于自由这样一个极具有伦理规范性的原则,其应用也应该以保持公平正义原则的优先性为前提,与公平正义相违背的自由没有其合法性:我移动我拳头的自由必须受到你下巴接近程度的限制。相似地,对于其他的价值原则也是如此。

其实,也正因为财政决策是以公平正义为基本原则的,有关财政伦理原则的分析,就是政治哲学、道德哲学和法哲学所探究的有关公平正义原则的分析;而对财政具体规范的探索,其实就是有关财政公正规则的探索。也正是从这个意义上说,财政伦理学也是财政正义论。当然,对于公平正义,在政治哲学、道德哲学和法哲学领域,功利主义、自由主义、契约主义与康德主义等给出的公平正义标准存在差异。在此情况下,财政伦理学需要就公平正义原则的具体内涵做出分析。毕竟,是否以公平正义作为基本原则是一回事,究竟应该如何理解公平正义原则是与此相关但又存在很大不同的另外一回事。

6.3.2 方法论问题

对于公平正义,既然不同学者、不同的理论流派往往有不同的理解,那对于各种类型的公平、正义原则,我们又应该如何来判断标准本身是否合理呢?也就是说,判别标准合理与否的标准是什么?学术上,要就公平正义意义上的财政伦理原则做出探索,我们首先有必要去确定就基本原则进行探索的一般理论方法。

对于这一问题,有人认为,标准是否合理,需要看标准是否获得了相关个体,或者是大多数个体的同意。毋庸置疑,合理的标准应该获得大家的同意,但问题是,一致同意抑或大多数同意,它们本身就是一个伦理标准,与社会功利最大化等标准一样,它们都是需要加以检验和评判的对象。进而,它们本身并不能作为一个标准。

除了以同意和大多数同意作为标准外,也有人认为,标准的合理性,要以国家的法律与社会的道德规范为基本判准。应该说,以法律和道德为标准,是我们评判个体行为正当与否的基本方法,但是,如果以法律和道德来评价伦理标准的合理性,这就完全颠倒了法律及道德同伦理原则之间的关系:在现实生活中,个体行为正当与否,需要以社会的法律和伦理规范为参照标准,而法律规范本身是否恰当,则需要以公平正义作为最基本的原则。进而,以法律和道德作为评判公正原则合理与否的标准依旧不可取。

既然如此,那伦理标准的合理性又要如何来判别呢?有关伦理标准(公正观)的评判标准是什么?对于"标准的标准"问题,我们可以从金里卡有关政治哲学成功与否的论述和判断开始。用什么样的标准来判断政治哲学是否成功?金里卡(2015:7)认为:"任何正义理论都需要面临这样的最终检验:这种正义论与我们对于正义的深思熟虑的确信相融贯,并有助于阐明这些确信。如奴隶制的不正义。"

基于这一表述,我们首先可以发现:对于给定的公正原则与伦理标准,它们本身是否合理,其判别的基本工具是人类理性的直觉。至于其中的原因,这在于:伦理标准问题是一个有关终极目的的问题,而对终极目的的探讨,正如穆勒(2009:57)所指出的,它与有关人类知识前提的探索一样,只能依赖于个体的理性直觉来加以判别,不可通过推理而证明:"通常意义上的'证明',并不适用于有关终极目的的问题。不可能通过推理而证明,这特点适合于所有的基本原理,不仅适用于人类知识的基本前提也适用于人类行为的基本前提。"当然,"直觉可能是没有根据的,而哲学史也充斥着不诉求我们关于对错的直观感受的各种论证,"但是,除此之外,我们"不相信除此之外还有什么看似合理的论证方式"（金里卡，2015：7）。至于直觉可能错误的问题，这只是要求即直觉应该以理性为基础，将判断建立在人类的慎思之上，而不是去否定直觉本身。进而，问题是，基于人类理性的直觉，我们如何就相关的伦理标准进行判别？有关判断伦理标准是否合理的标准是什么？就此而论，金里卡有关政治哲学成功的标准给我们给出了以下几个标准。

其一，是理性直觉的一致性标准，即我们所确定的伦理标准要与我们的理性的直觉、确信相吻合。包括两个方面：对于人类理性直觉给予充分认可的方面，规范的伦理原则不应将其排斥在外，更不能与之相冲突；而对于人类理性直觉给予彻底否定的方面，如奴隶制，那么合理的公正原则就不应该给它们留有余地。

其二，是理性直觉的融贯性标准，即作为标准的公正原则要能够把相关的直觉有逻辑地组织起来。因为，人类理性的直觉有多个方面，合理的公正原则应该能够在直觉一致性基础上将它们整合成一个有机的整体。在此方面，罗尔斯（2003：21）指出，其正义论的目标就是"将那些我们经过必要的考虑认为是合理的原则"整合成一种相互融贯的、能够经得起人类理性检验的观念。类似地，金里卡（2015：7）也认为："如果一种正义理论与我们深思熟虑的直觉相吻合，并且这种正义理论还能够把这些直觉组织起来以引出它们的内在逻辑，那么，我们就有强有力的理由支持这种理论。"

其三，是理性直觉的延展性标准，作为上述两个标准的延伸，合理的伦理标准应该能够确信地将其延展到理性直觉未能直接揭示的其他领域和方面。因为，如果原则只是适用于理性直接所确定的方面而不能适合其他的未知领域，那此等原则还是不能将理性的直觉统一起来。

一致性标准、融贯性标准与延展性标准，是我们检验一项公平正义原则是否合理的基本标准，这也是金里卡的论述直接或间接所给出的标准。但是，作为一个规范原则，它是为检验行为与制度正当与否服务的，合理的公正标准还需要满足原则可操作性标准：可以将它用于社会实践。一般来说，如果公平正义标准与理性直觉相一致，能够将人类理性的直觉整合在一起，能够将其延展到其他领域且具有可操作性，那么，在人类理性的范围内，我们就有理由相信，此等公平正义原则是合理的，这一点至少在我们理性认知的范围内是如此。

6.3.3 原则的界定

在公平正义的理论表述上，《墨子·天下志》有云："义正者何若？曰：大不攻小也,强不侮弱也,众不贼寡也,诈不欺愚也,贵不傲贱也,富不骄贫也,壮不夺老也。"而针对雅典贵族与平民之间的政治斗争,梭伦则说,公平是不偏不倚,"我拿着一只大盾,保护双方,不让任何一方不公正地占优势"(转引自郁建兴,1995)。墨子与梭伦所做的表述隐约地告诉我们:无论公平和正义所关注的具体问题为何,公平都要求平等地考虑所有个体的权利,而不公平则往往意指某些利益相关者没有得到平等地对待。基于公平所体现的平等地考虑相关当事人利益的性质,正如经济学家将资源配置的静态效率表述为帕累托效率那样,我们可以将公平界定为利益分配的平等待人。

在文字上,公平可以一般地表述为利益分配的平等待人。那在怎样的情况下我们可以说利益分配是平等待人的呢?在经济学中,资源配置静态效率原则的界定是建立在帕累托改进是否存在这一检验尺度之上的。同样,公平的严格界定需要给出一个检验利益分配是否公平的普适性判别标准。首先给出一个概念:可逆性检验。所谓可逆性检验,就是我们通常所讲的换位思考,即在利益冲突解决过程中,当事者同时将自己置于与之产生利益冲突的一方的情景中,来看特定的分配方式是否合理。一般地,对于特定的利益分配,如果个体所要寻求解决相互冲突的是一种可逆性调节,即如果把它颠倒过来,把其中的"你"和"我"的角色进行调换,这种调节仍然不会改变,那我们就可以称分配方式通过了相关个体所进行的可逆性检验。一般地,同"帕累托改进是否存在"给出了资源配置静态效率是否实现帕累托最优的检验尺度一样,"能否一致通过所有个体可逆性检验"则给出了利益分配是否平等待人的判别标准:一方面,能够一致通过所有个体可逆性检验的利益分配必然是平等待人的;另一方面,一种利益分配如果是平等待人的,那所有个体就该利益分配方式所进行的可逆性检验必然是有效的。

可以结合具体的例子(市场交易过程中价格的确定问题)来就上述定义和分析给出直观的说明。一方面,如果交易价格所对应的合作剩余分配模式能一致通过买卖双方的可逆性检验,即买卖双方通过换位思考所得到的公允价格是完全一致的,那该价格自然就是公平的。另一方面,如果交易价格是公平的,交易价格所对应的利益分配就需要通过个体的可逆性检验,即如果个体(比如卖方)认为价格是平等待人的,那在将其角色与其他利益相关的个体(对应的是买方)进行调换之后他仍会认为价格是公平的:当自己是买方而与之对应的个体是卖方时同样会接受这样一个价格;反之,如果个体(比如说买方)认为交易价格存在不公,那也就意味着将自己的位置与其他个体的位置(所对应的是卖方)进行交换之后,他同样会认为这是不公的:不会将价格定在如此高的水平。

公平正义是由换位思考意义上的可逆性检验一致有效来定义的。问题是,在进行换位思考时,个体是如何进行决策的?理论上,我们可以就可逆性检验一致有效的行为模式给出具体的确定吗?比如,功利主义与罗尔斯主义正义原则所给出的行为准则。学术上,人们一直试图将公平正义原则具体化、公式化,但事实上,这不可取,也不可能。之所以说不可取,这是因为,如果基于功利主义等原则来就公平正义做出表述,那公平正义的问题就会异化为效率问题。而之所以说不可能,是因为不同的利益分配,其公平分配的模式往往是不同的;而即便是具有相同性质的分配问题,在不同的环境下,其公平分配的模式和比例也会迥然不同(因为个体通过换位思考所得到的公平分配方式与利益分配所处的具体情形有关)。比如,在生产力比较低下的社会——史前氏族内部及古代社会小生产家庭内——在食物消费上采用平均分配是公平的;但当生产力发展到一定阶段之后,平均主义就变得不公正了。在正常年份,正义要求保护私有财产,入户行窃是不道德的,明抢硬夺就更是不义了;但在饥荒年代,当社会范围内因食品的缺乏而饿殍遍野、哀鸿遍地时,"侵犯"私有财产的劫富济贫行为倒成了侠义之举。在封建社会,刺杀皇上,人们通常称之为弑君,但符合天理,杀其君而不为弑君,兴师动众而不为犯上作乱(冯友兰,1996:123)。《易传》有云:"汤武革命,顺乎天而应乎人",而《孟子·梁惠王章句下》则说:"贼仁者谓之贼,贼义者谓之残。残贼之人,谓之一夫。闻诛一夫纣矣。未闻弑君矣。"在此情况下,将公平正义原则数学化、公式化会削弱原则所应具有的普遍性,"与罗尔斯思想体系相关的一个问题就是他不应该推导出一个具体的结果"(布坎南,2000:44)。

6.3.4 原则的检验

首先,从一致性标准的角度看,可逆性检验一致有效意义上的平等待人与人类有关公平正义的理性直觉相吻合。一方面,在基本理念方面,鉴于公平正义需要平等对待每一个人的直观理念,从利益分配平等待人的角度来理解公平正义是自然而然的。从某种意义上说,将人当作平等者是一种普遍的共识:把人"当作平等者"的"理念不仅出现在诺奇克的自由至上主义中,也出现在马克思的共产主义中。不同的只是左派人士相信平等的收入和财富是平等待人的前提,而右派人士却相信对于劳动和财产的平等权利是平等待人的前提。"(金里卡,2015:4)。另一方面,在检验方法方面,公平正义也确实需要换位思考,应该经得起可逆性的检验:仅仅考虑自己利益的公正是苍白无力的,缺乏理论的说服力与伦理的感召力。

其次,可逆性检验一致有效意义上的公平正义不仅与人类理性的直觉相一致,同时也能使得不同的理性直觉彼此相融贯,并能够将其拓展到其他的范围和领域,具有伦理原则所应具有的延展性。在此方面,德沃金就认为,尽管现代社会存在多元的价值冲突,但当代各种政治理论并没有诉求根本不同的价值:当代政治哲学文献中的大多数公正理论都可以被理解为对抽象意义上的平等的解释或认识。用这里的理解来说,就是利益分配的平等待人:一方面,在应用领域方面,不管是收入分配问题还是价格水平问题,也不管是经济领域的物质利益的分配问题,还是政治领域的权力分配问题,公平正义都要求平等对待每一个人;另一方面,在具体形态方面,对于不同领域、不同时候的公平正义,尽管它们的形态可能会存在差异,但不同形态的公平都可以用可逆性检验一致有效意义上的平等待人来做统一的表述。

最后,公道自在人心,鉴于可逆性检验一致有效均衡的存在,在技术操作层面,可逆性检验一致有效意义上的平等待人原则具有操作性:对于方方面面的利益矛盾和冲突,尽管不同个体对于利益分配的公正方式可能有自己的想法,但可逆性检验能够把各方面的想法都考虑进去,将各方面意见的合理因素综合在一起,并进而确定一个平等兼顾各方面利益的公平分配方案。相比而言,由于需要以社会各方面的偏好信息为基础,功利主义原则与罗尔斯差别原则等公正原则在现实应用上倒是面临困扰。同样地,经济学的帕累托最优效率原则也难以直接加以应用。

6.4 财政伦理学:具体规范制度

公平正义是财政决策的基本规范原则,而公平正义又是基于可逆性检验一致有效意义上的平等待人原则来定义的,财政伦理学所探究的财政伦理规范就是可逆性检验一致有效意义上的公平规范。问题是,财政决策的公平规范具体如何呢?

6.4.1 前提认知

在公平正义实体形态（区别于平等待人意义上的价值原则）的理解方面，学术界一直有所谓的结果公平和规则公平之争。支持结果公平的论者认为公平的关键是分配结果。在此方面，当经济学家普遍基于收入均等——绝对的或相对的均等——来就收入分配的公平性状况进行评估时，他们所认可的公平正义就是结果意义上的。与之相反，主张规则公平的论者则强调了规则的价值和意义，认为公平正义的关键在于规则，因为分配结果的公平性是由规则的公平性来保证的，比如布坎南有关收入公平分配的主观主义——契约主义观点。在布坎南(1989:181)看来，个体对收入的权利是由竞争的过程来定义的："个体对占有物的权利可以被解释和理解为公平竞争的结果的一个组成部分"。既然如此，在实体形态上，财政伦理规范所要求的公平正义所涉及的究竟是公平的规则还是结果？

表面上看，公平正义所涉及的都是公平的分配结果，比如，收入与职位的分配。但实际上，从分配结果的角度来理解公平正义的理论在对公平正义实体形态的理解上存在重大的认识论偏差：公平分配所涉及的只能是公平的规则，而不可能是单纯的分配结果，尽管公平的分配都是以分配的具体结果来呈现。有两个层面的原因：

其一，公平所涉及的是公平的"关联结构"。由于公平正义涉及的是个体所得（奖励和惩罚，收入和成本等）与决定个体所得的相关因素（付出、努力与选择等）之间"关联结构"的合理性，公平正义只能是"关联结构"意义上的，而不可能是单纯的分配结果：离开了决定结果的相关因素，我们无法就结果的公平与否做出判别。比如，在田径比赛中，甲和乙分别获得第一名和第二名及相应的奖金。令分配的结果为 $D(x_1,x_2)$。此等结果是否公平合理呢？对于单纯的分配结果，我们无法对它做出判断：名次和奖金分配是否合理，需要考虑决定结果的相关因素（比如跑步的速度及其他相关的因素），需要考虑决定因素——速度及其他相关因素——与最终结果之间关系的合理性，公平正义所考虑的也正是这种对应关系的合理性，而不是单纯的分配结果 $D(x_1,x_2)$。至于单纯的分配结果不是说不合理，而是没有意义。现实中，均等主义意义上的公平正义在有时是有意义的，之所以如此，这在于：此时的公平正义依旧是从"关联结构"的角度去考虑的——将人头作为分配的决定性因素。反过来，如果我们将人头的因素撇开,那就无所谓公平不公平。

其二,公平所涉及的是公平的分配规则而非单纯的结果。既然公平正义所涉及的都是隐藏在结果背后的、体现分配结果与决定因素关系的"关联结构",公平分配的实体形态只能是公平的制度规则而非单纯的利益分配结果。一方面,对于特定的分配结果,其所蕴含的分配的"关联结构"具体如何,这是由确定结果的分配方式抑或说规则决定的。另一方面,尽管公平正义所关心的是分配的结果,但利益分配的公平性无法由单纯的分配结果来体现:分配结果所包含的"关联结构"是隐藏的、不外露,无法被我们的肉眼所观察到,哪怕是我们借助显微镜等科学研究仪器,情况同样如此——公平正义只有在外在的制度和规则层面才能得以体现,制度规则是公平正义的唯一外在表现形式。

既然公平正义所涉及的是隐藏在分配结果背后的公平的"关联结构",而利益分配结果及其所对应的"关联结构"的公平性是由确定分配结果的规则所决定和体现的,将公平正义与公平的利益分配规则联系在一起是极其自然的。但问题并未因此而结束。因为,如果我们从公平分配规则的角度来理解公平正义,从结果公平角度来理解公平分配的论者可能会质疑:如果分配结果及其所蕴含的"关联结构"的公平性是由产生结果的规则所决定的,那公平的分配规则又是由什么来确定的呢? 在就可供选择的分配规则进行抉择时,我们判断相关备选对象——各种可行的分配规则——公平与否的依据又是什么? 如果公平分配所对应的是公平的分配规则而不是具体的结果,那是否意味着我们可以离开结果来就公平的分配规则做出确定呢? 反过来,如果公平规则的确定需要考虑规则运行的结果,那从结果公平角度来理解公平正义的论者就会争辩说,公平正义的实体形态本质上还是结果意义上的,毕竟,是结果分布状况的公平性决定了规则而不是相反。

6.4.2 理论方法

对于上述问题的回答与公平规则得以确定的一般理论方法有关。由于将对个体权利的尊重解释为道德约束而非道德目标(如幸福最大化的功利主义目标与使侵犯权利总量减到最低程度的"权利功利主义"目标),诺奇克以权利为基础的方法是非效果论的(诺奇克,2008:34—36;佩蒂特,2013:96);规则与行为的合理性不在于其产生的结果而在于它所遵循的原则。但事实上,基于结果来评价规则是极其自然的。一方面,这是公平规则得以确定的客观需要:离开结果,公平规则的确定就丧失了评价的依据;另一方面,这是保证规则正当性的必然要求。因为,正如罗森(2000:148)所指出的,公平的规则必然要以其结果的公平性为保障前提:"如果一个所谓的'好'的规则集一贯地产生出不必要的结果来,能说这些规则是好的吗?"事实上,也正因为规则的合理性评价依赖于其结果,后果论意义上的功利主义原则具有比较优势并成为其富有吸引力的方法论源泉:"与要求我们遵循传统或神圣律法而不理会后果的那些理论相比较,承认从后果的角度去检查人类福祉,正是功利主义的吸引力之一"(金里卡,2015:27)。而对于罗尔斯来说,尽管他将其作为公平的正义理论归为义务论的理论——一种不用最大量地增加善来解释正当的理论——而非目的论的理论,但他又强调指出:"所有值得我们注意的伦理学理论都须在判断正当时考虑结果,不这样做的伦理学理论是奇怪的和不可理喻的。"(罗尔斯,2003:29)但问题是,正如质疑者所指出的,如果规则的合理性、公平性是由结果来判断的,那我们似乎又会落入"目的-结果"原则抑或"最终-状态"原则的理论窠臼而将利益的公平分配与单纯的分配结果联系在一起。

其实,在方法论层面,评价规则公平与否的依据有两种类型:一是与决定因素无关的纯粹的结果,如幸福、快乐;二是有关决定因素与分配结果相互关系的"关联结构"意义上结果,如收入获取方式等存在于行为或关系中的中立原则(佩蒂特,2013:100)。"目的-结果"原则与"最终-状态"原则所采用的是前一种形式,如功利主义的幸福最大化原则与罗尔斯的差别原则。但事实上,既然公平正义所针对的是"关联结构",评价规则公平与否的依据应该是"关联结构"意义上的结果而非与决定因素无关的结果。一方面,在理论层面,如果我们以与决定因素无关的纯粹结果来就规则的公平与否进行评判,那公平分配的对象依旧是"目的-结果"原则抑或"最终-状态"原则意义上;另一方面,在实践方面,正如体育比赛结果的公平性取决于竞技方式而非具体结果(比分)那样,在有关利益分配的政治经济竞赛中,公平所针对的不是具体的分配结果,而是将分配结果与决定因素联系在一起的决定方式,比如个体的行为方式。在此方面,哈耶克(2000:127)就认为:"经济竞赛的基本原理认为:在经济竞赛中,正义者只可能是参与者的行为而不可能是竞赛的结果。"

鉴于判别规则公平与否的依据是"关联结构"意义上的结果而非与决定因素完全无关的单纯结果,在规则公平性的具体判别上,经常为经济学所使用的、功利最大化之类的"加总"方法是不可取的:一方面,我们在技术上无法就"关联结构"意义上的结果进行数学上的"加总";另一方面,数学"加总"的方法会错误地将公平问题理解为一个效率意义上的最大化(或最小化)问题。① 进而,这意味着,有关结果的公平性判别应分开进行:对于特定的分配规则,如果它所引致的所有可能的"关联结构"型结果都是公平的,能一致通过个体的可逆性检验,那此等规则就是平等待人的公平的规则;反之,如果该规则所引致的结果——全部的或部分的——无法经得起可逆性检验,那此等规则就是非正义的或是不完全正义的。因为,对于特定的规则 R,如果它的运行会引致无法通过可逆性检验的结果(假设它为 a),对结果 a 加以禁止(即不允许 a 出现)的规则 R' 就相比规则 R 更加公平合理,R' 也就更应该得到选择。

当然,由于规则所产生的具体结果要在规则得以运行之后才能出现,而"关联结构"意义上的结果又是由决定结果的规则所定义和体现的(比赛方式意义上结果就是比赛规则的具体体现),以"关联结构"型结果来评判规则,这往往要求我们直接就规则所涉及的分配结构的公平性进行分析。具体来说,对于特定的制度规则,如果它是公平正义的,那该规则所确定的分配方式应该是公平正义的,能够一致通过可逆性的检验。特别地,对于可供选择的规则,它们往往都是由众多子规则组合而成的规则集合,而公平正义的分配规则又要求所有可能的"关联结构"型结果都是公平的,公平的分配要求各子规则都能一致通过可逆性检验。这彼此相关但又存在两方面的不同规范含义:其一,各子规则是一个整体,有机统一,缺一不可;其二,也正因为各子规则都是不可或缺的,它们彼此之间又具有相对的独立性:一个领域、一个环节的不公平只能通过其本身的安排来实现,而无法通过其他领域、其他环节的规则调整来加以修正和弥补。

与这里强调子规则都公平正义的统一性诉求不同,罗尔斯的正义理论认可了局部非正义对于整体正义的伦理必要性。一方面,罗尔斯认为两个错误加起来可能是一个正确,认为"可行的最佳安排可能包括对一些不完善部分的平衡和对具有补偿作用的不正义的调整"(罗尔斯,2003:280)。另一方面,他认为"一个社会体系即使其各种制度单独地看都是正义的,但从总体上说它却是不正义的"(罗尔斯,2003:57)。之所以如此,这在很大程度上与罗尔斯的正义理论(以其差别原则为代表)混淆了正义原则与效率原则有关:整体效率的最大化

---

① 未能就有关最大化、最小化的效率问题与有关公平性、合理性的公平问题作出恰当区分,这是道德哲学与政治哲学领域内"是目的论(效果论)还是义务论(非效果论)"问题一直纠缠不清的认识论根源之一。

并不意味着每一个体的最大化,但整体的正义则要求规则的所有方面均公平正义,因为各方面的正义都是绝对的,不可替代。

6.4.3 具体规范:规范基础

基于对公平正义实体形态的认知以及有关公平规则得以确定的一般理论方法,财政伦理学可以就作为伦理判准的公平财政规则做出进一步探索。涉及规范基础和基本框架两个层面的内容。其中,在规范基础方面,在整个社会范围内,可逆性检验有效意义上的财政规则应该是市场对人际利益协调起决定性作用的规则,政府及其财政活动对于经济的干预和调整应该建立在市场的决定性作用的基础之上。之所以如此,这与市场机制本身的构架及其天生所具有的公平性有关:

其一,自由选择。在市场机制下,个体的私人决策由个体自己做主:喝咖啡还是茶?穿旗袍还是牛仔裤?是投资股票还是债券?是自己创业还是给别人打工?相关的选择都由个体自己来决定。在决策权力的配置上,将个体私人事务的决策权交给个体自己这具有天然的公平性。因为,在社会范围内,有关个体私人事务的权力配置机制有两种基本类型:一是个体自由选择的市场机制;二是外界强制的计划指令机制。显然,在绝大多数的时候,允许个体自由选择的机制相比在外在强制机制更能经得起可逆性检验。因为,自由选择体现了对个体的尊重。与此同时,自由选择意味着个体偏好的恰当显示,这也是资源配置效率的前提和基础。

其二,自己对自己负责。在市场机制下,每一个体都对自己负责:自己获得收入,同时承担相应的代价和风险。与此同时,自己获得消费的好处,同时需要为相应的商品和服务买单,承担相应的成本。显然,在绝大多数的场合,自己对自己负责的规则相比一个人对另外一个人负责的规则更公平、更合理,更能够经得起可逆性的检验;在绝大多数的时候,如果"我"从消费特定商品和服务中得到好处但却将相关的成本转移给"你"或者其他的第三方"他",那这对"你"和"他"都是不公平的,难以通过可逆性检验。与此同时,自己对自己负责,这对个体的行为给出了硬的预算约束,个体在进行行为选择时就会理性衡量,就会尽可能做出有效的决策,这为资源的有效配置提供了制度保障和基础。相反,不需要对自己行为负责的决策往往是低效和浪费的根源。

其三,竞争决定价格。在规范性方面,市场的交易过程应该是一个增进买卖双方彼此福利、能够就合作剩余进行公平分配的过程。在市场机制下,决定买卖双方合作剩余分配的价格——工资、利息、地租和商品价格等——都通过竞争的机制来决定,这为合作剩余的公平分配提供了制度保证和基础:竞争机制不会使得价格太高,也不会太低,能够兼顾交易双方的利益。有理由相信,在绝大多数的场合,市场机制是现有人类理性范围内最能公平有效进行利益协调的机制。相反,试图人为外生去确定公平价格的企图,往往难以取得应有的成功。

这也就是说,市场的利益协调机制具有天然的公平性,并且此种公平性往往是难以被人为超越的。公平性是市场机制得以选择的伦理基础:市场机制得以选择的原因首先不在于有效配置资源,而在于利益的公平协调。在此方面,由于未能准确理解公平正义的含义,未能从规则公平性的角度来对市场机制进行评价,不管是市场机制的支持者还是市场机制的批评者,他们未能准确理解市场机制得以选择的伦理基础:对于市场机制的支持者来说,他们将市场的理由建立在市场的有效性上。但事实上,公平正义是社会制度的首要价值:市场机制如果不能从公平正义的角度得到辩护,那市场机制就无法得到充分的辩护,它就会在有关市场非公平性的批判中败下阵来。而对于市场机制的批评者来说,由于他们未能认识到市场机制天生的公平性及其在诸多领域和方面的不可超越性,他们往往对于市场机制进行错误的批评,并将社会的利益协调建立在一些不切实际的幻想之上。

6.4.4　具体规范:基本框架

当然,强调市场机制在人际利益协调方面的决定性作用,这并不是说市场机制是绝对公正的,并不意味着市场机制的各个方面都能够经得起可逆性的检验。事实上,受自然偶然性等因素的影响,市场机制存在无法经得起可逆检验的方面。公平的利益协调规则需要政府及其财政制度安排对市场机制进行一定的修正和调整。包括起点修正、过程控制与结果调整三个方面。

首先,在结果调整方面,应该保障每一个体的基本生存。因为市场机制具有偶然性与不确定性,有个体可能无法给自己提供最基本的保障。个体无法获得最基本保障的制度规则无法通过可逆性的检验,当我们自己沦为不幸者时就不会认同。反过来,公平的财政规则就需要在制度上保障每一个体的基本生存权利。其实,也正因为如此,当诺奇克的资格理论完全反对就市场分配的结果进行调整时,这削弱了资格理论的力量,尽管资格理论已经恰当地将收入分配的关注点从关注结果转到关注规则上来。

其次,在过程控制方面,为市场的公平竞争提供保障性条件。价格的决定需要依赖于市场的竞争,但市场公平竞争需要保障性条件。也正因为如此,公平的决策规则需要依赖于政府为市场的公平竞争提供制度基础。相关的制度具体如何安排,需要以可逆性检验一致有效为基本原则。

最后,在起点修正方面,需要为每一个体提供基本教育和健康,保障每一个体潜能发展的机会。公平竞争需要一个公平的竞争起点,但起点公平并不需要完全相同的起跑线,而只需要保障每一个体潜能发展的机会。因为,一般来说,每一个体都有为自己创造美好生活的潜能,起点的不公在很大程度上不是潜能的差异,而是潜能发展机会的差异。

在公平规则得以确定的情况下,基于公平规则而得以形成的结果就是公平正义的,而不管最后运行的结果具体如何。在此情况下,进一步对市场运行结果进行调整就缺乏可靠的理由,不能以所谓社会利益、社会福利等为借口而在个体之间强制地进行收入和财富的转移。

6.5 财政伦理学:理论创新及相关说明

在上面的分析中,我们已经就财政伦理学的主题、依据以及发展财政伦理学的原因做出了介绍和说明,并在此基础上,围绕财政伦理学的两大核心问题——基本原则的确定与具体规范的探索——就财政伦理学所涉及的认识论、方法论及其基本观点做出了理论的阐释和论证。从相关的分析可以看出,财政伦理学的发展不是对主流财政学理论的简单修正,而是涉及财政理论发展方向和思路的根本性调整。

6.5.1 伦理问题的强调

实证主义者往往有意无意地将伦理问题排除在财政学、经济学的研究领域之外,认为财政学、经济学主要关注于客观的事实而不涉及好坏的评价及其标准。但事实上,经济学、财政学和伦理学密切相关:伦理问题不仅是经济学规范分析的基础,同时也是有实践价值的实证分析的认知前提。也正因为如此,与排斥和否定伦理的实证主义分析不同,财政伦理学特别强调伦理问题对于财政学、经济学研究的重要价值和意义。事实上,对罗宾斯来说,尽管他将伦理问题排除在经济学的研究体系之外,但他其实并不反对经济学家对伦理问题发表意见和看法,相反,在他看来,对伦理问题的思考是解决各种问题的基础。在强调伦理学与经济学的独立性之后,罗宾斯在其著作中补充指出,这"并不是说经济学家不可以把不同的价值判断当作先决条件,假设这些判断是正确的"。同时,这也"不是说经济学家不应对道德问题发表意见。……相反,人们热切希望经济学家长期而广泛思考道德问题,因为只有这样他们才能辨析各种给定目的的含义,解决他们面前的问题"。罗宾斯之所以将伦理学排除在经济学的研究体系之外,其原因在于:在他看来,"经济学和伦理学这两者之间没有逻辑关系"(罗宾斯,2001:121)。

其实,强调财政学、经济学分析的伦理基础,这不仅是财政学、经济学的科学研究发挥其应用价值的需要,同时也关乎财政学、经济学的科学研究任务本身。毕竟,关注人类行为选择的财政学、经济学与关注自然运转规律的物理学,它们虽然都是科学、都关注规律,但它们所关注的规律在性质上是有差异的:前者首先所关注的是自由律,而后者首先所关注的则是自然律。其中,关于自然律和自由律的差异,在对古希腊的学科分类进行总结和归纳时,康德(2012:1)曾指出,物理学是自然学说,它是关于自然规律的学问,而伦理学是道德学说,是关于自由规律的学问:"自然规律是万物循以产生的规律,道德规律是万物应该循以产生的规律。"显然,将伦理学与经济学、财政学独立开来的主流经济分析并没有意识到康德就自然律和自由律所做的区分,它们似乎将财政学、经济学所关注的规律理解为物理学的自然律而不是伦理学的自由律。

6.5.2 价值理念的改变

财政学、经济学的理论分析是否需要有伦理基础是一回事,财政学、经济学的伦理分析需要以何种伦理标准为原则又是与此相关但又存在不同的另外一回事。在伦理价值的选择上,财政伦理学以公平正义为基本原则,认为财政决策应该以公平正义的决策规则为目标导向和判别标准。与此不同,涉及伦理评价的财政学、经济学研究所接纳的主要是效率方面的标准,至于公平正义的伦理规范,它在经济学体系中只是一个"名分"和"地位"不够甚至是基本丧失的"私生子",它往往被财政学、经济学的主流分析拒之门外。对此,阿玛蒂亚·森和詹姆斯·福斯特(2015:8)就评价说,现代福利经济学关注的是那些不涉及诸如收入分配判断的问题(比如福利经济学的基本定理所关注的只是竞争性均衡和帕累托最优之间的关系),即所涉及的是不同个体(或者是不同群体或不同阶级)之间无冲突的问题;以帕累托最优为尺度的现代福利经济学所选择的规范标准只是效率方面的,而帕累托最优这个概念的提出与发展也恰好正是出于消除分配判断的需要。进而,对于那些对不平等问题感兴趣的人来说,期待分配公平就像期待让空气充电一样不可能。

当然,如果配置效率是独立的,它可以独立于利益的公平分配而存在,那将公平正义问题撇开在财政学、经济学的研究领域之外也可以理解。毕竟,资源的有效配置同样是社会的重要目标。但问题是,公平分配不仅是社会所追求的目标,同时也是实现资源有效配置的前提和基础:资源配置之所以会存在帕累托低效的配置失灵,说到底,这与社会合作中利益分配的失衡与不公有关——社会的不公引致了个体行为的偏离以及社会的内在冲突与内耗,降低了资源配置的效率水平。相反,一旦社会合作中的利益分配冲突得以公正解决,那么,正如斯密的自由秩序原理所表明的:理性个体对于自我利益的追求会引导社会走向最有益的结果。因为,个体都是理性的,每一个体对于资源配置效率与经济增长都存在持久的、永恒的动力和追求,理性个体不会容忍任何形式的配置低效问题的存在(曾军平,2009:82—86;曾军平、刘小兵,2012:2)。既然公平正义对于资源的有效配置不可或缺,哪怕我们只是关心资源配置的效率,财政的决策也需要考虑其公平性。进而,与主流财政学、经济学以效率作为最核心的伦理标准不同,财政伦理学将公平正义作为财政决策的核心价值原则。

6.5.3 具体方向的调整

与经济学侧重于考虑配置效率不同,政治哲学则将公平正义视为其核心主题。古希腊的苏格拉底、柏拉图与亚里士多德,古罗马的西塞罗,17世纪的霍布斯、洛克,18世纪的休谟、卢梭、康德,19世纪的边沁、黑格尔、马克思与约翰·密尔(穆勒)以及20世纪的罗尔斯、诺奇克等伟大的思想家都对此做出过大量的理论探讨(钱永祥,2015)。与此同时,与现代主流经济学将公平正义置于次要位置甚至是排斥公平正义不同,以斯密与穆勒为代表的古典政治经济学家则将公平正义视为公共政策的首要原则。但问题是,究竟何谓公平?何谓正义?政治哲学与古典政治经济学有关公平正义未能取得彻底的成功。在继承政治哲学与古典政治经济学理论传统的基础上,作为对功利主义幸福最大化原则、均等主义的同一原则、契约主义的同意原则与罗尔斯差别原则等公正原则的替代,财政伦理学将公平正义理解为可逆性检验有效意义上的平等待人,以可逆性检验有效的公平正义作为财政决策的目标和规范判准。

表面上看,公平正义所追求的是公平的分配结果(比如以差距缩小为目标而就收入分配公平所做的相关分析),但实际上并非如此。一方面,在人类理性的范围内,公平分配的具体结果不可能直接得以确定。另一方面,出于维护个体自由的考虑,理论上也不应该外生强制去确定所谓的公平分配结果:外生给出公平分配结果的方式无法给个体的自由选择留下应有空间。作为结果公平的替代,财政伦理学以公平的规则作为研究的中心。因为,公平所涉及的是公平的"关联结构",涉及的是制度规则,以可逆性检验有效意义上的公平正义为原则的财政决策所追求的应该是公平的规则:如果决定结果的规则是公平的,能够一致通过理性个体的可逆性检验,那由规则所产生的任何结果都是公平的(正如竞技比赛那样,规则的公平性能够充分保证结果的公平性)。应该说,与直接追求公平的分配结果不同,确定公平的分配规则完全是可能的,这在人类理性的范围之内。与此同时,公平的分配规则给个体的自由选择留下了充分的空间:每一个体都可以在此规则下自由选择,为自己、家人及自己所关心的人谋取自己所向往的生活方式和生存空间。

7 财政社会学

7.1 引言:把财政社会学带回来

学术界如果强调被忽略的研究视角,往往喜欢用"把……带回来"(bring …… back in)的表述,比如把国家带回来、把阶级带回来、把网络带回来等,无非是想强调历史传统上一直重视而当前被忽略的国家分析、阶级分析、网络分析等视角的重要性。这里笔者也套用这个表述方式,提出把财政社会学带回来。事实上,提出把财政社会学带回来并非是为了应景的表述。当前,无论财政理论构建还是重大财政问题回应都需要财政社会学的视角回归。

财政社会学是一个既老又新的学术领域。说它老是因为财政社会学的传统可以追溯到熊彼特和戈德雪在第一次世界大战时期对税收国家危机的研究。说它新是因为财政社会学经过几十年的沉寂,20世纪90年代又开始在欧美复兴。改革开放以来,在引介财政社会学理论的基础上,国内关于财政社会学的研究也开始方兴未艾。

财政是连接政治、经济、社会系统的中间领域,发挥核心媒介的作用。一方面,财政是影响政治、经济和社会的不可忽视的核心制度。对政治而言,国家汲取能力是重中之重。一个国家的财政体制基本上代表了国家的治理水平。国家汲取方式和能力对经济的影响不言而喻。从几千年的人类历史来看,财政制度是"放水养鱼"还是"涸泽而渔"直接影响一个国家政治稳定、经济繁荣和社会发展。财政支出方向、方式和能力对政治、经济和社会同样产生重大影响。另一方面,财政制度也是被政治、经济、社会、历史等力量和因素形塑。从实践层面来看,财政议题越来越走出汲取资源的功能,成为一个被各种力量形塑的议题。社会力量不但影响税收水平和财政支出水平,而且塑造税收结构和财政制度。

基于财政的特有属性,研究财政的财政学需要考量财政与政治、经济、社会、历史等因素相互建构、相互影响。熊彼特和葛德雪开创的财政社会学传统就是要在当时以经济学为代表的社会科学日渐精细化的背景下,提议建立一门超越狭隘学科分工,将财政议题与历史、政治和社会研究相结合的大学科(grand theory)。他们对第一次世界大战后奥匈帝国的财政危机的考察发现,背后是政治、经济和社会危机征兆。遗憾的是,熊彼特和葛德雪批评的学科精细化、狭窄化趋势在第二次世界大战以后愈演愈烈。财政逐渐沦为经济学的独有领地。财政社会学传统沉寂几十年后,20世纪70年代财政社会学恢复的声音开始高涨。"究其背景,主要源于公共财政学的经济学研究范式的技术化倾向导致财政学研究视角越来越狭窄,对现实问题的关注越来越远,解释力越来越差。面对西方发达国家高福利、高债务的社会现实,以及环境、贫穷和种族等问题,忽视'政治'这种重要影响因素,仅靠经济因素显然不足以理解和迎接这种世界趋势的大转变。"(史锦华,2016:46)财政的经济学研究越来越狭窄,需要历史、政治、法律、社会研究的视角加入,拓展对财政议题的理解和认识。

与欧美财政社会学复兴基本同步,中国关于财政议题的研究随着改革开放的推进逐渐增多。随着财政学学科的不断壮大,部分财政学学者开始反思主流的财政学研究范式的不足。出于对当前财政学的极端技术化和缺乏对现实问题关注的不满,部分财政学学者开始主张回归财政社会学的传统,矫正和拓展财政学的研究范式和研究领域(史锦华,2016)。"经过几十年的发展,中国当代财政学研究依然存在短板,具体表现在当预算和税制改革的政治含义变得越来越清晰,其与国家治理和国家建构的关系越来越明确的时候,财政学研究仍然只限于'应用经济学'学科内,将其定位在'出谋划策'的工具这一框架下,使得它已然严重落后于社会进步和改革实践的需要。虽然有些时候财政学者已经在'走投无路'之下开始意识到自身存在的缺陷,甚至提出过'学科归属不对'的困惑。"(李炜光、任晓兰,2013:38)这些反映出财政学学者的学术自觉,要求引入财政社会学视角,进一步构建中国特色的财政学理论,回应时代赋予的重大财政议题。

需要指出的是,财政社会学在中国的兴起不仅仅是财政学内部的自觉,其他学科的学者也触碰到财政议题,采用财政社会学视角探究相关问题。如社会学学者一直以来面临经济学对社会学领域的侵蚀,社会学学者开始触碰原有的经济学领域。如经济社会学学者在企业、市场、金融等议题中都取得了丰富的成果,财政议题当然也在社会学学者涉猎范围内。社会学学者对财政议题的涉猎往往是出于对原有研究议题的追踪溯源,发现财政是产生传统社会学议题的重要原因。

进而言之,现实中中国财政制度和实践也呼唤财政社会学的介入。"无论是否承认存在中国经济发展模式,没有人能够否认中国政府在经济生活中的重要地位相比于其他国家,中国政府掌握着极多的资源和强大的干预经济运行的能力,然而中国学界对政府的税收和福利开支两个方面的社会学研究却严重落后,就此而言……,财政社会学对我们认识中国政治经济有重要的理论价值(张跃然、高柏,2014:240)。中国在从计划经济向市场经济转型的过程中,财政体制发生了巨大的变化。这些财政体制和制度的变革引发了很多预期和非预期后果。比如分税制、税费改革等。财政是国家治理的基础和重要支柱。由此看来,对财政这一基础和支柱的建构至关重要,它不仅仅需要经济学的视角,更需要社会学、政治学、法学、历史学等多学科的视角。只有在理论上廓清财政在政治、经济和社会系统中的位置和相互关系,才能为实践中的财政改革出谋划策。

7.2　财政社会学：研究进展

整体而言,在国内财政社会学的研究还称不上显学,也没有明显的学派特征。如上所述,是一些财政学学者、社会学学者以及其他学科的学者从各自学科出发,自觉或不自觉地触碰到了财政社会学研究议题。国内财政社会学研究可以分为两类:一是把财政作为因变量,分析政治社会历史等力量如何形塑财政制度;二是把财政作为自变量,分析重大财政制度产生的政治社会后果。这些研究中部分是对财政实践的社会学关注,部分是有强烈的回归财政社会学理论传统,构建财政社会学理论诉求的。由于一些作者没有自觉的财政社会学意识,却采取了财政社会学分析视角和方法,因而给文献的选取带来了一定困难。同时,财政社会学本身学科边界缺乏清晰的标准。下面主要以近几十年来中文发表的学术成果为范围,评介关于财政社会学的主要议题和贡献。

7.2.1　财政与国家建构

国家资源汲取方式与国家建构是财政社会学关注的一个重大问题。Tarschys(1988)根据国家资源汲取方式把历史上的国家划分为六种:贡赋国家

(tribute-state)、领地国家(domain-state)、关税国家(tariff-state)、自产国家(owner-state)、贸易国家(trade-state)和税收国家(tax-state)。国内有学者(马骏,2011)将其简化为三种类型:税收国家、自产国家和租金国家。也有学者(刘守刚,2008)将财政类型分为家财型、税收型、公债型和租金型,着重研究不同类型的财政对现代国家构建的不同影响,尤其是税收型财政对代议制民主的推动作用,进而分析财政转型在国家转型中的重要作用。刘守刚(2010:35)进而运用比较历史分析方法,梳理现代家财型财政的兴起与衰落的历史过程,指出:"在中国现代国家构建过程中,财政的转型并未像西欧那样直接从家财型转为税收型,而是经历了两次从家财型向税收型的转型:晚清和民国期间,从帝国家财型财政转向一种(落后的)税收型财政,但这次转型并未实现现代财政,引发中国财政向现代家财型财政的转向;1978年后,从现代家财型财政,转向(先进的)税收型财政,这次转型相对成功,也标志着中国国家转型的某种成功。在中国国家建构过程中,现代家财型财政的兴起、衰落与解体,扮演了非常重要的角色。从国家建构视角来看,现代家财型财政巩固了国家政权,完成了工业化积累,帮助创造了现代国家发展所需的社会基础。"基于这些财政类型与国家建构的关系,一些文献聚焦于中国历史上财政类型发展史的分析,特别是走向税收国家的历程研究。如王绍光(2007)认为,秦汉以后,中国国家财政主要来源于劳动者缴纳的赋税和提供的劳役,基本上可以算是进入了税收国家。对此,一些学者则持反对的观点,认为秦汉以后中国的财政类型属于租金型。"自秦汉以来,我国逐步建立起以小农经济和官僚制经济为基础的租金型财政制度。在租金型财政制度下,社会权利和生活机会的界定及配置不是按照普遍性原则进行的,而是依据等级和特权进行分配的。社会等级化、特权化造成了权利和生活机会的不平等,并导致不同身份的社会成员之间互动和合作的困难。其中关键的问题则在于特权的存在使权利和生活机会无法法律化。由于租金型财政制度在中国存在了近2000年,形成了维护其等级化、特权化社会权利和生活机会结构合法性所需要的一整套传统道德和国家意识形态。"(刘志光,2013:97)除了传统的财政类型外,随着金融化进程的加快,通过金融系统提升国家汲取能力值得关注。金融对国家能力的提升有着独特的机制和效用。"国家在塑造金融集权结构的同时,利用多种途径,借助金融体系获得更为强大的资源控制与动员能力。这进一步提升了中国在经济、政治与社会等方面的国家治理能力,促进了国家目标的实现。"(刘长喜、桂勇、于沁,2020:123)

这些关于税收国家的研究有一个潜在的判断：税收国家是现代国家的应有之意。中国必然要走向税收国家。有学者（马骏，2011）利用中国数据度量中国走向税收国家的程度，发现尽管中国已开始向税收国家转型，但仍然保留着自产国家的痕迹，同时又具有租金国家的特征。财政社会学一直存在这样一个隐含理论假设：只有真正的税收国家才能形成高质量的国家治理（马骏，2012：88）。马骏（2012）运用非洲国家的面板数据研究发现，一个国家税收国家的特征越强，其治理质量就越高。该研究对财政社会学来说具有研究方法创新的意义。运用面板数据、构建模型、检验假设这些定量分析方法，一样可以研究财政社会学议题，走出比较历史分析的传统。

在税收国家概念的基础上，还有学者进一步发展出"预算国家"的概念。税收国家更多侧重于汲取方式来划分，预算国家不但以税收为基础，而且还要以严格预算管理为基础。"有预算的国家不一定就是预算国家。我把'预算国家'定义为拥有现代预算制度的国家。什么叫现代预算？现代预算必须是经法定程序批准的、政府机关在一定时期的财政收支计划。它不仅仅是财政数据的记录、汇集、估算和汇报，而是一个计划。这个计划必须由行政首脑准备与提交；它必须是全面的、有清晰分类的、统一的、准确的、严密的、有时效的、有约束力的；它必须经代议机构批准与授权后方可实施，并公之于众。拥有这种预算体制的国家，才可以被称作预算国家。"（王绍光，2007：4）

7.2.2 财政联邦制与地方经济发展

中国改革开放以来创造的经济增长奇迹引起学术界的关注。与西方经济增长的故事一个最大的不同就是政府特别是地方政府在其中扮演的角色相差甚远。源自对日本经济发展中政府角色的研究学术界概括为发展型政府，但是用发展型政府这一概念研究中国政府特别是地方政府还不能透视地方政府的丰富性和立体性。中国地方政府参与经济发展的积极性肯定远超日本。关于地方政府的文献汗牛充栋，这里主要探讨财政与地方政府关系的文献。大致分别涉及财政与地方政府在经济、政治和社会领域的行为。

钱颖一等（1997）中国特色的财政联邦制激励地方政府出于财政收入动机投入经济发展之中。这一理论被视为解释中国经济奇迹的重要理论之一。该解释较为宏观，认为财政分权激励地方政府积极发展经济。戴慕珍（Jean C. Oi,1992、1995）用"地方国家法团主义"来概括地方政府在经济中扮演的角色，深入分析了财政改革激励下的地方政府行为。国内有学者将乡镇政府扮演的角色概念化为"政权经营者",指出在行政分权和财政激励下,乡镇政府开始谋取垄断资源和经营资源,大幅度提升汲取能力和谋利能力。(张静,2019)

上述这些研究侧重于从税收激励的角度探讨财政制度改革对地方政府的影响。从财政支出的角度探讨财政补贴与产业发展的研究也值得关注。如有研究以新能源的产业补贴为例,构建一个财政社会学分析框架,"将新能源财政政策作为一个特定领域中的财政-社会契约,通过分析其形成背后的结构性与制度性因素,发现中央集权型财政体制和中心主义政治制度传统是其形成的历史与制度背景,而改革开放以来形成的中央集权和参与式地方政府相结合的政治体制、发展主义的经济意识形态、发展模式转型压力也都共同对政策制定和执行产生直接作用,并影响到中央与地方两级政府作为不同政策主体的行为与偏好的形成。"(吴淑凤,2013:101)

7.2.3 分税制及其政治社会后果

1994 年的分税制改革是改革开放四十多年来影响最为深远的一项财政制度变革。分税制改革的背景是面临两个比重降低(财政收入在国内生产总值中的比重和中央财政收入在财政总收入中的比重),不但影响中央的财政收入能力,而且大大弱化了中央的宏观调控能力和经济管理能力。"分税制的目的是在力图改变和调整前述之'三大关系',它使得中央财政在中央-地方关系中保持强劲的支配能力,使得国家财政收入能够随着工业化和企业繁荣的挺进而不断增长,使得地区间的财力逐渐趋向于均衡。分税制实施至今已然超过十年,从这十年的变化情况来看,其主要目标(主要是前两个目标)已经基本实现,但第三个目标却颇成问题,而且也产生了一些意外后果。"(周飞舟,2006b:102)。这一洞见到现在依然具有巨大的参考价值。财政社会学侧重于探讨分税制改革后产生的非预期政治、经济和社会后果。分税制在城乡和东中西区域产生了不同的影响。

7.2.3.1 分税制与农民负担

20 世纪 90 年代中后期至 2006 年农业税全面取消阶段,农民负担特别是中西部地区的农民负担屡减不轻,日益突出。部分农村甚至引发严重抗争事件。如何解决农民负担居高不下成为三农问题的重中之重。20 世纪 90 年代农民负担的迅速增加也被看作地方政府财政困难的后果(陈锡文,2003)。分税制这种收入集权的改革对于地方政府行为有着决定性的影响,使地方政府的"援助之手"变成"攫取之手"(陈抗等,2002)。"攫取之手"在中西部农村的体现之一就是农民负担的加重。财政自筹制度、财权与事权的不对称和财政错位是农村居民负担久减不下的重要的制度性原因(张军,2002)。

如果仅从农业税税率上来说,并不会导致农民负担攀升,主要是农村地区的搭车收费导致农民负担攀升。除了税收以外,农民所要缴纳的费用还包括两大部分:"三提五统"和集资收费。"税轻费重、缺少规范是税费改革前农民负担的主要特点。各种收费过多过重而造成的农民自杀、群体上访恶性事件在20世纪90年代末期成为媒体中最为常见的报道之一,以至于农村的社会稳定也受到越来越严重的威胁,使得税费改革迫在眉睫"(周飞舟,2006a:7)。税费改革从2000年试点到最后全面取消农业税是中国农村地区财政改革的大举措,彻底重构了国家与农民的关系。税费改革后,农民不再成为地方财政的主要财源,基层政权从过去向农民"汲取型"变为"悬浮型"(周飞舟,2006a)。也有研究认为,乡镇政府职权被削弱,而事务并未减少,从"悬浮型政权"走向"协调型政权"(付伟、焦长权,2015)。

7.2.3.2 分税制与土地财政和地方债务

分税制弱化了地方政府办乡镇企业的积极性,一定程度上导致20世纪90年代后期的乡镇企业改制。分税制改革后,对东部地区政府来说,弱化了办企业的积极性,增加了非预算收入——土地财政模式。地方政府逐步将财政收入的重点由预算内转到预算外、由预算外转到非预算,从收入来源上看,即从依靠企业到依靠农民负担和土地征收,从侧重"工业化"到侧重"城市化",这种行为模式改变的结果就是东中西部地区的财政收入差距预算外比预算内更大(周飞舟,2006b)。"分税制和所得税分享改革对地方政府造成的压力迫使地方政府通过发展建筑业和增加预算外的收费项目以及非预算资金来寻求新的生财之道。伴随迅速发展的城市化而兴起的'经营城市'的模式正与这种需求密切相关。"(孙秀林、周飞舟,2013:49)有研究分析土地财政的构成和规模,发现"土地财政主要由土地出让金、土地税收和土地规费构成,具有'以土地出让收入为主、以土地税收收入为辅'的特点,是一种混合性质的公共收入。自20世纪90年代后期以来,一方面,地方政府土地财政急速增加,成了地方财政的主要组成部分,地方政府高度依赖土地财政;另一方面,土地财政兼有地租、税收和金融性质,给地方政府带来了严峻的金融风险和政府性债务问题"(王涵霏、焦长权,

2021:26)。

地方政府的财源转为土地财政,财政与金融手段密切结合(周飞舟,2007)。金融危机之前,中央和地方之间均衡摆动的博弈限制着地方债务的规模;金融危机之后,中央的经济刺激政策打破了之前的均衡,地方债务随之形成并扩张(张惠强,2016)。从土地财政到土地金融,进一步提升了地方政府控制和动员资源能力。从财政-金融视角分析,随着改革开放和中国金融体系发展壮大,财政和金融之间的关系也从"行政干预"演变为"市场化合作",而财政—金融关系和央地关系之间也形成互构(刘长喜,2020)。

7.2.3.3 项目制治国

分税制改革后,中央和地方在财权和事权的格局发生了翻天覆地的变化。各种财政资金开始以"专项"和"项目"的方式向下分配,而且这正越来越成为最主要的财政支出手段。项目制治国产生了意外后果,对地方政府产生了较大的影响。项目和专项资金并非像上级部门预想的那样有效率,相反还会出现许多意外后果。此外,过于依赖项目和专项,最终反而使资金难以实际到达农村基层社会。(周飞舟,2012)分税制改革后,项目制成为国家治理模式。项目制体现出集权思维中技术化思维治理社会的思路。(付伟、焦长权,2015)一些学者进一步从科层制和中国官僚体制的传统上展开研究。"行政发包制"这一理想类型混合了科层制和外包制的特征,纵向行政发包和横向晋升竞争构成了研究政府治理的两个维度(周黎安,2012);而中国从秦汉至明清的官僚体制组织边界经历了"行政内包"到"行政外包"的过程(周黎安,2016)。项目化运作提供了从上至下的控制渠道,也增生了由下至上的反控手段,中央和地方存在控制与反控的博弈。(陈家建、张琼文,2015)为了约束地方分权导致的地方权力一元化,中央采用审批制控制地方重大公共投资决策。(曹正汉,2014)有研究具体分析了项目制的制度演进和组织机制,发现"地方政府的项目支出主要有三种类型:上级专项转移支付、上级非补助性项目支出和本级项目支出。三类项目支出在地方得以汇聚和重组,在很大程度上形塑了基层政府的财政结构。项目制本质上不是对科层制的一种摆脱或超越,而是国家主动对政府科层体系的一次完善和补充,是近代国家政权建设在新时期的延续与拓展。项目制的直接目的是'硬化'预算约束,深层目的是增强政府的回应能力,二者在实践中呈现一定张力,政府治理的理性化和技术化并不必然增强其对公共需求的回应能力,甚至可能形成反向效应"(焦长权,2019:121)。项目制的地方实践以县级政府为主,来自上级的"纵向"专项资金和地方的"横向"专项资金构成了县域资金池和项目池（焦长权，2020）。另一方面，"以项目运作为主体的政府行为极易产生意外后果"（周飞舟，2012：36）。在财政资金专项化治理模式下，项目和专项资金管理制度越严谨，资金就越难以深入乡村基层（周飞舟，2012）。"实行分税制前后，配套机制的功能由'筹资'转向'甄别-激励'；在分税制实施后的项目运作过程中，资金配套成为中央转移支付时重要的信息甄别、控制权分配与激励设置的机制。围绕信息传递、激励设置，中央与地方进行了'控制'与'反控制'的博弈，从而使得制度的设置偏离了原有的预期。"（狄金华，2016：113）或是采用"变通""共谋""申诉"等方式应对行政风险（吕方，2013）。

7.2.4 财政社会学理论引介

出于对主流财政学研究技术化和忽视现实的不满，一些学者开始引介财政社会学研究文献，梳理财政社会学发展脉络，评介财政社会学主要理论。刘志广（2005；2012）比较详细地梳理了古典财政社会学的理论成果，主要包括以葛德雪（Goldscheid）和熊彼特为代表的奥地利传统与以帕累托、博加塔（Borgattat）和森西尼（Sensini）为代表的意大利传统，并据此建立起发展研究的财政社会学模型。朱进（2008）重点关注了20世纪70年代以来财政社会学快速发展时期的研究成果，并从税收决定、税收影响和税收改革三个方面对相关文献进行了梳理和介绍，并指出财政社会学未来发展的研究方法和分析框架应该具有历史性和综合性的特征。一些财政学者开始引介国外财政社会学系列研究著作。如上海财经大学刘守刚教授和上海市委党校刘志广教授主持一套财政政治学文丛[①]。从这个意

---

① 刘守刚和刘志广在"财政政治学文丛"《文丛后记》中财政社会学的学科属性进行了定位："在这里，我们有必要明确强调，初创时期的财政社会学之'社会学'和当前的财政政治学之'政治学'之间并无实质性区别。虽然在今天社会学和政治学分属两个独立的学科，但我们不能根据今天学科分化的语境想当然地将财政社会学作为社会学的子学科或将财政政治学作为政治学的子学科，尽管很多人往往顾名思义地这样认为，甚至一些研究者也是如此主张。无论是从社会学思想史，还是从创立者的研究目的来说，财政社会学的'社会学'更应该被看作是社会理论（social theory）而非社会学理论（sociological theory），前者试图理解、解释或识别大规模社会变迁，关注的是起源、发展、危机、衰落或进步等主题，因而特别重视制度和长历史时段分析；后者主要是建立一个能系统地将实证研究结果组成对现代社会的综合理解的框架，因其集中关注的主要是那些经济学、政治学、管理学遗漏的地方，甚至被人称作是'剩余科学'。在今天，西方学术界自称或被称为'财政社会学'的研究中，事实上既包含财政社会学初创时期所指的社会理论的内容，又包含当前社会学学科所指的社会学理论的内容，而我们所说的财政政治学跟初创时期的财政社会学基本一致。"（刘守刚、刘志广，2021：232）由于财政政治学与财政社会学共享国外财政社会学理论文献，因而本章主要梳理国内财政社会学研究进展。

义上来说,财政政治学与财政社会学共享理论传统。因此,本章没有对财政社会学发展脉络进行综述。本章认为,财政政治学和财政社会学共享理论传统,但是近年来的复兴还是产生了一定分野。社会学的财政社会学与政治学的财政社会学(或称为财政政治学)强调的重点不同。前者更强调实证性、综合性和普遍联系,后者较为强调从比较历史分析财政与政治的相互关系。

7.3 打开黑箱:作为社会过程的财政

越来越多的财政社会学成果不断涌现,在一定程度上展现了真实的财政过程,弥补了对主流财政学研究的不足。但是无论是理论诉求还是实践需求,财政社会学研究都大有用武之地,拥有广阔的发展空间。整体而言,社会对财政运作过程的认知还是出于"黑箱"阶段。导致这一状况的原因除了主流财政学研究技术化和忽视现实问题之外,还有两个重要的原因:其一是财政涉及的专业术语形成了较高的研究门槛。财政的专业性与影响的社会性形成一对矛盾。其二是财政系统的运作公开透明度还不够。这给财政社会学研究搜集资料带来困难。

财政社会学理论视角和研究方法有助于打开财政这一黑箱。20 世纪 80 年代以来,随着市场化改革的推进,中国开始从"自产国家"向"税收国家"转型(马骏,2011)。在这个转型中,国家与社会关系开始被重构,实施公共财政势在必行。近二十多年来,中国开始加大公共财政建设力度,构建"以政控财,以财行政"的分配系统。在公共财政运行过程中,财政目标能否实现以及财政行为的政治社会后果问题尤为值得关注。

从财政社会学的角度透视财政问题,弥补当前公共经济学对财政问题研究存在的不足。本章力图从理论层面构建一个财政社会学的一般分析框架,从制度化行为的视角透视财政运作的社会过程,丰富当前财政理论研究。

公共经济学认为实证分析的目的在于确认事实,明晰因果关系,即回答政府依据何种原因,制定了何种政策,这一政策将导致何种后果。依照一些行为的基本假定,公共经济学能够通过逻辑推理来得出相应的分析结果,并利用经验材料对其加以支持或证伪。但这一演绎思路下的"假设-检验"流程的问题在于,政策出台与实施过程中丰富的社会过程被严重忽略了,而这一点恰恰是强

调实地研究的社会学尤为擅长的。(道宾,2008)

在财政社会学看来,财政行为是一个复杂的社会过程,涉及包括各级政府与不同社会群体在内的多个行动主体。传统的公共经济学研究已经在政策设计与执行的内部分析中取得了显著的成绩,但社会学视角的加入将进一步加深我们对于社会福利的真实状态、政策制定与执行过程中的组织环境、政策后果的大众认知等诸多"外部"问题的理解,进而促进制度的完善。

将财政视为社会过程的财政社会学分析框架要注重三个方面:

第一,多层次的政府结构与变化的制度环境使得单一行动假设难以成立。社会学家周雪光从组织分析的角度看待中国地方政府行为,指出由于晋升激励和信息不对称,导致基层政府向下摊派的"逆向软预算约束"行为;而上下级官员利益共同体和自下而上反抗的失效,导致了宏观组织制度难以对官员进行有效约束(周雪光,2005)。因此,看似统一的政府需要被区分为不同层级与类型,对其各自的财政行为及其上下层级之间的互动需要具体分析。

第二,复杂的社会环境使得政策实施面临诸多外在约束,而来自大众的权变行为往往造成政策的失败。由于忽略了具体的自然、社会与文化环境,"那些试图改变人类状况的项目"通常会以失败而告终(斯科特,2004)。因此,考虑现实的社会结构与普通人多样化的行为方式是分析财政政策实施过程的必要内容。

第三,现代政府的庞大规模与管理方式使其具备了科层制的一般特征,但其复杂的结构也使得高效管理与信息传递遭遇障碍(例如政策实施过程中的走样与偏离)。美国社会学家罗伯特·默顿在对政府组织的研究中指出,科层制组织往往会带来与其预定目标相反的结果。具体而言,这种"形式主义"的特征在于:当官员们关注于规章制度与政策执行要求本身时,其最初目标反而被忽略了,最终形式的合理性替代目的合理性,带来了所谓的"目标与手段的分离"(Merton、Robert K.,1936),因此,对于一项财政政策的执行分析需要具体考察高度科层化结构的影响。

制度化行为是导致许多财政政策失灵的主要原因。制度化行为(institutionalized action)是指处于特定社会位置与规范结构中的个体,将会在维持组织或系统自身目标的前提下,以趋于稳定的方式互动,最终导致其对组织原初目标的脱离。由于受制度化行为的影响,政策制定者和参与者在决策过程中与执行过程中都更为忠实于组织内部的规范与"和谐"目标,缺乏与外界沟通的动力,最终导致了政策失灵的意外后果。

对于政府行为(政策效果)的评估,涉及规范分析的内容。政府财政行为的职能在于提高公共福利,其依据的基本原则是"公平与效率的统一"。由于社会大众高度分化,这一过于抽象的标准显然无法成为普遍接受的"好坏标准"。当代经济社会学研究认为,经济行为嵌入在社会之中,并不存在抽象的一般经济规律。恰恰相反,特定背景下人群的认知方式将会极大地影响经济行为(道宾,2008),自然也包括对于"公平-效率"的看法。所以,成功的规范分析高度依赖于对偏好与认知(cognition)的深入了解。社会学的诠释学传统与对"参与式观察"(participant observation)的强调将很好地弥补这一问题。大体来看,认知视角的加入将在两个方面帮助形成有效的财政规范分析:

第一,财政运作是一个动态的过程,必须深入到实践过程之中分析利益相关者的实际行动,才能揭示其制约性因素。政策制定需要考虑大众的真实意愿。即便对于公众进行合理区分,也并不意味着其偏好特征是显而易见的,而对于真实意愿的忽略将使得原本旨在提高公众福利的政策失去存在的意义(落实与否将变得次要)。

第二,财政政策的效果评价需要考虑大众对于隐藏成本与意外后果的评价。即使政策实施达到符合公共福利的预定目标,同样存在由忽视认知导致的评估漏洞。通过对美国历史上出台的多项法律与法规的考察,罗格·I.鲁茨(2005)指出,政策实施会带来大量的隐藏的成本与意外后果。由于计划与评估手段的单一,使得由社会大众直接感知并承受的压力并不在政府的考虑范围之内,其最终的结果是政策规范评估的良好结果与现实的社会矛盾严重不符。

7.4 展望:值得关注的财政社会学诸议题

目前国内财政社会学理论与实证研究存在两个缺陷:首先,多数研究对其所选择的问题意识与研究范式缺乏系统整理(例如熊彼特关于税收的社会契约假定问题),经典理论意涵与中国当代社会现实之间的对应关系并不明确;其次,多数研究依然集中于税收与国家建设、民主化进程关系这一基础命题,忽视了近年来新财政社会学的发展成果与更深远的理论潜力。中国的财政实践对推进财政社会学研究是一个亟待开采的宝藏,有很多议题值得采用财政社会学理论和方法推进。

7.4.1　作为理论的财政社会学研究

财政社会学在创立时期曾经产生巨大的理论影响,与当时的马克思主义、韦伯主义、斯宾塞主义的社会科学思想研究体系相抗衡。(刘志广,2013)财政社会学就是要打破学科界限,构建基于复杂现实的社会理论。中国的财政实践能为构建系统的财政社会学理论提供扎实的支撑和基础。由于各国在财政实践中的历史性和实践性,很难构建统一的财政社会学理论。但是,可以基于中国的特色实践发展财政社会学中层理论。

中国财政领域波澜壮阔的改革实践亟须理论创新。无论如何划分,一个潜在的判断就是现代国家必然建构成为一个税收国家。税收国家的理想建构和实践可能会丰富财政社会学这一领域的研究。比如国企改革与税收国家建设问题。除了一般意义上的税收国家问题,国企作为一个重要的税源,国企缴纳的税收和利润与税收国家的建构是一种什么关系？在计划经济时期,国企利润是国家主要的收入来源。改革开放以来,国家逐步建设税收国家。国企推行利改税和拨改贷后,从财政的角度来看,国企和国家的关系面临重构。已有财政社会学指出,在很大程度上,国企利润对国家与社会关系以及国家建设的影响,与租金收入造成的影响是相同的,它们都会过度增加国家的自主性,减少国家对社会的依赖,从而降低国家对社会诉求的回应性。(Campbell,1996；马骏,2011)从目前中国的实践来看,这一判断还为时过早,仍是以西方为中心的发现。这些制度变革对国企的影响以及产生的政治社会影响都有待于深入系统地探讨。再如,土地作为国家掌控的重要资源,土地财政走向与税收国家建构也是亟待破解的重大问题。

7.4.2　作为方法的财政社会学研究

熊彼特和葛德雪开创的财政社会学不仅仅力求构建财政社会学理论,也是提倡一种综合的视角的比较历史分析方法。经过多年发展,比较历史分析已经逐步成为比较成熟的一种研究方法。该方法不仅是财政社会学等领域的研究方法,许多其他领域的研究也使用这种方法。但是,除了比较历史分析方法外,也应该运用其他方法更好地实现研究目的。长期以来,财政社会学研究被归为定性研究的阵营,天生与定量研究绝缘。这种定位大大损害了财政社会学的发展。财政社会学研究在发展和完善比较历史分析方法的同时,也应该在研究方法上海纳百川。

首先,财政社会学研究的推进离不开定量研究方法。未来研究的花费不在于定量还是定性研究的分野,而在于研究视角和分析思路。财政社会学主流的研究方法是比较历史分析法,但并非排斥定量研究方法。威斯康星－麦迪逊大学 Rourke L. O'Brien 教授于 2017 年在《美国社会学杂志》发表题为《再分配与新财政社会学:种族与国税和地税的累进性》在研究方法进行了创新型设计,采用混合研究方法(定量分析方法加实验法)展开研究种族构成如何影响税制的偏好和结构(Rourke L. O'Brien,2017)。

其次,财政社会学研究的推进亟须好的田野研究。由于财政系统的特性,学者进入财政系统田野调查具有一定的难度。但是,要打开财政的黑箱离不开田野研究。部分研究已有涉及县乡地方政府财政运作的田野研究成果,但期待更多的田野研究。这些研究不但涉及县乡,也可以上升到省市或者国家部委的财政社会学的田野调查。

7.4.3 作为自变量的财政社会学研究

作为自变量的财政社会学研究是指把财政作为原因,重点分析财政导致的政治经济社会后果。前面的文献评介中大部分研究都属于一类。但是这些研究侧重于财政的政治经济后果,而对财政的社会后果研究还比较少。比如税收与财政支出和社会分层的关系研究。在以间接税为主税收体制中,税收很难与普通公众发生联系。普通公众一般也不关注税收问题。但个税、房产税等直接面向个体或家庭征收的税收,直接激发了公众对税收的热情。财政补贴在过去也一般以底层群体为主,现在公共服务需求基层和中产社会逐渐形成,财政补贴领域和方式对中产阶层也产生较大的影响。因此,分析财政与社会分层的研究值得关注和推进。再如财政对婚姻家庭、性别、教育、社区、养老等社会影响也同样值得关注。

7.4.4 作为因变量的财政社会学研究

财政的社会起源是值得关注的一个研究方向,这是把财政作为因变量,探讨财政制度、体制和结构形成的社会因素。为什么特定的财政制度会出现,以及以何种形式发展与变化? 对于财政的社会根源问题,大多数研究能够看到历史因素甚至压力群体的作用,但却难以深入制度的生产过程,无法打开决策的黑箱。因此,需要深入到财政制度的生产过程之路,探讨财政制度的形成机制。

在探讨财政的社会起源时,经济社会学发展起来的理论视角可以提供研究支持。制度、网络、权力、文化等分析范式都可以用来探讨财政的生产与再生产机制。比如制度学派作为美国经济社会学最有影响力的学派之一,它关于理性的社会建构、国家的作用、非市场治理研究范式能与主流的财政学进行对话,推进财政社会学研究。许多看似理性的选择其实是出于合法性机制的后果。比如 1949 年后,我国财政体制一方面是对苏联的模仿,另一方面是沿袭革命时期根据地的一些做法。再如当前金融系统与财政系统的关系状态依然有革命时期根据地的影子。

按照马丁等人(Martin,Mehrotra,Prasad,2009)的归纳,新的研究在三个方面与大多数经济学教授不同:第一,更为关注非正式制度与社会过程。具体表现为关注不成文社会关系与税收之间的相互作用。第二,更加重视历史背景与具体社会条件。例如,大量研究开始吸纳路径依赖、正反馈过程、制度连续性等概念来讨论税制的变化与影响范围。第三,集中关注社会层次而非个体层次的现象,如税制如何影响社会团结、国家发展,而宗教传统与族群差异如何影响税收的过程等。财政社会学研究不应被视为具体的政策研究或以"嵌入性""制度主义解释"为标签的经验机制研究,而应成为解释人类历史变迁的基础理论范式之一。熊彼特(Joseph Schumpeter,[1918]1991)在 100 年前的判断仍不过时:"财政史使人们能够洞悉社会存在和社会变化的规律,洞悉国家命运的推动力量,同时也能洞悉具体的条件,特别是组织形式发展和消失的方式。财政是进行社会调查的最好起点之一,尤其是当它并不排斥它所包含的政治生活时更是如此。从财政入手的研究方法在用于研究社会转折点或社会新纪元时效果更为显著,在这一时期,现存的形式开始陨灭,转变成新的形式,并且在这一时期往往包含着原有财政政策的危机。无论是财政政策的决定性作用(如财政事件是导致所有变化的原因中最为重要的因素),还是其征兆意义(如所有发生的事情都是财政的反应),都是真实的。尽管在类似的情况下人们总是要对此加以种种限制,但我们可以确定地谈论一连串特殊的事实、一系列特殊的问题,以及一种特殊的研究方法——简而言之,一个特殊的领域:财政社会学。对于财政社会学,人们可以寄予厚望。"总而言之,财政社会学并非仅仅提供一个视角或者方法,而是可以寄予厚望的学术领域。

8 计量财政学

8.1 引 言

  财政学的研究模式在近十年出现了明显的变化,研究的范式从 20 世纪 80 年代的以理论分析为主逐步转为以微观数据为基础的经验研究。这一趋势最直接的体现是财政学领域经验研究的数量与日俱增,越来越多的因果识别方法被用到了对于公共财政问题的相关研究之中。这些经验研究在对财政学领域的经典理论进行不断检验的同时,也梳理出了越来越多的重要的特征事实,构成了本领域不断向前发展的重要动力之一。已有文献在运用先进的实证方法对财政学问题进行研究的同时,也推动了实证方法本身的发展,有不少实证方法正是在解决特定的财政问题当中提出来并逐步被运用到其他领域当中的。[①] 在实证方法对财政学一般理论有所推动的同时,还有文献也对中国在改革转型过程中财政领域的既有实践进行了系统梳理,显著提高了中国财政学领域的研究水平,有不少关于中国问题的研究出现在经济学国际顶级期刊上,为讲好"中国故事"做出了重要贡献。

  然而,目前国内外比较流行的财政学教科书并没有将财政学领域研究现状充分反映出来,仍然以对经典的财政学问题的系统介绍为主,导致财政学研究的前沿难以融入财政学的日常教学之中。[②] 对于财政学领域学术研究和教学之间存在的差距,已经有一些财政学或公共经济学领域的学者意识到了这一问题的存在,在新近出版的财政学教材中(如 Gruber,2019),在介绍经典财政理论的

---

  ① 近年来较为流行的聚束(bunching)法就是其中的一个例证。
  ② 国外代表性的财政学教材包括 Rosen and Gayer(2013)、Gruber(2019)等;中国代表性的财政学教材包括陈共(2020)、邓子基等(2020)、蒋洪等(2016)、刘怡(2016)等。

同时，在教材正文中也引入了对相关问题实证研究内容和结论的简要介绍，对于其背后的实证方法，均以附录的方式安排在了对应章节之后。从介绍的程度上来看，仅对实证方法的基本想法进行简要介绍，缺乏系统性和完整性，与目前实证方法在财政学领域中运用的实际情况不相吻合。从中国的财政学教材来看，主要分为两种类型：第一种类型是对财政学在中国的发展历程进行梳理和介绍，突出强调公共财政理论的基本特征和实践，如陈共（2020）；第二种类型则是偏向于对公共经济学的理论进行介绍，以公共产品为切入点，对现代公共经济学的理论进行系统介绍，如蒋洪等（2016）。在上述两种类型的教材中，尚未有对实证方法的介绍和讨论，对于目前中国财政学领域针对特定问题展开的重要的实证研究结果也罕有涉及。这一状况导致在日常的财政学教学过程中，学生感到财政学理论相对较为抽象，无法充分激发自身学习财政学的浓厚兴趣。同时，在现阶段大数据和统计方法相对比较流行的背景下，相当数量的学生已经初步具备了一定的数据分析能力，在财政学的教学过程中，如果能够将学生的数据分析能力利用起来，财政学教学预期将取得更好的效果。

出于以上考虑，思考和编写新型的财政学教材，将近十年来财政学的学术进展有机地融入其中，结合具体的财政问题，对前沿的实证分析方法进行系统全面的介绍，不仅有助于弥补目前财政学教材方面存在的与相关研究有所脱节的问题，而且能够更加充分地运用日渐丰富的数据资源和人工智能算法，增强财政学的严谨性和实用性，激发学生的兴趣，推动财政学教学不断发展。

8.2　问题的提出

本部分将更为具体地阐释撰写新型财政学教材，将前沿的实证分析方法系统全面地融入其中的必要性。本部分将从四个方面对这一问题进行阐述：第一，回顾财政学研究范式在近十几年来的变化动线，比较系统地介绍和梳理现代财政学的研究特征；第二，从学科发展和客观条件进步两个方面，对财政学研究范式转变的原因进行探讨；第三，对财政学教材的主要范式进行梳理，并对其潜在不足进行梳理；第四，对财政学的教学和研究在中国的现状进行概括和梳理。

8.2.1　财政学研究范式的演进

从20世纪80年代至今，财政学的研究范式可以被粗略地划分为三个阶段:第一阶段是大致是在20世纪80—90年代,财政学在这一阶段的研究特征可以概括为以理论分析为主,围绕财政学或公共经济学的基本问题——如外部性、公共产品、税收归宿等——展开系统全面的理论分析;第二阶段所处的时期大概在20世纪90年代至2012年,在这个阶段,财政学的研究逐渐从以理论分析为主转向了以经验研究为主,各种不同的实证方法被引入对财税问题的分析之中,在检验既有理论的同时,也提出了更多有趣且重要的研究课题;第三个阶段为2012年之后至今的这段时期,随着大数据资源的不断丰富、人工智能算法的不断发展,这些技术手段被陆续运用到财政学的实证研究中。同时,经过多年的发展,结构模型(structural model)通过补充简约式(reduced-form)分析在福利效应和机制分析中的不足,成为财政学研究过程中越来越不可或缺的组成部分。下面将对财政学研究在各个阶段的研究状况分别进行介绍。

8.2.1.1　第一阶段:理论分析为主的阶段(20世纪80—90年代)

全面系统地从不同角度揭示政府财政收支行为对私人部门的影响及其作用机制是这一阶段财政学研究的主要工作。具体而言,财政学研究在这一阶段所回答的主要问题包括:政府的收入和支出行为会对私人行为——如居民的消费和储蓄、劳动力供给、企业的投资等——产生怎样的影响?在这些影响背后,是何种传导机制在发挥着主要作用?在对这些机制进行系统分析的过程中,能够发现的主要洞见(insights)是什么?除了分析政府收支行为对私人部门影响,也会对政府部门的行为进行理论分析,比较有代表性的问题包括公共定价、公共规制和地方政府行为。在这一阶段的研究中,数理模型构成主要的研究工具,主要贡献在于为对财政问题进行系统分析提供了基本的分析框架和主要的理论洞察,为财政学或者公共经济学的研究在后续阶段的经验分析奠定了基础。

从《公共经济学》(*Handbook of Public Economics*)第1—2卷的内容能够清晰地看到上述特征。关于财政收入方面的讨论,主要包括:税收的超额负担和最优税收理论,主要讨论税收的扭曲,以及在扭曲最小约束下的税制设计;税收归宿问题,考察税收的最终承担者以及在不同主体之间的分担;税收对私人行为的影响,讨论税收对居民劳动供给的影响及其机制,税收对居民储蓄和风险承担(risk taking)行为的影响;公共部门的定价,集中考察私人部门和公共部门定价的区别及其对经济的影响;公共产品的最优提供及相关的激励问题,重点讨论公共产品的最优提供问题;收入分配及其相关的税收和支出工具,着重从公平的角度考察有利于促进收入分配公平的机制设计。

8.2.1.2　不断转向实证研究(20世纪90年代至2012年)

自20世纪90年代后期开始,因果识别方法及与此相关的研究设计在经验分析中得到长足的发展。随机对照试验(random control trials, RCT)成为判定因果关系的基本黄金标准,而自然实验(natural experiment)和准自然实验(quasi-experiment)则为各种因果识别方法的应用提供了条件,文献中将基于这一基础所建立的进行因果推断的做法称为基于研究设计的方法(design-based approach)。基于这一方法,传统的计量方法被赋予了新的用途和理解。例如,作为计量经济学中的基础方法,回归(regression)在传统上主要被作为拟合数据的基本方式;然而,在因果推断的视角下,回归被视作控制干扰因素(confounding factors)进而识别因果关系的基本工具。

对于传统实证方法的全新看法以及大量微观数据资源可获得性的提高,也使财政学或公共经济学的研究逐步转向以实证研究为主的模式。这种研究模式的转变较早地体现在了针对税收如何影响劳动供给——劳动参与率和工作时长——的研究问题中。不仅如此,对于税收对于居民储蓄的影响,也有大量的研究从实证的角度展开了较为充分的讨论。在理论框架当中,税收对居民部门的影响机制大多归结于替代效应和收入效应。有趣的是,在绝大多数情况下,这两种效应的作用方式截然相反。因此,对于此类问题的研究与其说是一个理论问题,还不如说是一个实证问题,类似的情形也出现在了针对企业行为的研究中。[①]

在这个阶段,除了研究方法的变化之外,研究的主题也存在些许改变。财政学的研究范围从过去的以税收为主逐步转化为以支出和税收并重。伴随着这一转变,与政府相关的很多十分重要的问题——如社会保障、教育等——都得到了更为详尽的研究。此外,财政分权问题也成了这一时期财政学的研究重点,涌现出大量文献,从实证的角度集中考察财政分权对于经济增长等重要变量的影响。

2002年出版的第三卷《公共经济学手册》也反映出上述趋势。伴随着现代实证方法的运用,财政学的研究广度和深度均得到了长足进步:在收入方面,围绕着税收对家庭风险承担和投资组合、储蓄、公司财务政策和商业投资既展开

---

① 关于这些问题的详细讨论,请参见 Handbook of Public Economics 第三卷。

了包含理论特别是包含实证的研究,又在对相关理论进行检验的同时从定量的角度对特定机制进行了精准识别。在支出方面,对公共提供的教育、健康医疗、社会保障及其对劳动供给的影响等问题,相关章节也分别基于微观数据结合前沿的实证方法进行了详尽讨论。

8.2.1.3 第三阶段:实证研究不断引入新元素(2012年至今)

在2012年之后,大数据和人工智能在实证分析中的运用越来越广泛,为实证研究注入了新元素。大数据和机器学习能够极大地拓展经济学研究的范围并带来便捷。利用大数据,特别是社交网络非结构化、半结构化数据,可以构造投资者情感指数、幸福感指数、政策不确定性指数、政策变化指数等,这些是传统数据所没有的,可用以研究这些变量对经济和市场的影响或者其决定因素是什么。实时或高频大数据使得经济学家可以研究高频经济现象,例如探索实体经济与金融市场之间的互动关系、实施预测宏观经济变化趋势等。(洪永森、汪寿阳,2020)

机器学习指的是从数据中识别出规律并以此完成预测,分类及聚类等任务的算法总成。随着数据的可得及计算机处理能力的提高,该技术在业界以及自然科学领域已经得到了广泛的应用。在社会科学领域,虽然机器学习的使用起步较晚,但是发展非常迅速。(陈硕,2021)目前机器学习技术在社会科学研究中的应用分成三类:第一,数据生成。机器学习可以帮助学者获得以前很难或者无法获得的数据。第二,预测。机器学习可以更有效地探索变量之间的相关性,进而做出较为精准的预测。第三,因果识别。社会科学、特别是经济学实证研究的核心是因果识别,而机器学习在这方面也具有一定的优势。2012年,在世界范围的经验分析中,大数据和机器学习被越来越广泛地运用于关于财政学或公共经济学的具体的研究问题中,为财政学的实证研究之路注入了新元素和生命力。

除了大数据和人工智能方法的使用,理论元素重新作为一个重要的组成部分被引入财政学的研究之中。但是,理论元素在这个阶段所发挥的作用与它在第一阶段所发挥的主要作用有所不同:在财政学以理论分析为主要特征的阶段,理论框架的主要作用是能够提供具有一般性的思考框架,使用尽可能严谨的数学方法分析重要财税问题的内在逻辑和主要机制,在此基础上为财政学的发展提供洞见和框架。但是,在2012年之后财政学或公共经济学的发展阶段中,理论框架和数据之间的结合程度更加紧密,主要体现在两方面:一方面,基于实证分析中所识别得到的因果估计量,确定理论模型中的结构参数,从而为基于理论模型的定量分析(quantitative analysis)奠定基础;另一方面,尽管近年来的实证方法在识别因果关系方面取得了长足的发展,但是即使是较好的实证研究,其得到的因果估计能够很好地保证其内部合理性(internal validity),然而在外部合理性(external validity)方面表现则在不同程度上存在不足,依赖于所选择的样本。此外,实证研究进行反事实分析和政策福利分析方面存在先天不足,针对上述经验研究存在的不足,理论模型恰恰拥有一定的优势。正是基于实证分析和理论模型各自优劣的认识,2012年以来,财政学领域中出现了越来越多的颇有影响力的研究,均采用了理论模型和实证分析相结合的分析范式,推动了公共经济学中针对税收等问题的研究水平。[①]

8.2.2 研究范式转变的原因和条件

通过对财政学以上三个阶段的梳理,不难发现,财政学或公共经济学的研究大致遵循了从理论分析到经验分析的研究路线。客观上来讲,财政学或公共经济学这种研究范式的转变遵循了一般科学门类的发展规律,具有一定的必然性。

8.2.2.1 学科自身发展的规律

从学科本身的发展来看,古典学派采用历史叙述的方式展开对财政现象的描述,从中以相对直观的方式对财政的规律和原则加以概括总结,主要采用归纳的方法展开讨论。这种研究方式的好处在于能够从具体问题出发,使讨论有的放矢。然而,这种对于财政学的阐述方式也有一定的局限性。例如,在论述过程中,在逻辑上可能存在论证不一致之处,从而得出具有误导性的结论;通过历史叙事逻辑形成的财政方面的理论,其蕴含的前提和假设条件往往晦暗不明;由于不同学者对于同一词汇的理解不同,在彼此交流的过程中往往无法达成本应存在的一致性,无助于学术交流的推进;在教学过程中,往往需要教师和学生反复深入地切磋和交流,交流的范围往往较为有限,推动财政学教学的过程往往也比较缓慢。正是因为上述缺陷,在财政学的后续发展中,数理方法被广泛运用到了其研究和教学过程中。数理方法恰恰能够有效克服上述历史叙事的种种缺陷:数理方式本身具有统一的语言体系和逻辑系统,对于由数学所

[①] 例如 Juan Carlos Suares and Zidar(2016)、Pablo et al.(2019)、Chen et al.(2021)、Chen et al.(2021)等。

界定的概念含义清晰，便于交流。利用数学方法所进行的相关推导也能够保证前提假设的清楚和逻辑的一致性。更为重要的，以数理方式进行财政学的教学，能够以相对标准化的方式进行，从而极大地推动财政学的传播速度。

当然，上述以演绎推理为主要脉络的数理方法在研究财政学的过程中存在一定弊端。例如，随着数理方法的使用，财政学的研究和教学日益趋于形式化，在研究和教学的过程中，往往对数学概念和推理背后的具体财政现象和含义缺乏丰富和直观的了解。财政学终究是一门致用之学，缺乏对真实财政问题和现象的切身了解，仅仅凭借数理方法进行演绎推理可能会使财政学的研究日益缺乏生命力，也无益于现实财政问题的解决。

不仅如此，在从理论上推演出财政问题背后的逻辑和机制之后，往往能够发现，针对特定的财政问题，往往存在不同的机制在同时发挥作用，而且不同机制发挥的作用方向也往往存在差异。在这种情况下，财政的理论问题通常会成为一个实证问题。通过将发展较为成熟的实证方法运用到对财政理论的讨论能够克服单纯理论演绎方法的弊端，具有以下优势：第一，为了通过实证方法对具体财政问题背后的因果关系进行识别，需要对财政问题背后的制度背景有足够的了解，这样能够使研究的关注点重回具体的财政问题之中；第二，通过对特定财政问题展开实证分析，有助于对已有理论进行检验，大浪淘沙，找到与现实在多个维度上均保持一致的理论；第三，通过对数据的收集和整理，能够发现逻辑推理和观察之外的新的事实和问题，从而推动财政学研究在新的方向上不断推进。

诚如前文所言，实证方法本身存在无法有效进行反事实推理和政策福利效应分析的问题，但是在财政领域的日常实践中，对不同的政策方案进行模拟和评估是一项十分重要的工作。显然，单纯使用实证方法无法有效完成这项重要任务。将理论模型和实证方法相结合，将各自的优势相结合，在提高财政学研究水平的同时，也能够有效回应财政现实当中对于财政学研究的基本诉求。

8.2.2.2 客观条件的日臻成熟

当然，将理论模型和实证方法相结合对客观条件提出了较高的要求。仅凭"一张纸＋一支笔"的工作模式就无法适应两者结合带来的新挑战。从客观条件上讲，有两个必备的前提条件：一是需要具备丰富的数据资源，尤其是基于经济个体的微观数据资源，为因果关系的识别和参数估计提供基础；二是需要具备较强的计算能力。面对着对海量数据进行处理和对复杂模型进行求解、分析和估计,均离不开计算机计算能力的长足发展。自 20 世纪 80 年代以来,上述两项客观条件均得到了显著的改进。毋庸置疑,客观条件的显著改善也是财政学研究范式发生转变不可忽视的重要推动力量。

8.2.3　财政学教材的主要范式

本部分通过对目前国内外较为流行的财政学教材的写作思路和基本模式进行梳理,将其与前文所梳理的目前财政学研究的现状进行对比,指出财政学教材和财政学研究之间所存在的不相吻合之处。国内外较为流行的财政学教材大致分为两种模式:第一种模式是以理论分析为主的模式;第二种是以理论分析为主线,辅之以实证和案例的模式。下面对两种模式教材的基本情况进行简要介绍。

8.2.3.1　模式一:以理论分析为主[①]

对照财政学研究进展的三个阶段,这种写作模式和财政学研究进展的第一阶段较为吻合。以该模式所编写的财政学教材,往往从对市场失灵的描述和原因分析入手,从该角度引入政府干预经济的必要性。接下来,通过对公共产品的市场最优提供入手,论证财政支出的合理性和基本规模的确定,完成对财政支出的基本阐述。从理论逻辑来看,是将外部性和公共产品引入传统一般均衡理论的过程。在这一基础上,讨论的重点转为对财政收入的讨论,主要集中在对税收的讨论上,通过分别介绍税收的基本原理、税收对效率的影响、税收负担转嫁和税收归宿以及税收对私人部门的影响,完成对税收影响的经济学分析。在随后的讨论中,跳出对财政税收和支出进行考察的微观视角,从宏观角度考察其经济效应,从而完成对财政政策部分的分析。最后,从政府间关系的角度,考察财权和事权在不同层级政府之间的分担及其对政府行为的影响。总而言之,按照理论分析思路所编写的财政学教材主要从经济学的框架下分析税收和支出的经济效应,注重数理方法的运用,聚焦于理论概念的传达,重点是财政工具对经济影响的机制分析。虽然在编写过程中也会涉及简单的数据分析和案例介绍,但是两者的作用是以更加直观的方式对相关理论进行说明和佐证,并未涉及实证方法的使用。

8.2.3.2　模式二:以理论分析为主线,实证和案例为辅

第二种模式是以理论分析为主线,辅之以实证方法和案例介绍。目前国内

[①]　代表性的教材如蒋洪等(2016)。

外相对较为流行的财政学教材大多采用这样的模式。所谓以理论分析为主线,是指从教材的组织架构和编写逻辑来看,依然是按照财政学的经典理论加以展开,在这一点上与上一种模式具有共通性。但是,与第一种模式的不同之处在于,在按照理论分析的逻辑进行依次展开的过程中,该类教材会在介绍完经典的理论之后,将文献中针对相关理论所进行的经济分析所得到的主要结论作为辅助内容进行讲解,一些教材会将一些实证分析方法的介绍性内容呈现在附录之中,便于有兴趣的读者参考。例如,以税收对劳动供给的影响分析为例,格鲁伯(Gruber,2019)首先基于理论框架对这一问题进行机制分析,以数学推导和图形分析的方式分析出税收对劳动供给影响的替代效应和收入效应。但是,由于这两个效应的作用方向相反,所以无法从理论上直接得出税收对劳动供给的影响,本质上是一个经验分析的问题。在随后的阐述中,该教材结合既有文献中针对这一问题所展开的实证研究及其主要分析结论在正文中进行了简要介绍,并在附录中对双重差分法(difference-in-difference)的基本原理进行了简要介绍。毫无疑问,这种财政学教材的撰写模式在一定程度上和财政学研究的第二个阶段有所接近,但并没有和该阶段财政学研究的实际进展情况完全吻合,存在一定程度的不足,具体体现为:①依然采用以理论分析为主线的教材编写方式,与第一种类型的教材多有重复之处,使得关于财政学教材的编写缺乏一定程度的差异性;②尽管对实证方法进行了介绍,但是依然没有系统地向学生提供实证方法的教学,使学生感受到财政学问题和实证方法有机结合方面存在一定的不足;③虽然以这一模式撰写的教材在一定程度上涉及实证方法,但是通过与财政学研究的发展并未实现同步,目前财政学研究中的新元素——如大数据、人工智能和结构模型——并没有以合理的程度体现在这一类型的教材当中。

通过对国内外流行的财政学教材进行分析,我们能够看到,财政学研究的发展基本引领了财政学教材的建设。各主要教材在其自身的各个版本中,也基本遵循了使教材中的阐述和财政学的研究尽可能接近的理念和原则。同时,通过上述的梳理能够发现,财政学教材并未能充分反映研究中的主要特征和新元素,在培养学生进行财政学相关问题研究方面仍存在有待改进的地方,其中,如何系统地结合财政学的基本问题,将实证研究方法有机地融入财政学的教材之中,是在目前条件下能够对现有教材进行改良的一个重要方面,并且具有较高的可行性。

8.2.4　财政学研究和教学在中国的现状

作为一个转型中的大国,中国的经济、社会和社会治理的特征与世界上主要的发达经济体存在显著不同,社会治理结构中的政府部门也在经济中发挥着其独有的作用。作为国家治理的基础和重要支柱,财政在中国的经济生活中占据着独特地位,在国家转型过程中发挥着十分重要的作用,也历经了多次重要变化。在1978年改革开放之前,中国的经济特征以计划经济为主,在这种经济体制下,政府在社会资源的配置中发挥着主要作用。在这样的背景下,财政的范围极为广泛,几乎涵盖了社会和经济的方方面面。随着改革开放进程的推进,政府和市场的关系逐步发生了变化和调整,其内在的逻辑主线为政府不断进行放权,市场在经济资源的配置方面发挥着越来越重要的作用。财政的内涵随之发生变化,1998年,政府提出了公共财政的概念,并进行了财政公共化的改革。

伴随着上述财政在中国经济中地位和内涵的变化,财政学的研究和教学方式也经历了相应的发展。从起初对于财政功能的讨论、经济转型过程中财政职能的讨论,逐步转化为了采用现代经济学的基本理论框架对财政领域的基本问题进行讨论,再到近年来基于中国的微观数据库,运用现代实证分析方法对财政领域的特定现象进行因果关系的考察。从演进动线上来看,也基本遵循了财政学科的一般发展路径,只是在特定阶段,由于中国财政问题的特殊性和新实践,使得在具体的研究内容和侧重点上与西方财政理论与政策的研究产生了一定程度的差异。本部分将从研究和教学两方面对财政学在中国的现状进行简要梳理。

8.2.4.1　财政学研究在中国的现状[①]

已有文献对近年来财政学研究在中国的基本态势进行了系统分析,樊丽明、王澍(2016)是其中比较有代表性的研究。该文通过分析6种中文经济学权威期刊(包括《中国社会科学》《经济研究》《管理世界》《财贸经济》《财政研究》和《税务研究》)在2006—2015年发表的财政学论文,从研究主体、研究主题和研究方法三方面揭示我国近十年来财政学研究的基本态势。在本部分的讨论中,我们集中于对研究主题和研究方法的考察。

---

① 本部分的讨论基于樊丽明、王澍(2016)。

(1)十年来财政学研究主题的变化趋势。

按照财政学基本理论框架,樊丽明、王澍(2016)将研究主题区分为财政基础理论、财政支出、财政收入、预算管理、财政体制、社会保障、财政平衡与公债,以及财政与公共经济政策八大类。通过对6种期刊十年中不同研究主题论文量的统计可以看出,研究主题的集中度差异较大,基本呈现如下态势:

第一,财政收入主题的集中度较高。在这个主题下,论文的数量高达2 437篇,约占所选样本的55.97%,研究集中度显著高于其他主题。其中,税收主题的论文共有2 272篇,是财政收入这个主题中论文数量占比最高的,约占论文总数的93.23%。在关于税收方面的论文中,约2/3的论文研究主题是税收制度,其余由税收理论和税收征管的问题平分秋色。

第二,财政支出、财政体制和财政基础理论、财政与宏观政策以及预算管理等主题下,论文的集中度较低。这五类主题的论文发表总量在244～446篇。

第三,社会保障、财政平衡与公债等主题下论文数量较少,两类论文发表总量分别为181和86篇,在2006—2015年属于相对"小众"的选题。

此外,从各类主题在各个年度的变化趋势来看,财政体制、预算管理、财政平衡与公债类主题在样本期内有所升温;财政收入、财政支出类主题基本保持稳定;财政基础理论、社会保障、财政与公馆经济政策的研究关注度和投入力度有所下降;财政基础理论类论文年均发文量波动较为明显,2007年之后出现了连续几年的下滑,尽管在2011年之后逐步回温,但十年中总体呈现下滑趋势。

在八大领域中的研究主题中,重点和热点问题的分布情况大致如下:①中国现实税制改革、税收政策研究的总体热度最高。其中,税收政策、税制改革、财税政策、税收优惠、税收制度、结构性减税等均位列频次最高的关键词之列。其中,个人所得税、增值税、企业所得税、房产税、资源税、环境税等重要税种的研究又是税制改革研究中的重中之重。此外,税收负担、宏观税负、税制结构、主题税种等宏观税收问题也受到了较高关注。②财政体制和地方财政也是研究的重点和热点问题。财政体制、财政分权、分税制、转移支付等研究热度较高;地方财政、地方税收体系、税收竞争、土地财政等问题也有一定的研究热度。③财政税收和经济增长、收入分配问题研究的关注度较高,探索财政税收与资源配置、收入分配、经济稳定增长等的内在关系及政策建议的研究也占有较大比重。

通过上述梳理能够看出,中国近年来财政学研究的主流是现实问题导向型的研究,既服务于中国经济改革发展决策的需要,也体现了财政学经世济国的性质。研究主题的需求拉动取向明显地内在逻辑在于,政府需求和市场需求推动学者选题,课题引导、机构考核和边际的选稿偏好对此起到进一步推动的作用。

(2) 十年来财政学研究方法的变化趋势。

樊丽明、王澍(2016)将论文的研究方法分为规范分析和实证分析两大类。10年6种期刊所发表的论文中,采用规范分析方法的有1 891篇,占总样本的43.43%,采用实证方法的为2 463篇,占总样本的56.57%,其中采用实证分析方法的论文产出随时间的推移不断增加,而采用规范方法的论文逐步减少。通过进一步分析能够发现,实证分析论文大多采用计量分析方法,其中,面板回归模型的相关方法应用最为广泛,固定效应模型在面板数据模型中又占据着最高的比重。

导致这一结果的原因可以概括为:研究主体结构变化,财政学博士生规模扩大和学制延长为研究队伍增加了更多的新鲜血液。不仅如此,研究人员所具备的知识结构也发生了明显改变,快速补充的青年师资和在校博士生大都接受了较为系统的现代经济学和研究方法的训练,普遍具备了定量分析的基础。此外,政府资助研究的引导和权威期刊的导向均使得计量方法在财政学研究中的广泛使用发挥了相当程度的影响。

8.2.4.2 财政学教学在中国的现状

早年间,在财政学的教学实践中,存在两种流派:一种被称为国家分配论,另一种被称为公共财政论。由于两种流派对于财政的基本功能存在一定的分歧,所以在教学过程中,对于财政的基础理论的讨论通常会占很大的比重。随着国家在1998年提出了建设公共财政,目前市面上主流的财政学教材均从公共财政的角度向学生介绍财政的基本范畴。从目前的财政学的教学实践来看,可以概括为以下三个基本特征:

首先,以理论分析为主。考察目前主要的财政学教程,我们不难看出,大部分教材以理论分析的范式为主,从一般均衡理论开始,逐步向学生介绍财政学的基本概念、理论。除了在介绍税制过程中涉及具体体制之外,对于绝大多数的问题依然是从经济学的角度考察财政收支的经济效应,并在此基础上进行理论机制的拆解。

其次,中国元素的比重逐步上升。在早期的财政学教材中,绝大部分篇幅用于介绍西方财政理论,而伴随着中国改革的不断深化,在相关教材的不断再版过程中,逐步地融入了中国元素,加大了对中国财政领域相关问题的介绍和讨论,除了基于理论的基本分析之外,也对中国财政制度进行了一定程度的梳理。

最后,缺乏对定量分析方法和案例的介绍。尽管伴随着中国改革实践的不断深入,财政学教材最终选择采用了公共财政的视角,也将中国在财政领域进行改革的经验和制度演进有机融入了教材之中,但是,如前所述,越来越多的研究主动采用实证分析方法对财政中特定领域的问题展开了细致的分析,结合改革过程中所提供的准自然实验的机会识别了很多财政工具和制度改革对经济的因果影响,深化了人们对相关问题的认识和理解,其中一部分问题由不同研究从不同角度、采用不同的方法得到了反复确认,在此基础上形成了理论共识。但是,从目前中国市面上主要教材的内容来看,上述研究中形成共识的部分尚未融入教材之中。对于这些研究中所采用的实证方法,尚未有教材将其纳入主体内容之中,使得相关专业的学生在学习了财政学之后,仍然无法有效地掌握分析财政问题的定量方法,从而难以加深对于财政"是什么"和"为什么"以及"怎么做"等方面问题的理解。

通过以上对财政学在中国的研究和教学现状,我们能够看到,伴随中国财政领域的改革不断深入,以问题和国家重大需求为导向的财政学研究涌现出了大量的研究课题,随着数据资源的不断丰富和研究人员知识结构的更新,越来越多的研究采用实证方法对相关的财政问题展开了细致的讨论,发展水平大致达到了财政学发展的第二阶段,即实证方法在财政学研究中不断深化。然而,从财政学的教学来看,虽然采用了公共财政的视角,也不断将中国元素有机融入其中,但是对于财政学研究前沿中业已形成共识的内容,既有的教科书和课堂教学尚未将其充分涵盖,而对于这些研究中所采用的实证方法,尚没有财政学领域的教科书对其进行系统介绍,从而在这个维度上留下了较大的改进空间。

8.3 财政学(公共经济学)研究主题和研究方法的新进展[①]

在这部分的讨论中,我们将对财政学(公共经济学)近年来在全球范围的研

---

① 这部分的讨论主要基于 Kleven(2018)。

究进展进行梳理。与仅对中国财政学的研究主题和方法的梳理不同,从更加广泛的范围廓清财政学(公共经济学)在近年来的进展,不仅能够对财政学一般理论的发展前沿有所了解,更为重要的是,有助于更加清晰地理解中国财政学本质和在整体的相对位置,也有助于为解决中国财政领域的相关问题提供新的视角和思路。

与樊丽明、王澍(2016)类似,克莱文(Kleven,2018)通过对 NBER 工作论文中 4 676 篇论文进行针对全文(full texts)的文本分析,对国际上财政学(公共经济学)领域的研究主题和研究方法进行了比较详细的梳理。

8.3.1 研究主题的演变

在过去 40 年,国际范围内财政学的研究主题发生了较大变化。从图 8.1 中能够看出,在 20 世纪 90 年代之前,财政学的主要研究主题是税收和转移支付,尤其是以税收为主题的论文占据了所考察论文的 90% 左右。在 1992 年之后,这一趋势有所改变,虽然关于税收的研究依然占据较大比重,但是已经出现了显著的下降,截止到 2016 年,这一比重降到了 30% 左右。其他的研究主题——如教育、转移支付、政治经济学(political economy)、规制和公共产品等——的比重逐渐上升,尤其是针对教育主题的研究,在近些年来出现了明显的上升。[①] 虽然转移支付方面的研究比重有所提高,但是相对较为有限,保持了和 1992 年之前相似的比重。政治经济学方面的研究比重略显增加,但近年来的研究数量所占比重也相对稳定。

仅从占据比例最高的税收方面的研究来看,不同税种之间的重要性也有所不同。在传统的税收理论中,劳动收入税(labor & income tax)和资本税一直都是税收理论中的重要论题,不仅在理论上有重要的研究价值——例如最优税理论,而且通过关注资本税收和劳动收入税收的变动对于私人行为的影响能够用来估计经济学中较为重要的结构性参数——例如劳动供给弹性,对这些参数的不同估计值会导致迥然不同的宏观经济含义。图 8.2 能够基本反映出这一态势,资本税和劳动收入税在税收这一主题下占比很高,近年来两者的比重约为 60%。同时,从图 8.2 中也能够看到,除了资本税和劳动收入税之外,消费税、财产税和其他税收的研究比重在 21 世纪以来均出现了不同程度的上升,尤

[①] 后面我们能够看到,其背后的原因是数据可获得性上的提高和新的识别方法的发展。

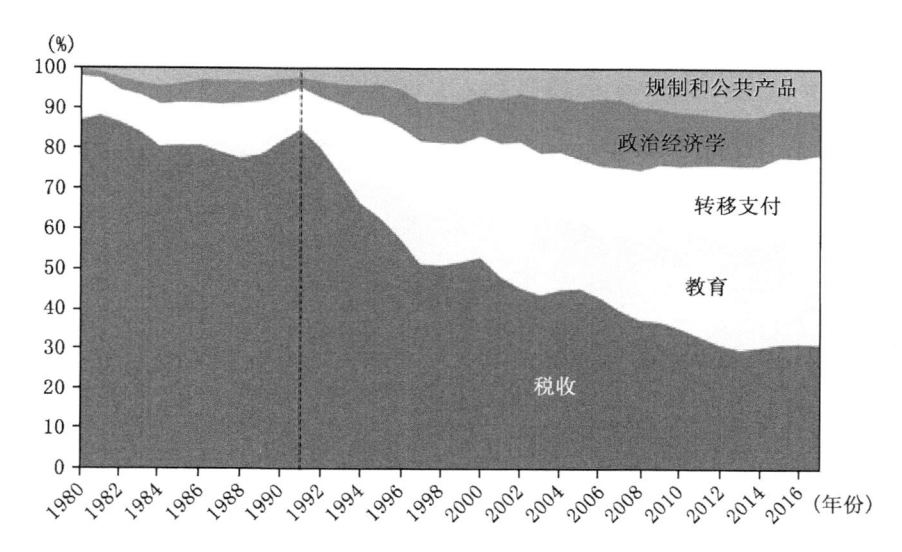

图 8.1　财政学领域中研究主题的演变

其是消费税,在 2008 年金融危机之后,越来越多的研究考察消费类税收对于私人部门和宏观经济的影响,这与在这一段时期不同国家政府尝试使用不同的财政税收工具进行宏观调控有关。传统的研究主要聚焦于所得类课税,随着增值税问题在发达经济体(主要是美国)的讨论日益流行,消费类税收工具得到了越来越多的关注。

我们从资本税和劳动收入税这两大主题的变化来看,在 20 世纪 80 年代,关于资本税的研究相对较多,回顾这段时期的文献,主要集中在对最优资本税的讨论上,其中一个核心的结论为最优资本税应该为零,后续研究围绕这一结论展开了非常丰富的讨论。同一时期关于劳动收入税的研究也集中于最优税的讨论,从公平和效率相权衡的角度考察了最优税收的设计。在随后的发展过程中,随着大量数据资源可得性的提高和实证方法的发展,与劳动收入税相关的实证研究蓬勃发展,从中也发展出了一些较新的实证方法,更加推动了这一领域的研究,这就是为什么在进入了 20 世纪之后围绕劳动收入税的相关问题再次受到关注的原因。

8.3.2　研究问题的国别研究

如何讲好中国故事,做"顶天立地"的研究,是身在中国的研究人员需要思

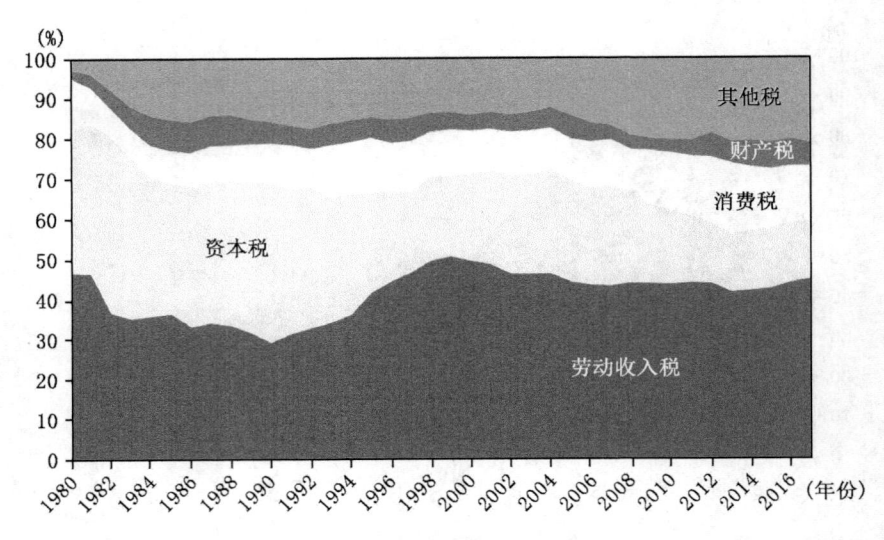

图 8.2　税收主题内不同研究的基本情况

考的重要问题。如果我们将财政学领域的研究问题的国别属性做一个分析，就能够看到研究与国家的关系。图 8.3 呈现了这样的关系。如图所示，在过去 40 年间，关于美国财税问题的研究占据了极高的比重，最高的时候占到了 90%，而最低的时候也能够占据 80% 的比重，其他 20% 左右的研究所涉及的主要是英国和欧盟，只有 2%～3% 的问题涉及了世界上其他国家和地区。形成这一结果的原因不难理解，这与克莱文（Kleven,2018）研究过程中所选取的研究对象高度相关。如前所示，这篇文献的分析对象是美国经济研究局（NBER）4 676 篇关于公共经济学的工作论文，其中研究美国问题的论文比重较高就不难理解。同时，我们从图 8.3 中也能够看到，虽然关于美国财税问题的研究比重较高，但是这一比重是在稳步下降的，关于欧盟和其他国家的研究比重在逐步升高。我们自然关心的是，在这些文献中，关于中国财税问题的研究占到了怎样的比重，或者说近年来关于中国财税问题讨论的比重是否有所上升。图 8.4 回答了这个问题。

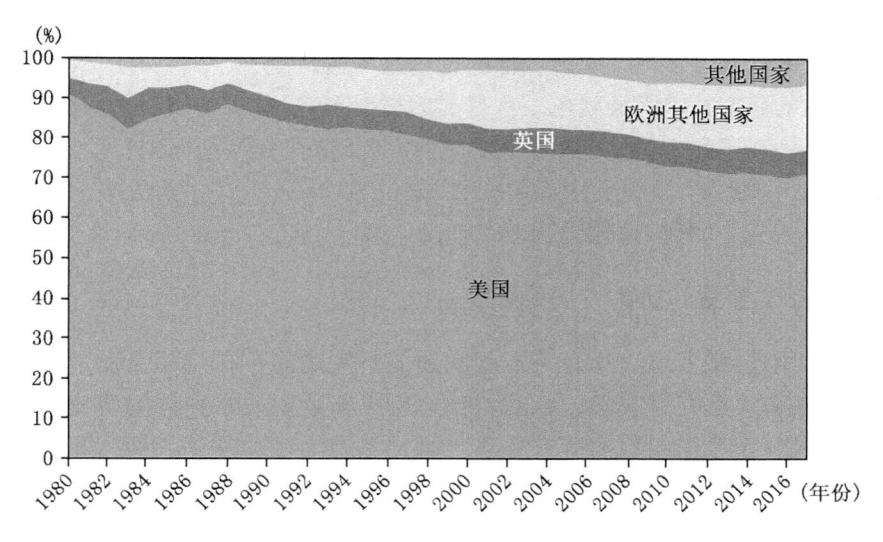

图 8.3 财税问题的国别考察

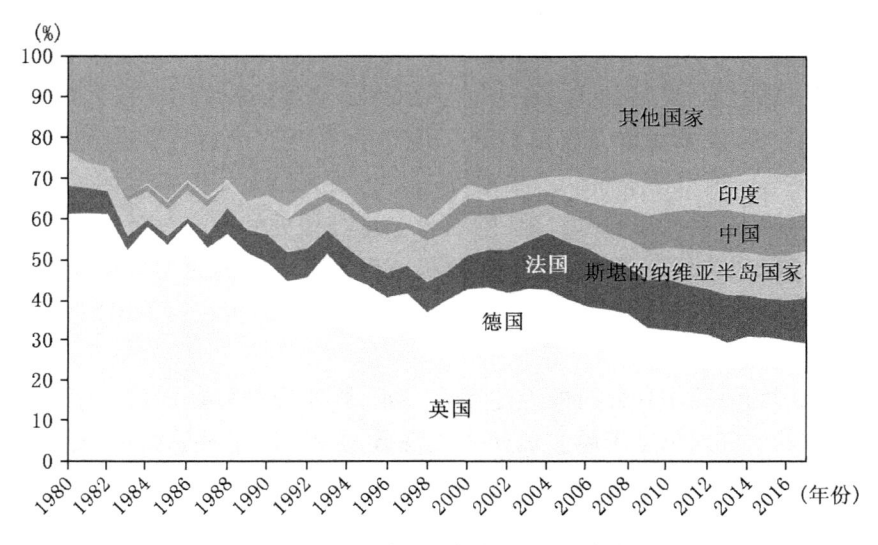

图 8.4 财税问题的国别考察（更加细致的视角）

图 8.4 向我们呈现了以下特征：①通过更为细致地考察研究国别特征，欧洲国家所占比重依然很高，虽然有所下降，但是有关英国、德国和法国的财税问

题研究依然占据超过半数的比重;②关于中国和印度等发展中大国的研究比重在逐步上升。到2017年,两者合计的比重基本达到15%左右,关于中国和印度财税问题的研究几乎平分秋色。从目前的情况来看,关于中国财税问题的研究与中国经济在国际中的位置并不相称,可以预计未来关于中国财税问题研究的比重将进一步提高,这也为中国财税领域的研究人员讲好中国故事、与国际同行展开更为充分的讨论提供了十分广阔的空间。

8.3.3 数据和研究方法的演变

如前所述,实证方法和有关财政问题的研究之间存在着相互促进的关系:一方面,实证方法在财政学领域的广泛运用提高了财政学整体的研究水平;另一方面,关于财政学问题的研究本身也推动了是实证方法的发展。此外,在运用实证方法的过程中,数据是不可或缺的因素。在这部分的讨论,我们将基于克莱文(Kleven,2018)对财政学领域中的实证方法演进进行简要介绍。

8.3.3.1 财政学研究中所使用的数据情况

在20世纪80年代,财政学经验分析中所使用的数据主要以时间序列为主。相应地,所使用的分析方法也主要以时间序列分析的方法为主。在这一时期,时间序列的分析方法也取得了长足的发展。然而,采用时间序列的方法对数据进行分析,在某些方面存在不足。例如,由于时间序列的数据大多属于加总层面的数据,所以微观层面的异质性往往无法有效地从中得以体现;由于时间序列的样本容量往往相对有限,所以为了进行相关的经济分析,需要对模型设定提出较高的要求,这无疑在经济分析中引入了潜在的模型设定误差,从而会影响到分析的可靠性。此外,围绕时间序列展开的分析在因果识别方面存在一定的不足。

正是因为时间序列分析的上述潜在不足,随着数据可得性的不断提高,财政学领域的研究人员越来越多地使用微观数据展开因果关系的识别。和时间序列的数据相比,微观数据能够更加有效地反映经济个体的异质性,便于将不同的个体分为处理组(treatment group)和控制组(control group),运用随机实验的基本思想展开展对因果效应的识别。此外,微观数据的样本容量往往较大,这有助于基于更为充分的信息对因果关系进行更加准确的识别。在财税领域当中,除了一般的微观数据,还有大量且宝贵的行政数据(administrative data)资源。由于政府在收支行为过程中采集了关于经济主体税收的海量数据,基于这些数据,能够更加有效地进行因果关系识别,且使得分析更为准确。

由于行政数据具有样本容量大、统计相对准确等特征,所以被广泛地运用到了财政学的研究当中。从图 8.5 中能够看出,自从 20 世纪 90 年代以后,在财税领域的研究中,使用行政数据的研究所占比重明显升高,这一趋势在 2008 年之后得到了进一步加强。但是,我们也能够看到,在 2016 年前后,使用行政数据的研究所占比重似乎出现了微小的下降。导致这一下降的原因可以归结于最近几年大数据(big data)和人工智能中的机器学习(machine learning)越来越广泛的运用,见图 8.6。

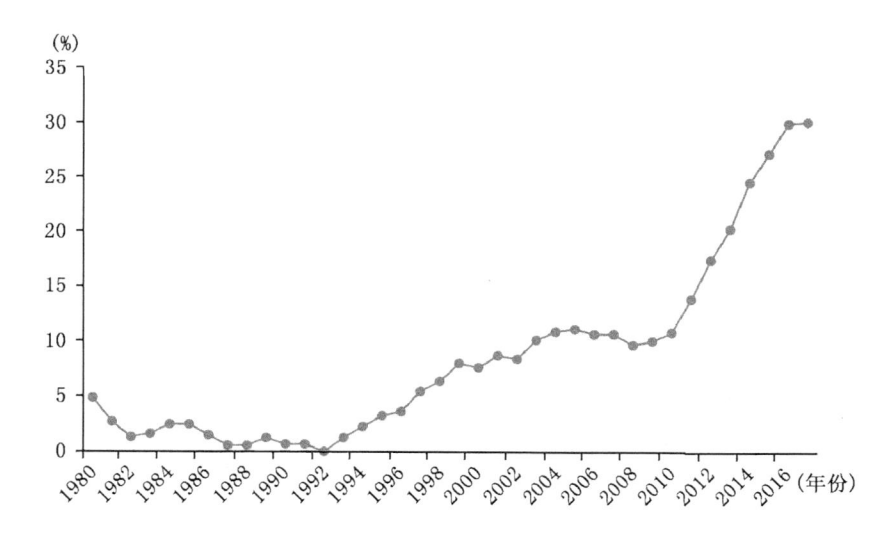

图 8.5　行政数据在财政学领域的应用

简言之,机器学习就是让计算机具备从大量数据中学习的能力之一系列方法,虽然机器学习使用了很多统计方法,统计学家也称之为"统计学习"(statistical learning),但机器学习本质上起源于计算机科学的"人工智能"(artificial intelligence)。机器学习的效果依赖于大数据,数据量越大,学习的效果越好。不仅如此,机器学习的能力还可以根据最新的数据不断进行动态更新。考虑到通过机器学习获得数据的方式是文本挖掘和图像识别,因此在财税领域目前有关这方面的运用主要是在海量的文本信息中提取主题展开相关分析。除了文本,机器学习也可以从图像中提取变量,利用卫星图像或者灯光数据已经在财

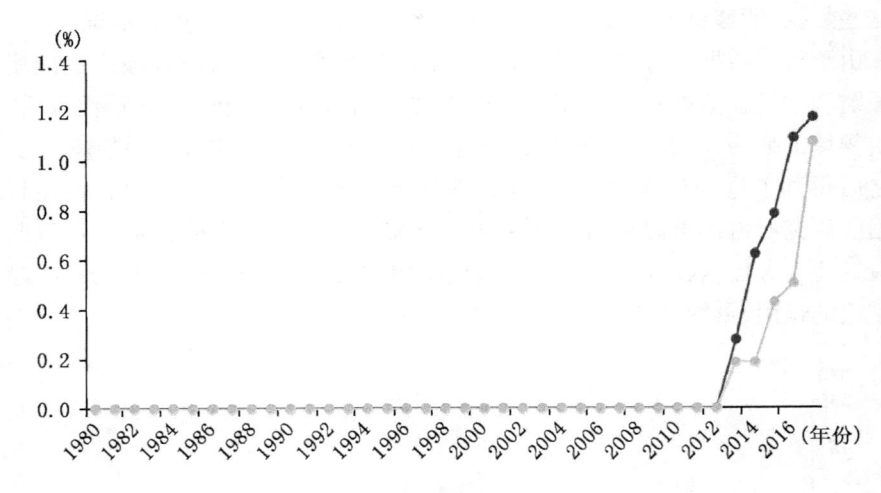

图 8.6　大数据和机器学习在财政学领域的应用

政学领域得到不少的应用。①

由于研究目的有所不同,机器学习与统计学、计量经济学在研究范式上有着本质的区别。尽管一般的看法认为机器学习使用了大量的统计方法,但事实上,机器学习几乎不进行统计推断,从这个意义上讲,机器学习反而比统计学或计量经济学更为简单。尽管机器学习和计量经济学的工作原理存在本质区别,但是近年来机器学习也越来越多地运用到了计量经济分析之中。例如,在新近的一篇研究中,安格里斯特和弗兰森(Angrist and Frandsen,2021)发现,机器学习能够被运用于计量经济分析中控制变量的自动选择,极大地提高估计结果的准确性。

8.3.3.2　财政学领域实证方法的演进

从 20 世纪 90 年代开始,因果识别成为计量经济学中的核心命题。在因果识别的视角下,已有的计量分析方法被赋予新的内涵。从识别因果关系的角度,随机实验是最重要的参考基准。通过随机的机制,将某一政策干预施加到不同的群体,受到政策干预的群体被称为处理组(treatment group),未受到政策干预的群体被称为控制组(control group)。由于随机的安排(assignment)机制能够有效排除系统性差异对两组人群的影响,所以简单的对处理组和控制组

---

① 中国财政学领域也有采用灯光数据开展的研究,例如范子英等(2016)。

的结果对比,就能够得出特定政策干预的因果效应。

然而,在社会科学领域,进行人为实验的代价是非常高的,这种代价不仅包括经济方面,甚至还包括道德伦理方面,这一问题在财政学领域表现得更加明显。因此,除了少数问题中采用了随机对照实验(randomized control trials)的方法,在财政学领域中,由于存在制度和体制机制的调整(例如税制调整),所以大多数研究采用自然实验或者准自然实验的方法对特定问题进行研究,其中的核心逻辑和随机实验类似:政府所实施的特定政策,可能在一定的背景下相对外生地影响到了某一个群体,未受到政策影响的群体类似于随机对照实验中的控制组,为处理组的群体提供了反事实(counterfactual),从而能够对政策的因果效应进行识别。根据不同类型实验的性质,自然实验或准自然实验的研究数量应远远大于随机对照实验和在实验室进行的实验,图 8.7 向我们呈现出了与此相吻合的事实。

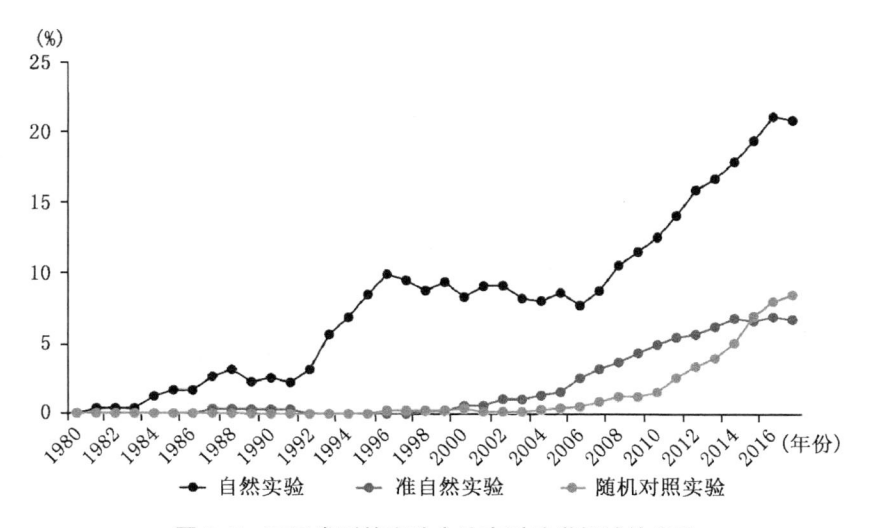

图 8.7 不同类型的实验方法在财政学领域的应用

从图 8.7 中能够看出,自然实验或者准自然实验的方法在财政学领域中并不是新鲜事物,早在 20 世纪 80 年末已初见端倪,在随后的时期中,这类方法在财政学领域的比重急速上升,占到了文献中 20% 以上的比重。同时,我们也能够看到,自然实验和准自然实验的方法占比要远高于随机对照实验(RCTs)和在实验室中所做的实验。当然,这两种实验类型,尤其是随机对照实验的占比也在近年来出现了逐步上升的态势。

如果将讨论的视角带回到自然实验或准自然实验这一类别当中,考察其中具体的因果关系识别方法,能够得到一些有趣的结论。常用的因果识别方法包括双重差分法(difference-in-difference)、断点回归方法(regression discontinuity design)、合成控制法(synthetic controls)、聚束法(bunching)等。针对不同的政策实验和应用场景,不同的方法能够用来对特定的因果关系进行准确识别。图8.8展示了财政学领域中上述不同的论文比重的演变路径,从中能够看到:①大部分具体识别方法是在20世纪90年代之后逐步蓬勃发展起来的,尤其是在2008年左右,这些方法在财政学领域中的运用变得广泛起来。从时间节点上看,恰好与计量经济学当中采用因果识别作为主要视角的进展相吻合。②从这幅图呈现出来的趋势来看,在诸多方法当中,双重差分法是被运用最为广泛的方法。从其在20世纪90年代兴起之后,从应用的范围来看,一直处于领先的位置,从图8.8中所展示的结果来看,使用双重差分方法的论文所占的比重与使用其他方法的论文相比,领先了10个百分点左右。③在除了双重差分法的其他方法中,近年来使用越来越多的是断点回归法。这一方法之所以能够变得越来越流行,大概有如下原因:一方面,在断点回归法的运用过程中,能够以相对直观的方式展示相对外生的事件。这一点上和双重差分法有相同之处;另一方面,断点回归法与其他的因果识别方法,如工具变量(Instrumental Variable)方法之间存在一定的关联性,从而为理解因果识别的方法提供了更为一般的框架。④其他一些方法,虽然目前运用的范围还相对有限,但是近年来的发展非常迅速。值得一提的方法是聚束法,近年来使用这一方法的财政学领域的研究越来越多,而且大多发表于经济学的国际顶尖期刊。与其他方法不同,聚束法并不是直接对因果关系进行识别,而是通过对在一项政策或制度变动之后经济主体的内生反应程度进行考察,对与经济主体决策行为相关的关键结构参数进行估计。虽然这一方法的历史相对较为悠久,但正是对一些关于税收问题的研究(Saez,2010;Chetty et al.,2011),使得这一方法日益成为财政学之外的其他领域中广泛使用的方法,这也是财政学领域的研究推动计量方法进展的一个颇具代表性的例子。

通过对国际范围内财政学领域中的研究主题、数据和实证方法的发展趋势进行简要梳理,能够得出以下基本结论:①财政学的研究主题基本上和一个国家的经济现状和发展阶段高度相关,与基于中国财政学领域数据的分析类似,

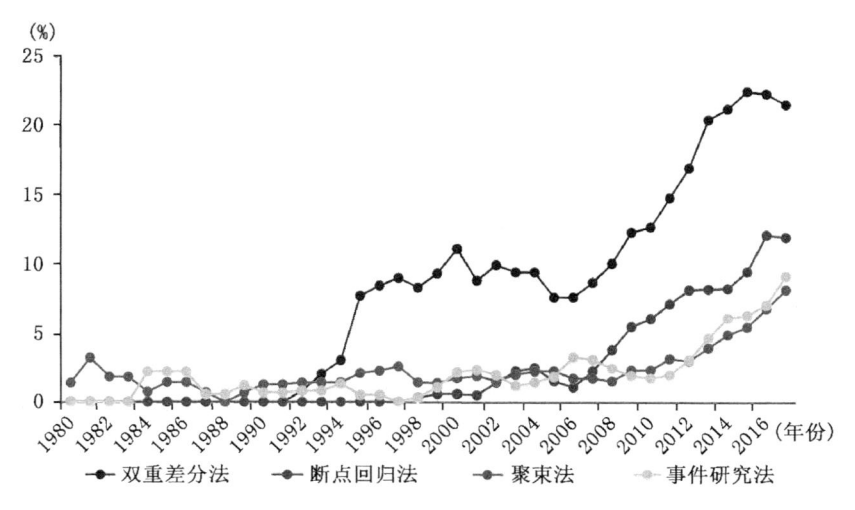

图 8.8　准自然实验方法在财政学领域的应用

体现出了财政学是一门经世致用的学问;②中国的财政问题已经越来越得到了国际学术界的关注,这也为身处中国实践中的财政学领域的研究人员进一步讲好中国故事,做"顶天立地"的研究提出了较高的要求;③随着时间的推移,计量方法在财政学领域研究中的作用越来越广泛,计量方法的运用也在一定程度上影响到了本领域研究主题的选择上;④对于财政问题的细致研究本身也在一定程度上推动了计量方法的发展。综合来看,财政学的研究和计量方法从上述意义上讲已经成为不可分割且在未来进一步加以融合并相互促进的两个学科分支。

8.4　《计量财政学》的两种编写思路及优劣分析

前文通过从静态和动态两个角度对国内外财政学的研究和教学状况进行系统梳理,得出的基本结论是:在财政学领域中,具体的研究问题和计量方法之间已经形成了"你中有我,我中有你"的相互融合关系,两者相互促进,共同发展。然而,从目前财政学已有教材的基本情况来看,尚未将上述两者的紧密关系加以系统体现,尚与研究的现状之间存在一定的距离。这一结论意味着在财政学教材建设方面,有必要编写这样一本教材或专著:它既能够围绕财政问题展开,又能体现具体财政问题和计量方法紧密结合,且能够为财政学专业的学生提供针对性计量方法介绍。从目前国内外财政学领域的研究进展和积累来看,编写这样一本教材或者专著,在素材积累等客观方面的条件也已经成熟。在本文的讨论中,拟将教材的名称暂定为《计量财政学》。

在论证了编写《计量财政学》必要性之后,接下来需要重点讨论的就是教材编写的基本思路。与其他财政学的教材有所不同,从内容构成来看,《计量财政学》的基本性质是将财政学的基本问题和计量经济方法进行有机结合。在编写此种类型教材的过程中,通常遇到的问题是"以谁为主"的问题。例如,在计量经济学(econometrics)的发展阶段中,也存在类似的问题。众所周知,从内容上讲,计量经济学是经济学和统计学相互交叉的产物。对于这个学科,中国经济学界历史上在对于"econometrics"的翻译上曾出现过两种观点:一种观点认为应该翻译为计量经济学,其背后的基本思想主要是以经济学为主,此处"以经济学为主"有两层含义:①相关分析需要有经济理论的指导;②所分析的问题主要是经济学问题。然而,另一种观点则认为,应该翻译为"经济计量学",其理由是在"econometrics"的构词法上,其词根是"metrics",这个词根代表了计量学的意思。从这个角度来看,这种译法也有一定的道理。但是,换个角度来看,在"metrics"加上"econo-"的前缀,事实上强调的重点恰恰是在经济学上,而不是计量学的方法上。当然,仅在名词上咬文嚼字并不是判定一个学科内容的有效办法,更为有效的办法是考察一门学科的发展方向及其背后的推动力。从计量经济学的发展来看,显然经济学理论在其中发挥着不可替代的作用,是不同计量方法发展起来的指导性原则,也是计量经济学不同于统计学的原因所在,这一点从工具变量(instrument variables)方法的发展能够很清晰地看出来。与此相类似,《计量财政学》也存在两种主要的编写思路:

8.4.1 思路一:以财政问题为主线,辅之以计量方法的介绍

在这一编写思路下,《计量财政学》的编写逻辑大致如下:①教材以财政学领域的基本问题——如公共产品、外部性、税收理论等——加以组织,与目前流行的财政学组织体例基本相同;②对于具体章节,首先从对特定的财政基本概念和理论进行介绍,在此基础上,通过将定性问题转化为定量问题,引入对计量方法的讨论,结合既有研究将针对特定财政问题的经验分析详加介绍,在介绍

的过程中,引入对计量方法的讨论。

沿着这一思路所编写的《计量财政学》的优点是十分明显的:与标准的财政学教材具有高度的一致性,很容易被归入到财政学的相关系列教材或专著之中。但应看到,在这一思路下编写的《计量财政学》存在以下缺陷:

第一,与目前部分较为流行的财政学教材相比缺乏辨识度。诚如前文所述,尽管财政学的教材编写没有完全跟上本领域研究的步伐,但是目前也已经存在一些教材,在对财政学基本概念和理论介绍的基础上,加入了对相关计量方法及相关文献的介绍,这些教材在近年来变得越来越流行。如果按照"财政为主＋计量方法为辅"的思路编写《计量财政学》,那么与以上提及的财政学教材相比,差异主要体现在计量方法部分的比重有所加大,并不存在显著区别,缺乏辨识度。

第二,与研究过程中财政问题与计量方法的对应关系不匹配。在财政学领域的实际研究过程中,对于同样一个问题,往往会通过不同的计量方法和研究设计进行反复研究,确保分析结论的稳健性。在计量方法和研究设计的选择上,主要受限于两个主要因素:制度特征和可获取的数据类型。如前所述,制度特征往往决定了自然实验或者准自然实验的性质,这些实验在性质上的差异,直接决定了在对因果关系进行推断的过程中,所使用的研究设计也会有所不同,所运用的计量方法也自然存在差别。同时,可获取的数据类型也直接影响到了计量方法的使用。例如,如果能够获得面板数据(panel data),那么就可以使用面板数据中的固定效应(fixed-effect)模型将不可观测的因素的影响剔除掉,排除其对因果关系的影响。但如果无法获取面板数据,那么为了有效识别因果关系,只能寻求其他的计量方法。换言之,在财政学领域的实际研究过程中,同样一个财政问题往往对应于多种计量方法。如果按照"财政为主,计量方法为辅"的思路进行教材的编写,自然会遇到的问题是:在一个特定的财政主题之下,该如何选择介绍哪种计量方法?对于这个问题的解决,要么从既有研究中找出一种特定的计量方法进行介绍,要么就在一个财政主题下,将相关的计量方法均进行介绍。对于前者,需要解释的问题是选择特定计量方法的依据是什么?对于后者,会使教材出现"一个主题,多种方法"的组织结构,使教材的组织显得较为松散,不利于教学活动的展开,也不利于学生的学习。

第三,这一思路导致全书主题含混不清。由于在这种编写模式下,对于计量方法进行介绍的比重会显著高于目前的财政学教材,且在对计量方法进行介绍的过程中,会对方法的原理以及与财政问题有机结合的部分进行详尽的介绍,因此,随着计量方法部分的篇幅逐步增加,会导致教材的主题变得不再清晰,即与标准的财政学教材相比,计量方法的部分明显过高,那么可能会给读者带来这样的困惑:该教材的主题和重点是财政学还是计量方法?与既有的财政学教材有什么区别?但是,如果站在计量经济学的角度来看,教材中财政学的相关内容显然有些冗余了。

8.4.2 思路二:计量方法为主,用财政学的案例加以具体说明

第二种编写《计量财政学》的思路是以计量方法的介绍作为逻辑主线组织内容,即全书的章节安排按照对代表性计量方法的介绍依次展开。在每一章中,在对特定计量方法的基本原理和实际操作进行系统介绍的基础上,从财政学领域中挑选出与特定计量方法匹配度最高且有影响力的研究作为具体的案例,在进一步解释计量方法的同时,传达出既有研究当中对相关财政问题的基本观点、看法和针对主要机制的分析。

当然,这一编写思路也存在一定的局限性,主要体现在:如果按照对代表性计量的方法组织全书,那么有可能会和市面上计量经济学教材之间缺乏辨识度;以该思路编写的《计量财政学》教材能否被算作为财政学的教材?列入财政学的教材系列之中是否合适?

对于上述两方面的局限性,我们并不回避其客观存在性,但同时,我们认为只要在教材的编写过程中采用一定的方法,对内容的编写次序进行优化,那么上述局限性就能够得到克服。具体而言,在和计量经济学教材之间的辨识度方面,该思路下所编写的《计量财政学》由于在具体案例上采用的是与特定方法匹配度极高的财政学领域的有影响力的研究,所以在对于方法的运用动机、背景以及实际操作方面均与主流的计量经济学教材存在显著差异,即可以完全采用财政学的"话语"对特定的计量经济学方法进行说明。对于第二个方面的局限性,我们的看法如下:对于偏重于介绍方法在特定领域如何运用的教材类型,决定其"灵魂"的是所选定的领域属性和学科特性而非方法本身,这一点已被计量经济学和金融计量学的发展历程所证实。

在弥补上述两点不足之后,与第一种编写思路相比,以计量方法为主,用财政学案例加以说明的编写思路有着显著优点。

第一,逻辑线索清晰,主题明确。按照代表性计量方法依次展开,从方法演

进的角度来讲,能够更为清晰地理解在因果关系识别过程中发展脉络,便于强化对于因果关系识别重要性的理解。此外,围绕计量方法展开讨论,能够使讨论主题变得更为明确,避免读者在阅读财政学和计量方法内容中可能出现的左右摇摆、含混不清等潜在问题。

第二,更加有效地传递财政学理论基本理论与看法。在以介绍计量方法为主要背景的教材中,如果能够较为恰当地选择财政学领域的相关研究作为案例,那么能够更为清晰地传达出财政学的基本理论与看法,尤其在结合了计量经济学的尽量分析之后,能够更加具体地揭示财政学领域中的基本观点和主要机制。

第三,能够在叙述过程中提高财政学问题和计量方法问题的匹配度。如前所述,在多种方法研究类似财政问题的现实中,围绕财政问题展开讨论,在计量方法的选择上会存在匹配度较低的问题。但是,如果围绕计量方法展开讨论,那么在财政学领域相关案例的选择上,能够选择与特定方法匹配度最高的案例。不仅如此,通过对财政学研究实例的精心选择和合理编排,在保证财政学问题和计量方法匹配度的情况下,也能够兼顾财政学教材中的一般叙事次序,提高财政学专业学生对这种类型教材的接纳程度。

第四,能够更加有效地体现财政学和计量方法之间的有机融合。前文通过对财政学研究发展动线的梳理,归纳出了财政学问题和计量方法之间有机融合的趋势,而目前财政学的教材当中没有充分展示这一状态。通过以计量方法为主的编写方式,在运用、解释和说明相关方法时,如果能够将其有机地融合在财政学的语境下,则能够更加容易地体现二者的融合。同时,通过以财政学领域中的实际研究案例对计量方法详加阐述,能够使读者更为真切地感受到计量方法在财政学研究发展中的重要作用。值得一提的是,这一做法具有可行性,在经济学对计量方法赋能的过程中已经证明了这一点。

通过对《计量财政学》两种编写思路的比较能够发现,每种编写方法各有优劣。对于以财政学主题为主线,辅之以对计量方法的介绍的编写思路(即思路一),其优点是与标准的财政学教材较为类似,能够相对容易地编入财政学教材系列,其主要缺点是主题的清晰度不够,且难以与目前市面上主流的财政学教材产生辨识度。对于按照代表性计量方法作为主线展开,通过精心选择财政学领域中匹配度较高且具有影响力的研究实例加以配合的编写思路(即思路二),其主要优点是主题明确、思路清晰,且能够十分有效地反映财政学领域的研究现状，填补目前主流财政学在这方面的不足，其主要缺点是可能会与市面上流行的计量经济学教材有所重叠，且存在财政学色彩相对不足的可能。但是，通过精心选择财政学的研究实例，并对其编写顺序进行编排，这些潜在的不足能够在很大程度上得以克服。综合对比，我们将沿着第二种思路——即以计量方法的介绍为主线，辅之以精心选择的财政学研究实例——编写《计量财政学》。

8.5 《计量财政学》的基本内容和体例说明

本部分主要包括两方面内容：一方面，列示《计量财政学》教材拟采用的目录结构，以反映该教材的基本内容；另一方面，为了便于更好地理解具体教材的结构，我们将通过三个例子对一些代表性的计量方法加以简要介绍，在对每一种方法的介绍过程中，将各自精选一项代表性的研究，在对方法进行说明的同时，对相关的财政问题加以阐述。需要说明的是，本部分的阐述和举例仅用来说明该教材编写的基本体例，在内容的叙述上相对简要，并未完全展开。

8.5.1 教材拟采用的目录

按照前文所述的编写思路，《计量财政学》将以围绕因果推断的实证方法为主线，以其在应用过程中所针对的具体的财税问题为核心，有序展开全书内容，初步拟采用的目录如下：

第一章　绪论
　第一节　财政学研究模式的演进
　第二节　财政学教材的现状梳理
　第三节　因果识别方法在财政学领域应用的必要性和可行性
第二章　因果关系识别与潜在结果模型
　第一节　因果识别方法的新进展
　第二节　分析框架：潜在因果模型
　第三节　因果识别方法在财政学领域的应用
第三章　线性回归模型
　第一节　线性回归模型的基本原理
　第二节　作为因果关系识别工具的线性回归模型

第三节 研究实例：对饮酒行为外部性的评估
第四章 匹配法（matching method）
　第一节 匹配法的基本原理
　第二节 直接匹配和近似匹配
　第三节 研究实例：政府补贴对企业研发行为效应评估
第五章 双重差分法（difference-in-difference）
　第一节 双重差分法的基本原理
　第二节 双重差分法的一般形式
　第三节 研究实例：信息披露如何影响消费者对税收调整的反应
第六章 断点回归设计（regression discontinuity design）
　第一节 断点回归设计的基本原理
　第二节 常见的端点类型
　第三节 研究实例：增值税的转嫁
第七章 合成控制法（synthetic control method）
　第一节 合成控制法的基本原理
　第二节 研究实例：税收对资产价格的影响评估
第八章 聚束法（bunching）
　第一节 产生聚束的基本原因
　第二节 聚束法下的估计：构造反事实的概率密度函数
　第三节 研究实例：税收如何影响劳动供给
第九章 工具变量法（instrumental variable approach）
　第一节 工具变量法的基本原理
　第二节 研究实例：不平等程度如何影响政府规模

上述初拟的《计量财政学》的目录具有以下两个特征：一方面，教材的基本内容以因果效应的方法作为主线展开，但是在对相关方法先后排序的过程中，融入了其在财政学领域重要程度的考量；另一方面，在各章研究实例的选取上，按照"外部性→公共产品→税收对居民行为影响→税收转嫁→税收对资产价格的影响→税收对劳动供给的影响→政府规模的影响因素"的逻辑线索展开，最大程度上与主流财政学教材的内容编排顺序相一致。

8.5.2 三个例子

8.5.2.1 双重差分法(difference-in-difference,简称 DID)

在社会科学研究中,双重差分法是用来估计政策干预和时间处置效应的一个常用方法,在前文对财政学领域常用实证方法的梳理中也能够看出,双重差分法是财政学领域相关研究中使用频率最高的方法。本部分的第一个例子拟对双重差分法的原理进行简要介绍,并结合财政学领域的一项具有影响力的研究对这一方法加以说明。

(1)双重差分法的基本原理

双重差分法适用于事前所有个体都没有收到政策干预,而事后只有一组个体受到政策干预,受到政策干预的组别称为处理组(treatment group),没有受到政策干预的组别称为控制组(control group)。政策实施的时间点和是否受到政策干预这两个变量将样本分成了四个群体,即政策实施前的处理组、政策实施前的控制组、政策实施后的处理组、政策实施后的控制组。

在政策评估中,在大多数情况下,关心的因果效应的参数往往对于处理组的平均处理效应(average treatment effect on the treated,ATT),用数学符号表示为:

$$\tau_{ATT} = E[Y_{1it} - Y_{0it} | D_i = 1] = E[Y_{1t} | D_i = 1] - E[Y_{0it} | D_i = 1]$$

其中 Y_{1it}、Y_{0it} 分别表示个体 i 在 t 期的两个潜在结果。因为政策干预仅在一个时间点发生变化,变量 D_i 没有引入时间下标,对于事后受到政策干预的个体,$D_i = 1$,对于事后没有受到干预的个体 $D_i = 0$。上式右边的第一项是可以观测的,为处理组事后的平均结果,第二项 $E[Y_{0it} | D_i = 1]$ 是反事实结果,因而,政策评估的关键是如何将该反事实结果科学地估计出来。双重差分法通过两期数据的对比,可以消除未观测因素的影响。双重差分法的基本假设如下:

假设 1(共同趋势假设) 处理组个体如果没有接受政策干预,其结果变动的趋势将与控制组的变动趋势相同,即

$$E[Y_{0it} - Y_{0it-1} | X_{it}, D_i = 1] = E[Y_{0it} - Y_{0it-1} | X_{it}, D_i = 0]$$

或

$$E[\Delta Y_{0it} | X_{it}, D_i = 1] = E[\Delta Y_{0it} | X_{it}, D_i = 0]$$

共同趋势假设(common trend assumption)是双重差分法的关键假设,它要求如果没有受到政策影响的话,处理组个体的变化模式与控制组个体的变化

模式是一样的。换言之，未观察到因素对两组个体的影响是相同的。当然，这一要求总体上并不一定满足，一个更弱的共同趋势假设是要求在控制了可观测变量 X_{it} 后满足共同趋势假设。不过，这里的可观测变量必须在政策实施之前进行取值或不受政策干预影响的变量，否则会造成样本选择误差。由于控制可观测变量类似于对个体进行了分组，在此基础上在不同的组别内对处理组和控制组进行比较，所以为了保证根据可观测变量 X_{it} 划分成不同的组别后，组内不能仅有处理组个体，而没有控制组个体，故需要施加共同区间假设（common support assumption）。

假设 2（共同区间假设）

$$\Pr[D_i=1]>0 \quad 且 \quad \Pr[D_iT_i=1|X_{it}]<1$$

其中 $\Pr[D_i=1]>0$ 要求总体中存在两组个体，$\Pr[D_iT_i=1|X_{it}]<1$ 要求处理组个体必须有控制组个体，从而可以进行匹配。

为了保证双重差分有效，还有两个暗含的假设需要强调：一是要求可观测变量 X_{it} 不受政策干预的影响；二是政策干预不能有交互影响或溢出效应。

假设 3（外生假设性）

$$X_{1it}=X_{0it}=X_{it}$$

这里 X_{1it} 和 X_{0it} 类似于潜在结果的符号，表示可观测变量外生于政策干预，不会受到政策干预的影响。如果控制变量受到政策干预的影响，那么对其进行控制将可能产生样本选择偏差，因而，控制变量 X_{it} 应该是发生在政策干预实施之前或者不随政策的变化而变化。

假设 4（SUVTA） 政策干预只影响处理组，不会对控制组产生交互影响，或政策干预不会有溢出效应。

如果政策对处理组产生影响，并且处理组的影响会对控制组个体产生外溢效应，从而使政策干预也会对控制组产生一定程度的影响，那么双重差分识别策略将无法识别出真正的政策效应，因为控制组的趋势变化中也包含了政策的部分影响，从而不能用控制组的变化趋势作为构成处理组反事实趋势的基础。

①通过回归方式得到双重差分的估计量。

如果使用面板数据或重复截面数据，没有其他控制变量，可以利用如下的回归方程得到双重差分的估计量：

$$Y_{it}=\alpha+\beta D_i+\delta T+\tau(D_i\times T)+\varepsilon_{it}$$

其中，$E[\varepsilon_{it}|D_i,T]=0$，从而我们能够得到：

$$E[Y_{it}|D_i,T] = \alpha + \beta D_i + \delta T + \tau(D_i \times T)$$

则有：
$$E[Y_{it}|D_i=0,T=0] = \alpha, E[Y_{it}|D_i=0,T=1]$$
$$= \alpha + \delta, E[Y_{it}|D_i=1,T=0]$$
$$= \alpha + \beta, E[Y_{it}|D_i=1,T=1]$$
$$= \alpha + \beta + \delta + \tau$$

由此能够得到：
$$\tau = \{E[Y_{it}|D_i=1,T=1] - E[Y_{it}|D_i=1,T=0]\}$$
$$- \{E[Y_{it}|D_i=0,T=1] - E[Y_{it}|D_i=0,T=0]\}$$

换言之，上述回归方程中 $D_i \times T$ 交叉项前的系数 δ 即为双重差分的估计量。

如果共同趋势假设必须在引入一些控制变量 X_{it} 后才成立，并且这些控制变量不会受到政策干预的影响，那么相应的回归形式下的双重差分模型可以写为：

$$Y_{it} = \alpha + \beta D_i + \delta T + \tau(D_i \times T) + X'_{it}\gamma + \varepsilon_{it}$$

②更为稳健的估计量：三重差分法（difference-in-difference-in-difference, DDD）。

如前所述，双重差分法的本质通过特定的方式构造反事实，并在此基础上对因果关系进行识别。此处，我们可以将在政策实施前后控制组的趋势变化作为处理组的反事实。然而，这并不是对于双重差分法本质的唯一理解，另外一种理解就是政策之外的其他因素在政策实施前后对于控制组和处理组的影响相同。前一种解释是我们从横向差异的角度理解双重差分法的本质，而后一种解释则是从纵向差异的角度对其进行理解。为清晰起见，我们通过数学表达式对上述两种方式加以阐述。为了简化分析，我们依然采用之前的符号。

(a) 横向差异理解。在这种理解方式下，我们能够得到：

$$\tau = \underbrace{\{E[Y_{it}|D_i=1,T=1] - E[Y_{it}|D_i=1,T=0]\}}_{\text{处理组在政策前后的变化}}$$
$$- \underbrace{\{E[Y_{it}|D_i=0,T=1] - E[Y_{it}|D_i=0,T=0]\}}_{\text{控制组在政策前后的变化}}$$

上述表达式中，第一项表示的是处理组在政策前后的变化，在这个变化中包含两个因素：一是政策本身对于处理组的影响（记为 Δ^T_{policy}），是我们进行政策评估的核心对象；二是除了政策之外的其他因素对于处理组的影响（记为

Δ_{others}^{T})。第二项表示的是控制组在政策前后的变化,由于根据定义,控制组本身并没有受到政策影响,因此其中只有其他因素对其产生的影响,即为Δ_{others}^{C}。因此,上述较为复杂的公式可以表示为如下形式:

$$\tau = \Delta_{policy}^{T} + \Delta_{others}^{T} - \Delta_{others}^{C}$$

显然,$\tau = \Delta_{policy}^{T}$的充分必要条件为:

$$\Delta_{others}^{T} = \Delta_{others}^{C}$$

即平行趋势假设。

(b)纵向差异理解。我们可以基于τ同样的表达式,得到如下等式:

$$\tau = \underbrace{\{E[Y_{it}|D_i=1,T=1] - E[Y_{it}|D_i=0,T=1]\}}_{\text{处理组和控制组在政策实施后的差异}}$$
$$- \underbrace{\{E[Y_{it}|D_i=1,T=0] - E[Y_{\{it\}}|D_i=0,T=0]\}}_{\text{处理组和控制组在政策实施前的差异}}$$

在上述变形之后的表达式中,第一项表示的是在政策实施后($T=1$)处理组和控制组之间的差别,其中有两个因素决定:第一个因素是政策造成的两者的差异(记为Θ_{policy}^{after}),这是我们的核心关注对象,第二个因素是其他因素在政策实施后对控制组和处理组造成的差异(记为$\Theta_{others}^{Treat,after} - \Theta_{others}^{Control,after}$)。第二项表示的是在政策实施之前($T=0$)处理组和控制组之间的差别,由于此时政策尚未实施,所以处理组和控制组之间的差异完全由其他因素决定(记为$\Theta_{others}^{Treat,before} - \Theta_{others}^{Control,before}$)。基于这一讨论,上述双重差分法的表达式可以表示为:

$$\tau = \Theta_{policy}^{after} + (\Theta_{others}^{Treat,after} - \Theta_{others}^{Control,after}) - (\Theta_{others}^{Treat,before} - \Theta_{others}^{Control,before})$$

保证τ为政策效应的充分必要条件为:

$$(\Theta_{others}^{Treat,after} - \Theta_{others}^{Control,after}) = (\Theta_{others}^{Treat,before} - \Theta_{others}^{Control,before})$$

这个条件意味着,为了保证双重差分法准确识别因果效应,要求其他因素对于控制组和处理组的影响在政策实施前后是相等的,这一条件也可以被称为差异不变假设(bias stability assumption)。显然,这一假设和平均趋势假设本质上是等价的,但是换个角度看待这个问题有可能为我们提供新的视角。

如同平行趋势往往可能不满足一样,差异不变假设在类似的情况下也会被违背,从而导致双重差分法无法有效估计因果关系。例如,如果存在其他的混杂因素(confounding factor)只发生在处理组,那么在这种情形下,差异不变的假设极有可能不成立,因为即使政策没有实施,其他混淆因素也会导致处理组和控制组之间存在差异,在这种情形下,三重差分法可以帮助我们解决这类问题。

为了说明这一情形,我们可以税法对企业业绩的影响为例。如果在 2014 年后,A 省不仅通过了新的税法,而且还有很多其他的利好因素发生。因此,即使没有新税法,A 省的企业业绩在 2014 年之后也会比 B 省的企业业绩增长得快(假设 B 省没有实施的新税法)。在这种情况下,平行趋势假设不成立,沿用上面的符号,即:

$$Others^T \neq Others^C$$

此时,简单使用双重差分就无法有效识别新税法对于不同地区的影响。在这种情况下,如果我们发现,无论是在 A 省还是在 B 省,都存在两类企业:普通企业(受到新税法的影响)和免税企业(不受新税法影响),那么就存在排除上述干扰的可能。基本方法如下:

第一步:由于 A 省内的其他利好消息对于该省内所有的企业具有共同的影响,所以 A 省内在新税法出台之后的普通企业业绩可以表示为 $\text{Profit}_A^{Treat,after} = Policy + others_A^{Treat,after}$,而免税企业的业绩为 $\text{Profit}_A^{Control,after} = others_A^{Control,after}$。同理,在新税法出台之前,普通企业的业绩为 $\text{Profit}_A^{Treat,before} = others_A^{Treat,before}$,而免税企业的业绩为 $\text{Profit}_A^{Control,before} = others_A^{Control,before}$,在进行双重差分之后,能够得到:

$$\text{DID}_A = Policy + (others_A^{Treat,after} - others_A^{Control,after})$$
$$- (others_A^{Treat,before} - others_A^{Control,before})$$

在上述表达式中,两个小括号中的差分项所发挥的作用就是将仅仅影响省份 A 中企业的共同因素消掉了。但是,我们仍然无法保证两个小括号中的两项是相等的,因此,仍然无法准确估计出政策(新税法实施)的效应。

第二步,按照同样的思路和类似的符号表示 B 省内普通企业和免税企业的业绩和进行双重差分的结果为:

$$\text{DID}_B = (others_B^{Treat,after} - others_B^{Control,after})$$
$$- (others_B^{Treat,before} - others_B^{Control,before})$$

类似地,此处我们剔除仅影响 B 省不同类型企业的共同因素。

第三步,将上述两个双重差分估计量再进行差分,能够得到:

$$\text{DDD} = \text{DID}_A - \text{DID}_B = Policy + (\Omega_A - \Omega_B)$$

其中,

$$\Omega_A = (others_A^{Treat,after} - others_A^{Control,after}) - (others_A^{Treat,before} - others_A^{Control,before})$$
$$\Omega_B = (others_B^{Treat,after} - others_B^{Control,after}) - (others_B^{Treat,before} - others_B^{Control,before})$$

为了保证三重差分的估计量能够准确识别政策效应,需要满足的条件为

$\Omega_A = \Omega_B$,显然,这一条件显然弱于双重差分法本身,因此,三重差分法也相对更为稳健。三重差分方法的基本回归模型如下:

$$Y_{it} = \beta_0 + \beta_1 Treat_i + \beta_2 After_t + \beta_3 High_3 + \beta_4 Treat_i \times After_t$$
$$+ \beta_5 Treat_i \times High_i + \beta_6 High_i \times After_t$$
$$+ \beta_7 Treat_i \times High_i \times After_t + \varepsilon_{it}$$

其中,如果个体在处理组,那么 $Treat_i = 1$;否则 $Treat_i = 0$。如果时间是在政策实施后,那么 $After_t = 1$;否则, $After_t = 0$。如果个体受到了事件的影响(如普通企业受到新税法的影响),那么 $High_i = 1$;否则, $High_i = 0$(如免税企业不受新税法的影响)。关于系数的理解与双重差分法下相同,此处值得强调的是, $High$ 所代表的事件不受政策的影响。此例意味着一个企业是否为免税企业,并没有受到新税法的影响。同样,在包含了其他控制变量的情况下,回归模型为:

$$Y_{it} = \beta_0 + \beta_1 Treat_i + \beta_2 After_t + \beta_3 High_3 + \beta_4 Treat_i \times After_t$$
$$+ \beta_5 Treat_i \times High_i + \beta_6 High_i \times After_t$$
$$+ \beta_7 Treat_i \times High_i \times After_t + X'_{it}\gamma + \varepsilon_{it}$$

除了检验双重差分法结果的稳健性,三重差分法的另一个用法是估计特定事件对不同个体处置效应的差异性。例如,税法改革对省属企业作用相对于对央企的作用可能更大。在这种情况下,我们如果将 $High$ 标记为省属企业的虚拟变量,那么三重差分法中的系数 β_7 反映了税法对省属企业和央企业绩的影响差异。

(2)研究实例:人们的行为何时对税收做出反应?

在财政学(公共经济学)中的一个经典问题是税收的变化如何影响人们的行为。考虑到人们通过优化行为实现使自身效用最大化,因此鉴于税收会改变商品的相对价格,从理论上讲,人们会对税收做出反应。然而,大量的经验证据表明个人对于某些方面的激励并没有如理论预测的那样做出反应,这一点在税收领域表现得十分明显,因为对于普通消费者而言,税收体系是相对较为复杂的,而且在实践过程中,人们对于税制的理解相对有限,这无疑会影响到人们对税收变动的反应。然而,很长一段时间以来,在税收领域中,并没有明显的经验证据表明人们是否会对税收变化进行反应。为此,柴提(Chetty et al.,2009)通过田野实验(field experiment),运用双重差分法和三重差分法对这一问题进行了检验。

①研究设计。

Chetty et al. (2009)进行了如下研究设计：他们对全国连锁的商店中的一家商店进行了一项实验：即在价格标签中明确标记出税收的相关信息。在现实中，这一商店大约有30%的商品会被征收7.375%的地方销售税。对于这部分商品而言，其价格标签（price tag）上展示的是税前价格，税收的征收发生在消费者到收银台结账的环节。在这项研究中，作者们对三类商品进行了实验：化妆品、护发品和体香剂（deodorants），具体的实验室将这三类消费品的价格标签从不包含税收信息的类型改为包含明确的税收信息。显然，和在结账环节（购买过程基本结束）相比，在对应商品的价格标签上包含明确的税收信息，能够使得消费者更为直接地感受到税收的存在，且在其购买过程中发挥作用。虽然在实验前后税收税率并没有发生变化，但是人们对于税收的感知程度却发生了显著的差异。

在这项研究设计下，处理组是这家商店当中价格标签被修改的商品，但是控制组却并不唯一，共存在两种备选的控制组：第一个控制组是同样一家商店中的其他商品，这些商品的价格标签仍然仅包含价格信息，而不包括税收的信息；第二个控制组是其他相邻的商店中对处理组相对应的三种产品，即其他商店中的化妆品、护发品和体香剂，根据研究设计，这些商品的价格标签同样没有标明明确的税收信息。毫无疑问，在处理组和两类控制组之间分别进行比较，就能够通过双重差分法识别人们对税收信息是否感知对其消费行为的影响。

②双重差分的估计。

由于存在两个控制组，所以通过双重差分法对处理组及不同的对照组进行分析。第一类的双重差分估计是对同一家商店内，更改了价格标签的三类商品与未更改价格标签的商品进行比较，为方便起见，将这个双重差分估计量标记为DD_{TS}。按照双重差分的基本模型设定，我们有

$$Y_{it}=\alpha+\beta D_i+\delta T+\tau(D_i\times T)+X'_{it}\gamma+\varepsilon_{it}$$

在第一组对比中，$D_i=1$表示实验商店中三类特定的商品，$D_i=0$表示该商店中其他商品。$T_t=1$表示的时间段为2006:8—2006:10，这段时间对应着实验进行的时期。此时的$\tau=DD_{TS}$，经过估计，$DD_{TS}=-2.14$，对应的标准差为0.68，这一结果表明统计上是显著的。这一结果的经济学含义是，在控制了相关因素之后，在同一家商店中，价格标签中包含税收信息的三类商品的销售量和对照商品（价格标签不含税收信息的商品相比）下降了2.14个单位。显

然，DD_{TS} 能够准确识别实验因果效应的前提条件是在干预之前，被实验的三种商品的销量和其他商品相比是一致的。显然，由于商品特性之间的区别，这一假设有待验证。

为了验证这一假设，一个相对自然的办法就是去考察在邻近没有做实验的商店中，这三种商品和其他商品是否在销量上存在显著的变化。基本的做法就是在其他未进行实验的商店中的商店进行双重差分分析，由于在其他商店中没有进行相关实验，所以如果平行趋势假设满足的话，那么在其他商店进行双重差分分析得到的结果应该无异于0，反之则表明平行趋势条件不满足。为便于对比，我们将这个双重差分估计量标记为 DD_{CS}。估计结果显示，$DD_{CS}=0.06$，对应的标准差为0.95。显然，这一结果提供了平行趋势存在的经验证据。

③三重差分估计。

很明显，上述两步双重差分估计其实就是运用了三重差分方法的基本思想：虽然被选取进行实验的商店和邻近的商店之间可能有所区别，但是如果仅以商店作为考察主体进行双重差分进行分析的话，可能存在的问题是两个商店之间存在系统性的差异，从而导致平行趋势不满足。而在这个研究设计中，天然地具备了实施三重差分估计的可能性：首先有被实验商店和未被实验的商店，其次在被实验的商店中，又包含了被实验的商品和未被进行实验的商品，从而通过站在具体商品的视角上，恰好可以进行三重差分估计：第一步，通过在被实验商店里面的实验商品和未实验商品进行第一次双重差分，得到的估计量 DD_{TS} 包含两个因素，一是实验本身带来的效果，二是被实验商店的特征变动带来的效果；第二步，通过未实验商店里面的"实验"商品和未实验商品进行第二次双重差分估计，得到估计量 DD_{CS}，其中包含仅仅是除实验外的其他因素的变化对两种产品的影响。通过将两次双重差分结果进行相减，可以将未实验商店的其他因素的变动作为实验商店其他因素变动的反事实估计，从而得到更为准确的政策效应。通过简单计算能够得到 $DDD=DD_{TS}-DD_{CS}=-2.20$，当然这种简单计算的缺点在于无法有效计算对应的标准差，从而无法进行统计推断。

为此，可以通过回归的方式对其进行估计，估计方程被设定为：

$$Y = \alpha + \beta_1 TT + \beta_2 TS + \beta_3 TC + \gamma_1 TT \times TC + \gamma_2 TT \times TS + \gamma_3 TS \times TC + \delta TT \times TC \times TS + \xi X + \varepsilon$$

与前文所述的基本设定相似，其中 $TS=1$ 表示被实验商店，$TT=1$ 表示实验实施后，$TC=1$ 表示被实验的商品，δ 为三重差分的估计量。估计结果显示，通过回归得到的三重差分估计量 $\hat{\delta}=-2.20$，与通过简单计算的方法得到的结果一致。同时，通过回归得到的其对应的标准差为 0.59，表明该结果在统计上显著异于零。

通过此处的讨论，我们能够得到三重差分法的另一个应用，即对双重差分法的平行趋势进行检验。如果得到三重差分估计量显著异于双重差分法，那么很有可能是平行趋势假设未得到满足；反之，如果两者比较接近，则为平行趋势的存在提供了证据支撑。从这个意义上讲，我们也可以将三重差分法视作为双重差分法估计结果的稳健性检验。

④研究结论和意义。

从经验上验证认知因素是否会影响人们对税收变动进行反应是一项富有挑战性的研究任务。这项代表性的研究通过田野实验和双重差分法为这一问题提供了相对清晰的经验证据，其结果表明，人们对于税收的认知会显著改变其对税收的反应模式。如果对于相对简单的商品课税，人们都存在系统性的决策误差，那么对于更为复杂的税种，如收入税等，人们对于这些税种的反应程度大概率会与标准的优化模型所做出的预测结果存在差异，在考察税收政策对人们行为的潜在影响过程中，认知因素是在政策决策过程中不可忽略的重要因素，而这一因素往往被标准理论所忽略，通过将这一因素融入理论框架之中是近几年来财政学领域内十分活跃的学科分支。

8.5.2.2　断点回归设计

断点回归设计最早由 Thistlethwait and Compbell(1960)在研究奖学金对学生未来成绩影响时提出的。因为奖学金的评比根据以往的学习成绩，当成绩满足某一特定门槛时，学生将获得奖学金的资助，低于门槛的学生将得不到奖学金，成绩在门槛值附近两边的同学具有很强的可比性，因而可以利用奖学金评比中的成绩门槛形成的断点作为一种准自然实验来识别奖学金对学生未来成绩的因果影响。但是，这种方法提出以后并没有引起学术界的关注，作者也认为断点回归设计适用场景有限，直到经济学家重新将断点回归设计策略挖掘出来，特别是哈恩等(Hahn et al.,2001)对断点回归设计策略的识别条件、估计方法、统计推断进行了理论证明，从而使 RDD 策略重新焕发生机，随后有关断点回归设计的理论和应用文献大量涌现，在经济学、政治学及社会学等领域广泛应用，在财政学（公共经济学）领域也是如此，成为目前经验分析中最为热门的一种实证研究策略。

(1)断点回归设计的基本原理。

断点回归设计的基本思想是一个原因变量或干预(记为 D)完全依赖于一个参考变量(记为 X),参考变量本身可以对结果有影响,也可以没有影响。如果有影响,假定结果变量(Y)与参考变量(X)之间的关系是连续的,其他可能影响结果的因素(记为 Z)在断点处也是连续的,那么结果变量 Y 在断点处的跳跃就可以解释为原因变量 D 的影响。断点回归设计根据干预的分配规则可以分为两类:精确断点回归和模糊断点回归。

精确断点回归是指干预分配完全由参考变量是否超过临界值决定,用公式表示,$D=1(X \geqslant x)$。其中,$1(\cdot)$为指示函数,条件成立取 1,条件不成立取 0,x_0 是临界值。因而,如果参考变量超过(或等于)临界值,则个体接受干预 $D=1$。如果参考变量不超过临界值,则个体没有被干预,$D=0$。如果干预的分配不是完全由参考变量决定的,干预分配还受到其他研究者看不到的因素影响,那么我们将看到,有些学生成绩超过了门槛,但没有得到奖学金,而有些学生的成绩低于门槛,但得到了奖学金。但是总体上看,学生成绩超过门槛得到奖学金的可能性高于低于门槛的学生,这种情况适用于模糊断点回归。用公式来表示,在模糊断点回归中,$D=D(T,\varepsilon)$,其中,$T=1(X \geqslant x_0)$,ε 是影响干预的其他观测因素,并且,

$$\Pr[D=1|T=1] \neq \Pr[D=1|T=0]$$

即在断点左右个体接受干预的可能性不同。下面,我们简要讨论断点回归设计的基本识别条件:

假设1(断点假设) 假设极限

$$p^+ = \lim_{x \to x_0^+} E[D_i|X_i=x], p^- = \lim_{x \to x_0^-} E[D_i|X_i=x]$$

存在,并且 $p^+ \neq p^-$。其中 $D_i = D(T_i, \varepsilon)$,$T_i = 1(X_i \geqslant x_0)$,如果是精确断点,则 $D_i = T_i$;$p(x) \equiv E[D_i|X_i=x] = \Pr[D_i=1|X_i=x]$ 为倾向指数,表示参考变量为 x 的个体进入控制组的概率,如果是精确断点,则 $p^+=1$,$p^-=0$,断点右侧个体进入干预组,左侧个体进入控制组。

这一假设是说个体分配概率在临界值左右有跳跃,存在断点。如果是精确断点,那么个体干预状态 D_i 与断点 T_i 完全依从,从右侧均进入干预组,在左侧进入控制组。如果是模糊断点,则存在着不完全依从的现象,从而 $D_i \neq T_i$,这是我们要求断点左右的分配概率存在间断,比如要求断点右侧个体接受干预的

概率高于断点左侧的概率。

假设2（连续性假设） $E[Y_{0i}|X_i=x]$、$E[Y_{1i}|X_i=x]$ 是 x 的函数，并且在 x_0 处是连续的，即：

$$\lim_{\varepsilon \to 0} E[Y_{ji}|X_i=x_0+\varepsilon] = \lim_{\varepsilon \to 0} E[Y_{ji}=x_0-\varepsilon] \qquad j=0,1$$

如果只关心处理组的平均处理效应（ATT），那么只需要 $E[Y_{0i}|X_i=x]$ 在 x_0 处连续。通常假设两个潜在结果的条件期望函数均是连续函数，只假设在一定联系而且其他点不连续是比较奇怪的，因而应用中通常假设在所有点上连续。

假设3（局部随机化假设） 假设在断点附近近似于完全随机化实验，即：

$$(Y_{1i}, Y_{0i}) \perp D_i | X_i \in \delta(x_0)$$

其中，$\delta(x_0)=(x_0-\delta, x_0+\delta)$ 为 x_0 的 δ 邻域，$\delta>0$ 为任意小的正数。

局部随机化假设要求个体不能精确控制或操纵参考变量使之超过临界值，在奖学金的例子中，学生对学习成绩具有一定的控制能力，学生知道未来奖学金会根据学习成绩进行分配，从而努力学习以超过临界成绩，当然对于成绩很好或成绩很差者，即离断点很远的学生存在很大的差异，但是在断点附近，成绩是否能够超过临界值，可能存在着运气的成分，在断点附近，比如在百分制成绩中，超过临界值1分和低于临界值1分的学生学习能力等特征可能是非常近似的，1分差异可能是偶然因素如运气造成的，但是高于临界点1分的就获得了奖学金。只要学生不能精确地控制成绩，那么在临界点附近的学生干预状态的分配就近似于完全随机化实验的结果。局部随机化假设是策略有效的关键假设之一，可以利用参考变量分布在断点处是否连续进行判断，麦凯瑞（McCrary, 2008）提出了相应的检验方法。

在上述三个假设下，我们能够得到如下定理：

定理：如果满足上述三个假设，则有以下结果存在：

$$E[\tau_i|X_i=x_0] = \frac{\mu^+ - \mu^-}{p^+ - p^-}$$

其中，$\tau_i = Y_{1i} - Y_{0i}$ 为个体的因果效应，$\mu(x) = E[Y_i|X_i=x]$，$Y_i = Y_{0i} + \tau_i D_i$，$\mu^+ = \lim_{x \to x_0^+} \mu(x)$，$\mu^- = \lim_{x \to x_0^-} \mu(x)$。

上述定理说明，如果干预分配概率在临界点处存在间断，但总体而言潜在结果是参考变量的连续函数，并且个体没有能力对参考变量进行精确的操纵，从而在断点局部近似完全随机化实验，那么我们可以是识别出在断点处的平均

处理因果效应。如果精确断点,断点完全决定干预分配状态,则 $p^+=1$, $p^-=0$,从而在断点处的平均因果效应为 $E[\tau_i|X_i=x_0]=\mu^+-\mu^-$,即在断点处结果平均值的跳跃可以解释为干预的影响。

断点回归设计的估计方法主要有边界非参数回归(nonparametric regression at the boundary)、局部线性回归(local linear regression,LLR)和局部多项式回归(local polynomial regression,LPR),由于非参数回归在边界上收敛速度比较慢,断点处的估计并不理想。因此,相关研究(如 Hahn et al. ,2001)建议采用非参数局部线性回归方法,从而避免在边界上收敛速度慢的问题。

简单而言,无论真正的潜在结果与参考变量之间是什么样的函数形式,即使是高度非线性的,只要带宽选择得足够小,线性回归函数都将是条件期望函数非常好的近似,这一回归调整在参考变量 X 也会影响结果变量的时候尤为重要。具体而言,利用断点左右 h 范围内的样本分别估计下列两个线性回归模型:

$$\min_{a_l,b_l} \sum_{i=1}^{N}[Y_i-a_l-b_l\cdot(X_i-x_0)]^2\times K\left(\frac{X_i-x_0}{h}\right)\times 1(X_i<x_0)$$

$$\min_{a_r,b_r} \sum_{i=1}^{N}[Y_i-a_r-b_r\cdot(X_i-x_0)]^2\times K\left(\frac{X_i-x_0}{h}\right)\times 1(X_i\geqslant x_0)$$

其中 $K(\cdot)$ 为核函数,研究中一般将核函数设定为如下形式,即:

$$K\left(\frac{X_i-x_0}{h}\right)\times 1(X_i<x_0)=1(x_0-h\leqslant X_i<x_0)$$

$$K\left(\frac{X_i-x_0}{h}\right)\times 1(X_i\geqslant x_0)=1(x_0\leqslant X_i\leqslant x_0+h)$$

通过引入具体的核函数的形式,我们能够得到的拟合值为:

$$\hat{\mu}^-(x_0)=\hat{a}_l+\hat{b}_l(x_0-x_0)=\hat{a}_l,\hat{\mu}^+(x_0)=\hat{a}_l+\hat{b}_r(x_0-x_0)=\hat{a}_r$$

从而得到在断点处的平均因果效应其实就是两条局部线性回归曲线在断点处的截距之差,即:

$$\hat{\tau}_{ATE}=\hat{\mu}^+(x_0)-\hat{\mu}^-(x_0)=\hat{a}_r-\hat{a}_l$$

更为直接的估计为:

$$\min_{a,b,\tau,\gamma}\sum_{i=1}^{N}1(x_0-h\leqslant X_i\leqslant x_0+h)\cdot[Y_i-a-b(X_i-x_0)$$
$$-\tau D_i-\gamma D_i(X_i-x_0)]^2$$

其中，系数 τ 的回归估计量就是平均处理效应的估计量。如果考虑更为一般的情形，即存在其他的控制变量 Z_i，通常是否引入其他控制变量不会影响断点回归设计的识别策略。如果样本限制在非常靠近临界点 x_0 的范围，那么近似有 $Z_i \perp D_i | X_i \in \delta(x_0)$，即其他控制变量与处理变量在断点附近的小范围内是独立的，是否引入其他控制变量对估计结果不会有影响。但是，如果使用的样本并不是距离临界点足够接近，那么引入其他控制变量 Z_i 可能消除由这些变量造成的部分偏差。如果控制变量 Z_i 是影响潜在结果的重要因素，那么引入 Z_i 将提高参数的估计精度。在引入控制变量 Z_i 后，断点回归设计的估计量可以直接通过估计下列模型得到：

$$\min_{a,b,\tau,\gamma,\delta} \sum_{i=1}^{N} 1(x_0 - h \leqslant X_i \leqslant x_0 + h) \cdot [Y_i - a - b(X_i - x_0) \\ - \tau D_i - \gamma D_i(X_i - x_0) - \delta' Z_i]^2$$

断点回归设计方法的应用步骤可以总结如下：①图形分析。画出结果变量和参考变量之间的关系图，如果模糊断点，再画出原因变量与参考变量的关系图，呈现结果变量和原因变量在断点处的行为，为研究设计提供直观的依据。②因果效应估计。分别利用断点左右的数据估计线性回归模型，可以采用特定的核函数进行加权。如果是模糊断点，可以用断点作为原因变量的工具变量，使用两阶段最小二乘法标准误差进行统计推断。③稳健性检验。首先是控制变量的连续性检验，可以画出控制变量和参考变量的关系图，检测在断点处是否连续；其次，参考变量分布函数连续性检验，也可以画出参考变量的分布图；再次，伪断点检验，看看在其他位置，断点回归设计估计量是否显著；最后，可以选择不同的带宽，检验断点回归设计估计结果是否稳健。

（2）研究实例：税收归宿及其收入分配效应。

税收转嫁和归宿是财政学中的基本问题之一。税收的转嫁使得税法所界定的纳税人和税收负担的最终承担者相分离，在这种情况下，政府实施税收政策的实际效果可能会与其政策初衷相背离。不仅如此，在发生税收转嫁的情况下，税收负担有可能在不同的经济主体之间进行分担，这无疑会在不同的经济主体之间发生收入分配效应。

正因如此，目前主流的财政学教材均对税收转嫁和归宿进行了翔实的理论分析。标准的理论分析所得到的基本结论如下：政府针对商品所征收的商品税在一定条件下会在厂商和消费者之间进行分担，税收负担在厂商和消费者之间的分担情况主要取决于供给曲线和需求曲线的相对弹性。如果供给曲线的弹性相对较大，那么厂商所承担的税收负担就越小，原因是供给曲线的弹性相对较大，表明厂商的供给行为对价格的反应更为灵敏，在现实当中，这意味着厂商在和消费者讨价还价的过程中具有更强的讨价还价能力，因此在面临同样的税收负担的情况下，厂商所承担的税收负担相对较低，消费者承担的税收负担较大。同理，需求曲线的弹性越高，消费者的讨价还价能力相对更高，从而在厂商讨价还价的过程中，其承担的税收负担相对较低。

然而，虽然标准的理论分析背后的逻辑十分清晰，但是同样非常明确的是，上述的分析主要是基于局部均衡（partial equilibrium）的视角，在针对税收的经济分析中，采用局部均衡固然具有相对简明的特征，但是往往可能存在理论逻辑上的遗漏。例如，假设需求曲线的弹性较小，那么按照局部均衡分析的结果，消费者承担的税收负担相对较重。在这种情况下，在收入效应的作用下，消费者购买力下降所导致的需求下降，进一步造成了市场交易的萎缩，商品价格的进一步调整使得企业最终在一定程度上承担了税收负担。上述叙述中的第二轮调整过程被称为一般均衡（general equilibrium）效应。通常而言，在一般均衡框架分析税收政策所得到的结论相对更为稳健。

无论是对税收转嫁与归宿的局部均衡分析还是一般均衡分析，虽然我们能够在理论上将税收转嫁与归宿的原理及机制进行界定，但是税收归宿的具体分担究竟是一个怎样的情况，本质上是一个经验分析的问题。尽管如此，相关的经验研究并不多，出现这一情况的原因在于税收的调整往往具有很强的内生性，难以准确识别税收变动对不同经济体影响的因果效应。贾德（Gaarder，2018）基于发生在挪威针对食物的增值税（VAT）政策的重大调整，对税收归宿和收入分配效应展开实证分析。

①研究设计。

如前所述，为了识别财政学领域中的特定的因果关系，往往需要借助于一定的研究设计，而研究设计通常来自基于制度变化的准自然实验。贾德（Gaarder，2018）借助于在挪威发生的增值税制度的调整，结合制度变化的特征，采用断点回归的方法就税收转嫁和收入分配效应展开研究。

第一，和中国所实施的增值税类似，挪威所实施的增值税也是按照"扣税法"的形式征收增值税，在这一过程中，中间产品厂商通过销项税额（output VAT）减去进项税额（input VAT）的方式缴纳增值税。对于中间厂商而言，税率的统一调节不会影响其税收负担。而对于产品的最终环节（即消费者），税率的调整会对其消费行为产生影响。

第二，在2001年之前，对于挪威境内的大部分产品，其增值税率为24%。仅有少数商品适用更低的税率。例如，某些交通类的服务适用更低的税率，对于报刊和图书而言，其适用零税率。增值税制的大调整发生在2001年7月1日，挪威政府将食品的税率从24%显著调低到12%，而对于其他的商品类别，增值税率保持不变。同时，关于食品类商品的增值税率会发生调整的消息是在2000年12月份宣布的。这次改革的主要动机是降低穷人的负担，其背后所依据的观点是：以宽税基、同一税率为基本的增值税制对穷人造成了很大的负担，而政府所施加的增值税直接包含在了商品的价格之中，也就是说增值税能够被完全转嫁到消费者身上。显然，正如前面的理论分析所表明的那样，这个观点的成立需要一定的条件，如果这些条件不满足，那么挪威政策调整税率的政策初衷可能会无法实现，从这个角度来讲，对这一政策的实施效果进行评估非常必要。

第三，挪威食品行业的市场结构值得关注。在挪威，食品行业的市场集中度很高，最大的零售连锁店所占有的市场份额为34.6%，而三个最大的食品零售连锁店所占有的市场份额为82%。毫无疑问，市场结构（market structure）影响着税收的转嫁和归宿。而对于垄断程度较高的企业（或者行业），其定价往往处于富含（需求）弹性的区间，在这种情况下，消费者对于价格的反应往往比较敏感，税收负担未必完全由最终消费者承担。

围绕这一税制调整，以2001年7月1日为界，在此之前的消费者所承担的价格为控制组，而在此之后的消费者所承担的价格为处理组。对应的回归方程如下：

$$y_{it} = \alpha + 1\{t \geq c\}[g_l(t-c) + \lambda] + 1\{t < c\}g_r(c-t) + e_{it}$$

其中，y_{it}表示的是对于商品i在月份t消费者所承担的产品价格，c表示政策实施的时间（2001年7月1日），e_{it}为随机误差项，$g_l(\cdot)$和$g_r(\cdot)$表示两个未知的函数。此处关键的识别因果关系的假设是：消费者价格随着对增值税调整改革的预期而发生改变（即控制组和处理组的区分独立于税制调整政策），同时其他影响消费者价格的因素在政策实施前后连续变动，没有发生大幅度的调整（从而排除了其他干扰因素的影响）。在这一假设下，对于参数λ的一致估计能够度量增值税制调整对于商品i的消费者价格的影响。下面，我们按照关于

RDD原理介绍部分所总结的基本步骤,依次展现相关结果。

②基本结果。

(a)图形分析。

图8.9显示出在税制调整实施前后,食品类商品的平均价格出现了十分明显的下降,这表明增值税是高度转嫁给消费者的。为了进一步考察食品类商品价格在改革时期的变动程度,图8.10展示了2001年6—7月,此类商品价格变化的分布函数,从中能够看出,90%的食品类商品的价格在这一时期都是显著下降的。不仅如此,有80%的商品的价格下降幅度超过了8%。如前所述,为了准备识别税制调整对食品价格的影响,需要一定的条件,即税制调整在2000年底的公布所带来的居民预期可能的变化不会对结果产生影响。显然,从图8.9能够看到,在税制调整之前,消费者价格的确较为平稳,未发生大幅度调整。此外,如果考察在2000年底食品价格的变化情况,并没有发现在此期间,消费者存在显著改变,从而进一步排除了预期效应对分析结果的影响。另外一个重要的识别假设是如果没有税制的调整,消费者价格的变化将十分平滑,这个假设意味着除了政策之外影响消费者价格的其他因素不会受到税制调整的影响。可以通过两个步骤完成对这个假设的检验:首先,通过将消费者价格对一些可能的潜在因素进行回归,得到消费者价格的预测值。在此基础上,按照前面的思路,将消费者价格的拟合值在税制调整前后的轨迹直观地展现出来,考察其是否在2001年7月1日附近发生了变化。结果显示,这一数值并未在税制调整前后发生明显改变,为这一假设的成立提供了支持。此外,对于这一假设的另外一个挑战为是否2001年7月1日本身就具有季节性特征,从而消费者价格的调整可能是由季节性因素决定的,而非税制调整本身,在这篇研究中,作者将税制改革之前的各个年份的消费者价格依照时间进行绘图[①],并没有发现在之前的7月1日附近,消费者价格会发生显著调整,从而排除了这一质疑。

---

① 限于篇幅,此处不再展示这些图形,请参见贾德(Gaarder,2018)中的图6。

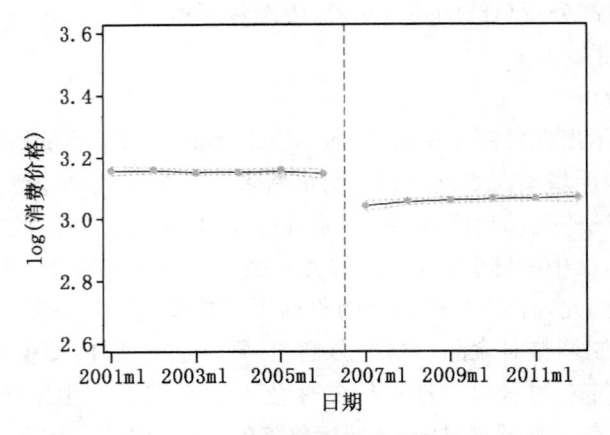

图 8.9　消费品价格的断点图

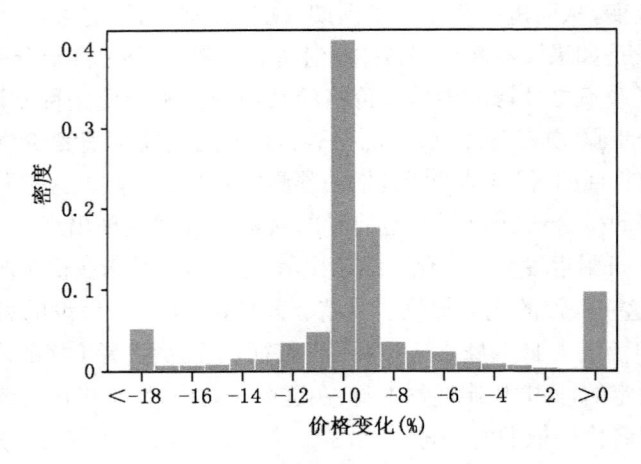

图 8.10　价格变化量的分布图

(b) 因果效应估计。

通过对回归方程进行估计,能够得到表 8.1 中的结果:

表 8.1　　　　　　　　　改革对食品消费价格的影响

	FD	RD		
Dependent variable: log consumer price	(1)	(2)	(3)	(4)
Food and non-alcoholic beverages	−0.105***	−0.106***	−0.103***	−0.106***
	(0.008)	(0.014)	(0.005)	(0.006)
Item FE	No	No	Yes	Yes
Month effects	No	No	No	Yes
Hypothesis tests:		p-value		
$H_0: \lambda = -0.097$ versus $H_1: \lambda \neq -0.097$	0.315	0.533	0.226	0.142
$H_0: \lambda \geq -0.097$ versus $H_1: \lambda < -0.097$	0.158	0.267	0.113	0.071

Notes. ***p < 0.01, **p < 0.05, *p < 0.1. The coefficient in column (1) is estimated using the FD model with log consumer prices as dependent variable. The coefficients in columns (2)–(4) are estimated using an RD model with log consumer prices as dependent variable, triangular weights and two months bandwidth. Column (2) report the results with no controls, column (3) includes item fixed effects, and column (4) also control for possible month effects using a DiD strategy. The standard errors are clustered at the firm level and robust to heteroscedasticity. We report p-values for the two-sided test that the VAT for food items is fully shifted and from one-sided tests of the null hypothesis that the VAT for food items is undershifted to consumer prices.

资料来源：贾德（Gaarder，2018）中的表 3。

点估计结果显示，在税制调整的时间前后，食品的价格下降了 10.6%，考虑到针对食品的增值税税率是从 24% 调整到了 12%，因此可以得出如下结论：增值税几乎全部转嫁给了最终消费者。此外，该研究通过一系列稳健性检验，验证了估计结果的稳健性。[①]

（c）研究结论和意义。

通过使用 RDD，该研究从实证层面检验了消费税（此处为增值税）在消费者和厂商之间的分担问题。研究结论显示，基于挪威的经验，消费税主要是由消费者承担的，并且除食品之外的其他商品的价格没有受到此次针对食品税率进行的增值税制调整，没有在不同的商品之间体现出外溢性。这项研究也向我们提出了额外的两个问题：第一，从理论上讲，垄断程度相对较高的企业或者行业，对于商品的定价往往处在需求弹性较高的区间，在这种情况下，税负本应由企业承担，然而基于数据的实证研究结论并未支持这一点，理论与实证结果之间有所背离的原因尚有待进一步考察；第二，基于消费者的决策理论，当一种产品的价格发生变化的情况下，相对价格的改变会影响到消费者对其他产品的需求，从而影响到其他商品的价格。但是，从经验分析的结果来看，这一点并未得

---

① 该论文中还讨论了税制调整的收入分配效应，由于所使用的估计方法并非本部分重点介绍的断点回归设计，因此此处省略对于这个问题的讨论。

到体现，其中的原因也有待进一步深入考察。这个例子也能够说明，理论分析与实证结果的不相吻合为进一步研究提供了潜在空间。

8.5.2.3 合成控制法

首次使用合成控制法的研究是讨论恐怖主义对经济行为的影响（Abadie and Gardeazabal, 2003）。自从这篇论文发表之后，合成控制法成为一种越来越流行的因果识别方法，尤其是在相对应的软件包被开发出来之后，这一趋势得到了加强。正因如此，阿西和英本斯（Athey and Imbens, 2017）认为："合成控制法是过去15年间在政策评估领域最为重要的创新。"

合成控制法之所以变得如此流行，其背后的原因在于，为了对因果关系进行识别，我们通常基于自然实验或准自然实验的研究设计加以实现。然而，无论是何种实验，政策干预只可能发生在一个个体身上，此处，个体既可以指个人，也可以指企业和国家等组织。通过对照处理组和控制组对因果效应加以识别。在这一过程中，控制组是被作为处理组的反事实（counterfactual），在某种意义上相当于处理组的"镜像"，即在没有受到政策干预时的处理组的基本状态。与其他的识别方法不同，合成控制法通过相对透明的方式对反事实进行构造，在此基础上对因果关系进行识别。

具体而言，合成控制法通过选择最优的权重，将除了处理组之外的其他主体人为地构成一个虚拟的处理组，从而构成了处理组的反事实。这一思路非常简单，但是在实际应用的使用相对较为便利，构成了对双重差分法的扩展。与其他方法相比，合成控制法的优势体现在以下方面：

第一，过程比较透明。线性回归的方法主要通过外推（extrapolation）的方式保证对处理组的特征进行拟合，在这种情况下，那些没有受到政策影响的个体往往在这些维度与处理组完全不相似。与此形成鲜明对比的是，合成控制法通过将未受政策影响的个体进行凸组合（convex combination）构造反事实，能够使两者的不同之处清晰地表达出来。通过相对直观的方式将两者的不同点清晰地表达出来之后，如果的确能够找到一组权重使得两者在政策实施前高度相似，那么合成控制的方法能够用来进行因果识别。但是，如果通过不断试验之后，发现这样的权重不存在，那么在这种情况下，强行使用合成控制法进行因果关系推断就有可能带来偏差。

第二，防止通过对模型设定形式进行操纵，以获得主观上倾向的实证结果。与经典的匹配方法类似，在研究设计的过程中，合成控制并不需要以获知政策干预后的结果作为前置条件。这就意味着,所有基于该研究设计所进行的数据分析可以无须关注这些分析是否会影响研究的结果。此外,合成控制法中的权重是在干预结果实现之前进行计算的,因此由此所选择出来的最优权重所发挥的作用,事实上类似于在随机对照实验中在分析之前的计划(pre-analysis plans)。

第三,反事实的构造相对较为透明。合成控制法在构造反事实的过程中,能够相对清晰地看到每个个体在构造反事实过程中所发挥的作用及其重要性。同时,由于合成控制的系数是合适的权重,并且是稀疏的(sparse)[1],所以对于反事实前的系数能够产生更为准确和简单的经济学理解。

下面,我们对合成控制法的基本原理进行简要介绍。

(1)合成控制法的基本原理[2]

①合成控制法的应用场景。

与其他方法类似,并非在任何情况下都可以使用合成控制法,对这一方法的使用需要具备一定条件。合成控制法的基本思想与比较案例研究(comparative case studies)类似,主要用于在特定政策干预下单个被影响的个体(single treated unit)和一些未受影响的个体之间的比较分析。这就意味着,如果特定政策对被影响个体的影响比较小,那么就无法将其由于其他因素所导致的效应进行区分。特别是,当核心的结果变量存在较大波动时,更是如此。基于此,合成控制法所适合的应用场景需要满足两个基本条件:特定政策对个体的影响效应至少从理论上应该较为显著,所关心的结果变量的波动程度应相对有限。

合成控制法是将若干个未受到特定政策影响的个体与单个被影响的个体之间进行比较,那么,很明显,被列入备选的个体一定不能受到与被影响个体相同的政策的冲击,否则这样的比较就没有意义。同时,在对备选个体进行选择的过程中,尽可能选择与被影响个体相类似的个体。这是因为,尽管合成控制法通过选择权重构造人工的反事实,但是如果备选的个体与被影响的个体差距很大,那么依然有可能造成较大的插补偏差(interpolation biases)。

与其他方法相同,如果在使用合成控制法的过程中,"向前看"(forward-looking)的经济主体提前对未来的政策做出了反应,或者某项特定的政策在实施之前已经加以公布,那么在这种情况下,使用合成控制法得到的估计也是有

---

[1] 直观上讲,稀疏的含义是指在求得的权重中,仅有少数权重是介于0和1,且求和为1。
[2] 该部分的讨论基于阿巴迪(Abadie,2021)。

偏的,即预期效应应该在使用合成控制法的过程中多加注意。此外,与双重差分法类似,在合成控制法的过程中,也不能在不同的个体之间,尤其是备选个体和受影响个体之间产生外溢效应。同时,使用合成控制法需要满足一定的时间长度(time horizon),从而使特定政策效应能够充分体现出来。

②合成控制法的估计。

假设能够得到 $J+1$ 个个体的数据,用 j 标注具体的个体。不失一般性,假设第一个个体($j=1$)受到了政策影响,为处理组。其他的个体 $j=2,3,\cdots,J+1$ 是没有受到影响的个体。在时间维度方面,假设共有 T 期,并且第一期 T_0 位于特定政策干预之前。对于每一个个体 j 和每一期 t,我们能够观察到潜在的结果,记为 Y_{jt}。同时,对于任何一个个体,我们能够看到 k 个预测变量(predictor),记为 $X_{1j},X_{2j},\cdots,X_{kj}$。这些变量当中可以包含结果变量在政策发生之前的取值。对于那个受到政策影响的个体,其在干预发生之后的结果可以记为 Y_{1t}^{I}。而对于所有个体,其未受到政策干预的结果标记为 Y_{jt}^{N}。因此,政策干预的效应可以表示为:

$$\tau_{1t}=Y_{1t}^{I}-Y_{1t}^{N}$$

其中,$t>T_0$。与其他方法类似,对于 Y_{1t}^{I} 即政策干预的效果,我们是能够观测到的。但是,对于 Y_{1t}^{N},即假设处理组没有受到政策干预时的情形,通常是无法观测的。对于这个变量的估计成为估计的重点。

合成控制法的基本思想是通过使用一个或者一组未收到政策影响的个体对 Y_{1t}^{N} 进行构造。和双重差分法相比,合成控制法的优势在于可以使用一组而不仅仅是一个个体对反事实的结果进行估计。这一优势有一定的应用场景。例如,如果所考察的个体是像国家这样的组织,那么很难找到一个国家与另一个国家的特征非常接近但同时没有特定政策的影响。而在合成控制法下,利用一组未受到政策影响的个体进行组合,认为能够构造出一个"虚拟"的但是和处理组特征较为接近的个体,从而完成对因果关系的识别。

所谓一个合成控制组(synthetic control),就是对一组未收到政策干预的个体进行的加权平均(weighted average)。运用数学符号的表达是一个合成控制组能够通过一组权重来表示,即 $W=(w_2,w_3,\cdots,w_{j+1})'$,给定这组权重,对于反事实潜在结果 Y_{1t}^{N} 和因果关系 τ_{1t} 的估计为:

$$\hat{Y}_{1t}^{N}=\sum_{j=2}^{J+1}w_jY_{jt},\hat{\tau}_{1t}=Y_{1t}-\hat{Y}_{1t}^{N}$$

上述权重都是非负的,且总和为 1,即 $w_j \geqslant 0$, $\sum_{j=2}^{J+1} w_j = 1$。在这种情况下,通常在一组备选的个体中,仅有少数个体会实际被用来对反事实的潜在结果 Y_{1t}^N 进行估计,而每个个体在估计中的贡献均能够通过权重得以体现。正是因为构成合成控制组的权重定义了一个加权平均,且相对较为稀疏(即只有少数个体会在估计过程中发挥作用),因此,合成控制法和其他识别方法相比,估计的过程就相对更为透明。估计的关键是如何选择合成控制组中的权重 $W = (w_2, w_3, \cdots, w_{J+1})'$。出于识别因果关系的目的,已有文献中提出的办法是通过选择权重 $W^* = (w_2^*, w_3^*, \cdots, w_{J+1}^*)'$,使得如下目标函数最小化,即:

$$\min_{W^*} \| X_1 - X_0 W \| = \Big[\sum_{h=1}^{k} v_h (X_{h1} - w_2 X_{h2} - \cdots - w_{J+1} X_{hJ+1})^2\Big]^{\frac{1}{2}}$$

约束条件为:

$$w_j \geqslant 0, \quad \sum_{j=2}^{J+1} w_j = 1$$

上述表达式的基本想法是通过选择权重,使其他备选个体在所有预测变量 $X_h (h=1,2,\cdots,K)$ 方面综合来看和处理组的特征尽可能吻合。系数 $v_h \geqslant 0 (h=1,2,\cdots,K)$ 反映的是这些预测变量的重要程度。给定 $V = (v_1, v_2, \cdots, v_k)$,通过对上述表达式进行优化,能够得到一组对应的最优权重,因此最优权重是上述参数的函数,即

$$W(V) = [w_2(V), \cdots, w_{J+1}(V)]'$$

给定上述估计得到的权重,我们能够得到对应的处理效应,即:

$$\hat{\tau}_{1t} = Y_{1t} - \sum_{j=2}^{J+1} w_j^* Y_{jt}$$

显然,还有一个问题有待解决,即 $V = (v_1, v_2, \cdots, v_k)$ 如何选择?一个基本的想法是综合地考察预测变量 $X_{ij}, i=1,2,\cdots,k$ 对政策干预前(pre-intervention)处理组的结果变量 Y_{1t}^N 的预测能力尽可能地大来对常数 V 进行选择,具体的过程可以参见阿巴迪等(Abadie et al., 2015),限于篇幅,此处不再赘述。

在合成控制法的实际操作过程中,无论是选择权重,还是选择系数 V,都需要基于预测变量 $X_k, k=1,2,\cdots,K$ 中的信息。不仅如此,从合成控制法的基本思想来看,人为构造的对照组需要在特定重要的方面与处理组相一致,那么选择在哪些方面显然是至关重要的,大致可以遵循如下原则:(a)在政策实施前的结果变量(outcome variable)应该被包含在预测变量中。这是因为合成控制法

的可靠性在很大程度上取决于所得到的权重的估计值能否很好地匹配处理组和人为构造的控制组之间的可比性;(b)仅仅将政策实施前的结果变量包含在预测变量之中有可能会遗漏相关的信息,并且产生其他变量在合成控制法的实施过程中所发挥作用相对微弱的错觉。因此,也需要根据实际的问题,将其他相关的变量包含在内。在对相关选择变量的选择过程中,可以基于数据驱动(data-driven)的方法。通过对不同预测变量的组合的预测能力加以选择。将政策干预前的时期分为两个阶段:运用第一个阶段的数据对权重进行估计,在此基础上运用第二个阶段的数据对基于估计值得到的预测值和实际数据进行比对,判定其拟合的能力;(c)政策干预之后的结果变量不能被用作对权重的估计。如果将干预发生后的结果变量用于估计,那么不仅在逻辑上存在问题,而且容易导致运用结果来设定模型的做法。

③合成控制法的稳健性检验。

与其他方法类似,在运用合成控制法对特定问题进行考察的过程中,为了保证方法的适用性和结果的稳健性,需要具备一些可以用于进行稳健性检验的方法。大致包括如下检验:(a)安慰剂检验,即假设一个(不同于真实政策干预发生时间)的时间点,在此基础上运用合成控制法进行估计,如果在政策干预的假定时间点和实际发生时间点之间不存在明显的区别,就表明预期效应可以加以排除。(b)通过变更备选个体考察结果的稳健性。如果在变更了备选个体之后,政策实施前后处理组和合成控制组之间的效应没有发生显著变化,那么就表明结果具有一定的稳健性。但是,如果在删掉一个备选个体之后,政策发生之前的处理组和合成控制组之间相匹配的结果没有发生大的变化(表明该个体的权重相对较低),但在政策发生之后结果发生了显著变化,那么就表明基准的估计结果可能受到了被删除个体的显著影响,这既有可能是由于其他的政策干预所导致的,也有可能是被删除个体自身受到了重大冲击所导致的。在这种情况下,就需要对基准估计结果和备选个体进行更为细致地考察。

(2)研究实例:房产税对房价的影响。①

诚如前文所述,实证方法在研究中国财政领域的相关问题的过程中也变得越来越流行。在这部分的讨论中,本文结合关于中国问题的一项有关财政问题的实证研究——刘甲炎、范子英(2013)——对合成控制法进行具体说明。该研

---

① 该部分的讨论基于刘甲炎、范子英(2013)和范子英(2018)。

究基于中国在重庆的房地产税的试点改革,运用合成控制法对房产税如何影响房价的问题进行了实证检验。

从理论上讲,开征房产税对房价的影响具有两种相反的效应:一方面,通过开征房产税,可以提高居民对于房产的持有成本,通过抑制其对房屋的需求,尤其是投资需求,可能导致房价下降;另一方面,房产税的实施有可能导致在交易环节发生转嫁,从而提高了房屋——尤其是二手房——的流转价格。在这两种效应中,何者发挥主导作用,其本身并不是一个理论问题,而是一个典型的实证问题。

①研究设计。

自2000年以来,我国的住房价格持续走高,中国多次出台调控政策以缓和房价的上涨势头,房产税也成为政策选择之一。中央政府希望通过对住房持有环节征税,一方面通过增加住房持有成本、打击投机炒作,引导居民合理性住房消费;另一方面还可以取得稳定的地方税收来源,弥补地方主体税种的不足。2010年5月,国务院提出要推进房产税改革,扩大原有的房产税的征收范围,将个人所有的居住房产也作为征收对象。2011年,国务院开始在部分城市试点房产税的征收,重庆和上海成为首批试点城市。两者的区别主要体现在重庆是对于存量房进行征税,上海则是针对增量房进行开征。由于重庆和上海本身均为直辖市,本身具有一定的特殊性,其房产税试点的范围非常集中,符合合成控制法的应用场景。刘甲炎、范子英(2013)采用合成控制法对这一问题进行了分析。

该研究采用的模型设定为 $P_{it} = P_{it}^N + D_{it}\alpha_{it}$。$P_{it}^N$ 表示试点城市未进行房产税改革时的房价增长情况,D_{it} 为是否接受试点的虚拟变量。如果地区 i 在时刻 t 接受试点,那么该变量 $D_{it}=1$,否则等于0。基于以上设定,对于不受房地产税改革影响的城市 $P_{it} = P_{it}^N$。考虑到只有重庆(假设为第1个地区)在时刻 T_0 之后开始受到了房产税改革的影响,那么 $D_{1t}=1, t>T_0$。因此,在这种情形下,核心的估计对象就是 α_{1t}。很明显,对于 $t>T_0$ 的时间段,P_{1t}^N——即在改革实施之后,假设重庆没有受到改革影响时的房价——是不可观测的。因此,需要通过对这一变量进行构造,以完成对房产税试点改革对房价因果效应的比较,具体的构造方式如下:

$$P_{it}^N = \alpha_t + \theta_t Z_i + \lambda_t \mu_i + \varepsilon_{it}$$

该方程为潜在房价的决定方程,其中 Z_i 是不受房产税改革影响的控制变量，θ_t 和 μ_t 表示影响潜在房价的共同因子(common factors)。μ_i 表示一些不可观测的影响潜在房价的因素。通过对照组城市的加权模拟处理组的特征，即得到一组权重 $w_j^* \geqslant 0, j=2,\cdots,J+1; \sum_{j=2}^{J+1} w_j^* = 1$，并将 $\hat{\alpha}_{1t} = P_{1t} - \sum_{j=2}^{J+1} w_j^* P_{jt}$ 作为 α_{1t} 在 $t \in (T_0, T)$ 期间的估计量。

②估计结果。

该研究通过选取 2010 年 6 月到 2012 年 2 月 40 个大中城市的平衡面板数据，选用包括土地成交均价、人均 GDP 等作为预测变量(predict variables)。在构造"合成重庆"的过程中，共选取了惠州、宁波、三亚、温州、湛江和天津等 6 个城市，其对应的权重分别为 0.316、0.002、0.001、0.011、0.516 和 0.154。

为了考察"合成重庆"和重庆在改革试点前后的状况以检验合成控制法的估计效果，图 8.11 直观地展示了这一点，从中至少能够看到两点：一是在改革试点(2011 年 2 月)前，重庆与合成重庆之间的房价几乎是重合的，这就表明通过合成控制法所得到的权重下，合成重庆这一人造的控制组和处理组之间在改革前的在结果变量方面是高度一致的；二是在改革试点之后，在一段时期内，控制组和处理组之间的房价并没有发生大的差距，大约是在 6 个月之后，控制组和处理组之间的房价出现了显著的缺口，处理组(真实重庆)的房价相比于控制组(合成重庆)出现了明显下降。换言之，改革试点的政策效果存在一定的时效性。具备捕捉政策时效性也是合成控制法的一大优势(Abadie,2021)。

为了对估计结果进行稳健性检验，以排除其他因素对房价的影响。在这项研究中进一步进行了如下实验：根据合成控制法所估计的权重，将其中权重最大的城市(湛江)单独提取出来，假定湛江也在 2011 年 2 月前后发生了重大的政策变化，而该政策变化影响到了湛江的方法。如果同样观察到在 2011 年 2 月之后，湛江的房价相对于合成控制组也发生了较大的变化，那么就证明在图 8.11 看到的重庆房价相对于控制组的变化大概率是由其他因素导致的。图 8.12 中的结果表明，在湛江与合成湛江之间，房价在改革试点后并不存在系统性地差异，进而排除了除房产税改革试点政策之外的共同重大因素对估计结果的影响。

值得一提的是，这项研究也能够说明合成控制法在应用方面的一个重要的限制，即无法应用于极端样本。例如，上海是和重庆一起进行房产税改革试点的，但是合成控制法却无法围绕上海进行相关分析，原因在于上海是全国房价

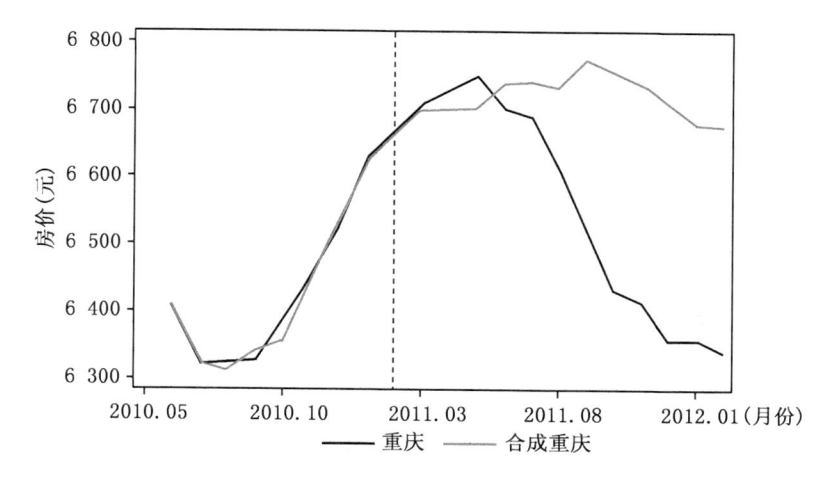

图 8.11 重庆与合成重庆的房价对比图

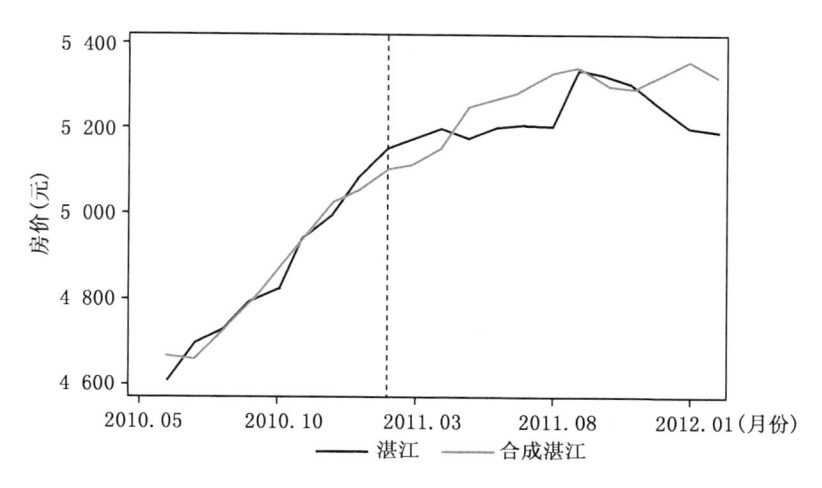

图 8.12 湛江与合成湛江的房价对比图

最高的城市之一,很难从其他城市中找到足够与上海房价相似的样本,在假定权重需要是介于 0 和 1 之间的非负数的前提下,无法找到合适的权重能够构造出在改革试点前与上海房价相匹配的合成控制组。当然,如果放松了权重需要是介于 0 和 1 之间非负数的假设能够解决这一问题,但是这一做法所产生的代价是会产生外推(extrapolation)的问题,而外推的结果往往依赖于模型设定,如果出现模型设定偏差,那么往往也会相应出现外推偏差,从而影响估计结果的准确性(Abadie,2021)。

③研究结论与意义。

基于合成控制法,该研究从实证的角度表明了房产税改革试点对房价的影响这一重要问题。通过基于对重庆的分析,发现对个人住房持有环节征收房产税通过提高持有成本,对房价起到了一定的抑制作用,从经验层面证明了房产税通过持有成本影响房价这一渠道的重要性,对于未来房产税的开征提供了经验支持。从应用层面上看,该研究也表明合成控制法对于研究财政学领域的相关问题具有一定的积极推动作用。特别是,在财政领域中,一些改革措施的推出通常会采用试点的方式,且试点的范围会相对较为集中,那么对于此种类型的财税政策试点,通过合成控制法对试点的效果进行政策评估,能够为未来政策的设计提出更为具体的依据。

8.6 总 结

随着数据可获性的提高和计算机技术的进步,财政学已经逐步发展为兼具理论和实证的学科。考虑到政府的收支行为及其经济效应是财政学研究的重点问题,更为准确地对政府的收支政策进行政策评估构成了财政学科有效对接政策实践的重要切入点。仅从学术研究的角度讲,财政学领域的研究经历了从以理论分析为主到以经验研究为主,再到近年来理论分析和经验分析有机结合的发展历程。在这一过程中,因果推断及其相关的识别方法被广泛地运用到针对财税问题的相关研究当中,伴随着研究方法的演进,本领域的研究主题也经历了一些变化。这一趋势不仅体现在了国际上财政学研究的发展当中,而且在中国财政学领域的研究过程当中也有十分清晰的体现。

然而,从财政学的教学实践来看,无论是关于财政学的日常讲授内容还是目前流行的财政学教材,均在不同程度上与财政学的研究现状存在不同步的情况,由此产生了一系列问题,诸如无法将前沿研究引入课堂,以及无法使学生在财政学的学习过程中掌握有关前沿的研究方法等。财政学日常授课内容和流行的教材与研究现状之间的不同步性主要体现在理论分析和经验分析部分的相对比重与研究中的实际情况不一致。从目前既有教材的编排情况来看,要么是针对财政学基本问题的理论分析,要么是在以理论分析为主的基础上,辅之以实证分析作为案例,对相关的理论问题加以说明。这显然与实际研究过程中以经验分析为主的基本情况。如果能够结合财政学领域的实际研究情况编写出一本与之相匹配的教材或者专著,那么无疑能够缓解上述不同步性,在一定程度上弥合财政学研究与教学之间存在的断裂。

  基于上述设想,本章首先对近二十多年来财政学的发展阶段进行了系统梳理,并对其研究范式发生转换的原因进行提炼。在此基础上,通过对国内外财政学领域研究情况的梳理,总结出本领域研究主题的变化趋势,尤其这段时期在研究方法选取上的基本特征,由此得出的主要结论是,因果推断及其相关的识别方法已经越来越多地被用于对财税问题的分析之中。其次,本章对目前相对流行的财政学教材的基本类型和情况进行了大致概括,通过与实际的研究现状相比,发现两者之间在理论分析和经验分析内容的编排方面存在不同步性,财政学的教学并没有能够充分反映财税领域目前的研究现状,编写一部与财政学研究现状大致吻合的教材或者专著十分必要。最后,本章对拟编写的《计量财政学》的初步大纲和设想进行了展示,并结合 3 个案例,具体展示了在《计量财政学》编写过程中拟采用的思路与编排方式。

9 发展财政学

9.1 导论:财政与经济发展

9.1.1 为什么要研究发展财政学?

经济发展是所有国家所追求的一项重要目标,但并非所有国家都在这一问题上取得成功。

20世纪50年代以来,随着第二次世界大战的结束,殖民主义日渐式微,亚洲、非洲、拉丁美洲掀起了一波民族独立运动。战争和殖民者的掠夺式经济政策,使得这些国家独立之后经济举步维艰,人民生活长期处于贫困之中。在此背景下,西方经济学发展出了一个分支——发展经济学。发展经济学主要研究如何帮助发展中国家摆脱贫困的陷阱,实现经济的起飞。相比传统的古典经济学强调对稀缺的生产要素的有效配置,发展经济学在早期更关注发展中国家存在的有碍生产要素有效配置的因素,试图回答发展中国家与发达国家收入差距存在的根本原因,并提出有助于发展中国家摆脱这些不利因素、实现经济起飞的政策建议。

发展经济学的体系主要包括了经济增长、人口结构、城市化、对外开放、技术进步、不平等和贫困问题等方面。相较于古典经济学和新古典经济学侧重于经济效率的讨论,发展经济学更侧重于讨论政策对于发展中国家经济起飞及长期发展的影响。在发展经济学理论中,政府及财政的作用被经常提及,但多以琐碎的、局部的形式存在于理论和政策建议之中,其对于财政与发展的关系的体现是不完整、不充分的。发展财政学,即是在经济发展理论体系中,充分体现财政的本质、功能和所受的约束。

9.1.2 发展财政学的范畴

9.1.2.1 发展中国家的财政问题

和发达国家相比,发展中国家的财政问题主要体现为两个方面。

(1)财政收入来源不足、财政收入获取困难。发展中国家的主要特点是生产技术落后、居民和企业经济收入较低,而财政收入最终来自本国居民和企业的收入。贝斯利和佩尔森(Besley and Persson,2009)发现,发展中国家不仅仅表现为财政收入低,而且财政收入占 GDP 的比重也明显低于高收入国家。他们以 1995 年的数据为例,位于中位数收入以上的国家的税收收入占 GDP 的比重大多在 10% 以上,部分国家甚至高于 30%,而位于中位数收入以下的国家的税收收入占 GDP 的比重大多在 10% 以下。

这一现象是由多重原因造成的。许多发展中国家的非正式经济比重较大,许多经济活动游离于政府视线之外,同时发展中国家的政府能力存在局限,难以对税源进行有效管控,导致税基侵蚀。不少负增长国家名义税率并不低,但实际征收率却不高,其中存在明显的自由裁量的寻租空间。从财政学理论上看,理想的模式是"低税率、宽税基、严征管",但这一模式的实现对于许多发展中国家而言存在着现实的困难。

(2)财政支出效果不明显,跑冒滴漏现象严重。与财政收入类似,发展中国家财政支出的效果也受限于其经济、政治和社会发展水平。已有研究发现,许多发展中国家的财政支出在实际过程中出现了跑冒滴漏的现象,使得财政支出的效果较差。

雷尼卡和斯文森(Reinikka and Svensson,2004)研究了乌干达中央政府给地方政府的用于教育转移支付。乌干达的教育支出占全部公共支出的比例高达 20%,但一项在 1991—1995 年进行的调查显示,真正到达学校的资金仅占转移支付的 13%,且相对富裕的社区的学校获得资金也更多。这项研究被认为是发展中国家地方势力捕获财政资金的最早的一项经验研究,说明了在政府治理较弱的发展中国家,财政支出很难抵达目标,有很大的概率被地方挪用到其他用途,甚至被用于公共服务之外的私人利益。

Olken(2006)研究了印度尼西亚对低收入家庭的大米补贴,发现至少有 18% 的大米凭空消失,多发生于多民族聚居地区和人口较为稀疏的地区。与此同时,有部分收入较高的家庭本不在这一项目之中,却仍然收到了大米,使得实际收到大米的家庭占比达到56%,远高于计划中的33%。苏利亚达玛和山内(Suryadarma and Yamauchi,2013)也研究了印度尼西亚的扶贫项目,他们发现仅69%的扶贫资金支付给了正确的对象,使得这个项目的效果大打折扣。

这些经验证据说明,研究发展中国家的财政支出,并不能只看财政支出本身的规模大小,还需要关注财政支出的实际执行过程。

9.1.2.2 财政与经济发展的相互作用

关于财政对于经济发展的研究大致可以分为宏观视角和微观视角。

宏观视角以经济增长理论为基础,在不同情境下研究各项财政政策对于经济增长的短期和长期影响,同时也考虑人口和资本流动、代际公平、环境治理等经济发展中的重要问题。实证研究者多利用总量或者分项的财政数据,在国家或者地区层面研究财政政策对于经济发展的影响。

微观视角则从受具体财政政策影响的居民和企业入手,研究财政政策对于居民和企业行为和福利的影响,从而评价财政政策对于微观主体行为的信息,以及这些影响是否有利于经济发展。微观视角的研究既有针对现实政策的效应的评价,也有学者与政府合作直接进行政策干预的"田野实验"研究。

由于经济增长理论已是一般均衡模型,宏观视角的研究对于财政政策的考量更为全面,通常都把政府的预算平衡和财政可持续性问题考虑在内。相比之下,微观视角的研究大多是局部均衡,尤其是"田野实验"类的研究,往往是小范围的政策,且多注重政策的效果,较少关心政策的成本。因此,这类研究中的政策效果能否推广到更大的范围,以及推广之后的成本究竟如何,是需要进一步考量的(Harrison,2015)。但宏观理论也存在问题,主要是一般均衡模型的复杂性导致其适用范围受限,难以体现各种复杂情况,因此其结论也存在明显的局限性。这也是宏观和微观视角的研究需要互相印证、互为补充的主要原因。

另外,经济发展也会有效促进国家财政能力的建设。贝斯利和佩尔森(Besley and Persson,2009)发现税收收入占GDP比重与一国收入水平存在统计上显著的正相关关系。以此为基础,他们提出了"国家能力"的概念,即一个国家的征税的能力。国家能力并不是与生俱来的,而是需要进行投资建设,经济发展的过程,并不仅仅需要实物投资,也需要进行国家能力建设的投资。

9.1.2.3 经济发展与财政可持续性

尽管有许多经验证据表明,财政政策在一定条件下能够成为促进经济发展的重要驱动力,但发展中国家通常国家能力较弱,财政收入占GDP比例较低,同时财政支出容易出现跑冒滴漏。从这一意义上看,发展中国家的财政政策空间受到了很大的限制。若政府没有考虑到这些问题而采取过于激进的财政支出政策,短期内将会出现大量的财政赤字,长期则会造成债务危机,影响财政和经济的可持续性。而一旦出现债务危机,高额的付息成本容易成为"悬在头上的剑",进而影响金融市场稳定,对经济发展产生长期的不利影响。

现实中,财政政策并不只是出于经济考虑,在许多国家还是政治竞争的有力工具。一些国家的政客为了短期利益过度举债,或者把举债获得的资金分配给其家乡或摇摆地区,以争取更大的连任机会。这些行为往往在事后容易造成债务危机,以及地区之间的发展不平衡,对国家的长期发展是不利的。

9.1.3 本章内容安排

作为发展财政学的初次尝试,本章以经济增长理论为基础,探讨财政收入、财政支出、政府债务等问题在经济增长中的作用。

9.2 节介绍新古典经济学的外生增长理论及内生增长理论中财政的作用。由于两代经济增长理论对于经济增长的源动力的理解存在明显分歧,对于如何通过财政政策提升长期经济发展水平也有着不同的观点。

9.3 节介绍经济发展过程中财政政策对于城市化与要素流动的影响,具体分为三个方面:基础设施与城市化、人口流动、资本流动及产业布局。

9.4 节介绍财政政策如何应对环境污染及绿色可持续发展。这一部分首先假设环境污染作为一种生产过程的产出,分析引入环境税对于经济增长的短期和长期影响。除了对排污征收环境税,政府也需要出台针对清洁生产技术的研发补贴或者税收激励,从而在长期实现绿色发展。

9.5 节介绍财政政策与政府债务之间的因果关系及其可持续治理问题。这一部分首先介绍财政政策如何引致政府债务,进一步区分内债与外债并分析其与财政收支之间的作用机制。除了财政收支的直接影响,财政政策还通过国家能力的间接效应与政府债务紧密相关。最后,将财政规则引入传统的政府财政政策中,分析其如何影响政府债务的动态变化,从而实现发展型财政与政府债务的可持续发展。

9.2 财政与经济增长

9.2.1 外生增长理论中财政的作用

1960年1月7日,时任美国总统艾森豪威尔(Eisenhower)在发表国情咨文时提出,如果国家存在债务,这些债务将减少后代继承的财产数量。在此前后,西方经济学家针对政府公债与经济增长间的关系展开了激烈的争论,争论的焦点是政府发行公债投资公共项目,是否会对下一代人造成负担。包括布坎南(Buchanan,1957)、马斯格雷夫(Musgrave,1959)、莫迪利亚尼(Modigliani,1961)等学者都认为,若国家发行公债是以减少私人消费为代价的,那么所有的公共项目的成本应该由当代人来承担,而不是让后代来承担。

戴蒙德(Diamond,1965)提出了一个包含政府公债的新古典外生增长模型。在一个无限期的世代交替模型中,生产技术由一个不变的规模报酬不变的生产函数 $Y_t = F(K_t, L_t)$ 来表示。每个消费者生存两期,在第一期工作,第二期退休,其效用函数为 $U(e^1, e^2)$,其中 e^1 和 e^2 分别为两期的消费。第 t 期的人口用 L_t 表示,并假设人口保持恒定增速,$L_t = L_0(1+n)^t$。

这一经济的即期预算平衡为:

$$Y_t + K_t = K_{t+1} + C_t = K_{t+1} + e_t^1 L_t + e_t^2 L_t$$

其中 K_t 为 t 期初资本存量,K_{t+1} 为 t 期末(即 $t+1$ 期初)资本存量,C_t 为 t 期消费,最后一个等号是将消费分解为年轻人的消费和老年人的消费。

假设中央计划者保持一个固定的资本-劳动比 $k_t = K_t/L_t$,因此资本总量需要随着人口一同增长,$K_{t+1} = (1+n)K_t$。总量方程可以写为:

$$Y_t - nK_t = C_t = e_t^1 L_t + e_t^2 L_t$$

令 $y_t = Y_t/L_t$,$c_t = C_t/L_t$,上式可以写成人均形式:

$$y_t - nk_t = c_t = e_t^1 + \frac{e_t^2}{(1+n)}$$

在黄金律路径上,消费者的问题为:

$$\max U(e^1, e^2) \ s.t. \ e^1 + \frac{e^2}{(1+n)} = y_t - nk_t$$

当消费者效用最大化时,必然有:

$$\frac{\partial U}{\partial e^1}=(1+n)\frac{\partial U}{\partial e^2}$$

在第一期末,消费者会将第一期收入和消费的差额作为储蓄:
$$s_t=w_t-e_t^1,\ e_{t+1}^2=(1+r_{t+1})s_t$$
其中利率 r_{t+1} 由第 $t+1$ 期的资本边际产出决定,即:
$$r_{t+1}=F_K(K_{t+1},L_{t+1})$$
由于 $F(K_t,L_t)$ 设定为规模报酬不变,生产函数亦可以写作 $Lf(k)$。在这一形式的生产函数下,资本和劳动之间存在确定的关系 $w=\phi(r)$。由 $r=f'(k)$ 及 $w=f(k)-kf(k)$ 可以得到
$$\frac{dw}{dr}=\phi'(r)=-k,\ \frac{d^2w}{dr^2}=\phi''(r)=\frac{-1}{f''(k)}$$
由此可以得到居民消费的跨期关系:
$$\frac{\partial U}{\partial e^1}=(1+r)\frac{\partial U}{\partial e^2}$$
可以将储蓄表示为工资和利率的函数 $s_t=s(w_t,r_{t+1})$。
$$\frac{\partial U}{\partial w}=\frac{\partial U}{\partial e^1}$$
$$\frac{\partial U}{\partial r}=\frac{s}{1+r}\frac{\partial U}{\partial e^1}$$

经济中的总储蓄为 $S_t=s_tL_t=L_ts(w_t,r_{t+1})$,作为资本市场的供给。资本市场的需求由 $t+1$ 期的人均资本边际产出决定,即 $r_{t+1}=f'(k_{t+1})$。竞争性资本市场的均衡条件为:
$$r_{t+1}=f'\left(\frac{S_t}{L_{t+1}}\right)=f'\left(\frac{s(w_t,r_{t+1})}{1+n}\right)$$
由此可以得到 $r_{t+1}=\psi(w_t)$。因此,工资和利率的跨期变化可以由 ϕ 和 ψ 两个函数来确定。

利率与储蓄的跨期函数如图 9.1 所示。

戴蒙德(Diamond,1965)引入外债和内债两类政府公债,公债当期发行,下一期兑付,利率同市场利率。发债取得的资金用于当期政府消费(如一次性转移支付给消费者)。

在外债情况下,设外债与劳动比为 g_1,每个劳动力在 t 期需要支付 $(r_t-n)g_1$ 的税金以偿还外债的利息,于是资本市场的均衡变为:

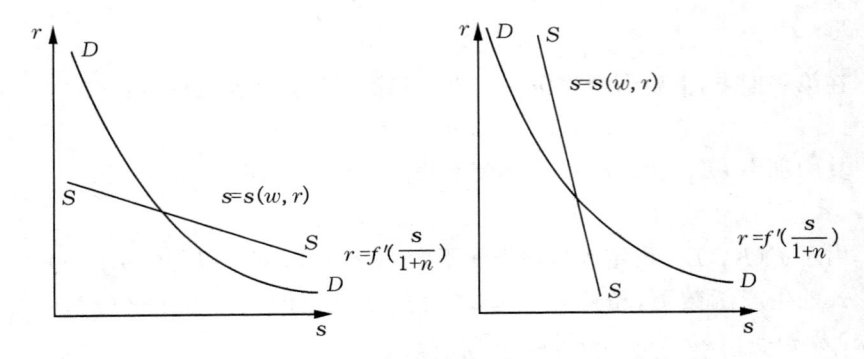

图 9.1 利率与储蓄的跨期函数：两种不同情形

$$r_{t+1}=f'\left(\frac{s[w_t-(r_t-n)g_1,r_{t+1}]}{1+n}\right)$$

长期均衡下，

$$r=f'\left(\frac{s[\phi(r)-(r-n)g_1,r]}{1+n}\right)$$

因此，

$$\frac{dr}{dg_1}=\frac{-f''(r-n)\frac{\partial s}{\partial w}}{1+n-f''\frac{\partial s}{\partial w}+f''(k+g_1)\frac{\partial s}{\partial w}}$$

可以看出，政府举借外债会使得利率偏离黄金律水平，征税偿还利息则会降低资本供给，抬升均衡利率。进一步的分析可以得出，举借外债会引起消费者效用的下降。

政府举借内债对于资本市场的供给端的影响与举借外债相同。记内债-劳动比为 g_2，储蓄方程为：

$$s[w_t-(r_t-n)g_2,r_{t+1}]$$

但举借内债对于资本市场的需求端的影响与外债有所不同，其约束为：

$$S_t=K_{t+1}+G_{t+1}$$

或用人均形式表示为：

$$\frac{s_t}{1+n}=k_{t+1}+g_2$$

资本市场的均衡条件为：

$$r_{t+1}=f'\left(\frac{s[w_t-(r_t-n)g_2,r_{t+1}]}{1+n}-g_2\right)$$

长期均衡下，

$$r=f'\left(\frac{s[\phi(r)-(r-n)g_2,r]}{1+n}-g_2\right)$$

因此，

$$\frac{dr}{dg_2}=\frac{-f''\left(1+n+(r-n)\frac{\partial s}{\partial w}\right)}{1+n-f''\frac{\partial s}{\partial w}+f''(k+g_2)\frac{\partial s}{\partial w}}$$

可以看出，政府举借内债也会使得利率偏离黄金律水平，抬升均衡利率。

内债和外债对于消费的影响如图 9.2 所示。

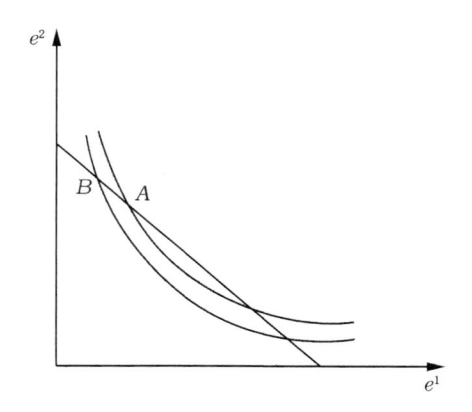

图 9.2　内债和外债对于消费的影响

斯坦(Stein,1969)对 Samuelson(1958)和 Diamond(1965)的理论进行了修正。斯坦(1969)提出，Samuelson-Diamond 模型设定下，经济不可能自行达到最优均衡，即 $r=n$ 不会成立。其中的主要原因是，Diamond 模型是一个世代交替的模型，消费者只在第一期工作，第二期退休，因此消费者只关心第一期的工资率，第二期的工资率不影响消费者的效用。然而，消费者第一期的储蓄决策会影响到下一期的资本存量，从而影响到下一代消费者面对的工资率和利率。因此，在 Diamond 模型中存在代际外部性。

要使得经济达到最优均衡，需要政府采取一些政策。斯坦(1969)提出了两项政策，其一是在模型中加入社会资本，其二是举借内债，这两项政策都不包含政府对于经济的直接控制,而是通过政策影响消费者的行为,使得经济达到最优均衡增长。

伊霍里(Ihori,1978)提出,在 Diamond 模型中,若消费者的最优规划下的均衡储蓄率异于黄金律下的储蓄率,政府可以通过向年轻一代人征总量税,并将税收收入通过总量补贴的方式转移到老年一代。同样的,政府也可以通过举借内债支付这笔转移支付来实现这一目标。

9.2.2 内生增长理论中财政的作用

不同于强调储蓄和资本积累作为经济增长的源泉的外生增长理论,20 世纪 80 年代发展起来的内生增长理论,更加强调技术进步作为经济增长的源泉。罗默(Romer,1986)提出了将知识作为一种要素投入的经济增长模型。由于知识投入的边际产出不存在递减,长期的经济增长率可能是递增的。这一理论有力地解释了工业革命以来西方国家经济长期增长的现象。其中,经济增长率在长期没有出现递减和收敛的现实,是对外生增长模型无法合理解释的,而内生增长模型则对此做出了刻画。罗默(Romer,1986)也注意到,由于知识存在外部性,研发投入(即对知识的投资)的社会效用大于个体效用,因此在内生增长模型中,社会最优解和竞争性均衡并不一致:竞争性均衡中,消费过高而研发投入过低。因此,政府可以通过适当的财政支出来纠正这一外部性。

巴罗(Barro,1990)对于内生增长模型中政府的作用做出了初步的分析。巴罗(Barro,1990)设定了一个无限期、连续时间的封闭经济,代表性消费者的效用函数为:

$$U = \int_0^{+\infty} u(c) e^{-\rho t} dt$$

$$u(c) = \frac{c^{1-\sigma} - 1}{1-\sigma}$$

其中 c 为瞬时人均消费,$\sigma > 0$ 为风险偏好系数,效用函数为 CES 形式,边际效用的弹性为常数 $-\sigma$,$\rho > 0$ 为时间贴现因子。

经济体的生产函数为 $y = f(k)$,其中 y 为人均产出,k 为人均资本。假设劳动力供给是无弹性的,避免了讨论消费者的工作-闲暇的选择。

由上述模型设定可以得到消费的稳态增长率:

$$\frac{\dot{c}}{c} = \frac{1}{\sigma}(f' - \rho)$$

参照雷贝洛(Rebelo,1991),将生产函数设为 $y=Ak$,则消费的稳态增长率为:

$$\gamma=\frac{\dot{c}}{c}=\frac{1}{\sigma}(A-\rho)$$

假设 $A<\rho<A(1-\sigma)$,即生产技术可以保持消费增长率为正数,同时保持 U 有界。这一模型中,消费、资本和总产出的增长率均为 γ。

设 g 为人均公共品数量,根据阿绍尔(Aschauer,1989)的研究,假设公共品是一种基础设施,并以下列形式进入生产函数:

$$y=\Phi(k,g)=k\cdot\phi\left(\frac{g}{k}\right)$$

ϕ 满足 $\phi'>0,\phi''<0$。进一步,假设生产函数是 Cobb-Douglas 形式:

$$\frac{y}{k}=\Phi\left(\frac{g}{k}\right)=A\cdot\phi\left(\frac{g}{k}\right)^{\alpha}\qquad 0<\alpha<1$$

政府通过单一税率对消费者征收所得税 $T=\tau y$,并维持即期的财政预算平衡 $g=T$:

$$g=T=\tau y=\tau\cdot k\cdot\phi\left(\frac{g}{k}\right)$$

由生产函数可以得到资本的边际产出:

$$\frac{\partial y}{\partial k}=\phi\left(\frac{g}{k}\right)\cdot\left(1-\phi'\cdot\frac{g}{y}\right)=\phi\left(\frac{g}{k}\right)\cdot(1-\eta)$$

其中 η 为人均产出 y 关于 g 的弹性。

此时,消费者最优化的稳态增长率为:

$$\gamma=\frac{\dot{c}}{c}=\frac{1}{\sigma}\left[(1-\tau)\cdot\phi\left(\frac{g}{k}\right)\cdot(1-\eta)-\rho\right]$$

当政府设定的所得税率 τ 保持不变时,g 会和 c、k 和 y 保持相同的增长率 γ,但不同的 τ 对应不同的稳态经济增长率。由 $\tau=\frac{g}{y}$、$\frac{g}{k}=\frac{g}{y}\cdot\phi\left(\frac{g}{k}\right)$ 可得:

$$\frac{d\gamma}{d(g/y)}=\frac{1}{\sigma}\cdot\phi\left(\frac{g}{k}\right)\cdot(\phi'-1)$$

因此,当 $\frac{g}{k}$ 足够小,使得 $\phi'>1$ 被满足时,经济增长率 γ 随着 τ 的上升而上升,反之则 γ 随着 τ 的上升而下降。$\phi'=1$ 为稳态增速最大的情况。

图 9.3 为我们展示了三种不同环境下的增长率。

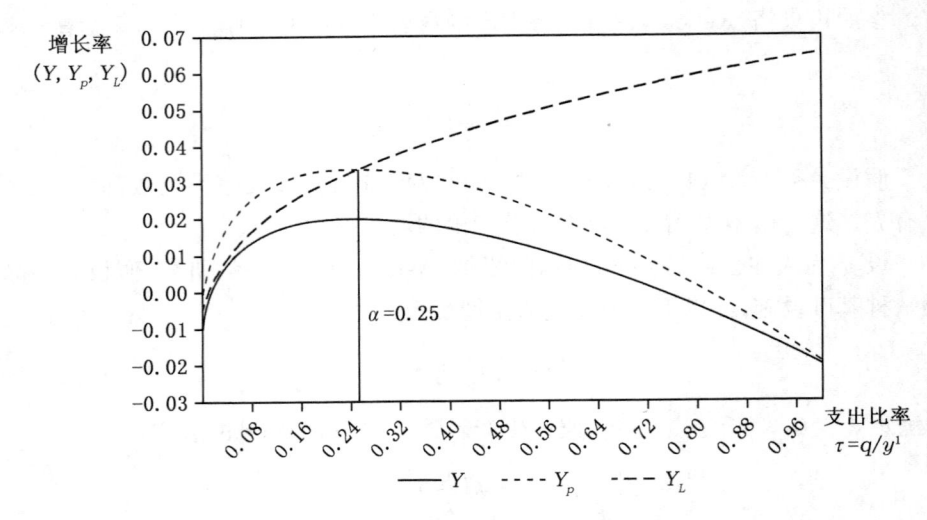

图 9.3 三种不同环境下的增长率

巴罗(Barro,1990)对于政府功能的设定较为简单,即政府在即期预算平衡的约束下提供一个公共品作为生产要素,圣保罗(Saint-Paul,1992)在内生增长模型中引入了更多的政府功能。

为此,圣保罗(Saint-Paul,1992)设定了连续世代交替模型。在每个时点,都有连续的世代,以他们的出生时间 s 作为世代的标记。每个消费者每一时点都有 p 的概率去世,以 $(1-p)$ 的概率生存。假设每一代人出生时的人数标准化为1,总人口为 $1/p$,在时期 t 仍然生存的 s 世代人口数为 $e^{-p(t-s)}$。

经济中仅有一种产品,其价格标准化为1,既可以用来消费,也可以用来投资。每个消费者出生时的劳动禀赋为 $\beta+p$,并以 β 的速率递减,使得经济中的劳动力总量始终为1。

消费者最大化期望效用:

$$E\int_s^{+\infty} \log c(t,s) e^{-\theta(t-s)} dt$$

其中,期望符号是对随机寿命而言。这一函数亦可写作:

$$V_{ts}=\int_s^{+\infty} \log c(t,s) e^{-(p+\theta)(t-s)} dt$$

设利率为 r,由于每一期消费者以 p 的概率去世,这一设定等价于无限期生存的消费者面对了 $r+p$ 的利率,因此消费者的跨期预算约束为:

$$\int_s^{+\infty} c(u,s)e^{-(p+\theta)(t-s)}du \leqslant h(t,s)+w(t,s)$$

其中，$h(t,s)$ 和 $w(t,s)$ 分别为人力资本和金融财产。假设 $w(s,s)=0$，即消费者出生时没有金融财产。

求解这一最优化问题，可以得到消费者的即期消费函数：

$$c(t,s)=(p+\theta)[h(t,s)+w(t,s)]$$

加总的宏观消费函数为：

$$C_t=(p+\theta)(H_t+W_t)$$

其中，H_t 和 W_t 分别为加总的人力资本和金融财产。

令 V_{ts} 为出生于 s 的消费者自 t 期起的期望效用总和现值，由即期消费函数可得：

$$V_{ts}=\frac{r-\theta}{(p+\theta)^2}+\frac{1}{p+\theta}\log(p+\theta)+\frac{1}{p+\theta}\log[h(t,s)+w(t,s)]$$

令 ω_t 为 t 期的工资率，$\tau(t,s)$ 为出生于 s 的消费者在 t 期支付的税额，可得。

$$h(t,s)=\int_t^{+\infty}[(p+\beta)\omega_u e^{-\beta(u-s)}-\tau(u,s)]e^{-(r+p)(u-t)}du$$

或简写为：

$$h(t,s)=hs(t,s)-ht(t,s)$$

其中，$hs(t,s)$ 为未来工资现金流贴现，$ht(t,s)$ 为未来税收的贴现：

$$hs(t,s)=\int_t^{+\infty}(p+\beta)\omega_u e^{-\beta(u-s)}e^{-(r+p)(u-t)}du$$

$$ht(t,s)=\int_t^{+\infty}\tau(u,s)e^{-(r+p)(u-t)}du$$

同理，将其加总到宏观层面，可以得到：

$$H_t=HS_t-HT_t$$

其中，

$$HS_t=\int_t^{+\infty}\omega_u e^{-(r+p+\beta)(u-t)}du$$

$$HT_t=\int_{-\infty}^t\left[\int_t^{+\infty}\tau(u,s)e^{-(r+p)(u-t)}du\right]e^{-p(t-s)}ds$$

以微分形式，可以写作：

$$\dot{HS}_t=(r+p+\beta)HS_t-\omega_t$$

这里假设的税收是非扭曲的总量税。

这一经济体还需要满足以下约束：

$$\dot{D}_t = rD_t - T_t$$
$$Y_t = AK_t$$
$$\omega_t = (1-\alpha)Y_t$$
$$r = \alpha A$$
$$\dot{K}_t = Y_t - C_t$$
$$W_t = K_t + D_t$$

进一步简化假设税率为常数 τ，从而 $\tau(u,s) = \tau\omega_t(p+\beta)e^{-\beta(t-s)}$，$T_t = \tau\omega_t$，$HT_t = \tau HS_t$。在平衡增长路径上，假设各项总量指标的增长率为常数 g，政府维持债务/GDP 之比为常数 δ。由模型假设，可以得到：

$$\frac{g}{A} = 1 - (p+\theta)\left(\delta + \frac{1}{A} + \frac{(1-\alpha)(1-\tau)}{r+p+\beta-g}\right)$$

政府预算约束确定的税率：

$$\tau = \frac{\delta(r-g)}{1-\alpha}$$

代入上式得到：

$$\frac{g}{A} = 1 - (p+\theta)\left(\frac{\delta(p+\beta)}{r+p+\beta-g} + \frac{1}{A} + \frac{1-\alpha}{r+p+\beta-g}\right)$$

进一步假设 $\delta > -\frac{1-\alpha}{p+\beta}$，即政府持有的金融资产的价值不会高于当代人的人力资产。上一公式可以导出：

$$\frac{dg}{d\delta} = \frac{-(p+\beta)(p+\theta)(r+p+\beta-g)}{\frac{(r+p+\beta-g)^2}{A} + \delta(p+\beta)(p+\theta) + (1-\alpha)(p+\theta)} < 0$$

因此，增加政府债务会降低平衡增长路径的经济理论率。此外，还可以求得当 $g>r$ 时，提高债务率对于未来世代的效用产生负面影响。

卡欣（Cashin,1995）在内生增长模型中进一步加入了公共资本积累，颠覆了对此前文献中政府支出仅作为流量的设定。在 Cashin(1995) 的模型中，代表性消费者存活无限期，其效用函数为：

$$U = \int_0^{+\infty} u[c(t)]e^{-\rho t}dt$$

其中，$c(t)$ 为人均消费，瞬时效用函数为 CES 形式，即 $u[c(t)] = [c(t)^{1-\sigma} - 1]/(1-\sigma)$。总人口为 N。

生产函数为：

$$y(t) = Ak(t) \left[\frac{G(t)}{K(t)}\right]^\alpha \left[\frac{T(t)}{K(t)}\right]^\beta$$

其中，A 为技术水平，$k(t)$ 为人均私人资本，$K(t) = Nk(t)$ 为经济体中的总私人资本，$G(t)$ 为经济体中的总公共资本，$T(t)$ 为经济体中的总转移支付。

跨期资源约束方程为：

$$\dot{k}(t) = (1-\tau_1-\tau_2)Ak(t)\left[\frac{G(t)}{K(t)}\right]^\alpha \left[\frac{T(t)}{K(t)}\right]^\beta - c(t)$$

$$\dot{G}(t) = \tau_1 ANk(t)\left[\frac{G(t)}{K(t)}\right]^\alpha \left[\frac{T(t)}{K(t)}\right]^\beta$$

$$\dot{T}(t) = \tau_2 ANk(t)\left[\frac{G(t)}{K(t)}\right]^\alpha \left[\frac{T(t)}{K(t)}\right]^\beta$$

其中，τ_1, τ_2 分别为用于公共投资和转移支付而征税的税率。

汉密尔顿方程为：

$$H[k(t), \lambda(t), c(t), t] = \frac{e^{-\rho t}[c(t)^{1-\sigma} - 1]}{1-\sigma} + \lambda(t)$$

$$\left\{(1-\tau_1-\tau_2)Ak(t)\left[\frac{G(t)}{K(t)}\right]^\alpha \left[\frac{T(t)}{K(t)}\right]^\beta - c(t)\right\}$$

一阶条件为：

$$e^{-\rho t}c(t)^{-\sigma} = \lambda(t)$$

$$-\dot{\lambda}(t) = \lambda(t)(1-\tau_1-\tau_2)Ak(t)\left[\frac{G(t)}{K(t)}\right]^\alpha \left[\frac{T(t)}{K(t)}\right]^\beta$$

横截性条件为：

$$\lim_{t \to +\infty} \lambda(t)k(t) = 0$$

定义稳态的私人占比增长率：

$$\gamma_k = \frac{\dot{k}(t)}{k(t)} = (1-\tau_1-\tau_2)A\left[\frac{G(t)}{K(t)}\right]^\alpha \left[\frac{T(t)}{K(t)}\right]^\beta - c(t)/k(t)$$

稳态下，

$$\frac{G(t)}{K(t)} = \left[\gamma \tau_1^{-1} A^{-\frac{1}{1-\beta}} \tau_2^{-\frac{\beta}{1-\beta}}\right]^{\frac{\beta-1}{1-\alpha-\beta}}$$

$$\frac{T(t)}{K(t)} = \tau_2^{\frac{1-\alpha}{1-\alpha-\beta}} A^{\frac{1}{1-\alpha-\beta}} \gamma^{\frac{-\alpha}{1-\alpha-\beta}} \tau_1^{\frac{\alpha}{1-\alpha-\beta}}$$

9.3　财政、城市化与要素流动

9.3.1　财政、基础设施与城市化

布鲁克纳(Brueckner,1997)对两种不同投融资机制下,基础设施对于城市发展和土地价格的影响进行了分析。

假设一个长度为 1 的线性城市,就业中心(CBD)位于其中一端 0 的位置,其他各点离开 CBD 的距离用 x 表示,居民单位距离的通勤成本为 k。城市居民的预算约束为 $u(t)+r(t,x)=y(t)-kx$,其中 r 是土地单位租金,u 是消费品数量,消费品价格标准化为 1,$y(t)$ 是 t 时期的收入。假设该城市是开放城市,$u(t)$ 由城市外的机会成本给定。无套利条件要求土地租金和通勤成本满足以下条件:

$$r(t,x) = y(t) - u(t) - kx$$

土地租金是位置 x 的减函数,并假设存在地价上升的时间趋势,即租金是时间 t 的增函数。

两种基础设施投融资分别是影响费机制(impact fee scheme,IF)和永久共享机制(perpetual-sharing scheme,PS)。

在 IF 机制下,假设一块位于 x 的土地在 $T(x)$ 被开发,开发商需要支付一笔影响费 $C_n[\bar{z}, nT(x)] = C_n(\bar{z}, x)$。位于 x 的土地的价值现值为:

$$V_{IF} = \int_0^{T(x)} r_A e^{-i\tau} d\tau + \int_{T(x)}^{+\infty} r(\tau, x) e^{-i\tau} d\tau - [D + C_n(\bar{z}, x)] e^{-iT(x)}$$

其中 r_A 为未开发时的地租,D 为开发成本。开发商选择 $T(x)$ 的一阶条件为:

$$r[T(x), x] = r_A + i[D + C_n(\bar{z}, x)]$$

由于新开发的土地位于城市最远端,一阶条件可以写为:

$$r[t, \bar{x}(t)] = r_A + i\{D + C_n[\bar{z}, \bar{x}(t)]\}$$

又由 $\bar{x}(t) = n(t)$,

$$r[t, n(t)] = r_A + i\{D + C_n[\bar{z}, n(t)]\}$$

由这一方程可以解出 t 时期的人口 $n(t)$。

$$n'(t)=-\frac{r_t}{r_x-iC_{nn}}$$

由 $r_t>0$，当且仅当 $r_x-iC_{nn}<0$，即 $iC_{nn}>-k$ 时，$n'(t)>0$。

在 PS 机制下，基础设施的利息成本由土地拥有者承担，位于 x 的土地的价值现值为

$$V_{PS}=\int_0^{T(x)}r_Ae^{-i\tau}d\tau+\int_{T(x)}^{+\infty}\left[r(\tau,x)-\frac{iC_n(\bar{z},x)}{x}\right]e^{-i\tau}d\tau-De^{-iT(x)}$$

一阶条件为：

$$r[T(x),x]--\frac{iC_n(\bar{z},x)}{x}=r_A+iD$$

与 IF 机制类似，一阶条件可以改写为：

$$r[t,n(t)]=r_A+iD+\frac{iC_n[\bar{z},n(t)]}{n(t)}$$

确保 $n'(t)>0$ 的条件为：

$$r_x-i\frac{d\left(\dfrac{C}{n}\right)}{dn}<0$$

可见，投融资机制不同，城市人口增长也不同。PS 机制下的城市扩张快于 IF 机制。

图 9.4 展示了两种机制下的城市扩张路径。

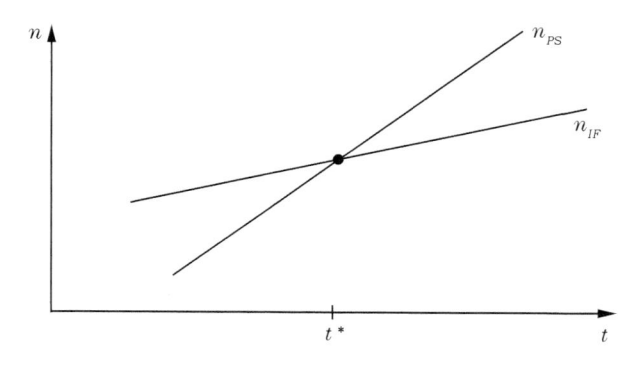

图 9.4　两种机制下的城市扩张路径

9.3.2 财政与人口流动

拉辛等人(Razin et al.,2002)讨论了人口流动对于财政的影响。假设经济体存在两类劳动者——高技能劳动者和低技能劳动者,其中高技能劳动者的有效劳动力供给为1个单位,而低技能劳动者的有效劳动力供给为 $q<1$ 个单位。每个劳动者有1个单位的时间,并拥有 K 个单位的资本禀赋。成为高技能劳动力的前提是接受教育,是否接受教育由劳动者自主选择。

假设经济体中的个体的能力 e 服从一个连续分布。能力为 e 的劳动者,需要 e 个单位的时间接受教育,这意味着剩下 $(1-e)$ 单位的时间可以用于劳动。每一代人的数量标准化为1,其能力分布函数为 $G(e)$,定义于 $[0,1]$ 区间。需要注意的是,这里 e 越大,代表个体能力越低。

上述假设下,存在一个能力的门槛值 e^*,能力值 e 在 e^* 之下的个体(能力较高的)会选择接受教育并成为高技能劳动者,能力值 e 在 e^* 之上的个体(能力较低的)会选择不接受教育并成为低技能劳动者。能力为 e^* 的个体,接受教育和不接受教育的收入相同,即满足 $w(1-e^*)=qw$,其中 w 为单位时间有效劳动的工资率。由这一条件可以求得:

$$e^*=1-q$$

假设政府对劳动收入征收所得税,税率为 τ,税收收入全部用于总量转移支付,金额为 b。在没有人口流动的情况下,为了确保内点解,假设获得教育需要付出一个额外的金钱成本 γ。此时,获得教育与否的临界点为:

$$e^*=1-q-\frac{\gamma}{(1-\tau)w}$$

假设政府设定接受外来移民的规模为 m,移民均为低技能劳动力,享受国民待遇,但不拥有资本禀赋。不失一般性,将移民的编号置于 $[0,1]$ 区间外的 $(1,1+m]$ 区间。

为了保证模型都能得到解析解,假设生产函数为:

$$Y=wL+(1+r)K$$

假设不同技能的劳动力可以完全替代,经济中的劳动力供给总计为:

$$L=\int_0^{e^*}(1-e)dG+q[1-G(e^*)]+qm$$

若 $G(e)$ 为均匀分布,$G(e)=e$,则劳动力供给为:

$$L = e^* - \frac{1}{2}(e^*)^2 + (1 - e^* + m)q$$

最后,政府需要满足预算约束。政府对所有劳动和资本收入征收所得税,税率为 τ,并将全部税收收入以总量转移支付 b 的形式支付给劳动者,其预算约束为:

$$b = \frac{\tau(wL + rK)}{1 + m}$$

上述模型设定可以推得 $e^* = e^*(\tau, m)$,$L = L(\tau, m)$ 和 $b = b(\tau, m)$,即当税率和移民规模确定之后,教育水平、劳动力总供给和转移支付即能确定下来。

令个体的消费函数为 $c(e, \tau, m)$,

$$c(e, \tau, m) = \begin{cases} (1-\tau)w(1-e) - \gamma + [1+(1-\tau)]K + b(t, m) & \text{for} \quad e \leqslant e^*(\tau, m) \\ (1-\tau)wq - \gamma + [1+(1-\tau)]K + b(t, m) & \text{for} \quad e^*(\tau, m) < e \leqslant 1 \\ (1-\tau)wq - \gamma + b(t, m) & \text{for} \quad 1 < e < 1 + m \end{cases}$$

所得税税率由简单多数投票决定。将 $c(e, \tau, m)$ 对 e 和 τ 求二阶导数:

$$\frac{\partial^2 c(e, \tau, m)}{\partial e \partial \tau} = \begin{cases} w & \text{for} \quad e \leqslant e^*(\tau, m) \\ 0 & \text{for} \quad e^*(\tau, m) < e \leqslant 1 \\ 0 & \text{for} \quad 1 < e < 1 + m \end{cases}$$

这一结果说明单交叉条件成立,简单多数投票的结果可以简化为中位选民偏好,即位于 $e_M(m) = (1+m)/2$ 的选民的偏好的税率:

$$\tau_o(m) = \arg\max c[e_M(m), \tau, m]$$

$\tau_o(m)$ 可以用隐函数来表示:

$$\frac{\partial c[e_M(m), \tau_o, m]}{\partial \tau} = B[m, \tau_o(m)] = 0$$

$$\frac{\partial^2 c[e_M(m), \tau_o, m]}{\partial \tau^2} = B_\tau[m, \tau_o(m)] \leqslant 0$$

$B(m, \tau)$ 可以从 $c(e, \tau, m)$ 求得:

$$B[m, \tau(m)] = \begin{cases} -\dfrac{w(1-m)}{2} - rK + b_\tau(\tau, m) & \text{for} \quad e_M(m) \leqslant e^*(\tau, m) \\ -wq - rK + b_\tau(\tau, m) & \text{for} \quad e^*(\tau, m) < e_M(m) \leqslant 1 \\ -wq + b_\tau(\tau, m) & \text{for} \quad 1 < e_M(m) < 1 + m \end{cases}$$

中位投票人分别位于这三个区间时,税率的决定会有所不同。

分析移民规模对于 $B[m, \tau_o(m)]$ 的影响:

$$B_m[m,\tau_o(m)] = \begin{cases} \dfrac{w(q+m)}{1-m} - \dfrac{rK}{1-m} & \text{for} \quad e_M(m) \leqslant e^*[\tau_o(m),m] \\ -\dfrac{rK}{1-m} & \text{for} \quad e^*[\tau_o(m),m] < e_M(m) \leqslant 1 \\ 0 & \text{for} \quad 1 < e_M(m) < 1+m \end{cases}$$

该文作者接下来利用欧洲 11 国(英国、芬兰、西班牙、法国、德国、奥地利、意大利、丹麦、比利时、瑞典和荷兰)1974—1992 年的数据对上述理论进行检验。除了法国、丹麦、意大利、瑞典等少数国家外,多数国家的移民的平均教育水平均低于本地居民。平均而言,移民占人口比例越高的国家,所得税税率和转移支付水平越低,但在给定移民占比的情况下,中高教育水平的移民占比越高,所得税税率和转移支付水平越高。

拉辛等(Razin et al., 2002)的模型中,只讨论了单个经济体的移民政策对于财政政策的影响,没有讨论经济体之间的政策互动。布科维茨基(Bucovetsky,2003)设了一个包含一国两个地区的模型,其中一个地区较为富有(R),另一个地区较为贫困(P)。有两类消费者:一类是高能力消费者(H),另一类是低能力消费者(L)。令 $\eta_i \in \{\eta_H, \eta_L\}$ 为消费者 i 的能力,$\varepsilon_j \in \{\varepsilon_P, \varepsilon_R\}$ 为地区 j 的生产效率(亦可理解为资源禀赋)。

生产函数为 $\eta_i \varepsilon_j$。这一函数说明个人能力和地区的生产效率之间存在互补关系。同一个消费者,在 R 地区的边际产出要高于在 P 地区的边际产出。

消费者在地区间迁移会产生成本 $C > 0$。假设:
$$(\varepsilon_R - \varepsilon_P)\eta_H > C > (\varepsilon_R - \varepsilon_P)\eta_L$$
因此,低能力消费者不会选择迁移。

假设两个地区的消费者在出生的人数相同,且出生时的能力分布相同,高能力消费者的比例均为 a。消费者效用函数为:
$$U(y) = \frac{1}{1-\beta} y^{1-\beta}, \beta > 0$$
其中,y 为消费者的可支配收入。

中央计划者以最大化全国所有消费者的效用之和为目标来制定财政政策。可行的财政政策包括对两个地区的消费者的收入征收所得税(税率可以因地区而不同)、地区间的转移支付、对人口迁移进行一次性的征税或者补贴及对给两个地区的居民进行总量转移支付,但中央计划者不能直接基于消费者的能力征收总量税或者进行差异化总量转移支付,亦不能直接控制消费者的迁移行为。

设地区 j 的所得税税率为 t_j，劳动力供给无弹性，则人均税收收入为：
$$R_j = \left[t_j - \frac{1}{2}t_j^2\right]\varepsilon_j \bar{\eta}_i$$

其中，$\bar{\eta}_i$ 为地区 i 的平均能力。

设地区 j 的人均转移支付为 T_j，则出生于地区 i，能力水平为 j 的消费者在不迁移的情况下的可支配收入为：
$$y_i^j = \left[(1-t_j)\eta_j + t_j(1-\frac{1}{2}t_j)\bar{\eta}_i\right]\varepsilon_j + T_j$$

若消费者选择迁移到另一个地区 k，其可支配收入为 $y_i^k - C + s$，其中 s 为迁移补贴。

若所有消费者均不迁移，$\bar{\eta}^R = \bar{\eta}^R = \bar{\eta} \equiv a\eta_H + (1-a)\eta_L$，政府的预算约束为 $T_R + T_P = 0$。

若仅有出生于欠发达地区的高能力消费者迁移，其他消费者均不迁移：
$$\bar{\eta}^R = \eta^M \equiv \frac{1}{1+a}[2a\eta_H + (1-a)\eta_L]; \bar{\eta}^R = \eta_L$$

政府的预算约束为 $(1+a)T_R + (1-a)T_P + as = 0$。

中央计划者有 4 个自由选择的选择变量：t_P, t_R, T_P, s，而 T_R 将由预算约束决定。政府和居民的行动顺序为：①中央计划者选择 t_P, t_R, T_P, s；②所有居民同时选择是否迁移；③产出和可支配收入实现。需要留意的是，T_R 会受到居民迁移决策的影响。

若不存在迁移，中央计划者最优化目标为：
$$aU(y_H^R) + (1-a)U(y_L^R) + aU(y_H^P) + (1-a)U(y_L^P)$$
s.t. $T_R + T_P = 0$

最优决策为 $T_R > 0 > T_P$ 使得两地的平均边际效用相等：
$$\overline{MU}^R = \overline{MU}^P$$

其中，$\overline{MU}^j = aU(y_H^j) + (1-a)U(y_L^j)$。此时，$t_R > t_P > 0$。

当迁移成本 $C \leq C_1 \equiv y_H^R - y_H^P + s$ 时，上述无迁移的均衡成立。否则，出生于欠发达地区的高能力消费者会选择迁移至发达地区。此时，中央计划者的最优化目标变为：
$$aU(y_H^R) + (1-a)U(y_L^R) + aU(y_H^P - C + s) + (1-a)U(y_L^P)$$
s.t. $(1+a)T_R + (1-a)T_P + as = 0$

此时 $\overline{MU}^R = \overline{MU}^P$ 仍然成立，但其定义变为 $\overline{MU}^P = aU(y_H^P - C + s) + (1-a)$

$U(y_L^P)$、$\overline{MU^R}=aU(y_H^R)+(1-a)U(y_L^R)$。

根据模型的时间设定，需要先求解居民的迁移决策。在这一问题中，假设每个个体同时进行迁移决策，彼此之间不存在合作，并且每个地区的人口数量很大，因此单个居民的迁移决策不会对地区的能力均值产生影响。由前假设，只有欠发达地区的高能力居民才有可能迁移，他们的迁移决策可能有三种情况：

①当 $\bar{\eta}^P=\bar{\eta}^R=\bar{\eta}$ 时，$y_H^R+s-C\leqslant y_H^P$，全部不迁移。

②当 $\eta_L<\bar{\eta}^P<\bar{\eta}<\bar{\eta}^R<\eta^M$ 时，$y_H^R+s-C=y_H^P$，部分迁移到发达地区。

③当 $\bar{\eta}^P=\eta^M,\bar{\eta}^R=\eta_L$ 时，$y_H^R+s-C\leqslant y_H^P$，全部迁移到发达地区。

注意到，t_P,t_R,T_P,s 确定下，当更多的高能力消费者从欠发达地区迁移到发达地区时，总产出和总税收收入会增加，会导致均衡发生进一步变化，从而产生多重均衡。在此需要假设多重均衡下的均衡选择：当存在迁移的多重均衡时，选择一个使得迁移的高能力消费者的迁移净收益最大的均衡；当不迁移和全部迁移的均衡的净收益相同，则选择全部迁移的均衡。

在上述假设和分析的基础上，可以讨论中央计划者的最优决策，并得到以下三个结论：

①若中央计划者的目标是促进效率提升的迁移，则需要对欠发达地区征收正税率的所得税。

②迁移成本 C 的提高会使得所有人福利变差。

③若从发达地区往欠发达地区的转移支付是有益的，迁移成本 C 的提高需要提高两个地区的所得税速率，并减少两个地区内的净转移支付。这意味着，降低迁移成本，可以起到降低地区内再分配的效果。

布科维茨基（Bucovetsky,2003）的主要发现是，以税收和转移支付为代表的财政政策与迁移成本都会对人口迁移产生影响。在现实中，人才外流问题（Brain Drain）不仅存在于一国之内的欠发达地区，也广泛存在于发展中国家，对于前者可以通过中央政府的财政政策来进行优化，对于后者则需要加强国际合作，通过国际税收手段来优化，难度相对较大。

9.3.3 财政竞争与产业布局

除了人口流动外，地区之间的财政竞争也会针对流动的资本，且相对于人口，资本的流动性更强。奥茨和施瓦布（Oates and Schwab,1988）构建了一个针对流动资本的财政竞争的模型,其中地方政府采用降低税率和环境标准来吸引流动资本,以提升本地居民的收入,但也会造成税收流失和环境恶化。

假设有 n 个地区,每个地区的大小足以保证:①没有跨区域通勤;②环境污染没有跨区域溢出效应。每个地区生产一种私人品 Q,并在全国市场销售,生产函数为边际报酬不变的函数:

$$Q=F(K,L,E)=Lf(k,\alpha)$$

其中,K 为资本,L 为劳动力,E 为污染物排放,k 为人均资本,α 为人均污染物排放。

政府对资本征收所得税,税率为 t。资本是完全自由流动的,其回报满足 $f_k-t=r$。与此相反,假设劳动力完全不能流动,每个地区的劳动力的禀赋和偏好均相同,劳动力市场是完全竞争的,工资率为 w,满足 $w=f-kf_k$。

居民的效用函数为 $u=u(c,\alpha),u_c>0,u_\alpha<0$,预算约束为:

$$c=y+w+T=y+(f-kf_k)+tk$$

消费者问题即是选择 t 和 α,在满足预算约束的前提下最大化效用。可以求得最优化条件为:

$$t=0,\quad -\frac{u_\alpha}{u_c}=f_\alpha$$

这一结果是单个地区的效率条件。考虑多个地区互动时,这一条件也必须满足,即:

$$-\frac{u_\alpha^i}{u_c^i}=f_\alpha^i$$

并且还需要满足所有地区的资本边际产出相等的条件,即:

$$f_k^i=f_k^j$$

其中,上标字母 $i,j=1,2,\cdots,n$ 指代地区。这两个均衡条件分别代表地区内的资源最优化配置和地区间的资源最优化配置。奥茨和施瓦布(Oates and Schwab,1988)也提出,尽管这两个条件是最优的,但现实中会存在一些其他因素,使得政策选择偏离最优解。例如,政府在决策过程中,并不完全以当地居民效用最大化为目标,而是将政府预算收入最大化作为目标,这会导致税率更高、环境标准更低(污染物排放更多)。

奥茨和施瓦布(Oates and Schwab,1988)还将这一模型拓展至两类居民的情况,两类居民分布是赚取工资的劳动者和不赚取工资的非劳动者。由于增加资本会使得工资率 w 上升,当中位投票人是劳动者时,他们会选择对资本征收负所得税(即补贴),而当中位投票人是非劳动者时,他们会选择对资本征收负所得税。两种情形下,环境标准也会随之改变,但均不是社会最优水平。

9.4 财政、环境与绿色发展

9.4.1 包含外部性的经济增长模型

环境外部性在经济增长中始终存在,财政政策是协调经济增长和环境保护的重要政策工具。从 20 世纪 90 年代开始,许多经济学者开始研究环境税的经济效应。在前人研究的基础上,博文伯格和德穆吉(Bovenberg and de Mooij,1997)将环境税引入内生增长模型,研究平衡的可持续增长路径。

假设企业的生产函数为 $Y=f[m(K,S),n(A,P)]E^{\eta}$,其中 K 为私人资本,S 为公共投资,A 为环境治理支出,P 为污染水平,$n(A,P)=AP^{\alpha}$,E 为环境质量。

政府征收产品税和污染税,产品税的税基为 Y,税率为 T_y;污染税的税基为 P,税率为 T_p。政府也对环境治理支出进行补贴,补贴率为 T_a。企业的利润为:

$$W=(1-T_y)Y-(1-T_a)A-T_pP-rK$$

r 为利率,rK 为支付的利息。利润中,$I\equiv\dot{K}$ 用以投资。

企业最优化的一阶条件为:

$$(1-T_y)\frac{\partial Y}{\partial A}=(1-T_a)$$

$$(1-T_y)\frac{\partial Y}{\partial P}=T_p$$

$$(1-T_y)\frac{\partial Y}{\partial K}=r$$

消费者的效用函数为:

$$U=\int_0^{+\infty}\frac{[CE^\phi]^{1-\frac{1}{\sigma}}}{1-\frac{1}{\sigma}}e^{-\theta t}dt$$

预算约束为 $\dot{K}=rK+W-C$。消费者最优化的一阶条件为：

$$\frac{\dot{C}}{C}=\sigma(r-\theta)$$

政府的预算约束为 $T_yY+T_pP=T_aA+S$。环境质量函数为 $E=e(P)$。市场出清条件为 $I=Y-S-A-C$。其中，T_a、T_p、S 和 K_0 为外生变量，其余均为内生变量。平衡增长路径的增长率为 π。

在稳态附近对各个变量的关系式进行对数线性化，并以在变量上方加"～"的方式代表变量的增长率，并以变量对应的小写字母代表该变量增长率与资本增长率之差。

总产出：

$$\widetilde{y}=\delta\widetilde{s}+\gamma\widetilde{a}+\alpha\gamma\widetilde{P}+\eta\widetilde{E}$$

污染水平：

$$[1+\alpha(1-\sigma_y)]\widetilde{P}\equiv\frac{\delta(\sigma_m-\sigma_y)}{\sigma_m(\delta+\beta)}\widetilde{s}-(1-\sigma_y)(\widetilde{t}_a+\widetilde{T}_a)+\sigma_y(\widetilde{r}-\widetilde{t}_p)$$

环境治理支出：

$$\widetilde{a}=\widetilde{P}+\widetilde{T}_a+\widetilde{t}_p$$

资本回报率：

$$\widetilde{y}=\frac{\delta(\sigma_m-\sigma_y)}{\sigma_m(\delta+\beta)}\widetilde{s}-(1-\sigma_y)\eta\widetilde{E}+\sigma_y(\widetilde{r}-\widetilde{t}_p)$$

企业分红：

$$s_d\widetilde{d}=-s_i\widetilde{i}+(1-T_y)[\delta\widetilde{s}-\gamma\widetilde{T}_a-\widetilde{T}_y-\alpha\gamma\widetilde{t}_p-\varepsilon\eta\widetilde{P}]$$

企业利润：

$$s_w\widetilde{d}=s_d\widetilde{d}+s_i\widetilde{i}-rs_k\widetilde{r}$$

平衡路径的增长率：

$$\widetilde{\pi}=\widetilde{i}$$

消费者储蓄与投资：

$$\widetilde{i}=\frac{r}{r-\theta}\widetilde{r}$$

消费者预算约束：

$$s_c\widetilde{c}=s_w\widetilde{w}+(1-\sigma)rs_k\widetilde{r}$$

政府预算约束：
$$(1-T_y)\tilde{T}_y+T_y\tilde{y}+T_p^*\tilde{t}_p+T_p^*\tilde{P}=(1-T_a)s_a\tilde{T}_a+T_as_a\tilde{a}+s_s\tilde{s}$$

环境质量：
$$\tilde{E}=-\varepsilon\tilde{P}$$

产品市场均衡：
$$s_i\tilde{i}=\tilde{y}-s_c\tilde{c}-s_a\tilde{a}-s_s\tilde{s}$$

为了简化分析，假设生产函数是 Cobb-Douglas 形式，即 $\sigma_y=1$。此时，

$$\tilde{\pi}=-\frac{r}{r-\theta}\frac{1}{\Delta}(\alpha\gamma-\varepsilon\eta)\tilde{t}_p$$

$$\tilde{P}=-\tilde{t}_p-\frac{1}{\Delta}(\alpha\gamma-\varepsilon\eta)\tilde{t}_p$$

$$\tilde{T}_y=\frac{s_s}{\Delta}(\alpha\gamma-\varepsilon\eta)\tilde{t}_p$$

其中，$\Delta\equiv rs_k+s_w-(\alpha\gamma-\varepsilon\eta)>0$。

可以看出，提高污染税会对污染产生两重效应：一是直接降低污染水平（$-\tilde{t}_p$），二是通过影响经济增长率影响污染水平 $\left[-\frac{1}{\Delta}(\alpha\gamma-\varepsilon\eta)\tilde{t}_p\right]$。提高污染税对经济增长率的影响取决于 $\alpha\gamma$ 与 $\varepsilon\eta$ 孰大孰小。当 $\alpha\gamma-\varepsilon\eta=0$ 时，提高污染税不会影响经济增长，且可以降低污染水平；当 $\alpha\gamma-\varepsilon\eta>0$ 时，提高污染税会导致资本税后收益下降，侵蚀了产品税税基，使得政府必须提高产品税税率来满足预算约束，从而经济增长率下降；当 $\alpha\gamma-\varepsilon\eta<0$ 时，提高污染税会导致资本税后收益上升，政府可以调低产品税税率，提升稳态的经济增长率。

博文伯格和海伊德拉（Bovenberg and Heijdra，1998）进一步加入了政府跨期预算平衡，通过一个世代交替的模型来刻画环境税对于经济增长及代际公平的影响。假设消费者每一期均以一定概率死亡，因此经济体中每一代人的人数会随着时间的推移而减少。代表性消费者的效用函数为：

$$U(v,t)\equiv\int_t^{+\infty}[\log C(v,\tau)+\gamma_E E(\tau)]\exp[(\rho+\lambda)(t-\tau)]d\tau$$

其中，$C(v,\tau)$ 为出生于 v 期的消费者在 τ 期消费的私人产品数量，$E(\tau)$ 为 τ 期环境质量，对于生活在当期的消费者而言是一项公共产品，$\rho\geq 0$ 是纯时间偏好，$\lambda\geq 0$ 是当期死亡概率。

消费者的预算约束为：

$$\frac{dA(v,\tau)}{d\tau}=[r(\tau)+\lambda]A(v,\tau)+W(\tau)-Z(\tau)-C(v,\tau)$$

其中，$r(\tau)$ 为政府公债利率，$A(v,\tau)$ 为出生于 v 期的消费者在 τ 期持有的金融资产数量，$W(\tau)$ 为 τ 期工资率（假设劳动力供给无弹性），$Z(\tau)$ 为 τ 期总量税。

通过效用函数、预算约束及外加横截性条件，可以求出消费者的最优化条件：

$$C(v,\tau)=(\rho+\lambda)[A(v,\tau)+H(t)]$$

其中，$H(t)$ 为消费者期望的终身劳动收入：

$$H(t)\equiv\int_{t}^{+\infty}[W(\tau)-Z(\tau)]\exp\left[-\int_{t}^{\tau}[r(\mu)+\lambda]d\mu\right]d\tau$$

为简化表述，记税后收入 $W^N(t)\equiv W(t)-Z(t)$。

假设总人口为 L，每一期有 λL 的消费者去世，同时有 λL 的消费者出生，使得总人口规模保持稳定。不失一般性，假设 $L=1$。由于人口数量不变，总金融资产可以表示为：

$$A(t)\equiv\lambda\int_{-\infty}^{t}A(v,t)e^{\lambda(v-t)}dv$$

于是，消费者的行为可以用以下三个公式来表示：

$$\dot{A}(t)=r(t)A(t)+W(t)-Z(t)-C(t)$$
$$C(t)=(\rho+\lambda)[A(t)+H(t)]$$
$$\dot{H}(t)=[r(t)+\lambda]H(t)-W(t)+Z(t)$$

企业的生产函数是 Cobb-Douglas 形式，规模报酬不变。设 $Y(t)$ 为扣除折旧的产出：

$$Y(t)=F[K(t),L(t)]=\gamma_0 K(t)^{\varepsilon_L}L(t)^{1-\varepsilon_L}$$

其中，$\gamma_0>0$，$\varepsilon_L\in(0,1)$。企业最大化其价值 $V(t)$：

$$V(t)=\int_{t}^{+\infty}[(1-t_K(\tau))[Y(\tau)-W(\tau)L(\tau)]+\delta_K K(\tau)-I(\tau)]\exp\left[-\int_{t}^{\tau}r(\mu)d\mu\right]d\tau$$

预算约束为 $\dot{K}(\tau)=I(\tau)-\delta_K K(\tau)$，其中 δ_K 为资本折旧率，$\dot{K}(\tau)\equiv dK(\tau)/d\tau$ 为资本存量变化率，$t_K(\tau)$ 为资本所得税税率。

企业最优化的一阶条件为：

$$\frac{\partial Y(\tau)}{\partial L(\tau)}=W(\tau),\quad \frac{\partial Y(\tau)}{\partial K(\tau)}=\frac{r(\tau)}{1-t_k(\tau)}$$

政府的即期预算约束为：

$$\dot{B}(\tau)=r(\tau)B(\tau)-t_k(\tau)[Y(\tau)-W(\tau)L(\tau)]-Z(\tau)$$

其中，$B(\tau)$ 代表 τ 期的政府公债存量。政府预算需要满足非旁氏条件：

$$\lim_{\tau\to\infty}B(\tau)\exp\left[-\int_t^\tau r(\mu)d\mu\right]=0$$

政府的跨期预算约束为：

$$B(t)=\int_t^{+\infty}[Z(\tau)+t_k(\tau)[Y(\tau)-W(\tau)L(\tau)]]\exp\left[-\int_t^\tau r(\mu)d\mu\right]d\tau$$

设 τ 期的污染物存量为 $P(\tau)$，污染物排放为 $\dot{P}(\tau)=H(P(\tau),K(\tau))$，其中 $H_P<0, H_K>0$。环境质量 $E(\tau)=\bar{P}-P(\tau)$，其中 $\bar{P}$ 为初始污染物存量。因此，环境的变化为：

$$\dot{E}(\tau)=-H[\bar{P}-E(\tau),K(\tau)]\equiv f[E(\tau),K(\tau)]$$

将其在稳态附近进行对数线性化后，可得：

$$\dot{\widetilde{E}}(\tau)=-\alpha_E[\widehat{E}(\tau)+\alpha_K\widehat{K}(\tau)]$$

其中，字母上方的"～"代表该变量的变化率，$\alpha_E\equiv -f_E$，$\alpha_K\equiv f_K K/f_E E$。

为了表述方便，下列字母上方的"～"代表特定含义：

$$\widetilde{t}_k\equiv\frac{dt_k}{1-t_k},\widetilde{Z}\equiv\frac{dZ}{Y},\widetilde{B}=rdB/Y$$

在上述模型设定的基础上，可以分析环保税上调对于经济增长的影响。在此假设环保税的税基是资本收入，即环保税实际上是一项资本所得税。征税将导致资本回报下降，从而导致投资下降、消费上升。当税率上升时，消费的变化为：

$$\widetilde{C}(0)=\left(\frac{r}{r^*}\right)\widetilde{t}_K>0$$

由于消费增加，投资下降，随着时间推移，资本存量也下降：

$$\widehat{K}(t)=A(h^*,t)\widehat{K}(\infty)$$

其中，h^* 代表经济调整的速度，$A(h^*,0)\equiv 1-\lim_{t\to\infty}A(h^*,t)=0$，$\frac{dA(h^*,t)}{dt}\gtrless 0$。长期的资本存量和消费水平的调整幅度为：

$$\widehat{K}(\infty)=\frac{-r(1-\varepsilon_L)\widetilde{t}_K}{\varepsilon_L[r-\rho+r]}<0$$

$$\widetilde{C}(\infty)=\frac{-r\tilde{t}_K}{\varepsilon_L[r-\rho+r]}<0$$

根据 Bovenberg and Heijdra(1996),当初始环境税税率较高,消费者死亡率及出生率较低(λ 较小),或者时间偏好较高(ρ 较大)时,资本受上调税率的影响更大。消费的转移路径也可以求得:

$$\widetilde{C}(t)=\widetilde{C}(0)[1-A(h^*,t)]+\widetilde{C}(\infty)A(h^*,t)$$

即消费会在税率上调之处一次性上升,随后逐渐下降,最终收敛到低于初始水平的均衡。

提高税率对于环境的长期影响取决于资本存量。由稳态条件可得到环境的长期影响:

$$\widetilde{E}(\infty)=\frac{\alpha_K r\tilde{t}_K}{\varepsilon_L[r-\rho+r]}>0$$

其转移路径为:

$$\widetilde{E}(t)=-\alpha_K A(\alpha_E,h^*,t)\widetilde{K}(\infty)$$

其中,$A(\alpha_E,h^*,t)$ 为多重调整项:

$$A(\alpha_E,h^*,t)=1-\left(\frac{\alpha_E}{\alpha_E-h^*}\right)e^{h^*t}+\left(\frac{h^*}{\alpha_E-h^*}\right)e^{-\alpha_E t}$$

其中,α_E 代表生态环境的调整速度,h^* 代表经济的调整速度。根据博文伯格和海伊德拉(Bovenberg and Heijdra,1996),$A(\alpha_E,h^*,t)$ 取值范围为非负,呈现出"S 型",是时间的增函数。环境税税率上调对于生态环境的影响的调整速度,取决于 α_E 和 h^* 的大小。

9.4.2 促进绿色发展的财政政策

阿西莫格鲁等(Acemoglu et al.,2012)提出最优环境规制应同时包含控制当期排放的措施(如环境税、碳税)及对减少污染和碳排放的产品进行补贴或者税收激励以促进相关领域的研发。

在一个离散时间无限期模型中,居民即是消费者,也是生产者,还是研究者,其效用相同,均为:

$$\sum_{t=0}^{+\infty}\frac{1}{(1+\rho)^t}u(C_t,S_t)$$

其中,C_t 为 t 期的最终产品消费,$S_t\in[0,\overline{S}]$ 为 t 期的环境质量(公共品消费),

S_t 越大代表环境质量越好,$\bar{S}$ 为环境质量的理想状态,$\rho>0$ 为贴现率。假设在没有任何生产活动时,$S_0=\bar{S}$。$u(C,S)$ 是 C 和 S 的增函数,且为关于 (C,S) 联合凹函数。假设稻田条件成立,即:

$$\lim_{C\downarrow 0}\frac{\partial u(C,S)}{\partial C}=+\infty, \lim_{S\downarrow 0}\frac{\partial u(C,S)}{\partial S}=+\infty, \lim_{S\downarrow 0}u(C,S)=-\infty$$

另外,还假设 $\frac{\partial u(C,\bar{S})}{\partial S}=0$。

最终产品 Y 的生产需要两类投入,分别为"干净的"投入 Y_c 和"污染的"投入 Y_d。生产函数为:

$$Y_t=\left(Y_{ct}^{\frac{\varepsilon-1}{\varepsilon}}+Y_{dt}^{\frac{\varepsilon-1}{\varepsilon}}\right)^{\frac{\varepsilon}{\varepsilon-1}}$$

其中,$\varepsilon\in(0,+\infty)$ 为两类投入的替代弹性。当 $\varepsilon<1$ 时,两者为替代关系;当 $\varepsilon>1$ 时,两者为互补关系。在实证研究中发现,$\varepsilon>1$ 的情况更为常见,因此在接下来的分析中,若无特殊说明,均假设 $\varepsilon>1$。

两类投入都需要使用劳动力和中间品进行生产。

$$Y_{ct}=L_{ct}^{1-\alpha}\int_0^1 A_{cit}^{1-\alpha}x_{cit}^{\alpha}di$$

$$Y_{dt}=R_t^{\alpha_2}L_{dt}^{1-\alpha}\int_0^1 A_{dit}^{1-\alpha_1}x_{dit}^{\alpha_1}di$$

其中,$\alpha,\alpha_1,\alpha_2\in(0,1)$,$\alpha_1+\alpha_2=\alpha$,$A_{ijt}$ 为 t 期 j 行业 i 类型中间品质量,R_t 为不可再生资源(如石油、煤炭等)的消耗量。不可再生资源的存量变动为:

$$Q_{t+1}=Q_t-R_t$$

单位开采成本为 $c(Q_t)$,$c'\leqslant 0$。

劳动力供给标准化为 1 个单位,两个部门的劳动力之和不能超过供给,即:

$$L_{ct}+L_{de}\leqslant 1$$

中间品由垄断竞争的企业提供,生产 1 单位的中间品需要消耗 ψ 单位的最终品。不失一般性,设 $\psi\equiv\alpha^2$。最终品的市场出清条件为:

$$C_t=Y_t-\psi\left(\int_0^1 x_{cit}di+\int_0^1 x_{dit}di\right)-c(Q_t)R_t$$

两个部门均存在持续的研发。在每一期中,每一个研究者选择一个部门进行研发,然后随机分配到其所选择的部门的一个中间品企业。研发成功的概率为 $\eta_j\in(0,1),j\in\{c,d\}$。一旦研发成功,对应的中间品的企业的生产技术从 A_{jit} 上升到 $(1+\gamma)A_{jit}$,$\gamma>0$,成功的研究者将获得该中间品企业下一期的知识产权。若研发不成功,下一期的知识产权将在所有研究者中随机分配,但技术保持原有水平。记 s_{ct} 和 s_{dt} 为两个部门的研究者人数,需要满足:

$$s_{ct}+s_{de}\leqslant 1$$

定义 $A_{jt}, j=c,d$ 为两个部门的平均技术水平:

$$A_{jt}\equiv\int_0^1 A_{jit}di$$

A_{jt} 的演化方程为:

$$A_{jt}=(1+\gamma\eta_j s_{jt})A_{jt-1}$$

最后需要定义环境质量的演化方程:

$$S_{t+1}=-\xi Y_{dt}+(1+\delta)S_t$$

且当 $S_{t+1}>\bar{S}$ 时,取 $S_{t+1}=\bar{S}$;当 $S_{t+1}<0$ 时,取 $S_{t+1}=0$。

在一开始的分析中,假设 $\alpha_2=0$,即生产中间品过程中不使用不可再生资源。记 $\phi=(1-\alpha)(1-\varepsilon)$,并假设一开始"干净的"中间品生产技术落后于"污染"中间品的生产技术:

$$\frac{A_{c0}}{A_{d0}}<\min\left\{(1+\gamma\eta_c)^{-\frac{1+\phi}{\phi}}\left(\frac{\eta_c}{\eta_d}\right)^{\frac{1}{\phi}},(1+\gamma\eta_d)^{-\frac{1+\phi}{\phi}}\left(\frac{\eta_c}{\eta_d}\right)^{\frac{1}{\phi}}\right\}$$

在没有政府干预的均衡中,生产最终品和各种中间品的厂商最大化利润,消费者最大化效用,最终品和各种中间品市场和劳动力市场都能够出清。由于初始 A_{d0} 较大,在污染行业的研发的期望回报较高,因此可以得到以下结论:当 $\varepsilon>1$ 且上述假设成立时,存在唯一的无政府干预均衡,其中仅有污染产业存在研发,污染产业的长期增长率为 $\gamma\eta_d$,进而导致环境持续恶化。

政府为了促进干净产业的研发,可以对干净产业中间品厂商的利润进行补贴,补贴率设为 q_t,使得其补贴后的利润变为:

$$\Pi_{ct}=(1+q_t)\eta_c(1+\gamma)(1-\alpha)\alpha p_{ct}^{\frac{1}{1-\alpha}}L_{ct}A_{ct-1}$$

当两类中间品之间的替代性较强,满足 $\varepsilon\geqslant\frac{1}{1-\alpha}$ 时,对干净产业进行短期补贴,可以加快这一产业的技术进步,实现干净产业的中间品对于污染产业的中间品的替代,从而在长期实现环境可持续发展;但当两类中间品的替代性较弱,即 $1<\varepsilon<\frac{1}{1-\alpha}$ 时,则很难实现干净产业的中间品对于污染产业的中间品的替代,对于干净产业的研发不同并不能实现环境可持续发展,政府需要实行对干

净产业的永久研发补贴,才可能实现环境可持续发展。此外,社会最优的政策组合还需要在干净行业研发补贴的基础上,增加对于污染产业中间品的产品税。当 $\varepsilon \geqslant \frac{1}{1-\alpha}$ 时,这一产品税只需要是暂时的;而当 $1<\varepsilon<\frac{1}{1-\alpha}$ 时,需要永久征收产品税。

当 $\alpha_2>0$,即污染产业中间品生产需要消耗不可再生资源时,除了干净产业研发补贴和污染产业中间品产品税之外,还需要设立针对所有中间产品的补贴,以及对不可再生资源的资源税。其中资源税需要永久征收,其他税种的征收时期取决于两类中间品的替代弹性。

9.5 政府债务与发展型财政的可持续性

9.5.1 发展型财政与政府债务

9.5.1.1 以收定支

韦斯特伦德等(Westerlund et al.,2011)遵循萨金特(Sargent,1987)的做法,推导出胡佛和谢夫林(Hoover and Sheffrin,1992)提出的支出平滑模型。在税收平滑模型中,具有理性预期的政府把支出水平(G_t)作为外生变量,选择税收水平(R_t),以使税收扭曲最小化。而在支出平滑模型中,税收和支出的角色被颠倒过来,即政府是在税收路径给定的情况下,实现政府支出路径的平滑化以使政府支出扭曲最小化。具体来说,假设支出扭曲是二次型,即:

$$c_1 G_t + \frac{1}{2} c_2 G_t^2$$

其中,c_1 和 c_2 是正的常数。然后政府选择支出路径,使所有未来扭曲的贴现总期望值最小化,即:

$$\min_{G_t, B_{t+1}} E_t \left(\sum_{t=0}^{\infty} r^t (c_1 G_t + \frac{1}{2} c_2 G_t^2) \right)$$
$$B_{t+1} = (1+i)(B_t + G_t - R_t)$$

式中,E_t 是以时间 t 的可用信息为条件的期望值,B_t 是政府债务存量,i 是利率,r 是贴现率。在假定 i 和 r 外生给定的情况下,求解上述优化问题,并按照萨金特(Sargent,1987)的做法进行化简,可得如下一阶最优条件:

$$E_t(G_{t+1}) = -\frac{c_1}{c_2}\left(1-\frac{i_0}{r}\right) + \frac{i_0}{r}G_t = -c + \frac{i_0}{r}G_t$$

其中,$c = \frac{c_1}{c_2}\left(1-\frac{i_0}{r}\right)$ 是一个常数,$i_0 = \frac{1}{1+i}$。根据上式,最优政府支出为:

$$G_t = \frac{c}{i} + \varphi R_t + \delta B_t + \delta\left[\sum_{s=1}^{\infty} i_0^s E_t(R_{t+s})\right]$$

式中,$\delta = 1 - \frac{i_0^2}{r}$,$\varphi = i_0\delta$。该方程表明,支出是由所有未来税收的预期现值决定的。同时,随着 s 增加,i_0^s 趋近于零,近期的预期税收比遥远未来的预期税收对当期支出的影响更大。假定税收可由下列随机过程刻画:$R_t = \bar{R} + u_t$。其中,$\bar{R}$ 是长期平均税收收入,u_t 是一个稳态误差项。由于对于所有 $s \geq 1$,$E_t(R_{t+s}) = \bar{R}$,因此可推导结果可得:

$$G_t = \frac{c}{i} + \delta\bar{R}\left(\frac{i_0}{1-i_0}\right) + \varphi R_t + \delta B_t = \alpha + \varphi R_t + \delta B_t$$

如果 $i_0^2 < r$,则 δ 和 φ 的符号是正的;如果 $i_0^2 > r$,则 δ 和 φ 的符号是负的;如果 $i_0^2 = r$,则 δ 和 φ 都为零。不过,一般都假定 $i_0^2 < r$。

9.5.1.2 以支定收

胡佛和谢夫林(Hoover and Sheffrin,1992)根据巴罗(Barro,1979)的税收平滑模型,假定政府具有理性预期,且令政府支出路径($\{G_t\}$,$t = 0,1,\cdots,\infty$)是外生的。政府选择税收路径($\{T_t\}$)以使其预期征收成本(假定为二次型)最小化,即:

$$\min E \sum_{t=0}^{\infty} \beta^t \left[\mu_1 T_t + \frac{1}{2}\mu_2 T_t^2\right] \qquad 0 < \beta < 1$$

$$B_{t+1} = R[B_t + G_t - T_t]$$

其中,$R = 1 + $ 利率 > 1。

$$E_t T_{t+1} = -\alpha + (\beta R)^{-1} T_t$$

$$\alpha = \mu_1[1 - (\beta R)^{-1}]/\mu_2$$

假定 $\beta R = 1$,则表明税收遵循一个随机游走过程。假定政府支出的随机过程由下式给定:

$$G_t = g + g(L)\varepsilon_t$$

式中,$g(L) = 1/(1-\delta L)$,L 为滞后算子,ε_t 是白噪声。由此可得如下政府支出和税收的联立方程组:

$$G_{t+1} = g + \delta[G_t - g] + \varepsilon_{t+1}$$
$$T_{t+1} = T_t + [(R-1)/(R-\delta)] \cdot [G_{t+1} - \delta G_t + (\delta-1)g]$$

由此可见，胡佛和谢夫林（Hoover and Sheffrin，1992）的税收平滑模型由三类因果因素构成：参数（g,δ 和 R）、变量（G 和 T）以及随机冲击（ε）。倘若暂且不考虑 ε_{t+1} 的作用，则很明显，在上述方程组中，G 的变化会引起 T 的变化，而 T 的变化则不会引起 G 的变化，从而形成了"以支定收"假说的逻辑基础。

在该模型设定的经济环境下，政府的财政政策由立法机构制定，立法机构是由 n 个地区各选派一个代表组成（$i=1,\cdots,n$）。每个地区的公民消耗消费品 z、享受公共物品 g 提供的服务、并且提供劳动 l。那么，每个公民的每期效用函数为：

$$z + Ag^\alpha - \frac{l^{(1+1/\varepsilon)}}{\varepsilon+1}$$

其中，$0<\alpha<1$，且 $\varepsilon>0$。参数 A 表示公共物品对公民的价值，公共物品的价值以随机的方式在不同时期变化，以反映社会的外生冲击，如战争和自然灾害等。公民未来每期的效用折现率为 δ。

同时，在该模型设定的经济环境中，劳动力市场和公共物品的生产都是可竞争性的。假设生产单一的（不可储存的）商品 z 仅需要单一要素——劳动力 l，并且技术表示为线性关系，则有 $z=wl$；公共物品 g 可以根据线性技术从消费品 z 中生产出来，故有 $g=z/p$。因此，工资率为 w，公共产品的价格为 p。模型中还设定了一个无风险的单期债券市场。消费边际效用恒定假设意味着这些债券的均衡利率必须是 $\rho=1/\delta-1$。在该利率下，公民对他们在不同时期的消费分配是无所谓的。

关于政府政策，巴塔利尼和科特（Battaglini and Coate，2008）认为政府通过征收收入税（按比例税）和发行债券（无风险的单期债券）来获得财政收入，得到的财政收入主要用于供给公共物品或对特定地区进行转移支付，这又被称作"猪肉桶支出"（pork-barrel spending）。政府在任何时期的政策都由一个 $n+3$ 的集合 $\{r,g,x,s_1,\cdots,s_n\}$ 表示，其中 r 是所得税率；g 是提供的公共物品的数量；x 是出售的债券数量；s_i 是对 i 地区公民的拟议转移支付。当 x 为负数时，政府就会发行债券。在每个时期，政府还必须偿还它在前一个时期出售的任何债券。因此，如果它在前一时期出售了 b 数量的债券，它必须在本期偿还（$1+\rho)b$。政府在第一期的初始债务水平是外生的，用 b_0 表示。在政府政策为 $\{r,$

$g,x,s_1,\cdots,s_n\}$的时期,每个公民将提供一定量的劳动:

$$l^*[w(1-r)]=\underset{l}{\operatorname{argmax}}\left\{w(1-r)l-\frac{l^{(1+1/\varepsilon)}}{\varepsilon+1}\right\}=[\varepsilon w(1-r)]^\varepsilon$$

式中,ε 是劳动供给弹性。一个 i 地区的公民仅消耗他的税后净收入和获得的转移支付,那么他将收获的每期效用为 $u[w(1-r),g;A]+s_i$,其中,

$$u[w(1-r),g;A]=\frac{\varepsilon^\varepsilon[w(1-r)]^{\varepsilon+1}}{\varepsilon+1}+Ag^\alpha$$

政府政策必须满足三个约束条件。首先,财政收入必须足以满足财政支出。假设某一时期政府的初始债务水平是 b,政府的政策选择集为$\{r,g,x,s_1,\cdots,s_n\}$,政府的公共产品支出和债务偿还支出为 $pg+(1+\rho)b$,则财政收入为:

$$R(r)=nrwl^*[w(1-r)]=nrw[\varepsilon w(1-r)]^\varepsilon$$

并且,政府发行债券而获得的收入为 x。那么,转移性支出盈余的净值 B,即财政收入与公共产品和债务偿还的总支出之间的差额,可以表示为:

$$B(r,g,x;b)=R(r)-pg+x-(1+\rho)b$$
$$B(r,g,x;b)\geqslant\sum_i s_i$$

第二个约束条件是,特定地区的转移支付必须是非负的(即,对所有地区 i 而言,$s_i\geqslant 0$)。这就排除了通过特定地区的一次性税收为公共支出融资的可能性。有了一次性税收,就不需要征收扭曲性的劳动税,因此也就没有税收平滑的顾虑。

最后一个约束条件是,政府向社会的借贷额度必须是可行的,这意味着政府无法无限制地发行债券。特别是,政府可以出售的债券数量有一个上限 $\overline{x}$,这是因为理性的借款人一般情况下不愿意持有他们知道不会被偿还的债券。

关于立法决策的过程,巴塔利尼和科特(Battaglini and Coate,2008)设定如下:在每期开端,随机指定一个代表述说提案,若至少 q 个代表同意,则提案通过;否则,提案不通过,继续选择代表述说提案,直到第 T 轮,若提案均没有通过,则指定一个代表选择一项默认政策。

在中央计划者模型中,经济状况由当前的公共债务水平 b 和公共物品的价值 A 概括。假设 $v(b,A)$ 表示在状态为 (b,A) 的时期开始时,公民的平均预期效用(扣除初始债券持有的价值)的最大值。那么,在一个状态为 (b,A) 的时期中,中央计划者的问题是选择一个政策集$\{r,g,x,s_1,\cdots,s_n\}$来解决:

$$\max u[w(1-r),g;A]+\frac{\sum_i s_i}{n}+\delta Ev(x,A')$$

$$\text{s.t.} \quad \sum_i s_i \leqslant B(r,g,x;b)$$
$$s_i \geqslant 0 \quad \text{且} \quad x \in [\underline{x}, \bar{x}]$$

这个问题可以通过观察来简化,如果转移剩余净额 $B(r,g,x;b)$ 是正数,中央计划者会用它来资助转移支付,因此 $\sum_i s_i = B(r,g,x;b)$。所以,我们可以消除变量 $(s_1, \cdots, s_n)$,并将问题重新表述为选择税率—公共物品—公共债务 (r, g, x) 三者之间的关系:

$$\max u[w(1-r), g; A] + \frac{B(r,g,x;b)}{n} + \delta E v(x, A')$$
$$\text{s.t.} \quad B(r,g,x;b) \geqslant 0 \quad \text{且} \quad x \in [\underline{x}, \bar{x}]$$

$$v(b,A) = \max_{(r,g,x)} \left\{ u(w(1-r), g; A) + \frac{B(r,g,x;b)}{n} + \delta E v(x, A') \right\} :$$
$$B(r,g,x;b) \geqslant 0 \quad \text{且} \quad x \in [\underline{x}, \bar{x}] \}$$

因为 $Ev(\cdot, A)$ 是可微的和严格凹的,由此可以推导出最优政策的特性。

结合公民税后净收入的效用方程与政府财政收入方程,并用 λ 表示预算约束的乘数,可以将中央计划者的效用最大化方程的一阶条件简化为:

$$1 + \lambda = \frac{1-r}{1-r(1+\varepsilon)}$$

$$n\alpha A g^{\alpha-1} = \left[\frac{1-r}{1-r(1+\varepsilon)}\right] p$$

$$\frac{1-r}{1-r(1+\varepsilon)} \geqslant -\delta n E \left[\frac{\partial v(x, A')}{\partial x}\right] (= \text{if } x < \bar{x})$$

其中,$(1-r)/[1-r(1+\varepsilon)]$ 代表税收的边际成本,即通过增税增加一个单位收入而导致的社会成本。只要税率 (r) 为正,它就会超过 1,因为税收是扭曲的。对于一个给定的税率,劳动力供给的弹性越大,税收的边际成本就越高。因此,第一个条件表示,增加一个单位的收入(用 $1+\lambda$ 表示)的收益必须等于税收的边际成本。第二个条件表示,公共物品的边际社会效益必须等于其价格乘以税收的边际成本。这基本上是对萨缪尔森法则的修正,以考虑税收是扭曲的现实。第三个条件表示,增加债务在减少税收方面的收益必须等于增加债务水平的边际成本。这个成本就是下一阶段有一个更高的初始债务水平。如果债务水平已经处于政府发债的上限,该条件可以作为一个不等式成立。

在任何特定的状态 (b, A) 下,有两种可能性。第一种是计划者向公民进行转移支付,在这种情况下,λ=0。税率 r 必须为零,公共物品的供给水平 g 满足萨缪尔森法则 $g_S(A)$。直观地说,如果 r 是正数,计划者会发现同时减少转移支付和税率是严格意义上的最优选择:这将减少税收的无谓损失,增加公民福利。同样地,如果公共产品供给水平低于萨缪尔森水平,计划者可以减少转移支付,增加公共产品的供给。这种情况下的债务水平 x,必须满足预期的边际发债成本等于 1 的要求。第二种可能性是,计划者不进行任何转移支付。在这种情况下,最佳税率-公共产品-公共债务三者之间的关系是由上述方程和净转移盈余为零的要求隐含定义的,即 $B(r,g,x;b)=0$。λ 为正意味着税率 r 必须超过零,而且公共物品供给水平 g 小于萨缪尔森水平 $g_S(A)$。此外,债务水平超过 x^0。税率和债务水平在 b 和 A 中是增加的,而公共物品供给水平在 b 中是减少的,在 A 中是增加的。直观地说,b 的增加使预算更难满足,迫使计划者增加收入并缩减公共物品供给。A 的增加使公共物品更有价值,导致计划者增加税收和债务,以资助更多的公共开支。

基于上述关于中央计划者最佳税率-公共产品-公共债务的最优政策选择的讨论,下一步是描述中央计划者在进行转移支付时选择的债务水平 x^0。直观地说,如果计划者愿意将稀缺的财政收入返还给公民,那么他必须在下一个时期不征税;否则,他最好减少转移性支出并发行更多的债券。这表明,债务水平 x^0 必须使未来的税收等于零,这意味着 x^0 等于 $\underline{x}$。

因为债务水平 x^0 预期的边际借贷成本等于 1,所以可以将价值函数写作:

$$v(x,A) = \begin{cases} \max_{\langle r,g,z \rangle} \begin{cases} u[w(1-r),g;A] + \dfrac{B(r,g,z;x)}{n} + \delta Ev(z,A') \\ B(r,g,z;x) \geqslant 0 \text{ 且 } z \in [\underline{x},\overline{x}] \end{cases}, & \text{如果 } A \geqslant A^0(x,x^0) \\[2ex] u[w,g_S(A);A] + \dfrac{B[0,g_S(A),x^0;x]}{n} + \delta Ev(x^0,A'), & \text{如果 } A < A^0(x,x^0) \end{cases}$$

$$\frac{\partial v(x,A)}{\partial x} = \begin{cases} -\left(\dfrac{1-r^0(x,A)}{1-r^0(x,A)(1+\varepsilon)}\right)\left(\dfrac{1+\rho}{n}\right), & \text{如果 } A \geqslant A^0(x,x^0) \\[2ex] -\left(\dfrac{1+\rho}{n}\right), & \text{如果 } A < A^0(x,x^0) \end{cases}$$

式中,$r^0(x,A)$ 是最优税率。上面的导数方程式在 $A=A^0(x,x^0)$ 处是连续的,因为 $r^0(x,A)=0$。鉴于此,预期的债务边际社会成本可以表达成:

$$-\delta n E\left[\frac{\partial v(x,A)}{\partial x}\right]=G\left[A^0(x,x^0)\right]+\int_{A^0(x,x^0)}^{\overline{A}}\left(\frac{1-r^0(x,A)}{1-r^0(x,A)(1+\varepsilon)}\right)dG(A)$$

因此,债务水平 x^0 必须满足下列等式:

$$1=G\left[A^0(x^0,x^0)\right]+\int_{A^0(x^0,x^0)}^{\overline{A}}\left(\frac{1-r^0(x^0,A)}{1-r^0(x^0,A)(1+\varepsilon)}\right)dG(A)$$

这意味着公共物品的价值 $A^0(x^0,x^0)=\overline{A}$,那么也就意味着债务水平 $x^0=\underline{x}$。因此,最佳政策选择决定了每个时期的公共债务水平的分布。由于 $A^0(x^0,x^0)=\overline{A}$,所以一旦计划者积累了等于 $-\underline{x}$ 的债券水平,他就会维持这一债务水平。另一方面,当计划者的债券持有量低于 $-\underline{x}$ 时,他必须预期在未来使用扭曲性的税收。为了平滑税收,他有动机在当期公共物品价值较低时发行额外的债券。这就导致了政府债券的持有量随着时间的推移而增加。

综上,关于中央计划者模型的推导,巴塔利尼和科特(Battaglini and Coate,2008)基于艾亚加里(Aiyagari et al.,2002)提出:在中央计划者模型中,中央计划的总体效用最大化情况下,模型解将收敛到一个稳定状态,此时税率为 0,债务水平为最低债务水平 $\underline{x}$,公共物品供给水平满足萨缪尔森法则 $g_S(A)$,每个地区的公民都收到转移支付 $\rho(-\underline{x})-pg_S(A)$。

在政治均衡模型中,巴塔利尼和科特(Battaglini and Coate,2008)寻找一种对称的马尔科夫完全均衡,在这种均衡中,任何被选中在某一时间 t 的会议第 τ 轮($\tau\in\{1,\cdots,T\}$)提出建议的代表都会提出相同的建议,这只取决于当前的公共债务水平(b)和公共物品的价值(A)。作为立法投票理论的标准,巴塔利尼和科特(Battaglini and Coate,2008)假设,如果立法者对某一项提案的偏好超过继续进行下一轮建议的倾向,他们会投票赞成。在不失一般性的前提下,该模型将重点放在均衡上,在每一轮 τ 中,至少有 q 个立法者立即接受提案,因此在均衡路径上,没有一个会议持续超过一个提案轮。因此,在均衡中实际执行的政策是在第一轮中提出的。

假定 $\{r(b,A),g(b,A),x(b,A)\}$ 表示均衡状态下实施的税率、公共物品和公共债务政策;$B(b,A)$ 为用于转移支付的财政收入总额[即 $B(b,A)=B(r(b,A),g(b,A),x(b,A);b)$]。此外,假定 $v(b,A)$ 代表立法者的共同价值函数(扣除初始债券持有量)。为了反映立法者在事前同样有可能接受转移的事实,它被递归地定义为:

$$v(b,A)=u\{w[1-r(b,A)],g(b,A);b\}+\frac{B(b,A)}{n}+\delta Ev\left[x(b,A),A'\right]$$

政策均衡模型关注于一种被巴塔利尼和科特（Battaglini and Coate,2008）称为"表现良好"的均衡。为了定义这一点,巴塔利尼和科特（Battaglini and Coate,2008）将债务水平的区间称为政策域。如果相关的立法者的价值函数满足以下三个特性,就可以说一个均衡是"表现良好"的：①v 在状态空间上是连续的；②对于所有 A,$v(\cdot,A)$在$[\underline{x},\overline{x}]$上是凹的,$Ev(\cdot,A)$在政策域上是严格凹的；③对于所有 b,$v(\cdot,A)$在b处对几乎所有 A 是可微分的。

均衡政策的基本结构如下：为了获得对其提案的支持,提案人必须获得 $q-1$ 个其他代表的投票。据此,鉴于效用是可以转移的,他实际上是在做决定,以使 q 个立法者的效用最大化。因此,这就好像在每个时期随机选择了一个由 q 个代表组成的联盟,这个联盟选择了一个政策集合以使其总效用最大化。

提案人的政策将取决于状态(b,A)。与中央计划者的解决方案一样,有两种可能性：提议者要么为他的联盟提议转移支付,要么不提议。因为提议者仅能考虑到 q 个立法者的福利,而转移支付是由集体出资的,所以他选择转移支付的动机显然比计划者的大。尽管如此,转移支付需要在现在或将来减少公共物品支出或增加税收(如果通过发行额外的债务来融资)。当b和/或 A 足够高时,公共产品支出的边际收益和增加税收的边际成本可能太高,无法使之具有吸引力。在这种情况下,提案人不会提出转移支付的政策选择,结果就像提案人在使整个立法机构的效用最大化一样。

那么,该政策均衡模型需要求解的问题就是,在假设立法代表们在其地区之间划分转移性盈余的净额,并且该盈余为非负的约束条件下,如何考虑选择税率-公共物品-公共债务三者之间的关系,使 q 个代表的集体效用最大化。形式上,可以表达成：

$$\max_{\langle r,g,x \rangle} u[w(1-r),g;A] + \frac{B(r,g,x;b)}{q} + \delta Ev(x,A')$$
$$\text{s.t. } x \in [\underline{x},\overline{x}]$$

利用上式的一阶条件,解决方案是$[r^*,g^*(A),x^*]$,其中税率 r^* 满足的条件是：

$$\frac{1}{q} = \frac{\frac{1-r^*}{1-r^*(1+\varepsilon)}}{n}$$

这表示就增加每个立法者的转移支付$(1/q)$而言,提高税收的收益必须等于增加税率的人均成本；公共物品供给水平 $g^*(A)$满足的条件是：

$$\alpha A g^*(A)^{a-1} = \frac{p}{q}$$

该公式表示增加公共物品的人均收益必须等于提供额外单位所需的立法者人均转移性支出的成本；公共债务水平 x^* 满足：

$$\frac{1}{q} \geqslant -\delta E\left[\frac{\partial v(x^*, A')}{\partial x}\right] \quad (= \text{if } x^* < \bar{x})$$

定义 $A^*(b,x)$ 是与满足 $B[r^*, g^*(A), x; b] \geqslant 0$ 的上述三个约束条件一致的 A 的最大值。那么，如果状态 (b,A) 是这样的：如果 $A < A^*(b,x^*)$，提议者提出税率-公共物品-公共债务的政策选择集 $[r^*, g^*(A), x^*]$ 以及一个刚好足以促使联盟成员接受提议的转移支付，则立法机构处于 BAU 制度中；如果 $A \geqslant A^*(b,x^*)$，那么 $B(r,g,x;b) \geqslant 0$ 的约束条件必须遵守，解决方案等于使立法者总体效用最大化，故立法机构处于 RPM 制度中。因此，可以得出：存在某个债务水平 x^*，如果 $A \geqslant A^*(b,x^*)$，则：

$$[r(b,A), g(b,A), x(b,A)] = \arg\max \left\{\begin{array}{l} u[w(1-r), g; A] + \dfrac{B(r,g,x;b)}{n} + \delta E v(x, A') \\ B(r,g,x;b) \geqslant 0 \text{ 且 } x \in [\underline{x}, \bar{x}] \end{array}\right\}$$

以及当 $B(b,A) = 0$。如果 $A < A^*(b,x^*)$，则：

$$[r(b,A), g(b,A), x(b,A)] = [r^*, g^*(A), x^*]$$

以及 $B(b,A) > 0$。

从上式可以发现，在 RPM 制度框架中[即当 $A \geqslant A^*(b,x^*)$ 时]，就像在中央计划者模型的解决方案中一样，均衡政策建议中的税率-公共物品-公共债务三者的关系也呈现出单调性，税率和债务水平在 b 和 A 中是增加的，而公共物品供给水平在 b 中是减少的，在 A 中是增加的。并且在 $A = A^*(b,x^*)$ 时，使立法者集体效用最大化的三要素等于 $[r^*, g^*(A), x^*]$。同时，均衡政策建议是状态 (b,A) 的一个连续函数。此外，当 $A > A^*(b,x^*)$ 时，均衡政策建议涉及的税率高于 r^*，公共物品供给水平低于 $g^*(A)$，以及债务水平超过 x^*。因此，在政治均衡中，政府的债务水平总是至少为 x^*，税率总是至少为 r^*，而公共物品水平总是不超过 $g^*(A)$。

基于上述关于政治均衡模型中税率-公共产品-公共债务的最优政策选择的讨论，下一步是确定提案人在向其联盟提供转移支付时选择的债务水平 x^* 的特征。参考中央计划者模型问题中用来描述 x^* 的策略，在均衡状态下可得：

$$v(x,A) = \begin{cases} \max_{\langle r,g,z \rangle} \begin{Bmatrix} u[w(1-r),g;A] + \dfrac{B(r,g,z;x)}{n} + \delta Ev(z,A') \\ B(r,g,z;x) \geqslant 0 \text{ 且 } z \in [\underline{x},\overline{x}] \end{Bmatrix}, \text{如果 } A \geqslant A^*(x,x^*) \\ u[w(1-r^*),g^*(A);A] + \dfrac{B[r^*,g^*(A),x^*;x]}{n} + \delta Ev(x^*,A'), \text{如果 } A < A^*(x,x^*) \end{cases}$$

$$\frac{\partial v(x,A)}{\partial x} = \begin{cases} -\left[\dfrac{1-r(x,A)}{1-r(x,A)(1+\varepsilon)}\right]\left[\dfrac{1+\rho}{n}\right], & \text{如果 } A \geqslant A^*(x,x^*) \\ -\left(\dfrac{1+\rho}{n}\right), & \text{如果 } A < A^*(x,x^*) \end{cases}$$

与中央计划者模型相反,当 $A=A^*(x,x^*)$ 时,价值函数的导数有一个不连续的现象。这反映了一个事实,即税率 $r(x,A^*)$ 等于 r^*,因此税收的边际成本严格超过 1。增加税收比减少"猪肉桶支出"的成本更高,因为税收在 RPM 制度框架中是正的,因此公共资金的边际成本超过 1。

计算政府发行债券的预期边际成本,并结合政治均衡模型的一阶条件表达式,可知 x^* 必须满足:

$$\frac{n}{q} \geqslant G[A^*(x^*,x^*)] + \int_{A^*(x^*,x^*)}^{\overline{A}} \left(\frac{1-r(x^*,A)}{1-r(x^*,A)(1+\varepsilon)}\right) dG(A) (= \text{if } x^* < \overline{x})$$

关于最大债务水平 $\overline{x}$ 的假设意味着 $A^*(\overline{x},\overline{x}) < \overline{A}$。因此,由于在 RPM 制度中,税率超过 r^*,当 $x^*=\overline{x}$ 时,债务的预期边际社会成本必须超过 n/q。这也就表示,当 x^* 严格小于 $\overline{x}$ 时,上式必须以恒等式成立。同时,为了满足上式,$A^*(x^*,x^*)$ 必须严格介于 $\underline{A}$ 和 $\overline{A}$ 之间。

均衡政策决定了每个时期的公共债务水平的分布(见图 9.5)。因此,无论经济的初始债务水平如何,在长期内会出现相同的债务分布。支持这个分布的债务水平下限是 x^*——在 BAU 制度中选择的公共债务水平。在这个债务水平上有一个质点,因为一旦达到这个水平,保持在 x^* 的概率是 $G[A^*(x^*,x^*)]$,是正数。然而,债务的分布是非传递性的,x^* 必须是摆脱 BAU 制度的正概率。将这一点与之前的讨论结合起来,可以得出以下命题:由于公共物品价值在 $[\underline{x},\overline{x}]$ 间随机波动,最终决策在 BAU 和 RPM 两个框架之间循环,公共物品价值较低时,处于 BAU 框架;公共物品价值较高时,转换到 RPM 框架。在 BAU 框架下,存在收敛的税率 r^*、债务水平 x^* 和公共物品供给水平 $g^*(A)$,并且能够通过提案的最小联盟所代表的地区会得到转移支付;在

RPM 框架下,没有转移支付,税率和债务水平要高于 BAU 框架下的收敛值 r^* 和 x^*,而公共物品供给水平会低于 BAU 框架下的收敛值 $g^*(A)$。

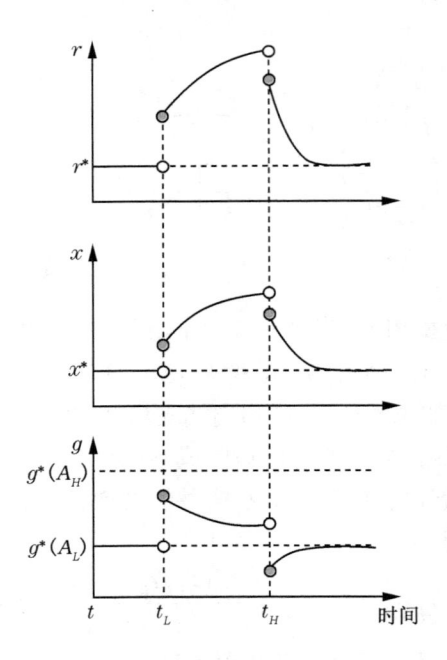

图 9.5 政治均衡的动态变化

通过对比这两个模型可以发现政治均衡模型中的政策选择产生了扭曲:相比于最优值,税率和债务水平更高,公共物品供给水平更低。尽管如此,在 RPM 制度框架中,考虑到未来的政策选择受到政治上的限制,立法者的行为完全是中央计划者希望的那样。这表明政治均衡模型可能解决了一个适当约束的规划问题,均衡价值函数 $v(b,A)$ 解决了函数方程:

$$v(b,A)=\max_{(r,g,x)}\left\{\begin{array}{l}u\left[w(1-r),g;A\right]+\dfrac{B(r,g,x;b)}{n}+\delta Ev(x,A');\\ B(r,g,x;b)\geqslant 0,r\geqslant r^*,g\leqslant g^*(A),\text{且}\ x\in[x^*,\bar{x}]\end{array}\right\}$$

并且均衡政策 $\{r(b,A),g(b,A),x(b,A)\}$ 是该方程的最优政策函数。

相比中央计划者模型,政治均衡模型对规划问题施加了三个约束。第一,税率不能低于 r^*。如果是这样的话,立法机关的提议者可以通过提高所得税率和在联盟成员之间分配收益来使他的联盟受益。第二,公共物品的供给水平

不能高于 $g^*(A)$。如果是这样的话,提议者可以通过减少公共物品的支出并在联盟成员中分配收益来使他的联盟受益。第三,债务水平不能低于 x^*。如果是这样的话,提议者可以通过发行更多的债券并将收益分给联盟成员而使他的联盟受益。

这种政治立法过程所导致最佳税率-公共物品-公共债务政策选择扭曲的原因有二:一是联盟成员接受转移支付却没有承担全部成本,即增加税收和减少公共物品供给的成本没有全部内生化。如果立法机构按照一致性规则运作(即 $q=n$),那么立法决策将再现计划者模型的解决方案:在 $q=n$ 的情况下,税率 r^* 为 0,公共物品供给水平处于萨缪尔森水平 $g_S(A)$,而债务水平 x^* 为 $\underline{x}$。更一般地说,从多数人统治转为超级多数人统治会改善福利,因为提高 q 会减少 r^* 和 x^*,提高 $g^*(A)$,从而放松了对规划问题的约束。二是立法过程中提案代表是随机选择的,从而导致最小联盟并不确定,而这种不确定性意味着联盟成员总是想要发行更多的债券。如果提案人正在向他的联盟进行转移支付,并预计立法机构在下一时期将处于 BAU 状态,这种不确定性意味着他总是想发行更多的债务。额外发行一单位的债务将为最低获胜联盟中的每个立法者获得 $1/q$ 个单位的财政收入,并将导致下一时期的转移支付减少一个单位。这样做的预期成本只有 $1/n$,因为目前最低赢家联盟的成员不确定他们依然会在下一个时期被选取为代表。

9.5.1.3 收支同步

$$\max_{T_1,G_1} E_0 \left\{ \left(\varepsilon G_1 - \frac{1}{2}bG_1^2\right) - \left(\eta T_1 + \frac{1}{2}eT_1^2\right) - \frac{1}{2}B_1^2 \right\}$$

式中,$B_1 = R(B_0 + G_1 - T_1)$,B_0 是给定的,ε 和 η 分别是均值为 $\bar{\varepsilon}$ 和 $\bar{\eta}$ 的白噪声随机冲击。求解该优化问题,可得一阶最优条件:

$$\bar{\varepsilon} - bG_t - R^2(B_0 + G_1 - T_1) = 0$$
$$-\bar{\eta} + eT_1 + R^2(B_0 + G_1 - T_1) = 0$$

上述方程组显然是联立的,因此,T_1 和 G_1 是互为因果关系,从而证明了"收支同步"假说。

9.5.1.4 收支分离

胡佛和谢夫林(Hoover and Sheffrin,1992)为收支分离假说建构了坚实的理论模型基础,其认为税收和支出都可以按照经验法则以占 GNP 的固定份额确定,而这种目标份额不需要协调。具体而言,令 $G = aY + \varepsilon$ 和 $T = bY + \eta$。其中，Y 为 GNP，ε 和 η 是白噪声随机冲击，代表财政执行偏误。由此可得：
$$G/Y = a + \varepsilon'$$
$$T/Y = b + \eta'$$
式中，ε' 和 η' 分别是按 GNP 比例缩小的 ε 和 η。

上述方程组清楚地表明，政府支出比率（G/Y）和税收比率（T/Y）是围绕各自均值 a 和 b 的随机游走过程，因此二者在因果关系上是相互独立的：a 的变化所代表的干预措施不影响 T/Y，b 的变化所代表的干预措施也不影响 G/Y。然而，G 和 T 在长期会偏离多远受制于 a 和 b 之间的差额，而它们在短期会偏离多远则取决于 ε 和 η 的方差。

9.5.2　外债与内债

在布罗内尔和本图拉（Broner and Ventura，2016）设定的信贷、投资与增长模型中，一个小国内居住着无限期界的两期交叠的世代[$t \in (-\infty, \infty)$]，所有世代都包含一个大小为 1 的连续个体，他们的效用最大化函数为：
$$U_{t,t}^i = lnc_{t,t}^i + \beta \cdot E_t lnc_{t,t+1}^i$$
式中，$\beta > 0$，$c_{t,t}^i$ 和 $c_{t,t+1}^i$ 是第 t 代个体 i 在 t 和 $t+1$ 时期的消费。国家的经济产出由柯布-道格拉斯生产函数（Cobb-Douglas production function）给出：$f(k_t) = A \cdot k_t^\alpha \cdot l_t^{1-\alpha}$[$\alpha \in (0,1)$]且 $A > 0$，其中 k_t 和 l_t 是国家的资本存量和劳动力。年轻人无弹性地提供一个单位的劳动力，因此在所有世代 t 中 $l_t = 1$。资本由年长人提供，在生产过程中完全折旧。每一代人中的一部分人 ε，即"企业家"，每单位产出可以生产一单位的资本。其余的一代人，即"储蓄者"，每单位产出只能生产 $\rho > 0$ 单位的资本，且本模型主要关注 $\rho \approx 0$ 的情况。同时，模型设定 I_t 为第 t 代所有成员的集合，I_t^E 和 I_t^S 为企业家和储蓄者的子集，并假定要素市场是竞争性的，生产要素的价格是其边际生产成本：
$$w_t = (1-\alpha) \cdot A \cdot k_t^\alpha$$
$$r_t = \alpha \cdot A \cdot k_t^{\alpha-1}$$
式中，w_t 和 r_t 是工资和借贷利率，上式表明了经济产出如何在拥有劳动力的年轻一代和拥有资本存量的年长一代之间分配的。

这三种债务合约中，国外资产总是被强制执行，但内债和外债的现实情况却可能不是这样。特别是，模型设定国家的法律制度执行机构是不完善的，只有在概率 $\pi \in [0,1]$ 的情况下才能执行合约成功（参数 π 衡量国家机构的质量)。当国家成功执行合约时,所有未偿债务都被执行。当执行合约失败时,年长一代人将会选择是否执行未偿债务。

模型设定当债务合约执行失败时,几代人如何做出集体决定必须符合两个原则:①任何一代人的消费增加都是可取的;②减少一代人内部消费不平等的再分配也是可取的。定义 $c_{t,t+1}$ 为 t 代成员的平均老年消费,即 $c_{t,t+1} = \int_{i \in I_t} c_{t,t+1}^i$。然后假设第 t 代在第 $t+1$ 期选择强制执行,以使预期值最大化:

$$W_{t,t+1} = c_{t,t+1} - \frac{\omega}{2} \cdot \int_{i \in I_t} |c_{t,t+1}^i - c_{t,t+1}|$$

其中,ω 是第二原则的权重。假定 $\omega \in (0,1)$,因此,任何个人的消费增加都是可取的,即使这提高了不平等。

布罗内尔和本图拉(Broner and Ventura,2016)为国家对债务合约的执行决策引入了两个约束条件。其一,不可能对同一类型的债权人所持有的债务进行区别对待。因此,有三种相关的执行状态,即 $z_{t+1} \in \{E, D, N\}$。如果 $z_{t+1} = E$,则所有的债务都被强制执行;如果 $z_{t+1} = D$,则内债被强制执行,但外债不被强制执行;如果 $z_{t+1} = N$,则内债和外债都不被执行。p_t^E、p_t^D 和 p_t^N 代表 t 期选择某种执行状态的概率,即 z_{t+1} 的取值。其二,有时不可能完全区分内债和外债。如果几代人强制执行国内债务,那么对国外债务的违约尝试只能以 $\delta \in [0, 1]$ 的概率成功(参数 δ 衡量对外国人的歧视性政策执行的难易程度)。因此,当制度失败时,各代人在 $z_{t+1} = E$、$z_{t+1} = D$ 和"外国人歧视性政策"中进行选择,即以概率 δ 触发状态 $z_{t+1} = D$,以概率 $1-\delta$ 触发状态 $z_{t+1} = E$。

在金融全球化之前,只有国内居民参与信贷市场。因此,执行状态 D 和 E 是相同的,假设 $p_t^D = 0$。设 R_{t+1} 为国内债务的合同利率,设 d_{t+1}^i 和 k_{t+1}^i 为个人 i 所持有的国内债务和资本存量。那么,其预算约束为:

$$c_{t,t}^i + q^i \cdot k_{t+1}^i \leqslant w_t + \frac{d_{t+1}^i}{R_{t+1}}$$

$$c_{t,t+1}^i = \begin{cases} r_{t+1} \cdot k_{t+1}^i - d_{t+1}^i & \text{如果 } z_{t+1} = E \\ r_{t+1} \cdot k_{t+1}^i & \text{如果 } z_{t+1} = N \end{cases}$$

其中,q^i 是资本成本。对于所有的 $i \in I_t^E$,这个成本等于 1;对于所有的 $i \in I_t^S$,这个成本等于 $\rho - 1$。企业家和储蓄者在年轻时都会收到一份工资,并进行消费。唯一的区别是,资本成本对储蓄者来说更高。

$$c_{t,t}^i = \frac{1}{1+\beta} \cdot w_t$$

$$c_{t,t+1}^i = \begin{cases} \dfrac{\beta \cdot p_t^E}{1+\beta} \cdot w_t \cdot R_{t+1} & \text{如果 } z_{t+1}=E \\ \dfrac{\beta \cdot p_t^N}{1+\beta} \cdot w_t \cdot \dfrac{1}{\dfrac{q^i}{r_{t+1}} - \dfrac{1}{R_{t+1}}} & \text{如果 } z_{t+1}=N \end{cases}$$

上面的解表示，对个人 i 来说有三种相关的消费：青年时期的消费；当 $z_{t+1}=E$ 时，老年时期的消费；当 $z_{t+1}=N$ 时，老年时期的消费。鉴于现有的资产，可以分别以 1、$\dfrac{1}{R_{t+1}}$ 和 $\dfrac{q^i}{r_{t+1}} - \dfrac{1}{R_{t+1}}$ 的价格"支付"这三种消费。个人 i 的收入等于 w_t，并将这一收入的 $\dfrac{1}{1+\beta}$、$\dfrac{\beta \cdot p_t^E}{1+\beta}$ 和 $\dfrac{\beta \cdot p_t^N}{1+\beta}$ 份额分别用于购买相应的消费。

如果 $z_{t+1}=E$，年老的储蓄者和企业家分享经济中的资本收入，并且消费相同。相反，如果 $z_{t+1}=N$，老企业家就会消费全部的资本收入，而老储蓄者则什么都不消费。因此，$z_{t+1}=E$ 降低了消费不平等，而不影响其平均水平，因此，当国家执行债务合约失败时，它是首选的事后方案。因此，$p_t^E = 1$ 和信贷市场的竞争意味着 $R_{t+1} = \alpha \cdot A \cdot k_{t+1}^{\alpha-1}$。储蓄者不进行投资，而将其所有储蓄借给企业家。因此，$k_{t+1} = \dfrac{\beta}{1+\beta} \cdot w_t = s \cdot A \cdot k_t^\alpha$。

$$k_\infty^A = (s \cdot A)^{\frac{1}{1-\alpha}}$$

最后，本模型假设 $s < \alpha$，所以自给自足国家的稳态利率高于 1，也就是说，即使从长期来看，国家也是匮乏资本的且依赖债务融资的（见图 9.6）。

在金融全球化之后，外国人也可以参与该国的信贷市场。设 R_{t+1}^* 为外债的合同利率，d_{t+1}^{*i} 和 a_{t+1}^{*i} 为个人 i 持有的外债和外国资产。自然地，$d_{t+1}^{*i} \geqslant 0$，$a_{t+1}^{*i} \geqslant 0$。那么，在金融全球化之后，他（她）的预算约束就变成：

$$c_{t,t}^i + q^i \cdot k_{t+1}^i + a_{t+1}^{*i} \leqslant w_t + \dfrac{d_{t+1}^i}{R_{t+1}} + \dfrac{d_{t+1}^{*i}}{R_{t+1}^*}$$

$$c_{t,t+1}^i = \begin{cases} r_{t+1} \cdot k_{t+1}^i + a_{t+1}^{*i} - d_{t+1}^i - d_{t+1}^{*i} & \text{如果 } z_{t+1}=E \\ r_{t+1} \cdot k_{t+1}^i + a_{t+1}^{*i} - d_{t+1}^i & \text{如果 } z_{t+1}=D \\ r_{t+1} \cdot k_{t+1}^i + a_{t+1}^{*i} & \text{如果 } z_{t+1}=D \end{cases}$$

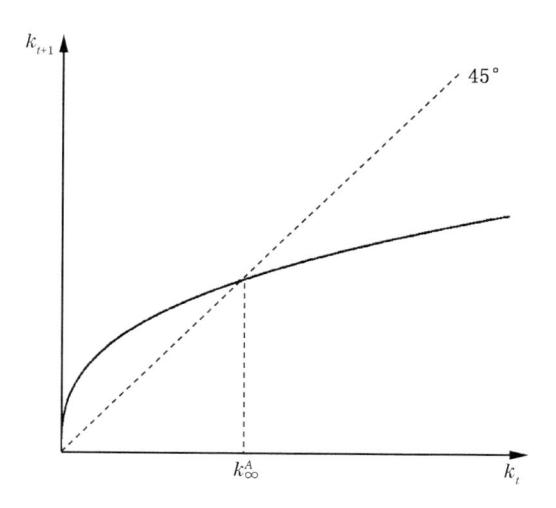

图 9.6 自给自足的经济体

在乐观的均衡中,内债的执行概率为 1,而外债的执行概率仅为 $\pi+(1-\pi)\cdot(1-\delta)$。因此,内债和外债的利率不同。企业家之间的竞争确保国内债务的合同利率等于投资回报。外国人要求的预期收益为 1,这是外债的合同利率为 $\dfrac{1}{p_t^E}$ 的原因。因此,可以得出:

$$R_{t+1}=\alpha\cdot A\cdot k_{t+1}^{\alpha-1}$$

$$R_{t+1}^*=\frac{1}{\pi+(1-\pi)\cdot(1-\delta)}$$

$$c_{t,t}^i=\frac{1}{1+\beta}\cdot w_t$$

$$c_{t,t+1}^i=\begin{cases}\dfrac{\beta}{1+\beta}\cdot w_t & \text{如果 } z_{t+1}=E \\[2ex] \dfrac{\beta\cdot p_t^D}{1+\beta}\cdot w_t\cdot\dfrac{1}{\dfrac{1}{\alpha\cdot A\cdot k_{t+1}^{\alpha-1}-\pi-(1-\pi)\cdot(1-\delta)}} & \text{如果 } z_{t+1}=D\end{cases}$$

同样地,上述方程也可以通过个人 i 有三种相关的消费来理解:青年时期的消费、当 $z_{t+1}=E$ 时,老年时期的消费;当 $z_{t+1}=D$ 时,老年时期的消费。鉴于现有的资产,可以分别以 1、$\dfrac{1}{R_{t+1}^*}$ 和 $\dfrac{1}{R_{t+1}}-\dfrac{1}{R_{t+1}^*}$ 的价格"支付"这三种消费。

个人 i 的收入等于 w_t，并将这一收入的 $\frac{1}{1+\beta}$、$\frac{\beta \cdot p_t^E}{1+\beta}$ 和 $\frac{\beta \cdot p_t^D}{1+\beta}$ 份额分别用于购买相应的消费。

那么，在金融全球化之后，可能存在一个乐观的均衡状态，其中，$p_t^E = \pi + (1-\pi) \cdot (1-\delta)$，$p_t^D = (1-\pi) \cdot \delta$，以及 $p_t^N = 0$。资本存量的变化规律可以表示为：

$$\alpha \cdot A \cdot k_{t+1}^{\alpha-1} = \begin{cases} 1 + \dfrac{(1-\pi) \cdot \delta}{\pi + (1-\pi) \cdot (1-\delta)} \cdot \dfrac{k_{t+1} - s \cdot A \cdot k_t^{\alpha}}{k_{t+1}} & \text{如果 } k_t < \kappa \\ 1 & \text{如果 } k_t \geqslant \kappa \end{cases}$$

式中，$\kappa \equiv (\alpha \cdot A)^{\frac{1}{(1-\alpha) \cdot \alpha}} \cdot (s \cdot A)^{-\frac{1}{\alpha}}$。当且仅当 $k_t \geqslant \kappa$ 时，乐观均衡才存在，其中，

$$k_t \geqslant \kappa \begin{cases} 0 & \text{如果 } \dfrac{w \cdot (1-\varepsilon)}{1-\delta} \geqslant 1 \\ \left[1 - \dfrac{w \cdot (1-\varepsilon)}{1-\delta}\right]^{\frac{1}{\alpha}} \cdot \left[1 - (1-\pi) \cdot \delta \cdot \dfrac{w \cdot (1-\varepsilon)}{1-\delta}\right]^{\frac{1}{1-\alpha}} & \text{如果 } \dfrac{w \cdot (1-\varepsilon)}{1-\delta} < 1 \end{cases}$$

$$\frac{d_{t+1}^*}{R_{t+1}^*} = \max\{0, k_{t+1} - s \cdot A \cdot k_t^{\alpha}\}$$

$$a_{t+1}^* = \max\{0, s \cdot A \cdot k_t^{\alpha} - k_{t+1}\}$$

还要注意的是，κ 是资本存量的价值，这样该国既不借也不贷：$s \cdot A \cdot \kappa^{\alpha} \equiv (\alpha \cdot A)^{\frac{1}{1-\alpha}}$。如果 $k_t \geqslant \kappa$，该国增加投资到投资回报率等于 1 的时候，它把其余的储蓄借给国外：$d_{t+1}^* = 0, a_{t+1}^* \geqslant 0$，并且 $\alpha \cdot A \cdot k_{t+1}^{\alpha-1} = 1$。如果 $k_t < \kappa$，该国借贷和投资增加到投资回报等于 1 的时候，再加上风险溢价，以反映由外国借贷资助的投资是有风险的：$d_{t+1}^* > 0, a_{t+1}^* = 0$，并且 $\alpha \cdot A \cdot k_{t+1}^{\alpha-1} = 1 + (1-\pi) \cdot \delta \cdot \dfrac{d_{t+1}^*}{k_{t+1}}$。这种风险溢价伴随着债务合约的执行风险，即 $(1-\pi) \cdot \delta$，以及随着杠杆或对这种风险的暴露，即 $\dfrac{d_{t+1}^*}{k_{t+1}}$ 而增加。

这个阈值水平取决于歧视外国人的难易程度，以及对不执行内债合约所造成的不平等的厌恶程度。这决定了该阈值取决于 δ、ε 和 ω。如果歧视是非常容易的，即 $\delta \to 1$，阈值就会下降到零。如果违约导致极端的不平等，即 $\varepsilon \to 0$，并且这种不平等被认为是一个非常严重的问题，即 $\omega \to 1$，那么阈值也会下降到零。

图9.7显示了金融全球化之前(虚线)和之后(实线)的资本存量的运动规律。左右两幅图是针对不同的ε值绘制的。由于储蓄不受金融全球化的影响，对于每个资本水平，这两条线之间的差额等于该国的净国外资产状况。如果该国是匮乏资本的国家(即$k_t<\kappa$)，金融全球化后的运动规律高于自给自足的运动规律，表明该国是净资本流入国。如果该国是资本丰富的国家(即$k_t>\kappa$)，金融全球化后的运动规律低于自给自足，表明该国是净资本流出国。从任何高于阈值的初始值开始，资本存量都会单调地收敛到资本存量的稳定状态：

$$k_\infty^O = ([\pi+(1-\pi)\cdot(1-\delta)\cdot\alpha+(1-\pi)\cdot\delta\cdot s]\cdot A)^{\frac{1}{1-\alpha}}$$

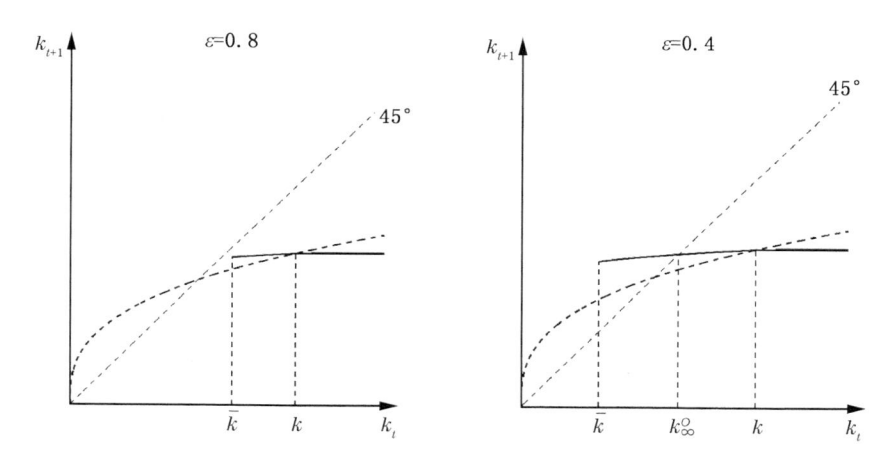

图9.7 金融全球化：乐观的均衡

如果$k_\infty^O \geqslant \bar{\kappa}$，如图9.7右边所示，则假设$s \leqslant \alpha$意味着这个新的稳定状态高于自给自足的状态，而且它是资本流入国的状态。如果$k_\infty^O < \bar{\kappa}$，如图9.7左边所示，则从任何高于阈值的初始值开始，资本存量都会单调地下降。一旦越过了阈值，乐观的均衡就不复存在。

布罗内尔和本图拉(Broner and Ventura,2016)进一步构建了另一个均衡，其中所有债务都以π的概率被执行。其假定市场参与者认为当机构执行合约失败时，债务不会被强制执行，并将其称为悲观主义的均衡。

在悲观均衡中，内债和外债是完全替代的，因为它们都是以π的概率被执行。因此，这些债务合约具备相同的利率，所以它们的预期总收益为1。

$$R_{t+1} = R_{t+1}^* = \frac{1}{\pi}$$

$$c_{t,t}^i = \frac{1}{1+\beta} \cdot w_t$$

$$c_{t,t+1}^i = \begin{cases} \dfrac{\beta}{1+\beta} \cdot w_t & \text{如果 } z_{t+1}=E \\ \dfrac{\beta}{1+\beta} \cdot w_t \cdot \dfrac{1-\pi}{\min\left\{\dfrac{q^i}{r_{t+1}},1\right\} - \dfrac{1}{R_{t+1}^*}} & \text{如果 } z_{t+1}=N \end{cases}$$

对个人 i 来说，同样有三种相关的消费：青年时期的消费；当 $z_{t+1}=E$ 时，老年时期的消费；当 $z_{t+1}=N$ 时，老年时期的消费。鉴于现有的资产，可以分别以 1、$\dfrac{1}{R_{t+1}^*}$ 和 $\left\{\dfrac{q^i}{r_{t+1}},1\right\} - \dfrac{1}{R_{t+1}^*}$ 的价格"支付"这三种消费。个人 i 的收入等于 w_t，并将这一收入的 $\dfrac{1}{1+\beta}$、$\dfrac{\beta \cdot p_t^E}{1+\beta}$ 和 $\dfrac{\beta \cdot p_t^N}{1+\beta}$ 份额分别用于购买相应的消费。

那么，在金融全球化之后，可能存在一个悲观的均衡状态，其中 $p_t^E=\pi$，$p_t^D=0$，以及 $p_t^N=1-\pi$。资本存量的变化规律可以表示为：

$$\alpha \cdot A \cdot k_{t+1}^{\alpha-1} = \begin{cases} 1 + \dfrac{1-\pi}{\pi} \cdot \dfrac{k_{t+1} - \varepsilon \cdot s \cdot A \cdot k_t^\alpha}{k_{t+1}} & \text{如果 } k_t < \varepsilon^{-\frac{1}{\alpha}} \cdot \kappa \\ 1 & \text{如果 } k_t \geq \varepsilon^{-\frac{1}{\alpha}} \cdot \kappa \end{cases}$$

$$\frac{d_{t+1}^*}{R_{t+1}^*} = \max\{0, k_{t+1} - \varepsilon \cdot s \cdot A \cdot k_t^\alpha\}$$

$$a_{t+1}^* = (1-\varepsilon) \cdot s \cdot A \cdot k_t^\alpha + \max\{0, \varepsilon \cdot s \cdot A \cdot k_t^\alpha - k_{t+1}\}$$

还要注意的是，$\varepsilon^{-\frac{1}{\alpha}} \cdot \kappa$ 是资本存量的价值，这样该国企业家既不借也不贷。如果 $k_t \geq \varepsilon^{-\frac{1}{\alpha}} \cdot \kappa$，企业家增加投资到投资回报率等于 1 的时候，他们把其余的储蓄借给国外：$d_{t+1}^* = 0$，$a_{t+1}^* \geq (1-\varepsilon) \cdot s \cdot A \cdot k_t^\alpha$，并且 $\alpha \cdot A \cdot k_{t+1}^{\alpha-1} = 1$。如果 $k_t < \varepsilon^{-\frac{1}{\alpha}} \cdot \kappa$，企业家借贷和投资，直到投资回报等于 1 的时候，再加上风险溢价：$d_{t+1}^* > 0$，$a_{t+1}^* = (1-\varepsilon) \cdot s \cdot A \cdot k_t^\alpha$，并且 $\alpha \cdot A \cdot k_{t+1}^{\alpha-1} = 1 + (1-\pi) \cdot \delta \cdot \dfrac{d_{t+1}^*}{k_{t+1}}$。现在，风险溢价取决于企业家的国外借款，而不是整个国家的借款。

在乐观均衡中，储蓄者向企业家购买无风险的债务。因此，可用于投资的"无风险"资金总量包括国家的总储蓄，即 $s \cdot A \cdot k_t^\alpha$。在悲观均衡中，储蓄者购买国外资产。因此，可用于投资的"无风险"资金总量只包括企业家自己的储蓄，即 $\varepsilon \cdot s \cdot A \cdot k_t^a$。这就提高了风险溢价，降低了投资和资本存量。

悲观均衡的方程还表明，在悲观的均衡中，所有的债务都是外债。因此，对所有债务的违约总是比歧视性政策更可取。图9.8显示了在市场参与者悲观的情况下，金融全球化之前（虚线）和之后（实线）资本存量的运动规律。左右两幅图是针对不同的ε值绘制的。对于低水平的资本，金融全球化使运动规律向上移动，表明该国净资本流入。对于较高的资本水平，金融全球化使运动规律向下移动，表明该国净资本流出。有趣的是，总是有一组资本存量低于 κ 的国家，即使它是资本稀缺的，也会流出资本。从任何初始值来看，资本存量都会单调地收敛到资本存量的稳定状态：

$$k_\infty^P = \{[\pi \cdot \alpha + (1-\pi) \cdot \varepsilon \cdot s] \cdot A\}^{\frac{1}{1-\alpha}}$$

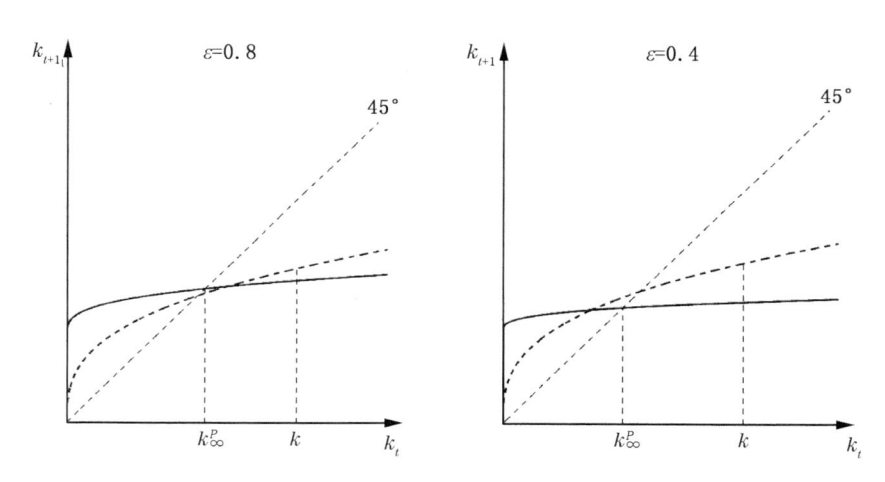

图 9.8 金融全球化：悲观的均衡

如图9.8左边所示，如果ε较大，则金融全球化后的稳定状态高于自给自足的状态，这并不违背常识。但出乎意料的是，如图9.8右边所示，ε较小时，金融全球化后的稳定状态低于自给自足的状态，即尽管世界范围内总资本流动在大量增长，但是对于新兴经济国家的净资本流入相当小，有时甚至是负的。这是因为，在 $\pi \to 0$ 的极限情况下，在金融全球化之后，企业家不能向外国人借款。更糟糕的是，现在他们不能再向储蓄者借钱了，因为储蓄者更愿意购买外国资产。这导致该国的资本存量和福利都会下降。

一个经济体可以有多个均衡点。布罗内尔和本图拉（Broner and Ventura，

2016)假设有一个"太阳黑子"(sunspot)来决定哪一个均衡被实现。变量x_t表示在t时的均衡,如果均衡是悲观的或乐观的,$x_t=P$或$x_t=O$。令q_t为过渡概率,即$q_t=Pr[x_t\neq x_{t-1}]$。如果$k_t<\bar{\kappa}$,可以得出,当$x_{t-1}=P$时,$q_t=0$;当$x_{t-1}=O$时,$q_t=1$。如果只有悲观均衡存在,市场参与者一定是悲观的。如果$k_t\geq\bar{\kappa}$,理论上就不会对q_t有任何限制。如果两个均衡都存在,市场参与者总是可以经历预期的变化。

图9.9显示了金融全球化之前(虚线)和之后(实线)在这些太阳黑子均衡中资本存量的运动规律。上半部分显示$k_\infty^P\geq\bar{\kappa}$的情况,下半部分显示$k_\infty^P<\bar{\kappa}$的情况。左边面板显示了$k_\infty^P\geq k_\infty^A$的情况,右边面板显示了$k_\infty^P<k_\infty^A$的情况。这些面板显示了所有相关的或一般的情况。

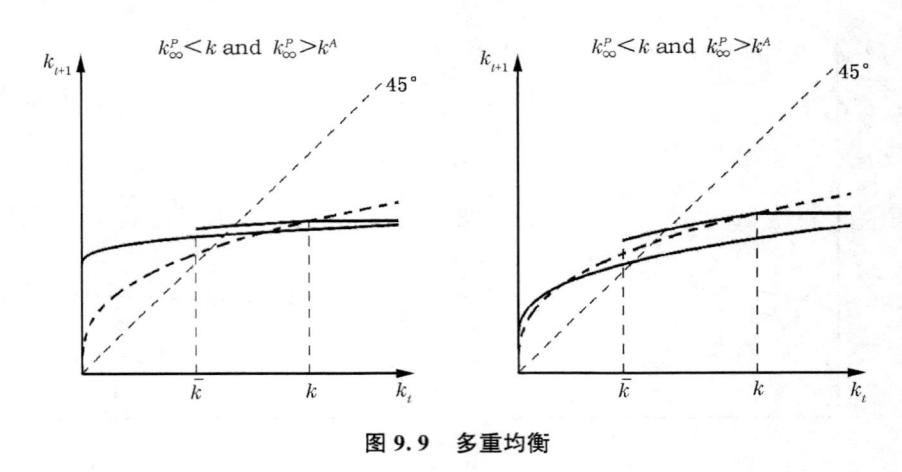

图9.9 多重均衡

经济的稳定状态可以有两种形状。如果$k_\infty^P\geq\bar{\kappa}$,资本存量就会收敛到稳态区间$[k_\infty^P,k_\infty^O]$。一旦达到这个区间,资本存量就永远在这个区间内波动。从任何初始资本存量来看,向稳态区间的收敛是单调的。如果$k_\infty^P\geq k_\infty^A$,资本存量和福利就会由于金融全球化而增长。如果$k_\infty^P<k_\infty^A$,则资本存量和福利是增长还是下降,取决于国家在乐观和悲观状态下所花费的时间比例。

如果$k_\infty^P<\bar{\kappa}$,资本存量就会收敛到k_∞^P。如果初始资本存量低于阈值,这种收敛是单调的。如果初始资本存量高于阈值,投资者情绪的波动有可能导致资本存量的波动,直到足够长的悲观情绪序列最终使经济低于阈值。在这之后,乐观主义不再可能,资本存量单调地收敛到k_∞^P。当国家进入新的稳定状态时,

资本存量和福利最终是增长还是下降,取决于k_∞^P是高于还是低于k_∞^A。

9.5.3 国家能力与政府债务

第一种观点认为政府债务的扩张对经济有正面的影响,凯恩斯主义认为,政府债务的扩张可以通过降低税收增加居民可支配收入,刺激总需求。奥尔巴赫和克里寇夫(Auerbach and Kotlikoff,1986)证明,暂时性的政府债务扩张可能在短期内促进储蓄。他们认为暂时性的政府债务扩张相对于消费者较长的生命期限来说,带来的财富效应很小,却可能对应着暂时性减税,从而刺激储蓄和投资。埃列门多夫和曼丘(Elmendorf and Mankiw,1999)认为政府债务的扩张不仅可能以减税或者刺激总需求的方式促进经济增长,还可能以规避经济大规模衰退的形式对经济产出产生积极影响。[①]

第二种观点认为政府债务的扩张会引发"挤出效应",从而损害经济增长。古典经济学家视政府支出为非生产性支出,认为政府举债会使生产性资本转为非生产性支出,不利于资本积累,从而会损害经济增长。莫迪利亚尼(Modigliani,1961)认为私人部门视政府债务为净财富,这会带来"财富效应",即当政府债务规模增加时,私人部门净财富增加,其消费意愿增加,储蓄减少。戴蒙德(Diamond,1965)认为增加政府债务规模会使得税负转嫁给未来的消费者,从而会提高当前期消费,减少储蓄,提高利率,挤出资本积累。进一步,埃列门多夫和曼丘(Elmendorf and Mankiw,1999)给出了政府债务与经济增长的理论模型,根据国内收入恒等式,有国民收入(Y)等于私人消费(C)、私人储蓄(S)以及税收收入(T)之和,可得私人部门的预算约束:

$$Y = C + S + T$$
$$Y = C + I + G + NX$$

其中,I为社会总投资(包括私人部门投资I_p和公共部门投资I_g),G为公共部门消费性支出,NX为净出口,联立收入法等式和支出法等式可以得到:

$$S = I_p + NX + (G + I_g - T)$$

其中,$G + I_g - T$即为财政赤字,该恒等式说明了私人储蓄的三个去向:私人投资、净出口和弥补财政赤字。从上式可以看出,当储蓄和净出口不变时,增加财

[①] 旷日持久的衰退可能会降低未来的潜在产出,这是因为长期失业的工人劳动生产率会下降,长期衰退也会抑制新项目的投资。而扩大政府债务规模(积极的财政政策)则可以避免这种大规模的衰退,因此增加政府债务可能对产出有正面影响。

政赤字就会使私人投资减小,即当政府债务规模上升时,私人投资会降低,出现"挤出效应"。

第三种观点认为政府债务对经济的影响是中性的。该观点主要基于 Ricardo(1817)提出的李嘉图等价定理(Ricardian Equivalence Proposition),即在无限寿命和一次性总付税的分析框架下,政府债务与税收是等价的。巴罗(Barro,1974)在标准的"世代交叠模型"(Overlapping Generation Models,OLG)中引入后向跨代利他动机,也证明了政府债务与税收融资的等价性。[1]

基于萨缪尔森(Samuelson,1958)和戴蒙德(Diamond,1965)具有物质资本的世代交叠模型,巴罗(Barro,1974)假定政府发行了一定数量的债务 B,可以认为是采取了单期实际价值的债券形式。这些债券在本期支付指定的实际利息 rB,在下期支付指定的实际本金 B。等价地,可以假设债券在竞争性的资本市场上出售,出售的收益用于对第一代(年长一代)的家庭进行一次性转移支付。允许部分收益流向第二代家庭并不会改变任何基本结论。

$$A_1^y + A_0^O + B = c_1^o + (1-r)A_1^y$$

其中,B 代表一次性转移支付,假设在期初发生。对于第二代,目前的预算约束是:

$$w = c_2^y + (1-r)A_2^y + rB$$

其中,rB 代表政府为支付债券利息而征收的税收。现在第二代的下一期预算约束是:

$$A_2^y + A_1^O = c_2^o + (1-r)A_2^o + B$$

其中,B 代表用于偿还债券本金的税收征收。第二代的两个预算约束方程可以合并为一个单一的两期预算方程:

$$w + (1-r)A_1^o - B = c_2^y + (1-r)c_2^o + (1-r)^2 A_2^o$$
$$U_2^* = f_2^*[(1-r)A_1^o - B, w, r]$$

即其从第一代成员处获取的"净遗赠",$(1-r)A_1^o$ 决定了第二代成员的"禀赋"。

$$U_1 = U_1(c_1^y, c_1^o, U_2^*) = f_1[(1-r)A_1^o - B; c_1^y, A_1^y + A_0^O, w, r]$$

对于 c_1^y、$A_1^y + A_0^O$、w 和 r 的给定值,第一代成员的选择问题相当于对净遗赠的最佳选择问题,$(1-r)A_1^o - B$ 受制于遗赠总额 A_1^o 为非负值的约束。特别

---

[1] 后向跨代利他动机是指人们关心后代的福利。巴罗(Barro,1974)通过在当代人的效用函数中包括后代的效用以及老年人留给下一代遗产的设计,证明了长期均衡增长中的消费和资本不依赖于国债水平的变化。这是因为国债水平的变化对经济的影响完全被人们的遗产调整所抵消。

是,如果这个问题的解决方案与内部的 A_1^o 值有关,也就是说,如果约束条件 $A_1^o > 0$ 没有约束力,那么 B 的任何边际变化将完全由 A_1^o 的变化来满足,以保持净遗赠 $(1-r)A_1^o - B$ 的价值。A_1^o 的这种反应将使 c_1^o、c_2^y、c_2^o 和 A_2^y 的值保持不变。因此,第一代、第二代等成员达到的效用水平将不受 B 的变化的影响,即政府发债及其融资对第三代和以后各代没有直接影响。

$$K(r,w) + B = A_1^o + A_2^y$$

B 的增加意味着该方程左侧的资产供给有一对一的增加。然而,为了维持净遗赠 $(1-r)A_1^o - B$ 的规模,A_1^o 以 $1/(1-r)$ 倍于 B 的变化增加了。此外,在 c_2^y 固定不变的情况下,rB(税收)的增加意味着 A_2^y 以 $r/(1-r)$ 倍于 B 的变化下降了。总的来说,上述方程右侧的总资产需求与 B 一致,所以不需要 r 的变化来清理资产市场。等价地,商品市场的清算条件,如公式 $c_1^o + c_2^y + \Delta K = y$(其中 ΔK 表示从上一时期到当前时期的资本存量变化)所表达的,在 r 的初始值下继续成立,因为债券发行对总需求没有影响。

$$U_3^* = f_3^*[(1-r)A_2^o - B, w, r]$$

其中,$(1-r)A_2^o - B$ 现在决定了第三代成员的禀赋。由于第二代不再偿还政府债务本金,其预算方程变为:

$$w + (1-r)A_1^o - B = c_2^y + (1-r)c_2^o + (1-r)^2[(1-r)A_2^o - B]$$

对于给定的 w、r 和第一代的净遗赠值 $(1-r)A_1^o - B$,第二代将选择一个最佳的净遗赠值给第三代,即 $(1-r)A_2^o - B$。只要 A_2^o 是内点解的,这个净遗赠值就不会随着 B 的变化而波动。假设这个解是内点解,第二代的可得效用可以写成间接形式:

$$U_2^* = f_2^*[(1-r)A_1^o - B, w, r]$$

在形式上与前述推导相一致。因此,这种情况被简化为前一种情况,即 B 的边际变化仅导致 A_1^o 的变化,该变化使 $(1-r)A_1^o - B$ 保持不变,而不会影响任何消费值或获得的效用。

三代人的结果可以推广到对 m 代人征税的情况,由第 m 代人还本付息。从第 m 代开始,向后推进,可以证明对于所有 $2 < i < m-1$,如果 A_1^o 是内点解,U_i^* 可以间接写成 $(1-r)A_{i-1}^o - B$ 的函数。只要所有的继承遗产的选择都符合内部解(正如当前几代人所预期的那样),B 的变化代表着遗产的完全补偿性,那么所有的消费和获得的效用值都将保持不变。

第四种观点则认为政府债务对经济的影响是非线性的。切赫里塔-韦斯特法尔(Checherita-Westphal et al.,2014)参考阿肖尔(Aschauer,2000)、艾森曼(Aizenman et al.,2007)等的既有工作构建了一个理论模型,其设定一个带有公共资本的标准生产函数,$L=$劳动,$K=$私人资本,$K_g=$公共资本(无融资的公共支出的累积存量)。政府债务只能为公共投资融资,无论它是否具有生产性:

$$Y=[L^{\beta}K^{1-\beta}]^{1-\alpha}K_g^{\alpha}$$

$$Y=L^{\gamma}K^{1-\gamma}(K_g/K)^{\alpha}$$

其中,$\gamma=\beta(1-\alpha)$,并且K_g/K是公共资本与私人资本的比率,代表公共部门借贷融资的程度。可以把它看作是公共部门对生产函数的投入。进一步,考虑到对γ和α的估计,最佳的债务水平来自于公共资本与私人资本的比率,该比率在现有就业水平下使人均产出增长率最大化,定义为:

$$\frac{K_g}{K}=\frac{\alpha}{(1-\alpha)^2}=\varphi, \quad L=1$$

$$\frac{K_g}{L^{\beta}K^{1-\beta}}=\frac{\alpha}{(1-\alpha)^2}=\varphi, \quad L\neq 1$$

$$d^*=\left(\frac{\alpha}{(1-\alpha)^2}\right)^{1-\alpha}$$

因此,在黄金法则条件下,切赫里塔-韦斯特法尔(Checherita-Westphal et al.,2014)发现最大化经济增长率的政府债务/GDP的比重是资本产出弹性的函数,即最佳的债务水平仅仅取决于公共资本存量的产出弹性,较低的生产形式会导致较低的α值和较低的最佳债务。同时,他们用这个模型估算出OECD国家的最优政府债务/GDP的比例在43%~63%。

布罗内尔和本图拉(Broner and Ventura,2016)对法律执行制度完善程度的核心度量标准在于对外国人(持有债务和资产)的歧视性政策难易程度,法律执行制度越不完善的国家越倾向于采取对外债的歧视性政策,而不予履行外债支付偿还义务导致外债违约频发。图9.10显示了运动规律如何取决于歧视的程度。如果对外国人的歧视性政策执行是可能的(即δ取值较高),那么乐观主义均衡下的资本运动规律中,国内债务总是被强制执行,而国外债务被强制执行的概率接近于π。另外,由于如果选择执行歧视性政策,执行外债的风险很低,故对外国人的歧视性政策非常有吸引力。这在图9.10中的左上角坐标系中得到了说明,其中δ非常高,以至于$\bar{\kappa}$实际上是0。

如果强制执行对外国人(持有的债务和资产)是非歧视性的(即δ取值较

图 9.10 对外国人的歧视程度

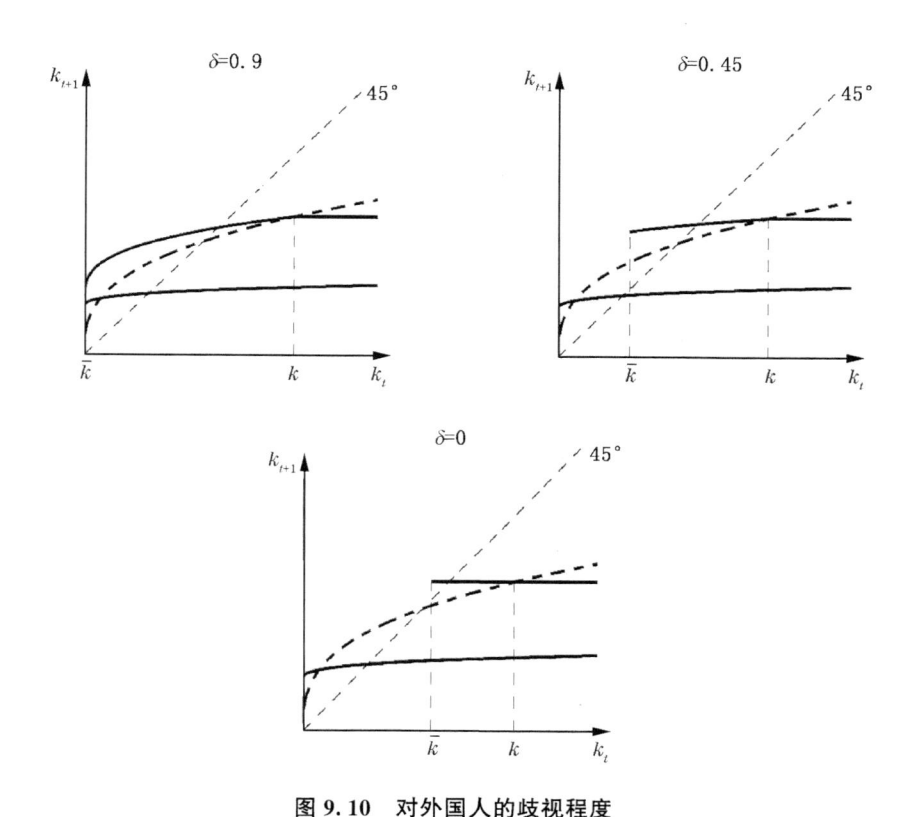

低),那么乐观主义均衡下的资本运动规律中,外债被强制执行的概率很高,这降低了国际借贷风险,增加了投资,但这是有代价的。选择非歧视性政策意味着以高概率执行外债。因此,只有当国家足够富裕,国内债务很高,值得对外支付利益降低外债以保持内债时,才存在乐观的均衡。此时 $\bar{\kappa}$ 很高。这种情况在图 9.10 的右上角坐标中进行了说明。

一个有趣的极端情况是 $\delta=0$ 的情况。在这种情况下,乐观主义均衡具有特别简单的形式:当 $p_t^E=1$ 并且 $p_t^D=p_t^N=0$,利率和投资回报率为:

$$R_{t+1}=R_{t+1}^{*}=A \cdot \alpha \cdot k_{t+1}^{\alpha-1}=1$$

当 $k_t \geqslant \bar{\kappa}=[1-w \cdot (1-\varepsilon)]^{\frac{1}{\alpha}} \cdot \kappa$ 时,乐观均衡才存在,其中 $\kappa \equiv (A \cdot \alpha)^{\frac{1}{(1-\alpha)} \cdot \alpha} (A \cdot s)^{-\frac{1}{\alpha}}$。

由于外债和内债的执行概率为 1,所以不存在借贷风险,投资的收益等于国际利率。如果 ε 较低,乐观均衡更有可能存在,因为在这种情况下,有更多的国内借贷。如果 ω 取值较高,它也更有可能存在,因为在这种情况下,几代人更看重国内执法质量所带来的再分配。这种情况在图 9.10 的底部坐标系中得到说明。

$$vfi = 1 - \frac{r^{own}}{s^{own}}$$

其中,r^{own} 和 s^{own} 分别代表地方政府收入和支出,r 和 s 分别代表地方政府的总收入和总支出,R 和 S 分别代表政府总收入和总支出。

进一步,借鉴埃罗和卢新延(Eyraud and Lusinyan,2013)提出的 $s = r^{own} + t^{(+)} + b = s^{own} + t^{(-)}$,式中 $t(+)$ 和 $t(-)$ 分别为地方政府收到和支付的转移性支出,b 代表地方政府净借款,纵向财政失衡方程可以改写为:

$$vfi = 1 - \frac{s^{own} + t^{(-)} - t^{(+)} - b}{s^{own}} = \frac{t^{(+)} - t^{(-)}}{s^{own}} + \frac{b}{s^{own}}$$

$$vfi = 1 - \frac{r^{own}}{s^{own}}$$

$$= 1 - \frac{r^{own}/R}{s^{own}/S}\left(1 - \frac{S-R}{S}\right)$$

$$= 1 - \frac{d^r}{d^s}(1-B)$$

其中,B 代表政府总负债占总支出的比重。

9.5.4 政府债务的扩张与发展型财政的可持续性

克里斯托夫齐克和凯辛(Christofzik and Kessing,2018)利用德国地方州政府的财政政策变革[①],分析了财政监督对当地政府债务的实际影响,其实证结果显示:①之前受到财政监督规则约束的市的债务水平在政府会计制度转型后显著上升;②作用机制检验表明,财政监督放松后债务水平的上升,并不是因为税收的减少,而是由于支出的增长,而且主要是行政运行支出或社会性支出的增长;③进一步的分组回归发现,在政治竞争更为激烈的市,和老年人口比重更大的市,债务水平增幅更明显。该研究从反向证明了财政监督规则对抑制政府债

---

① 该州本来受到实施严格的预算平衡规则,但在 2004—2009 年进行了权责发生制会计改革,为了使会计制度从现金制向权责发生制平稳转型,财政监督机构放松了对州财政监督,实际上允许州地方政府增加债务。

务的重要性和有效性。克里斯托夫齐克和凯辛（Christofzik and Kessing,2018）的研究表明,建立一套严格的财政监督制度对控制政府债务是十分必要的。

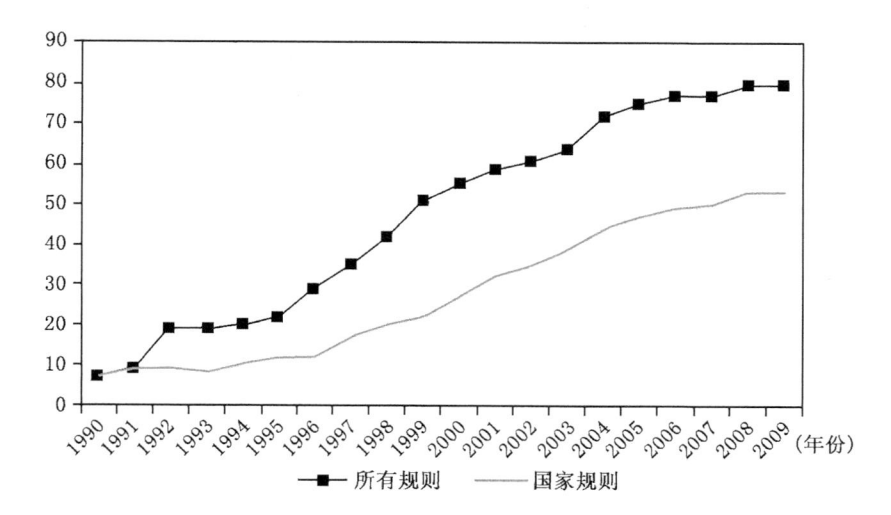

图 9.11　制定财政规则或财政目标的国家数量

皮格莱姆和里博尼（Piguillem and Riboni,2020）设定了一个无限远期的经济体,其中,公共支出由当前的税收和债务来支撑,由两个政党（A 和 B）随机地交替执政,在财政规则的约束下谈判政策方案选择。在该模型中,财政规则（下文将进一步详细讨论）规定了双方谈判中的威胁点（threat point）。在 t 时期（$t=1,2,\ldots,\infty$）,两党讨价还价的过程如下：

①在 t 时期开始时,其中一方当选并成为现任者；

②执政者向反对派提出一个"要么接受,要么放弃"的提议,规定了政府支出水平和债务；

③反对派接受该提案,当且仅当这样做使她至少与选择"拒绝接受"一样获益；

④如果反对派拒绝建议,财政规则必须适用于当前的时期。如果有一个以上的政策可以满足该规则,那么政策的选择就由执政者决定。

在 $t+1$ 时期,t 时期的政府仍然执政的概率为 $q \in [0,1]$,而 t 时期政府的反对派则以互补的概率（$1-q$）成为 $t+1$ 时期的执政者。

为了简化论证过程,该模型假设税收收入是外生的,在所有时期都等于 τ。

A 党和 B 党是基于意识形态而分化的,也就是说,他们代表不同选区的利益。有两种类型的公共产品,两党对公共支出的理想构成有不同的偏好:每一方都希望将预算的大部分(或全部)分配给两种公共产品中的一种。令 g^A 和 g^B 分别表示 A 党所偏好的物品和 B 党所偏好的物品。例如,当双方有不同地域的选区时,g^A 和 g^B 可以代表特定地区的公共项目。那么,A 党和 B 党的每期效用可以表示为:

$$u_A(g^A, g^B) = u(g^A) + \theta u(g^B)$$
$$u_B(g^A, g^B) = u(g^B) + \theta u(g^A),$$

其中,$u(g^j), j = A, B$,是一个常相对风险规避(CRRA)效用函数:

$$u(g^j) = \frac{(g^j)^{1-\sigma}}{1-\sigma}$$

其中,$\sigma \in [0,1]$ 是相对风险厌恶的系数。参数 $\theta \in [0,1]$ 反映了政治极化的程度。当 $\theta = 0$ 时,一个政党从另一个政党所偏好的公共产品中得不到任何效用,这意味着对支出构成的分歧最大。当 $\theta \to 1$ 时,两党的政治分歧就消失了。

也可以把最低要求的或之前承诺的支出水平 $\bar{g} > 0$ 纳入其中。通过重新定义支出为 $\hat{g}^j = g^j - \bar{g}$,收入为 $\hat{\tau} = \tau - 2\bar{g}$,只要 $\tau > 2\bar{g}$,就能得到相同的解决方案。在这个意义上,可以把 g^j 解释为"未承诺的"支出,因此,$g^j = 0$ 的结果应该被解释为失去自由分配资源的可能性,而不是没有支出的均衡。

在整个过程中,皮格莱姆和里博尼(Piguillem and Riboni,2020)关注的是静态的马尔科夫完美均衡。A、B 两党用 $\beta \in (0,1)$ 系数对未来进行贴现。皮格莱姆和里博尼(Piguillem and Riboni,2020)递归地表达问题,并将当前债务水平 b 作为状态变量。由于模型假设各方是对称的,所以没有必要指定执政党的身份,因此只需以是否执政来区分两党。令 I 表示目前正在执政的政党,O 为不执政的政党。再令 $V_I(b)$ 和 $V_O(b)$ 分别表示执政党和反对党的价值函数。将党派 $j = I, O$ 的延续效用定义为:

$$W_j(b) = q V_j(b) + (1-q) V_{-j}(b)$$

令 g^I 表示当前执政者所青睐的物品,用 g^O 表示当前反对派所青睐的物品。执政方需要解决:

$$V_I(b) = \max_{\{g^I, g^O, b'\}} \{u_I(g^I, g^O) + \beta W_I(b')\}$$
$$\text{s.t.} \quad \tau - (1+r)b + b' - g^I - g^O \geq 0 \quad (BC)$$
$$u_O(g^I, g^O) + \beta W_O(b') \geq m(b) \quad (AC)$$

$$\underline{b} \leqslant b' \leqslant \overline{b}$$
$$V_O(b) = u_O[g_I^*(b), g_O^*(b)] + \beta W_O[B^*(b)]$$

其中,约束条件(BC)是政府的预算约束,其中b是当前债务,b'是未来债务。利率是外生的,等于r。假设b'必须小于自然债务限额,即$\overline{b} = \tau/r$。这意味着支付未偿债务总是可行的。对于$\underline{b}$,可以假定为任何负数,包括$-\infty$。

不等式(AC)是接受约束:当且仅当反对派的效用大于或等于$m(b)$时,她才会接受"要么接受,要么放弃"的提议。$m(b)$是反对派的"威胁点",它取决于财政规则。如果反对派拒绝现任者的提案,总支出必须满足以下财政限制:

$$g^I + g^O \leqslant \alpha(\tau - \tau b)$$

这一规则规定,在出现分歧的情况下,总支出不能超过净收入流量的一个外生比例$\alpha \in [0, 1]$,其中α的数值越低,规则就越严格。如果反对派接受了一个超过$\alpha(\tau - \tau b)$的提案,那么财政限制只在当期被放弃:任何未来的越过财政限制的决策都需要双方达成另一个协议。当$\alpha = 1$时,上式对应于一个可以通过共识放弃的平衡预算规则:执政党的支出不能超过$(\tau - \tau b)$而没有反对派的批准。从政府预算约束(BC)来看,这意味着债务不会增长。$\alpha = 0$的规则类似于一个财政规则,它规定了在各方不同意的情况下将出现政府停摆。更广泛地说,$\alpha = 0$反映了自由支配的支出,即每年必须批准的支出项目,如果各方不能达成一致,政府就会"关门"(Bowen et al., 2014)。

在出现分歧的情况下计算政策是直接的。由于现任执政党可以自由选择满足财政规则的财政支出组合,它选择g^I和g^O来满足静态一阶条件: $g^O = \theta^{\frac{1}{\sigma}} g^I$。因此,可以将反对党的分歧值写作:

$$m(b) = \left(\theta + \theta^{\frac{1-\sigma}{\sigma}}\right) u(g^I) + \beta W_O(b'^s)$$

其中,b'^s表示应用该规则所隐含的债务水平。因为债务水平也同样得满足上述财政支出的规则方程,故其由以下因素决定:

$$b'^s = b + (\alpha - 1)(\tau - rb)$$

因此,当出现分歧时,当$\alpha = 1$时,债务保持不变,或当$\alpha < 1$时,债务减少。假设$\alpha \leqslant 1$并不重要,但它保证了规则的重要性,因此双方都愿意为绕过它而做出妥协。如果α高于1,执政者将不受约束,作为政策独裁者行事。那么,结果将等同于阿莱西那和塔贝利尼(Alesina and Tabellini, 1990)的结果,即两极分化的加剧会导致更大的赤字。

为求解静态马尔科夫完美均衡中的政治-经济均衡问题,需要找到三个函数:①$g_I^*(b)$,执政者偏好的公共产品的消费水平;②$g_O^*(b)$,反对党偏好的公共产品的消费水平;以及③债务动态,$b'=B^*(b)$。结合公共支出水平,就可以计算出两种公共产品的消费比率:

$$\gamma^*(b)=\frac{g_O^*(b)}{g_I^*(b)}$$

当反对党的议价能力较弱时,支出构成更偏向于执政党的偏好,$\gamma^*(b)$较小。

在整个过程中,假设$\beta(1+r)=1$。因此,政府举债的动机只来自政治考虑。事实上,社会最优状态是在不发行新债的情况下保持债务水平不变,也就是说,$b'=b$。恒定的债务允许在一段时间内平稳的支出。如果初始债务为零,计划者的解决方案就意味着没有积累债务的动机。无论计划者对每一方的权重如何,都可以得到这个结果。如果社会计划者是功利主义的(权重相等),那么在所有时期,对两种商品的支出将是相同的:$g^I=g^O=(\tau-rb)/2$。总而言之,无限期的分析是在假设1下进行的:

假设1:令$\theta\in[0,1]$,$\beta\in[0,1)$,$q\in[0,1]$,且$\beta(1+r)=1$。

对于一个给定的财政规则$\alpha\in[0,1]$。政治-经济均衡的特点是有两个均衡的比例因素:$\nu\in[1,(1+r)/r]$和$p\in[1,2]$。分配给执政者偏好的公共产品的资源比例是债务利息支付后的税收收入的线性函数:

$$g^I=\frac{\nu}{p}(\tau-rb)$$
$$g^I+g^O=\nu(\tau-rb)$$
$$b'=b+(\nu-1)(\tau-rb)$$

图9.12展示了未来债务b'与当前债务的函数来说明上式所暗示的债务水平动态变化规律。当$\nu>1$时,债务会增长,直到达到稳定状态,也就是等于自然债务限额。由于利息支付随着时间的推移而增加,从上述总支出公式来看,对两种商品的支出必须逐渐减少。在极限状态下,所有的税收收入都将用于支付利息,支出将为零。根据对g^j作为未承诺支出的另一种解释,可以认为极限结果是政府失去了自由分配资源的能力。经过多年不负责任的行为,政府最终将所有的资源投入到债务支付和基本功能中。

为了考察政治极化对政府债务和财政规则的影响,皮格莱姆和里博尼(Piguillem and Riboni,2020)构建了一个两期模型(two-period model):每个政

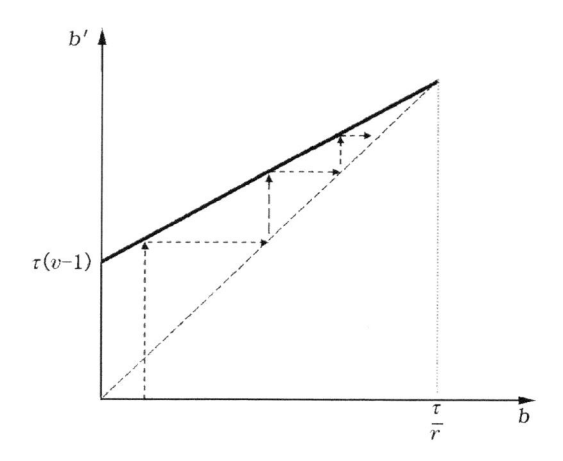

图 9.12 债务水平动态变化

党只关心一种商品($\theta=0$)。这种情况是最有趣的,因为债务积累问题是最严重的。为了避免杂乱的符号,还假设 $r=0,\beta=1$,并且没有初始债务,即 $b_1=0$。该两期模型的分析是在假设 2 的条件下进行的:

假设 2:令 $\theta \in [0,1]$, $r=0$, $\beta=1$,且 $b_1=0$

$$g_1^I + g_1^O \leqslant b_2 + r$$

其中,b_2 表示第一期结束时的债务数量。在第二个时期,所有的债务都必须偿还,而且不能发行新的债务。第二期的预算约束为:

$$g_2^I + g_2^O + b_2 \leqslant \tau$$

其中,假设 $b_2 \leqslant \tau$,因此,在 $t=2$ 时支付未偿债务总是可行的。

参照战略性债务文献的做法,计算当执政党是一个不受财政规则约束的政策独裁者时的均衡解集。采用逆向求解方法可得,在 $t=2$ 时,执政党可用资源为 $(\tau-b_2)$。当存在完全的两极分化时,独裁者将 $(\tau-b_2)$ 用于其偏好的公共物品,而没有任何资源用于供给其他公共物品。进一步,利用 $t=2$ 时的解集和预算约束条件成立的事实,得到以下关于 $t=1$ 时债务的一阶条件:

$$u'(\tau+b_2) = qu'(\tau-b_2)$$

式中,左边是多发行一个单位债务的边际收益,而右边是需要削减未来支出的预期成本。此外,中央计划者的一阶条件由 $u'(\tau+b_2) = u'(\tau-b_2)$ 给出,因此 $b_2=0$。如果现任执政党一直执行($q=1$),那么就会立即出现债务过度积累的情况。相反,假设在第一个时期,现任者认为有一些被赶下台的可能性。如果在第二个时期,其正好下台,公共支出的构成将根据反对党的偏好来选择。因此,现任者并没有完全内化未来资源的价值,这导致其在第一期超额支出。此外,相对风险厌恶系数的数值越高,意味着独裁者希望在两个时期都能平滑消费,这就导致了较低的债务。

$$g_1^I + g_1^O \leqslant \alpha\tau$$

在 $b_1=0$ 的假设下,上述不等式与前文中的财政规则等式相契合。关于 $t=2$ 时的讨价还价,假设在最后时期,可用资源是外生的。更具体地说,在 $t=2$ 时,双方进行谈判,总资源的一部分 $\gamma'/(1+\gamma')$($\gamma' \in [0,1]$)被用于反对党喜欢的公共产品,而剩余部分则被用于现任者喜欢的公共产品。也就是说,对于任何水平的债务 b,最后时期的支出构成是:

$$g_2^I = \frac{\tau - b_2}{1+\gamma'}$$

$$g_2^O = \gamma' \frac{\tau - b_2}{1+\gamma'}$$

式中,γ' 的值越高,反对党未来的议价能力就越高,这是无限期经济中反复议价的结果,其中 γ' 是内生的。在这个阶段假定 γ' 为外生,可以将现在的讨价还价和未来的预期讨价还价所产生的影响分开。后续的模型求解过程中,将选择 γ' 来复制无限期的均衡。

$$\max_{\langle b_2, g_1^O \rangle} \{u(\tau + b_2 - g_1^O) + qu(g_2^I) + (1-q)u(g_2^O)\}$$

$$\text{s.t.} \quad u(g_1^O) + qu(g_2^O) + (1-q)u(g_2^I) \geqslant m_1$$

$$m_1 = u(g_1^{-O}) + qu\left(\gamma'\frac{\tau - \overline{b_2}}{1+\gamma'}\right) + (1-q)u\left(\frac{\tau - \overline{b_2}}{1+\gamma'}\right)$$

其中,g_1^{-O} 和 $\overline{b_2}$ 表示政府在出现分歧的情况下所设定的支出和债务。这些数值主要取决于现有的财政规则。当 $\theta = 0$ 时,很明显,一旦出现分歧,现任者将选择 $g_1^{-O} = 0$,因此债务的演变将由预算规则给出,$\overline{b_2} = -(1-\alpha)\tau$。这意味着第二期的总可用资源将是 $\tau - \overline{b_2} = (2-\alpha)\tau$,是 α 的递减函数。

接受约束(AC)隐含地定义了一个函数 $g_1^O = G(b_2)$,它在债务中是增加的:

$$G'(b_2) = \frac{1}{1+\gamma'} \left\{ \frac{qu'(g_2^O)\gamma' + (1-q)u'(g_2^I)}{u'[G(b_2)]} \right\}$$

通过将解 $G(b_2)$ 代入上述最大化问题,我们得到了关于 b_2 的一阶条件,它使额外单位债务的边际收益与边际成本相等：

$$[1-G'(b_2)]u'[\tau+b-G(b_2)]=(1-q)u'\left[\frac{(\tau-b_2)\gamma'}{1+\gamma'}\right]\frac{\gamma'}{1+\gamma'}+qu'\left(\frac{\tau-b_2}{1+\gamma'}\right)\frac{1}{1+\gamma'}$$

其中，①一个额外的债务单位并不能转化为一个额外的消费单位，因为必须给反对党额外的 $G'(b_2)$ 作为补偿。与交替独裁者的模型相比，这个渠道减少了提高债务的动机。

② $t=1$ 时的消费是 $\tau+b_2-G(b_2)$，而不是 $\tau+b_2$，这增加了消费的边际效用。如果执政党想在第一阶段保持一定的当前消费水平，其必须增加债务。

③只要 $\gamma'>0$，执政者就会意识到，增加债务不仅会减少其继续执政时的支出，还会减少他下台时的支出。因此，未来资源的额外价值减少了积累债务的动机。

因为这四个渠道并不都是朝同一个方向发展的，所以整个讨价还价的结果是模糊的。其中，渠道①和②是由 $t=1$ 时的谈判驱动的，而③和④是由对未来讨价还价的预期驱动的。

图 9.13 举例说明了 b_2 和 γ 如何随 γ' 变化。在绘制此图时，假设 $\sigma=0.2$，当前的财政规则是政府停摆（其他 α 值的结果在本质上没有变化），用灰色虚线表示。同时，图中也展现了交替独裁者模型中的债务水平以作为基准对照，用黑色虚线表示。

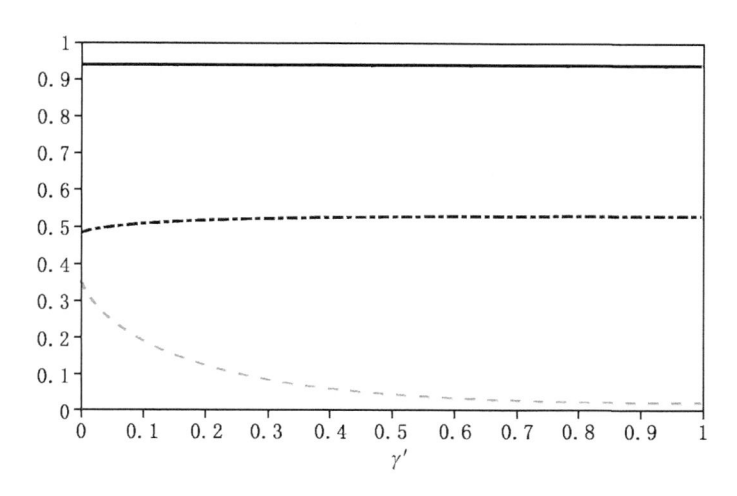

图 9.13 讨价还价模型与债务水平

图 9.13 的第一个观察结果是,债务比交替独裁者的标准模型中要小。债务在 γ' 中是递减的,这是因为对未来讨价还价的预期增加了未来资源的价值,减少了积累债务的动机。此外,即使预算对执政党的偏好倾斜较小,支出的构成也不是平等的。因为执政者拥有议程设置权,其获得的消费份额比反对党要大。

最后,皮格莱姆和里博尼(Piguillem and Riboni,2020)将简单的两期模型延伸到无限期,并进一步呈现了财政规则影响债务积累的过程。其将均衡的特征简化为两个非线性方程系统,其中有两个未知数,v 和 $\varphi_O \equiv [p-1]^{1-\sigma} + \theta$。系数 v 控制着债务增长率,而 p 即 φ_O 决定了当前支出如何在两党之间分配。

$$\varphi_O = \max\left\{ \varphi_O^s \left(\frac{p\alpha}{p^s v}\right)^{1-\alpha} \varphi_O^s + \frac{\beta(1+\theta)(1-\theta+\varphi_O)}{2} \frac{[(1-r(\alpha-1))^{1-\sigma} - (1-r(v-1))^{1-\sigma}]}{1-\beta[1-r(v-1)]^{1-\sigma}} \right\}$$

$$\frac{1}{v} = \frac{(1-\beta)(1+\varphi_O-\theta)}{2[1-\beta(1-r(v-1))^{1-\sigma}]} \frac{[1+(\varphi_O-\theta)^{\frac{\sigma}{1-\sigma}}]}{[1+(\varphi_O-\theta)^{\frac{1}{1-\sigma}}]} [1-r(v-1)]^{-\sigma}$$

由 v 决定的债务动态演变规律见图 9.14。该图描述了交替独裁者的典型模型和各种财政规则,包括预算平衡和政府停摆下的讨价还价模型的债务动态。考虑了两种情况,低政治极化(左边)和高政治极化(右边)。该图显示,财政规则在均衡路径上没有被遵循,但它们还是影响了债务水平的变化。当两极分化程度高时,与最佳状态的偏差最大。当两极分化程度较低时,债务问题并不严重,财政规则与独裁者模型的解决方案相比只提供了轻微的改善。当两极分化达到最大时,讨价还价更为重要,而财政规则则大大减少了债务积累问题。

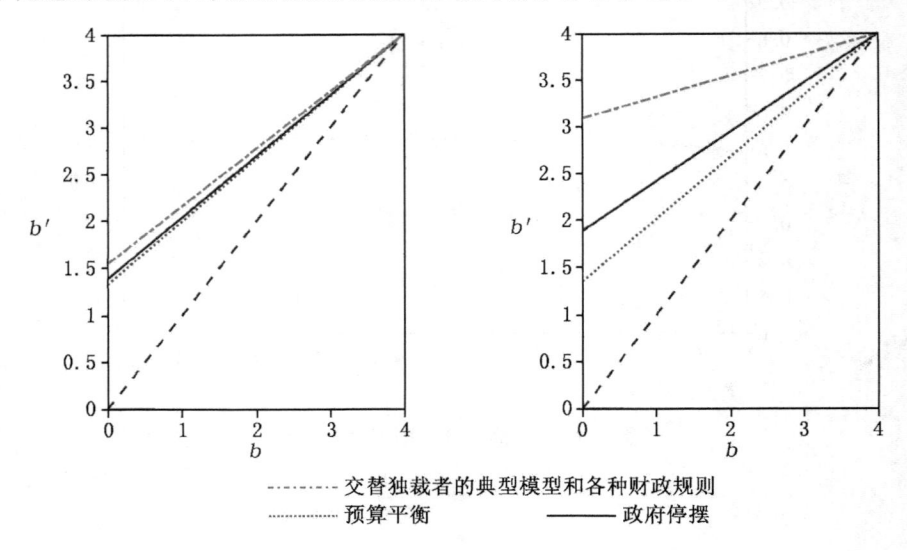

图 9.14 债务水平动态变化

10 制度财政学

10.1 制度财政学的重要性

10.1.1 制度财政学的核心

10.1.1.1 财政制度

财政制度是国家为规范财政分配关系,在财政收支管理活动方面制定的法令、条例和施行办法的总称。它是指导和制约财政分配活动的依据和准则。(何盛明,1990)在党的十九届四中全会勾勒的中国特色社会主义制度"图谱"中,财政制度位居重要制度系列,是国家治理的基础和重要支柱。这是因为,财政制度的格局、变化和走向,历来关乎中国特色 社会主义事业全局,牵动整个经济社会发展,深刻影响政府职能履行和国家治理活动运行,是将制度优势转化为国家治理效能的基础性和支撑性要素。新时代财政制度建设必须紧扣社会主 要矛盾的变化展开和推进、必须围绕推动经 济发展的转变展开和推进、必须在全面深化改革中展开和推进。

10.1.1.2 财政激励

清华大学经济管理学院钱颖一教授2008年12月1日接受《第一财经日报》采访时提出,中国改革的精髓在于两个方面:一是把激励搞对;二是让市场发挥作用。设计有效的激励机制是我国经济改革成功的经验,缺乏有效的激励机制也是现阶段财政体制改革仍存在诸多有待解决的问题症结所在。财政激励起源于钱(音译)和温加斯(Qian and Weingas,1997)提出的"维护市场的财政联邦制"。基于财政分权改革设计,地方政府获得了财政分成,随着地方税收的增加,地方政府获得的财政分成也相应增加,极大程度上刺激了地方政府推动经济增长以增加地方财源。该理论认为,合适的制度安排对激励地方政府是非常必要的,认为维护市场的财政联邦制可以规范地方政府行为,让政府的"帮助之手"充分发挥作用,为地方经济发展营造良好的市场环境。

10.1.1.3 财政监督

财政监督是相关监督主体依据法律法规对所有政府收支活动及其全过程和实施效果进行督察、约束、规范与促进,有利于确保涉及公共资金收支活动的所有职能部门和单位忠实履行公民的受托责任(王晟,2013)。

10.2 制度财政学的发展

10.2.1 主流财政理论的局限性

2015年11月,习近平总书记主持召开中央财经领导小组第十一次会议,首次提出"供给侧结构性改革",为了更好地推进供给侧结构性改革,今后一个时期,中国将继续并加大力度实施积极的财政政策。然而,积极财政政策在支持供给侧结构性改革的过程中面临着一定的困难。现阶段社会主要矛盾是人民日益增长的美好生活需要和不平衡不充分发展之间的矛盾,不平衡不充分发展是发展质量不高的表现。过去依赖要素驱动的发展模式已经遇到了瓶颈,现阶段需要通过创新驱动发展,形成多样化的供给体系,为人民群众提供更多更好的产品和服务。当资源配置有效率时,财政支出能够成为经济发展的重要驱动力,同时也是生活质量的重要决定因素。但是,如果地方政府更加关注自身利益的话,这将会创造出一种激励,它将促使公共财政资金偏离社会最优水平。这样一来,这种偏离效应在相当大程度上降低财政政策的执行效果,进而制约经济增长速度和质量。党的十九大报告强调了建立全面规范透明、标准科学、约束有力的预算制度,全面实施绩效管理的重要性。因此,加强财政制度建设是现阶段经济体制改革的重要任务之一。在习近平新时代中国特色社会主义思想指引下,以供给侧结构性改革为主线,中国经济已由高速增长阶段转向高质量发展阶段。现阶段经济发展面临新的风险挑战,增长阶段转换对财税政策改革提出了紧迫要求,需要对高速增长转向高质量发展阶段后我国经济改革面临的主要财政问题以及这些问题背后的制度性因素进行深入研究。财政是国家治理的重要基础,直接决定着国家治理绩效。尤其在大国治理中,多级政府体制如果没有良好的财政制度做支撑,很难实现国家良治。表面上看,财政制度是处理不同层级政府和不同政府部门之间财政资源配置问题,以最大化政府组织效率为目标。但实际上,财政制度是以正确处理政府与市场、公权与私权关系为前提,所以财政制度首先是界定政府和公权力边界。如果一国财政制度安排不以此为起点,即使组织效率再高,也不可能实现财政制度现代化和社会福利最大化。就中国而言,作为一个转型中的大国经济,财政制度既吸引着国际学术界兴趣,也备受国内学术界重视。尤其是中国1994年推行的分税体制改革,引起了国内外学术界持续关注。现有关于财政制度的文献都是从政府激励的角度来展开研究的,而忽视了政府监督这一重要问题。仅有对地方政府的激励机制,而缺乏对它们的约束机制,这难以形成一套有利于经济长期增长的财政制度。因此,将财政激励和财政监督纳入统一分析框架之中,构建有中国特色的制度财政学理论成为当前财政学界的重要任务之一。

10.2.2 新时代财政提质增效的迫切需求

新中国成立70多年来,我国大部分年份一直处于追求经济高速增长的过程中,取得了巨大的成绩。经济高速增长的同时也带来了一些亟须解决的问题:粗放型的经济增长模式;生态破坏和环境污染问题严重;人民生活改善程度并没有与经济增长速度同步;城乡区域发展和收入分配差距较大等。经济高速增长所依托的基本面因素发生重要调整和重新组合,持续几十年年均接近两位数的经济高速增长已经不宜持续,要求作出科学的判断和相应的决策调整。现阶段社会主要矛盾是人民日益增长的美好生活需要和不平衡不充分发展之间的矛盾,不平衡不充分发展是发展质量不高的表现。过去依赖要素驱动的发展模式已经遇到了瓶颈,现阶段需要通过创新驱动发展,形成多样化的供给体系,为人民群众提供更多更好的产品和服务。供给侧的矛盾具体体现在以下几个方面:产能过剩、某些领域自主创新能力相对较弱、消费者大量从海外购买产品等,这些都说明不是没有国内需求,是国内的供给难以满足人民日益提升的高质量需求。为了解决新时代的新矛盾,党的十八大以来,习近平总书记顺应时代和实践发展的新要求,坚持以人民为中心的发展思想,鲜明提出要坚定不移贯彻创新、协调、绿色、开放、共享的新发展理念,引领我国发展全局发生历史性变革,经济正在从高速增长向高质量发展阶段转型升级。在习近平新时代中国特色社会主义思想指引下，以供给侧结构性改革为主线，中国经济已由高速增长阶段转向高质量发展阶段。现阶段经济发展面临新的风险挑战，增长阶段转换对财政体制与财税政策提出了紧迫要求。2017年4月18日，李克强总理在贯彻新发展理念培育发展新动能座谈会上强调，要把改善供给结构作为主攻方向，从供需两侧发力，调整优化经济结构。简政放权、减税降费都属于供给侧结构性改革，通过降低企业制度性交易成本和税负，有效改善供给端，释放更大活力。

2019年底的中央经济工作会议对财政的表态从"加力提效"改为"提质增效"，去掉了"加力"，蛋糕不可能无限制做大，更加侧重分好蛋糕；2019年底的全国财政工作会议通篇透出"过紧日子""以收定支""勤俭节约办事业"的思想；2020年财政部部长刘昆在《积极的财政政策要大力提质增效》一文中提出了"财政政策新内涵"，核心仍是如何过紧日子，并提出"单纯靠扩大财政支出规模来实施积极的财政政策行不通，必须向内挖潜，坚持优化结构、盘活存量、用好增量，提高政策和资金的指向性、精准性、有效性，确保财政经济运行可持续"。

现阶段，我国财政收支平衡压力比较突出，财政应坚持"有所为有所不为"。在此情况下，财政政策应该更加关注提质增效，从缓解疫情带来的短期冲击和推动我国经济长期高质量发展相结合的角度，针对商业模式创新、全球价值链核心环节、普惠式的公共服务平台建设等领域实施财政政策，以更加精准有效地支持实体经济发展。

10.3 制度财政学的思想渊源

10.3.1 新制度经济学

新制度经济学的发展经历了一个循序渐进的过程，芝加哥学派的众多经济学家包括奈特、迪雷克托和科斯为此作出了重要贡献。1937年科斯发表的论文《企业的性质》成为新制度经济学诞生的标志，引起了经济学的革命。科斯的贡献在于将交易成本引入了经济分析，这种基于契约及其相应的交易成本的进路，成为后来企业理论的主要分析工具。进入20世纪60年代，科斯于1960年发表论文《社会成本问题》，斯蒂格勒于1961年发表论文《信息经济学》，新制度经济学作为解释现实世界的重要工具正式形成,威廉姆森正式命名为"新制度经济学"。科斯将威廉姆森、德姆塞茨和阿尔钦列为对新制度经济学做出重要贡献的经济学家。诺思、巴泽尔和张五常等经济学家对新制度经济学的发展也做出了重要贡献。诺思开拓性地使用新制度经济研究方法解释了经济制度的演变过程,并以制度经济史将新制度经济学中的各个类别结合起来;巴泽尔的产权理论构成了新制度经济学从交易费用到博弈均衡的重要转折点;张五常为新制度经济学的传播做出了突出贡献。(欧阳日辉、徐光东,2004)当前西方新制度经济学发展中的一个突出问题是如何对其理论体系进行梳理和整合研究。(卢现祥、朱巧玲,2012)正如美国经济学家阿兰·斯密德(2004)所说,制度经济学的问题不是没有理论,而是拥有太多彼此孤立的理论。

10.3.1.1　现代产权理论

现代产权理论主要研究产权制度的作用、功能以及产权有效发挥作用的前提,研究如何通过界定、变更和安排新的产权结构来降低或消除经济运行的社会成本、提高运行效率、改善资源配置、增加经济福利。产权经济学还研究促使经济增长的有效制度安排是怎样产生的,产权变更有哪些条件、有什么规律,以便在社会需要作出这种变更时能够顺利实现。按照产权经济学的解释,交换的实质是权利的交换,而不是(或不仅是)物品的换位。对经济行为的分析,不仅在于回答人与物之间的关系是什么,而且要回答由物的占有和使用所引发的人与人之间的社会规定,研究这些社会规定或社会安排对生产和交换活动的影响。(刘东等,2007)

1937年,科斯在《企业的性质》一文中提出了"交易费用"的概念,指出了产权界定和产权安排的重要价值。1960年科斯发表了《社会成本问题》,认为产权明晰是市场交易的前提。引入交易费用之后,产权初始界定对市场机制效率产生重要影响。至此现代产权学派正式诞生。根据现代产权学派的观点,保护产权成为市场经济发展的核心问题,不同的产权结构安排对经济增长和国民财富的影响存在显著差异。(诺思,1973)国家主导了产权制度的安排,一个国家不能适应市场的需要来确立合理的产权制度,最终它有可能会阻碍经济增长。

10.3.1.2　交易费用理论

交易费用理论早在20世纪30年代就提出来了,其理论价值直至20世纪六七十年代才被经济学界真正发现。但一经认识和传播,交易费用理论就成为现代经济学中最活跃的一支。

科斯讨论交易费用论的另一重要成果为发表于 1960 年的《社会成本问题》。文章十分通俗，影响很大。因其运用了与《企业的性质》一文一贯的方法，故使交易费用论的影响逐渐扩大。但真正使交易费用论影响日盛的是威廉姆森。威廉姆森在许多论文和专著中阐述和发展了交易费用理论。他的两部专著——《市场与科层》(1975) 和《资本主义经济制度》(1985) 全面系统地论述了交易费用，分析了交易费用产生和增大的原因，证明了交易费用增大是市场经济的属性，从而确立了交易费用论的地位，也从理论上进一步说明了市场协调机制失灵的可能性以及企业存在的根源。(刘东等，2007)

科斯(Coase，1937)在提出交易费用的概念后进一步指出，不仅市场有交易费用，企业本身产生的如行政管理费用、监督缔约者费用、传输行政命令费用等组织费用也可以看成是企业内部的交易费用。诺斯(1994)在研究交易费用的决定因素时也指出了交易费用的产生与分工和专业化程度的提高有关。张（音译）(Cheung，1983)强调了产权交换对契约安排的依赖关系 以及交易费用对契约选择的制约关系，指出在市场经济中，每一个要素所有者都面临三种选择：自己生产和销售商品；出售全部生产要素；引入契约安排方式，采用委托代理的方式把生产要素的使用权委托给代理人以获得一定的收入。威廉姆森(Williamson，1985)在交易费用理论的发展上做出了重大贡献，他认识到交易的三个基本维度：交易频率、不确定性和资产的专用性。交易频率指交易发生的次数。交易频率可以通过影响相对交易成本而影响交易方式的选择。交易的不确定性包括偶然事件的不确定性、信息 不对称的不确定性、预测不确定性和行为不确定性等。资产的专用性指在不牺牲生产价值的条件下，资产可用于不同用途和由不同使用者利用的程度。这三个维度是区分各种交易的主要标志，也是使交易费用经济学与解释经济组织的其他理论相区别的重要特点，尤其是资产专用性。(沈满洪、张兵兵，2013)

10.3.1.3 制度变迁理论

道格拉斯·诺斯是新制度经济学派的重要代表人物之一，其制度变迁理论是经济学中新制度主义关于变迁研究的集大成之作，在包括经济学、政治学及社会学等各学科的新制度主义研究中均有重大影响。诺斯的制度变迁理论主要包括三方面内容，即关于人类行为的假定、交易费用的重要性及制度构成。(蔡潇彬，2016)诺斯(2008)特别强调制度因素在经济发展中的作用，系统分析了制度变迁，尤其是有效率的经济组织与经济增长之间的内在关系。诺斯认为人的认知水平是有限的,市场面临种种不确定性,要消除信息不完全以及各种市场不确定性,人们需要求助于规范以及正规的制度,因此制度的功能就是减少交易成本。然而由于制度变迁中存在受益递增的现象,使得制度在既定的方向沿某一路径自我强化,这时出现路径依赖特征。沿着既定路径,制度变迁既可能进入良性循环,也可能进入恶性循环,甚至被"锁定"在某种低效率状态下停滞不前。当由于非正式制度的黏性特征使得制度供给小于制度需求时,就导致制度变迁的缺乏。这就很好地揭示了为什么有的国家经济持续增长,而有的国家长期落后甚至停滞不前的现象。(崔宝敏,2014)

10.3.2 马克思主义产权理论[①]

马克思不仅用逻辑方法揭示了财产关系和产权制度的性质,而且对财产关系和产权制度进行了历史考察,具体研究了人类历史各个发展阶段上的财产关系和产权制度的性质和形式,尤其是具体研究了资本主义这一历史发展阶段上的财产关系和产权制度的性质和形式。在马克思的产权理论中,逻辑与历史、从而逻辑与现实是一致的。

马克思的产权理论体系包含下述一系列重要命题:包括产权关系的法权关系是反映经济关系的意志关系、财产关系是生产关系的法律用语、产权是所有制关系的法的观念、财产和产权具有某种历史,采取各种不同的形式、存在两种不同性质的产权规律,即产权的第一规律和第二规律,但不存在产权的"一般规律"、产权是与财产有关的各种法定权利。马克思研究的产权包含所有权、占有权、使用权、支配权、经营权、索取权、继承权和不可侵犯权等一系列权利,产权所包含的权利可以统一,全属于同一主体;也可以分离,分属于不同主体、产权分为公共产权和私有产权,资本原始积累时期出现变公共产权为私有产权的掠夺和盗窃过程。

按照马克思的所有制理论和产权理论,社会主义国家国有企业产权改革可以实行所有权和经营权相分离的原则:国家享有所有权,企业享有经营权。国家所有权是指企业财产属于社会主义国家所有,也就是属于全国人民所有。企业经营权是指企业对国家授予其经营的财产有依法行使自主经营的权利。所有权和经营权相分离的国有企业改革方案,是一个公有产权清晰的改革方案,

---

[①] 本部分参考吴易风(2007)。

是有利于社会物质生产力发展的方案。这一方案是社会主义国有企业不会变成资本主义私有企业的根本保证,从而,是社会主义市场经济不会变成资本主义市场经济的根本保证。按照马克思的所有制理论和产权理论,在社会主义初级阶段,社会主义国家国有企业改革绝不能走资本主义原始积累的道路,绝不能让剥夺者掠夺国有财产、盗窃公有财产、剥夺人民财产。社会主义国家有关产权的法律,绝不能像资本主义原始积累时期资本主义国家法律让剥夺者把人民的财产"当作自己的私有财产赠送给自己"那样成为剥夺人民的法律,而必须是保护以公有制为主体、多种经济成分共存,保护以公有产权为主体、多种产权制度并存的法律。

10.3.3 财政理论

10.3.3.1 财政分权

在过去的 20 年中,分权已成为全球趋势。许多国家都经历了财政分权的过程(Tong,1998；World Bank,2002；Zhang,1999)和实践了各种形式的权力下放(Manor,1999；Martinez-Vazquez and McNab,2003)。经典理论表明,权力下放可以提高效率(Tiebout,1956),增加问责制,以及减少政府浪费(Weingast,2009)。然而,最近权力下放改革的证据并没有得到明确的答案(Mookherjee,2015)。第二代财政分权文献提供的一个关键见解,财政资源的转移并不总是导致财政权威的转移(Weingast,2014),因为权力安排破坏了将权威重新分配给地方的可能性(Bardhan,2002；Faguet,2014；Treisman,2007；Weingast,2014)。(Li,Pang and Wu,2019)

现有的实证文献认为,分权是经济发展中的一种重要制度安排。分权改革并没有像理论预测的那样,推动改革的主体获得显著的经济收益。(Treisman,2007)由于地方政府普遍存在管理不当以及缺乏问责等问题,尤其是在发展中国家与经济转型国家,分权可能会降低政府质量。(Bardhan and Mookherjee,2006)在发展中国家,大量的案例显示,政治精英会将原本用于健康、教育和基础设施的公共资金用于攫取私人利益。(Olken,2007；Reinikka and Svensson,2004)菲南和马佐科(Finan and Mazzocco,2016)以巴西为例,研究发现,政治家在配置公共资源时往往会以降低社会福利作为成本,进而追逐政治利益的最大化。

部分学者的研究成果表明,分权改革降低了公共产品供给和加剧了贫困程度。吴一平(2008)针对中国的研究发现,财政分权显著提升了地方腐败程度。傅勇(2010)研究发现,财政分权显著且可观地降低了基础教育的质量,也减少了城市公用设施的供给。贾俊雪、郭庆旺和宁静(2011)研究了财政收支分权对贫困的不对称影响。具体而言,财政收入分权降低了贫困程度,而财政支出分权显著加剧了贫困程度。李、陆和王(Li, Lu and Wang, 2016)以中国省直管县改革作为自然实验,探讨了分权的经济效果。研究发现,省直管县改革降低了经济绩效。

另一些学者的研究发现,分权改革在集聚企业、提升经济增长的财政支出导向等发面发挥了积极影响。刘冲、乔坤元和周黎安(2014)研究了行政分权和财政分权对县域经济增长影响的不同效果。结果显示,行政分权通过吸引更多新企业,提高企业平均利润率来促进经济增长;财政分权则通过增加财政收入来刺激经济。贾俊雪和宁静(2015)探讨了纵向财政治理改革安排在促进地方政府职能优化中的作用。研究发现,财政省直管县财政体制改革具有较强的职能扭曲效应,强化了县级政府以经济增长为导向的支出偏差。

10.3.3.2 转移支付

分权改革之后,中央政府通过转移支付等财政手段缩小地区差距、降低自然灾害的不利影响。通过对现有文献的梳理,我们发现,现有文献主要从社会网络的维度研究了转移支付等中央给予地方的财政资源配置,它们都可以表征上下级政府之间关系的紧密程度。在转移支付分配机制方面,卢洪友、卢盛峰和陈思霞(2011)基于中国地市一级市委书记市长任职经历实证检验地方官员关系资本对转移支付分配影响。研究发现,在其他条件相同情况下,拥有关系资本辖区能够得到相对于没有关系资本辖区更多转移支付,不过关系资本的上述效应在不同类型转移支付中的作用机制不尽相同。贾晓俊和岳希明(2012)认为,就所有转移支付收益地区而言,资金分配向财力较弱地区有一定倾斜,但就获得转移支付的地区而言,资金分配向财力较强地区倾斜。

转型国家的研究发现,转移支付提升了地方腐败程度以及降低地方领导人的质量。尼科洛夫和马林诺夫(Nikolov and Marinov, 2017)研究了财政转移支付对地方治理的影响机理。研究发现,2004—2005 年保加利亚水灾后,中央政府给各市的人均转移支付明显增加了当地市政府的腐败程度。尽管转移支付增加不会降低在任市长选举连任率,但原因很可能是许多腐败地区的市长退出了竞选。布罗洛、纳尼奇尼、佩罗蒂和塔贝利尼(Brollo, Nannicini, Perotti, and

Tabellini,2013)以巴西中央转移支付为例,研究了额外的政府收益对于地方治理以及官员质量的影响。研究发现,增加转移支付会增加腐败程度并且降低市长候选人的教育程度。

中国的相关研究也得到了相似的结论。陈和龚(Chen and Kung,2016)利用中国县级面板数据,进一步验证了布罗洛、纳尼奇尼、佩罗蒂和塔贝利尼(Brollo,Nannicini,Perotti,and Tabellini,2013)提出的政治资源诅咒理论,研究发现,来自土地财政的地方收入降低了地方官员晋升体系的有效性。樊丽明和解垩(2014)利用微观调查数据研究了公共转移支付对家庭贫困脆弱性的影响。研究发现,无论贫困线划在何处,公共转移支付对慢性贫困和暂时性贫困没有任何影响。

10.3.3.3 财政预算管理

为适应计划经济体制,我国预算早期采取按功能切块分配的方式。随着社会主义市场经济体制的建立和完善,传统功能预算中存在的预算编制范围不完整、方式不科学、程序不规范等问题日益显现。为解决上述问题,从编制2000年预算起,中央财政开始探索推行以"一个部门一本预算"为核心的部门预算改革,并不断完善部门预算编制的方法、程序和规则,逐步构建起层次清晰、运转顺畅、管理高效的部门预算管理新框架。2014年,国务院印发了《关于深化预算管理制度改革的决定》,系统提出了全面深化预算管理制度改革的任务目标,为新一轮预算管理制度改革指明了方向。按照党中央、国务院决策部署,财政部门扎实推进各项改革,在完善政府预算体系、实施中期财政规划管理、推进预算公开、建立跨年度预算平衡机制、实施预算绩效管理等方面取得了明显成效。(中华人民共和国财政部预算司,2019)。钟晓敏等(2016)对我国预算管理制度的特征进行了总结,主要包括以下几个方面:财政信息公开透明的进程缓慢;在政府预算的"四本账"中,国有资本经营预算和社会保险基金的预算公开程度相对较低;地方政府预算科学性整体偏低;低估地方政府预算收入成为普遍现象,未出现随经济周期而出现高估或低估的变化规律;偏差率在东部、中部和西部的变化趋势基本相同,但有一定扩大趋势。马蔡琛、赵笛和苗珊(2019)将共和国预算70年的变迁划分为有破有立、百花齐放和创新求索三个阶段。由此可以发现预算制度的变革始终遵循着独特的演化逻辑:与社会经济制度变革息息相关、服从于并服务于整体改革、由内在需求和外在动力共同推动。就未来发展而言,可以从这样几个方面来加以谋划:着力攻克遗留问题,打开发展新通道；全面实施预算绩效管理，提高支出效率；持续推进预算公开，强化财政问责。财政公开与透明是提升财政预算管理绩效的重要途径，学界对该问题进行了深入研究。财政透明和预算管理是现代财政改革关注的重点。邓淑莲（2016）利用上海财经大学多年的我国省级财政透明度年度调查数据，研究发现目前我国的财政透明度仍然很低，大量财政信息没有公开。进一步的研究发现，较低的财政透明度源于各种制度障碍。要提高我国的财政透明度，必须主要通过制度建设，破除财政公开透明的制度障碍，提供财政公开透明的制度保障，将纳税人的资金筹集和使用信息完整、详细、确实、及时地呈现在公众及其代表的视野内，为公众及其代表监督和约束政府行为提供依据。

10.3.4 监督理论

10.3.4.1 财政监督

关于财政监督的理论研究早在19世纪就已见诸国外的财政经济类文献之中。德国经济学家瓦格纳1872年就在其代表巨著《财政学》中对财政监督进行了较为系统的论述，这为现代财政监督理论奠定了基础。财政学理论界在财政监督问题上有两大学派，即瓦格纳学派和阿利克斯学派。

国内学者对财政监督问题也形成了鲜明的观点。1990年由陈共教授主编的《财政学》，借鉴了西方财政学关于财政职能的表述，把财政职能归结为资源配置、收入分配和经济稳定职能。对于财政职能的研究，姜维壮教授自20世纪80年代初以来就对财政职能进行了比较系统的研究，强调财政监督职能是财政职能的应有之义，十分重视发挥财政监督职能在财政工作的作用。姜维壮（2009）认为，财政监督是指财政部门以财政收支活动对经济和社会发展计划的执行过程实施的全面监督。高培勇（2009）认为，财政监督是财政部门对财政资金的运行及其实施效果的监督。邓子基（2002）则认为，财政监督是市场经济体制下享有财政监督权力的各个主体，在各自的监督权限范围内，依照法定的程序对财政资金运动及其所体现的经济关系的监督。改革开放以来，理论界对于财政职能表述的探讨和争论一直存在，已经达成共识，即财政具有监督职能。

10.3.4.2 审计监督

（1）经济责任审计。

经济责任审计是一项具有中国特色的经济监督制度，是现代审计制度在中国的一种创新（陈波，2005；蔡春等，2011）。经济责任审计所关注的是党政领导干部问责责任中最为重要的经济责任,重点要对领导干部的经济责任进行认定,确认和解除领导干部任期经济责任的履行情况(马志娟,2013)。

经济责任审计工作的核心内容之一就是对经济责任进行评价,而通过构建评价指标体系无疑是实现这一目标最便捷的途径之一(韦小泉和王立彦,2015)。我国学者围绕地方党政主要领导干部经济责任审计评价展开了丰富的研究,从审计的内容(陈荣高,2011)评价方法(李曼静和李国威,2010)以及评价指标体系的构建(阮滢,2008;黄溶冰等,2010;张宏亮等,2015)多个角度分析,对地方党政主要领导干部经济责任审计评价提供指导。

(2)预算执行审计。

1995年《审计法》实施以后审计开始进入预算执行审计阶段。审计机关每年向政府提交本级预算执行和其他财政收支的审计结果报告,并受政府委托向同级人大常务委员会作本级预算执行和其他财政收支的审计工作报告。2010年3月,国务院常务委员会决定,从当年起"三公"经费支出将首次被纳入中央财政决算报告并向社会公开。国家审计的介入可以及时披露政府部门资金的使用状况,增加政府官员预期的违规成本,显著抑制中央部门的"三公"预算扩张(张琦等,2018)。在预算治理方面,审计机关通过政府部门预算及其执行情况实施审计,反映出政府预算编制不够细化、资金配置不够合理和支出不实、超预算购置等机会主义行为(戚艳霞和王鑫,2013),有效防止地方政府的违规行为,提升政府财政透明度,提高公共资金使用效率(谢柳芳和韩梅芳,2016)。

10.3.4.3 党内监督

党内监督作为我国监督制度的重要组成部分,在社会经济发展中发挥着重要影响。邬思源(2021)对百年来党内监督实践积累的丰富经验进行了总结,主要包括:坚持党的领导,保证党内监督的正确方向;坚持结合党的基本路线和中心工作开展党内监督;坚持理论创新,用发展着的马克思主义指导党内监督实践;在推进党内监督的制度建设过程中,坚持重视思想建党;坚持将政治监督放在首位,维护党的政治纪律;坚持抓"关键少数"和管"大多数"相结合;坚持党内监督与外部监督相结合。张荣臣(2015)从历史维度纵向梳理了建党以来中国共产党党内制度建设的成就与发展,提出党的法规制度是党进行革命、建设和改革开放的有力保障,我们更"要把制度建设摆在突出位置",完善以党章为根本,以民主集中制为核心的党内法规制度体系,以务实管用的制度来管党治党。黎瑞(2017)剖析了党内监督体制的弱点,提出"体制内"监督容易形成利益共同体,从而降低监督的效能,紧靠内部监督不能满足现实需要。元晓晓(2020)研究了巡视工作遏制腐败的效力。党的十八大后,党中央进一步修订完善巡视工作的法律法规,以法律法规的形式使巡视工作的具体内容固定,使巡视发挥强大的震慑作用。此外,巡视工作采取自上而下的方式,有效解决了党内存在的"上级监督远,同级监督软,下级监督难"的问题。黄金桥(2014)分析了2013年中央巡视组对全国20个省市区和中央国家机关及单位进行两轮巡视后提出的"问题清单"中,这些问题主要集中在党风廉政建设、腐败及干部选拔任用等方面。要彻底解决巡视工作中所发现的事关党和国家反腐倡廉建设的一些重大问题,必须通过深化改革,在改革中逐步建立健全和完善中国特色社会主义制度体系,构建科学合理的权力分工制度体系和权力监督制约机制,将党内监督与党外监督、专门机关监督与群众监督相结合,整合监督力量,畅通监督渠道。同时,要加快法治国家、法治政府、法治社会建设步伐,坚持以法治思维和法治方式治理腐败,不断铲除滋生腐败的土壤和温床。

10.3.5 制度财政学的理论框架

10.3.5.1 政府与市场的关系

(1)我国政府与市场关系的演变。

黄险峰(2019)将我国新中国成立以来政府与市场的关系划分为三个阶段:①1949—1978年:政府与市场关系萌芽期。这一阶段政府与市场关系的特点是:政府为经济社会的发展保驾护航,规避市场失灵,但又不过度"越位";市场充分发挥其作用,在政府指导下,合理配置资源。②1978—1992年:政府与市场关系探索期。这一阶段政府与市场关系的特点是:国家调节市场,市场引导企业。③1992年至今:政府与市场关系完善期。这一阶段政府与市场关系的特点是:市场在国家宏观调控下对资源配置起基础性作用,我国开始考虑将"看得见的手"(政府)与"看不见的手"(市场)有机协调,以形成有为政府和有效市场统一的格局。

(2)新发展格局下的政府与市场关系。

改革开放以来,中国经济实现了跨越式高速增长。1978—2017年,中国国内生产总值从3 679亿元提高到82.7万亿元,经济年均增速达9.3%,是同期世界年均增速的3.7倍。目前中国经济总量居全球第二,人均收入水平达到迈入中等偏上收入水平国家。从2013年开始,中国经济进入新常态,经济增速由高速降为中高速，以前的两位数的增长降到了 7% 左右。随着中国特色社会主义进入新时代，我国经济已由高速增长阶段转向高质量发展阶段，全面深化改革也进入了深水区，转变发展方式、优化经济结构、转换增长动力成为当前的主要议题。(黄险峰，2019)党的十九届五中全会指出，新发展阶段是全面建设社会主义现代化国家、向第二个百年奋斗目标进军的阶段，提出加快构建以国内大循环为主体、国内国际双循环相互促进的新发展格局，强调构建新发展格局必须坚定不移贯彻新发展理念，加强对各领域发展的前瞻性思考、全局性谋划、战略性布局、整体性推进。为此，《中共中央关于制定国民经济和社会发展第十四个五年规划和二〇三五年远景目标的建议》对于新发展格局中的政府与市场关系做了详细阐述：坚持和完善社会主义基本经济制度，充分发挥市场在资源配置中的决定性作用，更好发挥政府作用，推动有效市场和有为政府更好结合。因此，随着中国经济发展进入高质量阶段，在更高水平的改革开放推动下，市场与政府向有效和有为的状态迈进，最终两者实现有机结合。该建议进一步明确指出：激发各类市场主体活力、完善宏观经济治理、建立现代财税金融体制、建设高标准市场体系、加快转变政府职能。这为新发展格局下政府与市场关系指明了方向，并且对于如何建立有效市场、有为政府和实现两者有机结合提出了明确答案。

(3)有效市场与有为政府的结合。

当今世界正经历百年未有之大变局，我国发展的内部条件和外部环境正在发生深刻复杂的变化。国际上，世界经济低迷，国际经济、科技、文化、安全、政治等格局都在发生深刻调整，我们将面对更多逆风逆水的外部环境。国内，我国已进入高质量发展阶段，发展具有多方面优势和条件，同时发展不平衡不充分问题仍然突出。(人民日报评论员，2020)逐步形成以国内大循环为主体、国内国际双循环相互促进的新发展格局，能够用好我国超大规模经济体优势，进而实现转型发展。传统的资源驱动型发展模式对于高端要素集聚和自主创新依赖较弱，政府呈现简单干预市场和企业经营，市场机制扭曲、资源低效配置，经济发展不充分不平衡问题较为突出。在以国内大循环为主体的双循环新发展格局下，要把构建良好的政府与市场关系放在首要位置，通过全面的改革开放提高市场机制效率和转变政府职能。从高度统一的视角考察政府与市场的关系，尤其是在国内大循环层面，破除地方保护主义和行业垄断，促进生产、分配、流通、消费的国民经济活动往复循环，国内供给侧和需求侧交替升级，经济体系在更高水平达到均衡。因此,有为政府的作用在于保持有效的市场运行,有效的市场运行为有为政府作用的有效发挥提供良好的环境和畅通的政策传导渠道。有效市场和有为政府的结合才能提升我国市场化和法治化水平,将经济增长的潜力真正转变为现实的生产力。

10.3.5.2 政府间财政关系

(1)中央与地方收入划分。

1994 年分税制改革后,中央和地方收入分配关系发生变化,开始实施所得税收入分享改革,2002 年 1 月 1 日起将按企业隶属关系等划分中央与地方所得税收入的办法改为中央与地方按统一比例分享。完善出口退税负担机制,2015 年起将出口退税全部由中央财政负担。调整证券交易印花税中央与地方分享比例,2016 年起全部调整为中央收入。实施增值税"五五分享"改革,2016 年 5 月 1 日起所有行业企业缴纳的增值税由中央与地方按税收缴纳地"五五分享"。2018 年 1 月 1 日起,将环境保护税全部作为地方收入。

(2)中央和地方事权和支出责任划分。

财政事权划分三类:中央事权、地方事权、中央和地方共同承担的事权。现在的事权改革基本方向是一个上收的方向,以前误配给地方的事权要上收到中央;中央和地方共同的事权,特别是跨地域的事权,中央要承担责任。关键的问题是,要把事权划清楚,后面的才能操作。按照党的十八大提出的"健全中央和地方财力与事权相匹配的体制"的部署,财政部加快推进财政事权和支出责任划分改革。2016 年 8 月报请国务院印发了《关于推进中央与地方财政事权和支出责任划分改革的指导意见》,2018 年 1 月报请国务院办公厅印发了《基本公共服务领域中央与地方共同财政事权和支出责任划分改革方案》。同时,加快推进 15 个领域的中央与地方财政事权和支出责任划分改革。通过实施上述改革,初步搭建起"1+1+15"的改革框架,为厘清中央与地方的权责边界和保障范围提供了重要保障。(中华人民共和国财政部预算司,2019)

(3)转移支付制度。

转移支付制度是以各级政府间所存在的财政能力差异为基础,以实现各地公共服务的均等化为主旨而实行的一种财政资金或财政平衡制度。转移支付是中央政府支出的一个重要部分,是地方政府举足轻重的收入来源。1994 年以来中央政府推动了一系列财政改革以实现财权上收的目标,包括 1994 年的分税制改革、2002 年开始的取消农业税改革、2013 年开始的营改增改革等。为了弥补地方财政收入的突然减少,中央政府开始逐步引入复杂的转移支付体系,转移支付包括转移支付分为一般性转移支付、专项转移支付与税收返还。税收返还是当时为推动分税制改革而采取的地区性补偿措施,它实质上没有转移支付的功能,且规模在逐年递减。因此,现阶段中央对地方的转移支付主要包括一般性转移支付和专项转移支付两类。(Liu et al.,2019)2018 年,我国对转移支付体系进行了重大调整,将现有一般性转移支付、专项转移支付中属于中央与地方共同财政事权的项目归并,设立共同财政事权转移支付。调整以后,中央对地方转移支付主要分为一般性转移支付、共同财政事权转移支付、专项转移支付三大类。同时,研究加强转移支付管理,简化一般性转移支付分配因素,建立共同财政事权转移支付清单管理制度,健全专项定期评估和退出机制。

(4)省以下财政体制改革。

为了进一步推进省以下财政体制改革,中央逐步开始实施三大改革:①"省直管县"改革。2005 年 6 月,温家宝总理在全国农村税费改革试点工作会议上指出:"要改革县乡财政的管理方式,具备条件的地方,可以推进'省管县'的改革试点。省级财政与市、县财政在收支划分、转移支付、资金往来、预决算编制、年终结算等方面直接联系。"②"乡财县管"改革。为了缓解县乡财政压力,巩固农村税费改革成果,2002 年 12 月国务院批转财政部《关于完善省以下财政管理体制有关问题的意见》,明确要"合理确定乡财政管理体制","对经济欠发达、财政收入规模较小的乡,其财政支出可由县财政统筹安排,以保障其合理的财政支出需要"(李永友、王超,2020)。③省以下财政事权和支出责任划分改革。为贯彻落实《国务院办公厅关于印发基本公共服务领域中央与地方共同财政事权和支出责任划分改革方案的通知》(国办发〔2018〕6 号)精神,各地相继制定了省以下财政事权和支出责任划分改革实施意见或实施方案。

10.3.5.3 财政监督

我国财政监督体制特点是自上而下的垂直监督,以行政监督为主、司法监督为辅。对于这样一个地理面积相对较大、政府科层较多的转型大国,垂直监督体制对于规范财政资金使用、减少财政违规行为难以发挥应有的作用,进而会提升财政政策的执行效果。现有的研究都忽视了政府间行政监督对财政资金使用的影响,更没有涉及其中的影响机理。此外,地方官员在资源配置中具有重要影响,他们可能是财政违规行为的主体。

国内学术界对财政监督的研究,相对滞后和浅显,中国问题的元素并不多。

这里并不是说中国有何特别之处,只是中国有一些特殊的体制。由于缺乏对中国财政体制运行的环境进行分析,所以国内学术界对中国财政体制问题分析的一个非常明显的特征就是缺乏针对性。表面上看,国内学术界所提出的中国财政监督存在的种种缺陷没有问题,但这些缺陷如果仔细分析,我们会发现都不是本质问题。但如果进一步分析,这些认识不切合中国更深层次的制度环境。在没有正确处理政府与市场关系和没有规范不同监督主体边界之前,赋予地方政府财政监督权力,不一定是一个好的选择。

(1)财政监督的关键问题及影响因素。

建立高效率的财政监督体系,关键是识别财政监督体系中的关键性问题,只有准确认识财政监督体系中的核心要素,在此基础上的进一步分析才可能准确。但已有文献对于财政监督体系中的核心要素或者关键性问题没有给予充分的考虑和认识。因此,建立一套符合我国经济体制特征的财政监督研究框架显得尤为重要。

(2)财政监督体系的约束效应。

建立高效率的财政监督体系的最终目的在于使各监督主体各尽其责,通过监督体系的良好运转对各级政府行为产生约束作用。已有文献在财政监督体系的约束效应方面缺乏深入思考,尤其是在不同的约束机制交互作用方面的分析。

(3)财政监督的新型治理机制设计。

完善我国财政监督体系的关键是在财政监督中坚持创新驱动,逐步推进党委领导下的财政监督全覆盖体系。重点举措包括:第一,优化财政监督范畴,加快实现财政监督全覆盖的顶层设计目标;第二,完善财政监督的评价体系,实现财政监督贯穿经济运行全过程;第三,以新兴技术为载体完善财政监督技术,打造数字化的财政监督模式;第四,推进财政信息的及时公开,强化群众监督和舆论监督机制;第五,加强财政监督的法治环境建设,形成财政与友邻机构的协同监督机制。

11 行为财政学

11.1 引 言

新古典经济学以其模型的简洁性和对现实的解释力,在 20 世纪逐渐成为经济学的主流分析范式。新古典范式建立在简单的理性决策模型之上:经济人充分利用所有可得的信息以最大化个人效用;人们仅关注个人收益的大小,偏好具有时间一致性,并且不会受到决策环境的影响等(Della Vigna,2009)。理性人可以像爱因斯坦一样思考,拥有超级计算机一样的存储容量,以及圣雄甘地一样强大的意志力(Thaler and Sunstein,2008)。基于上述行为理性假设,现代经济学构建了庞大而精密的理论体系,并应用到经济、政治、社会行为分析之中。

然而在现实世界中,人们的行为决策远不如理性经济人所假设的那样精细:我们可能无法准确计算出效用最大化的选择,并且在选择上具有时间不一致性,或者缺乏自控力来执行最优选择。所有偏离理性经济人假设的行为以及背后的心理机制构成了行为经济学的研究内容。不同于新古典经济学在经济理性的先验假设下推演人们的选择行为,行为经济学充分借助于心理学中有关人们在现实选择中可能出现的各类行为规律,归纳总结人们的选择行为。从方法论上看,新古典经济学主要基于演绎推理(deductive),而行为经济学更强调经验归纳(inductive)。

过去 40 年,行为经济学经历了快速发展,且日趋成熟。多位诺贝尔经济学奖获得者的研究为行为经济学奠定了理论基础,包括西蒙(Simon,1995)的有限理性(bounded rationality)、卡尼曼和特沃斯基(Kahneman and Tversky,1979)的前景理论(prospect theory)、塞勒(Thaler,1980)的消费者选择理论、席勒

(Shiller,1981)的关于行为金融学的开创性研究等,这些研究也是促成他们获得诺贝尔奖的重要成果①。随着研究主题的深入和研究方法的完善,行为经济学积累了大量关于人们非理性行为的经验证据,理论分析框架也日趋成熟和完整,使得行为经济学从开创之初的"异端学说",逐渐成为现代经济学的前沿研究。行为经济学的相关课程开始进入世界主要大学经济系的课程体系,相关研究在世界顶级经济学期刊的发表数量也快速增长。因此,行为经济学已然成为主流经济学的重要组成部分。

行为经济学并非对主流经济学的一次革命。事实上,自经济学诞生以来,经济学家便对人们的非理性行为引起广泛关注。在《国富论》(1776)出版之前,亚当·斯密的另一重要著作《道德情操论》(1759),详细分析了人类行为的各种非理性特征,提出了关于损失厌恶(loss aversion)②、过度自信(overconfidence)③、自我控制(self-control)④等现代行为经济学重点关注的经济人行为特征。⑤ 经济学的另一位奠基人凯恩斯提出动物精神假说,认为在广泛的不确定性下人们的经济行为无法完全基于理性分析,而是依赖于人的自然本能。人类的动物精神特征对于理解现代宏观经济、金融等经济现象具有重要作用。⑥ 但随着20世纪经济学逐渐重视数学分析工具的作用,而基于理性选择的模型在数学性质上更具优势,经济学家开始忽略人们的心理因素对经济行为的影响。

---

① 2002年诺贝尔经济学奖授予普林斯顿大学心理学家丹尼尔·卡尼曼教授,将心理学融入经济学分析框架之中;2013年授予耶鲁大学金融学教授罗伯特·席勒对于行为金融学的开创性研究;2017年授予芝加哥大学经济学教授理查德·塞勒行为经济学的开创者。

② "Pain… is, in almost all cases, a more pungent sensation than the opposite and correspondent pleasure."——"痛苦,在多数情况下比相同的快乐更加让人刻骨铭心。"

③ "the over-weening conceit which the greater part of men have of their own abilities"——"大多数人在自身能力上存在自负现象。"

④ "The pleasure which we are to enjoy ten years hence, interests us so little in comparison with that which we may enjoy today."——"未来十年的快乐相比于现在的快乐变得无足轻重。"

⑤ 详见 Ashraf, Camerer and Loewenstein (2005)在《经济学展望杂志》(Journal of Economic Perspective)的文章"亚当·斯密,行为经济学家"(Adam Smith, Behavioral Economist),全面总结了亚当·斯密在《道德情操论》一书中有关人们非理性行为的论述。诺贝尔经济学奖获得者,芝加哥大学教授乔治·斯蒂格勒曾指出,现代经济学并没有什么新颖之处,所有的理论都能在亚当·斯密那里找到出处(Thaler,2016)。

⑥ 诺贝尔经济学奖获得者乔治·阿克洛夫和罗伯特·席勒2010年出版的著作《Animal Spirits: How Human Psychology Drives the Economy, and Why It Matters for Global Capitalism》基于凯恩斯的这一思想,深入分析了有关经济危机、失业和金融市场波动等一系列宏观经济问题背后的人类非理性因素。

信奉新古典理论的经济学家也不是完全否认非理性行为的存在,但与行为经济学家的本质区别在于非理性导致的选择偏差是随机的还是系统性的。新古典经济学家认为,西蒙(Simon,1955)所提出的有限理性的确存在,但由此带来的行为偏差是随机的,在加总社会行为后个体的非理性偏差会相互抵消,因而不存在社会整体性偏差。行为经济学家则认为这一偏差是有方向性的、可预测的,这导致在社会整体层面出现系统性偏差。

尽管如此,新古典经济学与行为经济学之间并非存在不可调和的矛盾。评价经济学模型主要基于两点:一是模型的可追溯性(tractability)和简洁性(parsimony),二是对现实的预测力。新古典模型的优势体现在第一点上,但常被批评脱离现实。行为经济学正好相反,优点是与现实世界的联系更为紧密,但分析框架过于发散。因此,行为经济学不是将新古典经济学框架推翻,而是对其重要的补充和拓展,两者相互融合。首先,新古典经济学的分析框架构成了经济行为分析的基准模型,行为经济学发现的各类"反常"行为正是建立在与基准模型预测存在差异的基础上,没有新古典经济学的个人理性假设,非理性因素便无从判断。其次,行为经济学有助于让经济分析更加趋近于现实,在保留新古典经济模型简洁性的前提下,将重要的非理性因素纳入新古典模型之中,将有效提高经济模型的预测力(Rabin,1998)。[①]

行为经济学对现实经济行为出色的解释力和预测力,深刻改变了经济学各分支学科的研究方向,越来越多的研究开始将行为经济学理论与传统理论相结合,用人的行为特征解释重要的经济现象。如行为金融学(behavioral finance)研究金融市场中投资者的非理性行为;行为财务学(behavioral corporate finance)研究企业经理人如何利用金融市场的非理性行为降低融资成本;行为产业组织学(behavioral industrial organization)研究企业如何利用消费者行为实施相应的定价策略;行为劳动经济学(behavioral labor economics)研究企业如何利用员工的非标准行为制定雇佣合同;行为政治经济学(behavioral political economics)研究选举人的偏误如何影响政治选举。

本章所重点介绍的行为财政学(behavioral public finance)是这一浪潮的重要体现。更加准确地了解人们在现实生活中的行为选择,对于制定和完善税

[①] 2003年美国克拉克奖获得者、现哈佛大学经济学教授马修·拉宾(Matthew Rabin)一系列研究将人的行为特征,如损失厌恶、公平、自我控制等纳入传统的消费者效用最大化模型之中,成为新古典经济学和行为经济学模型相互融合的典范。

收、社保、扶贫、节能减排等一系列公共政策至关重要。财政学研究的核心目标是准确评估公共政策如何影响个人选择和社会福利(实证经济学),并以此设计和优化公共政策来实现社会福利最大化(规范经济学)。行为经济学在上述两方面都会对公共经济学和财政学学科的发展起到重要的推动作用。首先,只有充分理解现实中人们的行为逻辑,才能更加准确地评估公共政策如何改变人们的行为选择。许多公共政策没有实现预期目标,重要原因在于对人们行为的误判。其次,行为经济学的研究也为我们实施政策干预提供了新的政策工具。传统的公共政策主要基于改变市场价格(如征税、补贴等),这些政策在改善市场扭曲的同时也造成了额外的效率损失。行为经济学家提出了诸如"默认选项""明天储蓄更多"等助推(nudge)工具,相比于传统政策,助推的成本很低,但却能够有效应对人们的非理性行为造成的福利损失。

本章接下来的安排如下:第二节首先梳理和总结行为经济学的主要理论和相关实证研究;第三节提供一个基本的分析框架,讨论如何将行为经济学的相关研究融入到财政学的研究问题中来;第四节基于税收、社保、福利项目等财政学研究的核心议题,探讨行为经济学在哪些方面可有效拓展财政学的理论框架和主要结论;第五节阐述了行为财政学学科的发展以及在我国的应用前景;第六节为本章的总结。

11.2 行为经济学的基本理论

何为理性经济人?诺贝尔经济学奖获得者理查德·塞勒在 2015 年美国经济学会主席演讲中指出,理性人具体拥有以下特征:①有明确的偏好(well-defined preference)和无偏的信念(unbiased beliefs and expectations);②有无限的认知能力和强大的意志力,可基于自身偏好和信念做出最优选择;③行为动机是自利,不存在社会动机(Thaler,2016)。

行为经济学的理论体系正是基于上述理性人假定而展开,考察现实中人们的行为选择如何偏离新古典经济学模型。这一研究范式的优点是使得理论最大限度地与现实相一致,而缺点是研究问题过于分散,缺乏统一和简洁的理论体系。行为经济学分析总结了一系列的"反常"行为,本节基于拉宾(Rabin,1998)、德拉维尼亚(DellaVigna,2009)的综述性文章,将人们偏离经济理性的行为总结为三大类，包括非标准偏好（non-standard preference，如损失厌恶、社会偏好等）、非标准信念（non-standard belief，如过度自信、映射偏误等）、非标准决策过程（non-standard decision-making，如框架效应、有效注意力等），下面将依次介绍这些内容。

11.2.1 非标准偏好

11.2.1.1 前景理论

前景理论由以色列裔心理学家卡尼曼（Daniel Kahneman）和特沃斯基（Amos Tversky）在1979年发表于《经济计量学》（*Econometrica*）的文章《前景理论：存在风险下的决策分析》（Prospect Theory: An Analysis of Decision under Risk）中正式提出。该文章是经济学文献里引用率最高的文章之一[1]，截止到2021年Google Scholar显示的引用次数超过6万多次。前景理论也构成了行为经济学领域最重要的、应用最为广泛的理论，也是卡尼曼获得2002年诺贝尔经济学奖的主要成果。[2]

前景理论研究了人们在面临不确定性时的决策模型。在新古典经济学理论中有关风险决策的模型主要基于冯·诺依曼和摩根斯坦的期望效用理论（expected utility theory）。假设不同状态下人们获得的收益以 x_i 表示，各状态发生的概率为 p_i。假设共有 n 种状态，因此 $\sum^n p_i = 1$。在期望效用理论下人们的效用为：

$$\sum_{i=1}^{n} p_i U(W + x_i)$$

其中，W 为初始财富，效用函数 $U(\cdot)$ 为递增的凹函数。相对应地，前景理论提出的效用函数为：

$$\sum_{i=1}^{n} \pi_i v(x_i)$$

其中，$v(\cdot)$ 为值函数（value function），π_i 为决策权重（decision weights）。

期望效用理论与前景理论在形式上有一定的相似之处，如值函数 $v(\cdot)$ 类似于效用函数 $U(\cdot)$，决策权重 π_i 类似于各状态发生的概率 p_i。但在以下四

---

[1] 金、莫尔斯和津加莱斯（Kim, Morse and Zingales, 2006）整理了1970年以来经济学论文的引用情况，前景理论论文的总引用率排在所有文章的第二位，仅次于计量经济学家怀特（White）有关稳健标准误的论文。

[2] 特沃斯基在1996年去世，否则他将与卡尼曼分享2002年诺贝尔经济学奖。

个方面两者存在显著差异(Kahneman and Tversky, 1979、1992; Barberis, 2013)。

①参照点依赖(reference dependence):值函数 $v(\cdot)$ 的参数是 x_i,而不是 $W+x_i$。卡尼曼和特沃斯基强调,人们的决策更加依赖财富的变化量,而非财富的总水平。

②损失厌恶(loss aversion):损失厌恶是指人们对于损失带来的效用下降要大于同等数额的收益带来的效用上升。值函数 $v(\cdot)$ 的设定与传统的效用函数有所不同,具体形式如图 11.1 所示,横坐标表示收益(负值为损失),纵坐标为对应的值函数。容易看到,损失 100 元带来的效用损失大约为 -25,显著高于收益 100 元带来的效用增加(约为 10)。因此,存在损失厌恶偏好的人不会参与赌注为 100 元、输赢概率各占一半的赌局,因为收益带来的快乐远远无法弥补损失带来的痛苦。但在期望效用理论下,100 元的收益相较于个人财富微不足道,期望效用函数在此处接近于直线,因此对该赌注表现出一定的风险中性。

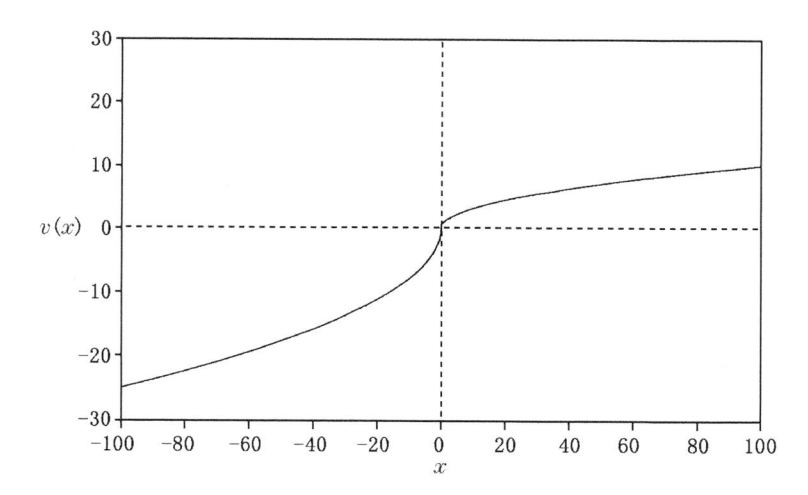

资料来源:Barberis, 2013。

图 11.1　前景理论中的值函数 $v(x)$

③概率权重(probability weighting):人们的决策权重 π_i 与事件的客观概率 p_i 可能存在偏离。一个常见的现象是,人们倾向于高估小概率事件,而低估大概率事件。例如,人们会对发生概率很小、但损失很大的事件异常关注,并在决策中赋予较大的权重值。人们倾向于接受 0.1% 的概率赢取 10 000 元的赌

局,拒绝 100% 的概率赢得 10 元的赌局。与此同时,人们倾向于接受 100% 的概率损失 10 元的赌局,拒绝 0.1% 的概率损失 10 000 元的赌局。这可以解释人们为什么喜欢彩票和保险。

④敏感性递减(diminishing sensitivity):根据图 11.1,$v(x)$ 在收益区为凹函数,但在损失区为凸函数,由此可推导出两个性质。首先,随着收益和损失数额变大,$v(x)$ 的边际变动逐渐变小。其次,收益区 $v(x)$ 为凹函数,即人们对于收益有一定的风险厌恶,如对于 100% 获得 100 元,相比于 50% 获得 200 元、50% 获得 0 元的赌注,人们更偏好前者;而损失区 $v(x)$ 为凸函数意味着人们对于损失有一定的风险偏好,如对于 100% 损失 100 元,相比于 50% 损失 200 元、50% 损失 0 元的赌局,人们更倾向于后者。

大量实证研究证实了前景理论对于人们行为的预测,下面介绍几项具有影响力的研究。

禀赋效应(endowment effect):Kahneman,Knetsch and Thaler(1990)做了一项实验,他们随机选择一部分实验者赠送一个马克杯,然后询问没有获得马克杯的人愿意支付多少钱购买马克杯(willingness-to-pay,WTP),以及获得马克杯的人能够接受的出售价格(willingness-to-accept,WTA)。由于马克杯的分配是随机的,在标准的偏好函数下,WTP 与 WTA 应大致相当。然而实验结果表明,WTA 的中位数(5.75 美元)超过 WTP 的中位数(2.25 美元)的两倍。这一现象可通过前景理论来解释:对于获得马克杯的人而言,他们的参照点是拥有马克杯,让他们失去马克杯受到的损失要高于没有马克杯的人得到的收益。

卡尼曼、尼奇和塞勒(Kahneman,Knetsch and Thaler,1990)将这一现象称为禀赋效应。人们在房屋买卖和股票投资时也存在类似的现象,文献中称之为处置效应(disposition effect)。杰尼索夫与克里斯托弗(Genesove and Christopher,2001)使用波士顿 1990—1997 年的房屋销售数据,发现卖房者存在明显的损失厌恶,其中损失的参照点是房屋的购入价格。人们更不愿意销售市值低于购入价格的房屋,即使住房市场面临衰退,他们也会更倾向于提高房屋的挂牌价格。实证研究发现,当房屋的预测损失(根据房屋特征和市场行情得到房屋的预测值低于购入价格的部分)每增加一个百分点,卖房者的挂牌价格会提高 0.25 个百分点,而最终被售出的概率显著降低。此外,自住客的损失厌恶显著高于专业投资客,说明市场经验可有效降低处置效应(List,2003 & 2004)。上述结果也可以解释为什么在房地产市场上经常出现价格和销售量正向变动的现象,而在传统的经济模型中,价格和销量一般呈反向变动。

股票投资也存在类似的现象:人们更倾向于卖出盈利的股票,保留亏损的股票。奥德恩(Odean,1998)利用个人投资数据,计算得到实现盈利比例[实现盈利/(实现盈利+账面盈利)]为0.148,而实现损失比例[实现损失/(实现损失+账面损失)]为0.098。

人们的劳动供给决策也存在前景理论所预测的规律。劳动者在决定工作时间时,会以目标工资水平作为参照点,在低于目标工资时提高工作时间,高于目标工资时减少工作时间。这一理论可以解释人们在下雨天为什么不容易打到出租车。下雨天出租车司机的工资率显著上升(单位时间拉到乘客的比例上升),新古典经济理论认为工资率提高将增加劳动供给。根据前景理论,工资率上升会加快司机实现当日目标工资的时间,一旦超过目标工资,司机的劳动供给显著下降,导致乘客等车时间上升。卡默勒等(Camerer et al.,1997)利用纽约出租车司机详细的微观数据,证实司机的劳动供给时间与工资率呈反向变动。

总体来看,人们对损失赋予的权重大概是收益的两倍,即损失带来的伤害是相同数量的收益带来的快乐的两倍。这一结果在风险选择(Tversky and Kahneman,1992)和无风险选择(Kahneman,Knetsch,and Thaler,1990)案例中都得到了验证。

11.2.1.2 时间偏好

前景理论主要研究人们在面临不确定时如何进行选择。除此之外,人们在进行跨期选择时也存在非标准偏好。具体地,传统的动态选择模型为:

$$U_t = u(c_t) + \sum_{\tau=1}^{T-t} \delta^\tau u(c_{t+\tau})$$

其中,$u(c_t)$表示当下消费带来的效用,$u(c_{t+\tau})$为未来各期消费带来的效用,δ表示贴现率,理性经济人最大化各期效用折现后的净现值。莱布森(Laibson,1997)认为人们在跨期选择时最大化的是双曲线折现函数(hyperbolic discounting function),跨期选择除了受到折现率δ的影响,同时加入了新的参数β——消费者在决定现在和未来消费时额外承受的贴现率。这一效用函数也被称作(β,δ)偏好,具体形式如下:

$$U_t = u(c_t) + \beta \sum_{\tau=1}^{T-t} \delta^\tau u(c_{t+\tau})$$

其中，$\beta \leqslant 1$，反映决策者的自我控制问题。当 $\beta=1$ 时，这一偏好回归到标准的设定。

奥多诺霍和拉宾（O'Donoghue and Rabin，2001）进一步区分了决策者是否意识到自我控制问题。人们可能清醒地意识到当下存在的自我控制问题，但相信未来的自己拥有足够的自控力，即人们对于未来自己的自控能力存在过度自信。将这一现象纳入决策效用中，可得到：

$$U_t = u(c_t) + \beta \sum_{\tau=1}^{s-1} \delta^\tau u(c_{t+\tau}) + \hat{\beta} \sum_{\tau=s}^{T-t} \delta^\tau u(c_{t+\tau})$$

决策者认为自己在 $t+s$ 期之后自控力为 $\hat{\beta}$，一般有 $\hat{\beta} \geqslant \beta$。当 $\hat{\beta}=\beta$，决策者不存在对其自控力的过度自信，效用函数回归到 (β,δ) 偏好设定。

在 (β,δ) 偏好下，人们会过度关注现在的效用。以两期为例，现在消费得到的效用为 b_1，延迟到第二期消费得到效用为 b_2。如果 $b_1 + \beta\delta b_2 \geqslant 0$，人们会选择现在消费，反之则延迟消费。相比于不存在自我控制问题的消费者（$\beta=1$），人们在当下会存在过度消费行为。相反地，当决策对象是投资品，如储蓄或者健身，人们会过少地进行投资。

关于自我控制的一个例子来自人们的健身决策。德拉维尼亚和马尔门蒂埃（DellaVigna and Malmendier，2006）分析了美国健身俱乐部会员的合同和健身记录。会员卡包括月卡，会员费为每月 80 美元；消费者也可办理次卡，每次花费为 10 美元。然而会员的实际数据显示，购买月卡的会员平均每月健身 4.4 次，这相当于每次花费 17 美元，远高于购买次卡的费用，反映出消费者在购买会员卡时对自己未来的自控能力存在高估。

设定最后期限会提高人们的工作效率吗？对于不存在自我控制问题的人，最后期限潜在限制了他的最优规划，可能不利于最终的工作效率；而对于缺乏自我控制的人，最后期限可能提供了一种解决自我控制问题的机制。例如，上课时给每次作业设定一个最后期限，或者让学生自由决定上交时间，哪种方式下学生的作业质量更高？在理性经济人的假设下，让学生自由选择会更好，他们可以更有效地利用自身的特殊情况，最优地制定出作业完成时间。然而，对于一个存在自我控制问题的学生，限制他们的选择自由会提高作业质量。艾瑞里和韦滕布罗赫（Ariely and Wertenbroch，2002）对 MIT 的学生做了一项实验。60 个学生被要求在 21 天内完成三项作业，随机分成三组，控制组可在 21 天内的任何一天上交作业，处理组一自行确定三个最后期限，处理组二使用相隔 7

天的时间依次作为最后期限。结果显示，自行设定最后期限（处理组一）的学生表现显著优于控制组，而他们的表现又显著低于处理组二。这说明，一方面设立最后期限可以降低由于自我控制导致的效率问题，另一方面学生倾向于高估自己未来的自控力，导致自行设定的最后期限不是最优的。

人们在时间偏好上的不一致也可以解释储蓄率不足的问题。储蓄作为一项投资活动，缺少自控力的人会在当期减少储蓄，导致整体储蓄率下降。此外，人们的资产可分成高流动性和低流动性两类，高流动性资产可以迅速转化成消费，因而更容易受到自我控制问题的影响。但如果低流动性资产在总资产的比例很高，人们可有效解决自我控制问题。莱布森（Laibson，1997）指出金融市场的快速发展提高了人们的资产流动性，这是造成许多国家储蓄率下降的重要原因。阿什拉夫、卡兰和殷（Ashraf、Karlan and Yin，2006）在菲律宾做了一项实验，他们随机选择了842个家庭，要求他们的银行储蓄在达到自我设定的金额（或时间）之前无法取款，结果显示相比于控制组，家庭的储蓄率显著上升。这说明人们愿意使用非流动储蓄作为一种承诺机制，以应对自己未来出现的自我控制问题。

不同的人在自己是否存在自我控制问题的判断上也存在较大差异。对于那些能够意识到自我控制问题的人，他们会利用各种内在和外在的机制来克服这一问题。人们在决策时选择参照点，比如跑步设定一个目标距离，或者出租车司机设定当天的目标收入，可视作一种克服自我控制问题的承诺机制：利用自己的损失厌恶心理，使得自己在不达成目标时产生较大的心理成本，来克服偷懒和拖延。诺贝尔经济学奖获得者理查德·塞勒（Richard Thaler）教授提出了心理账户概念，指出消费者将不同来源的资金分散在多个账户里，不同账户之间的资金不能自由互换，从而避免消费者对某些商品（如奢侈品）的过度消费问题。比如，工资账户和投资账户用作不同的用途，工资收入上涨时，人们可能增加外出就餐等享受型消费，而股市投资收益上涨时，人们可能会用于更长期的消费规划。而在新古典模型中，资金的具体来源不会影响到资金的消费去向。

11.2.1.3 社会偏好

亚当·斯密在《国富论》里有一段著名的论述："我们获得美味的晚餐，并不是由于屠夫、酿酒师或者面包师的仁慈，而是源自他们对自身利益的追求。""追求自利的经济人成为经济学理论中的核心假设，但单纯的自利动机却远非现实中人们的真实情况"(Rabin,1998)。理查德·塞勒(Richard Thaler)和他的合作者罗宾·道斯(Robyn Dawes)举了另一个例子,以说明人们真实的决策逻辑(Dawes and Thaler,1988):"在伊萨卡周边的农村地区,农民通常会将新鲜的农产品放在路边的桌子上,并在桌上放置一个收款箱。收款箱只在上面开了一个很小的口子,容易将钱放进去,但不容易拿出来。同时收款箱被固定在桌子上,人们也不太容易把钱倒出来。我们认为农民真正理解了有关人性的真实模型。他们认为有足够多的人会自愿为农产品支付相应的价格,从而使得农民的预期收益是正的。同时农民也很清楚,如果钱可以很轻易地从箱子里拿出来,一些人就会这么做。"

在新古典模型中,理性经济人只关注自身的消费水平,他人效用不会进入个人的决策方程中。但真实世界中的社会人还会关注其他人的决策和效用,我们把由此偏离新古典经济学假设的偏好称为社会性偏好。查尼斯和拉宾(Charness and Rabin,2002)给出了纳入社会偏好的效用函数形式:

$$U_1(x_1,x_2) \equiv \begin{cases} \rho x_2+(1-\rho)x_1 & 当 x_1 \geqslant x_2 \\ \sigma x_2+(1-\sigma)x_1 & 当 x_1 < x_2 \end{cases}$$

x_1 为自己的消费,x_2 为他人消费。标准的新古典模型假定 $\rho=\sigma=0$。当人们存在利他主义时,$\rho>0,\sigma>0$,其中 ρ、σ 反映人们的利他程度。值得注意的是,人们的利他程度可能取决于自己和他人的相对收入水平,人们对于比自己收入更低的人会抱有更强的利他主义,即 $\rho>\sigma$。

为探究人们真实的社会性偏好,经济学家设计了一系列实验室实验,来反映人们对公平、互惠、信任等偏好的感知程度和应对策略。下面着重介绍几项非常有代表性的实验。

(1)最后通牒游戏(ultimatum game)与公平偏好。游戏内容:游戏设置有一笔固定金额的钱,一个发起者(proposer),一个回应者(responder)。发起者首先将钱按某个比例分给自己与回应者,回应者决定是否接受,如果拒绝,则两人收益全部为零。在理性经济人的假设之下,发起者可以分配一个非常小的金额(如1分钱)给回应者,理性的回应者会接受这一提议,因为即使1分钱的收益总是好过没有。然而,当人们具有对社会公平的偏好,回应者会拒绝来自发起者的过低的分配。实验结果表明,大多数发起者分配给回应者的比例在25%~50%,低于5%的比例很少。而回应者会以很高的概率拒绝低于20%的分配比例。

(2)独裁者游戏(dictator game)与利他偏好。游戏内容:与最后通牒游戏比较类似,不同之处在于回应者没有拒绝的权利。这一实验更加直接地考察人们(发起者)的利他主义偏好。实验发现,一般情况下超过60%的发起者分配给对方正的金额,平均比例大约是20%。

(3)信任游戏(trust game)与社会信任。游戏内容:首先,发起者拿出一定比例的钱给回应者,然后回应者得到的钱的金额将乘以一个大于1的系数(类似于投资获益),最后由回应者将这些钱在两个人之间进行分配。发起者对于最后的分配方案没有拒绝权力,此时回应者类似于上一游戏中的独裁者。这一实验主要考察人们的信任和互惠偏好,类似于投资者将资产交付给信托经理,如果投资者相信经理不会侵蚀自己的资产,他会拿出更多的钱进行投资。实验发现,发起者大约会将50%比例的资产交付给回应者,而回应者返还给发起者的比例随着发起者交付的比例提高而上升,说明信任存在相互加强的现象。此外,回应者大约将50%的资产返还给发起者。

(4)礼物互换游戏(gift exchange game)。游戏内容:与信任游戏不同,发起者转移的钱不会升值,而是仅仅作为礼物馈赠给回应者,其他环节设定与信任游戏相同。这一设定可以应用在劳动力雇佣场景下,比如,发起者提供某一工资水平,回应者根据工资水平决定工作努力程度,发起者通常预期回应者会以更加努力的工作回报给发起者。这一游戏主要考察人们的信任和互惠偏好。结果发现,发起者一般会给出超出市场均衡的工资水平,而回应者的工作付出会随着工资水平而上升。

(5)公共品游戏(public goods game)。游戏内容:实验有 n 个人,每个人有初始资金 e,并拿出部分资金 g 放在公共资金池里,每个人从资金池获得的收益为资金池总额乘以系数 β,假设 $0<\beta<1<n\beta$。实验者 i 的总收益为 $p_i = e - g_i + \beta \sum_n g_j$。该游戏类似于现实中的公共品投资问题,如修建一条公路,每个人都能从公路中获取一定的好处。理性经济人会出现搭便车现象,使得 $g_i = 0$。因此,g_i 的水平实际衡量了人们的利他主义和追求公平等社会性偏好。研究发现,在单次游戏中,参与者大约会将50%的资金放入公共池,但随着游戏次数的增加,参与人贡献的份额逐渐趋近于零。

上述研究的局限之处在于,实验主要发生在发达国家,并且以大学生作为主要实验对象。这些发现能否在更多样化的文化环境下以及更广泛的人群中得到应用?由人类学家、经济学家等组成的研究团队,选择了十几个发展中家的原始部落开展最后通牒游戏、公共品游戏以及独裁者游戏,结果发现所有社会都出现不公平厌恶现象,但程度存在较大差异(Henrich et al.,2005)。在造成差异的因素中,研究者发现当地社会的市场化程度是一个重要因素。当人们能够通过市场进行公平交易,人们对于公平的感知更加明显,从而在最后通牒游戏中对公平性分配有了更高的要求。此外,人们的社会交往结构也具有重要影响,当日常生活中社会合作能够带来较大收益,人们也会表现出更加亲社会的倾向。

　　实验室实验为我们理解人们的社会性偏好提供了重要证据,但这些结果在多大程度上能够反映现实中人们的决策过程?莱维特和李斯特(Levitt and List,2007)指出实验室实验中游戏者的匿名性、游戏者会受到仔细审查、决策的情境、实验对象的选择性、游戏金额大小等都会影响到人们的实际选择,导致部分实验室结果无法反映在现实情境的选择之中。因此,为了克服实验室实验存在的不足,经济学家使用大量的田野实验来验证人们的行为逻辑。

　　社会偏好可以解释人们为什么会进行慈善捐赠。现实中,人们开展慈善捐赠的动机可能有两个:一是纯粹的利他主义,二是社会压力。当身边的人在捐赠时,或者其他人在关注自己的行动时,不捐赠可能带来很大的社会压力,导致效用损失。对于社会压力而捐赠的人,捐赠可以减少由于社会压力带来的效用损失,而具有利他主义动机的人则是通过捐赠提高个人效用水平。现实中人们捐赠的动机究竟是什么?德拉维尼亚、李斯特和马尔门蒂埃(DellaVigna, List and Malmendier, 2009)进行了一项上门募捐的田野实验,以区分利他主义和社会压力动机。其中控制组是标准的上门募捐活动,处理组是在募捐前一天在家门口贴一张告示,告知住户在第二天某一特定时间上门募捐。结果发现,相比于控制组,告示组家庭为筹款者开门的比率下降了10到25个百分点。重要的一点是,处理组捐赠人数的下降主要源自小额捐赠者,这些人可能受到社会压力的影响。实验对于那些大额捐赠者的影响较小,说明这些人的捐赠动机主要源自利他主义,其捐赠行动不会受到社会压力的影响。上述实验表明,利他主义和社会压力均是影响人们捐赠的重要因素。

　　互惠是人们社会偏好的另一重要部分,研究者使用礼物交换(gift exchange)来解释人的社会活动。福尔克(Falk,2007)向瑞士居民寄送了9 846封信,为孟加拉国的学校建设募捐。实验将所有家庭随机分成三组,第一组会收到一张由学校的学生亲自制作的明信片,第二组会收到四张明信片,第三组没有明信片。结果显示这三组的捐赠比例分别是14.4%、20.6%和12.2%,说明通过礼物可以极大地促进人们的互惠活动,并且礼物越多,从对方可得到的回馈也越大。

一些研究尝试使用礼物交换来解释劳动力市场的雇佣行为。诺贝尔经济学奖获得者阿克洛夫(Akerlof,1982)的研究将劳动合同看作礼物交换,当企业主向劳动者提供高于市场均衡的工资水平时,作为回报,劳动者的积极性和工作效率也会提升。格涅齐和李斯特(Gneezy and List,2006)的田野实验证实了这一理论。他们招募了19个工人,在图书馆完成6小时的书目输入工作,工资为每小时12美元。他们被随机分成两组,处理组在招募后将工资水平意外提高到20美元每小时,控制组没有变化。结果发现,处理组在第一小时输入的书目数量提高了20%。[①] 与此同时,他们发现这一效应比较短暂:在工作两小时之后,处理组和控制组的工作效率显著差异消失了。进一步地,库贝、马雷查尔和普佩(Kube,Marechal and Puppe,2012)的实验发现,人们对于非货币礼物的反应程度超过等价货币的礼物,并且非货币礼物带来的效率提升超过了礼物本身的成本,这不同于格涅齐和李斯特(Gneezy and List,2006)的发现,说明人们更加看重的不是礼物本身的市场价值,而是赠送者在这件礼物上花费了多少心思和精力。

纯粹的市场交换(pure market exchange)与礼物交换机制有一定的相似之处,它们都对交易双方带来了收益。但两者也存在一些本质差异?阿克洛夫(Akerlof,1982)指出,在市场交换中,买方只会接受所有报价中最低的价格,卖方只会接受所有出价中最高的价格。而在礼物交换中,买方愿意接受比最低价格高的价格水平,而卖方也会接受比最高价格更低的价格水平,导致基于礼物交换的经济体中市场无法出清,这在一定程度上可以解释为什么在市场经济中会出现非自愿性失业问题。

11.2.2 非标准信念

人们的决策环境往往面临诸多不确定性,因而在决策前需要对不同事件发生的概率做出判断。理性经济人会依据贝叶斯法则,不断利用新的信息更新先验概率判断,来预测随机事件的概率分布。新古典模型假设人们对于不确定性

[①] 作者还同时进行了另一项类似的实验,工作内容是上门募捐,类似的工资上涨使得处理组员工在第一小时多募集了80%的资金。

事件发生的概率虽存在一定偏差，但偏差是随机出现的，因此在社会平均意义上人们的判断不存在系统性偏误。而在现实社会中，非理性经济人存在各类偏离贝叶斯法则的现象，造成概率判断存在偏误。值得注意的是，非标准偏好与理性经济人偏好之间的差异，我们一般称之为偏差（bias），这一偏差是由主观因素造成的，研究者无法判定这一偏差是否为错误。与之不同，随机事件的概率分布一般存在客观的真实判断，因此人们在概率判断上出现的非标准信念可定义为错误，研究者经常称之为谬误（fallacy）。

具体地，行为经济学的一系列研究发现，人们的信念至少在以下三个方面不同于标准模型的假设（DellaVigna, 2009）：①过度自信（overconfidence），即人们可能高估自己的能力和表现，以及对外界事物判断的准确性；②小数定理（law of small numbers），即消费者将大样本条件下发生的统计学特征直接应用于小样本事件；③投射偏误（projection bias），即人们将现在的偏好等同于未来的偏好。本小节依次介绍三种情境下人们的行为模式。

11.2.2.1 过度自信

过度自信关系到人们对自己的能力或者信息准确性的判断。一个非常有趣的证据是，史云逊（Svenson, 1981）发现93%的实验者认为他们的驾驶技术在中位数以上。上一小节提到人们对于自己未来在自我控制能力上存在一定的过度自信，认为虽然存在当下享乐的倾向，但相信未来自己会有效克服自控问题。之前讲到的健身卡会员案例，以及储蓄率不足等现象，都是这一过度自信的重要体现。丹尼尔·卡尼曼（Daniel Kahneman）曾在一次采访中提到，如果他有能力消除人类的一个偏误，他会选择过度自信（Malmendier and Taylor, 2015）。

过度自信在企业经营中也产生了重要影响。当企业的CEO存在过度自信，他们会高估投资项目成功的概率，导致企业投资过多。马尔门蒂埃和泰特（Malmendier and Tate, 2005）利用美国上市公司数据，发现存在过度自信的CEO所在公司的投资率显著更高，并且他们更多使用内部资金融资，因为过度自信情况下CEO认为企业价值高于市场评估价值，通过股权或债券方式融资的成本相对过高。这在一定程度上解释了为什么企业投资和现金存在高度相关性。类似的，马尔门蒂埃和泰特（Malmendier and Tate, 2008）还进一步发现过度自信的CEO实施并购的概率提高55%。

企业的普通员工也可能对所在企业的估值存在过度自信。许多公司使用股票期权作为员工薪酬的组成部分。使用股权激励,可能源自对员工的直接激励,因为股权价值大概只占到所有薪酬的1%(Oyer and Schaefer,2005)。另一种可能的解释是员工对企业价值的增长保有较大乐观(过度自信),因此股票期权可作为一种超出其价值本身的薪酬激励方案。

资本市场中个人投资者的过度自信导致一系列反常现象发生。奥丁(Odean,1999)利用10 000个个人账户详细的股票买卖数据,发现投资者存在过度交易的现象。频繁交易一方面导致交易中介费用增加,另一方面作者发现人们卖出的股票要比购入购票未来一年的回报率高出3%。有趣的是,男性比女性更容易出现过度自信:男性投资者比女性的交易频率要高出45%,他们由于过度交易导致的损失分别为2.65%和1.72%。

11.2.2.2 小数定理

另一种概率判断偏误源于人们倾向于把大样本下发生的统计学特征应用于小样本事件。根据大数定理,当样本量足够大时,样本均值将趋近于总体均值。然而在一些小样本情况下,样本的均值可能严重偏离总体情况。非理性经济人错误地认为小样本的均值也会接近于总体均值,由此导致两种偏误:赌徒谬误(gambler's fallacy)和过度推测(overinference)。

赌徒谬误:假设篮子里有10个球,五白五黑,有放回地随机抽取。如果抽取的前两个球为白色,第三个球为白色的概率仍为0.5。然而,持有小数定理信念的人会判断这一概率为3/8<0.5。也就是说,人们倾向于认为已经发生的事件再次发生的概率会下降。特雷尔(Terrell,1994)利用彩票数据发现,前两周中奖的号码在本周中奖的预期收益比其他号码平均高出33%,然而由于赌徒谬误,彩民继续使用这一号码的比例显著降低。

过度推测:当某一事件的概率分布未知,人们可能过度推测某一信号再次发生的概率。假如篮子里10个球的颜色分布未知,当前两个球取出为白色,人们预测第三个球为白色的概率也会更高。这类似于一名篮球运动员在连续投中几个三分球后,人们认为他今天手感很好(热手),因此预测他接下来的命中率也会很高。文献中经常把过度推测称为热手谬误(hot hands fallacy)。比如在股票市场中,个人投资者经常出现过度推测的现象,过度追捧近期市场表现更好的股票,导致股票价格过高。德邦特和塞勒(De Bondt and Thaler,1985)根据各只股票过去三年的表现情况分为优胜组(winners)和失败组(losers),结果发现优胜组在接下来三年的回报率低于失败组25个百分点。

巴伯里斯、施莱弗和维什尼（Barberis, Shleifer and Vishny, 1998）发现，股市投资者同时存在赌徒谬误和热手谬误。投资数据分析发现，当一只股票出现利好消息，股票价格在短期内反应不足（股价上涨不足），而在长期却反应过度（股价上涨过度）。巴伯里斯等（Barberis et al., 1998）认为，人们在短期出现赌徒谬误：当一只股票上涨时，投资者认为它在接下来价格回落的可能性更高。持此信念的投资者选择卖出股票，导致股票供大于求，从而价格下降。事实上，我们经常观察到股票市值在短期内经常出现负的自相关特征。然而，当这只股票不断传出新的利好消息，人们开始认为公司的基本面出现重大变化（即总体的概率分布发生变化），信念从赌徒谬误转为热手谬误。大量投资者开始购入股票，导致股票价格高于基本面反映的水平，出现公司市值在长期呈现正的自相关特征。需要强调的是，无论是短期的赌徒谬误，还是长期的热手谬误，都偏离了贝叶斯法则下的概率判断，导致股票价格在短期和长期都偏离了公司基本面。

11.2.2.3 投射偏误

投射偏误牵涉到人们对未来偏好的判断，人们容易根据现在的情境预测未来的偏好。比如，许多人都深切感受到不要在饿的时候逛超市，否则会出现过度消费问题。假设效用由消费 c 和状态变量 s 决定，即 $u=u(c,s)$。现在的状态为 s'，未来为 s。存在投射偏误的消费者预测未来效用函数 $\hat{u}(c,s)=(1-\alpha)u(c,s)+\alpha u(c,s')$。$\alpha\in[0,1]$，反应了消费者投射偏误的程度。康林、奥多诺霍和沃格桑（Conlin, O'Donoghue and Vogelsang, 2007）利用详细的保暖大衣销售数据，发现消费者在寒冷天气购买保暖大衣的数量显著上升，与此同时他们在未来几天退货的概率也显著提升，说明消费者过度利用现在的天气来预测未来天气，导致投射偏误。类似地，张、黄和王（Chang, Huang and Wang, 2018）利用中国一家保险公司的客户投保数据，发现空气污染每增加一个标准差，在当天购买保险的客户数量提高 7.2%，与此同时在未来取消合约的概率也提高 4.0%。

11.2.3 非标准决策

在理性经济人框架下，当偏好与概率判断给定后，消费者根据最优化原理确定选择结果。现实社会中，即使偏好与概率判断完全符合理性经济人条件，人们的选择依然会受到其他选择环境的影响，导致非理性的选择结果。本部分介绍偏好与信念之外影响人们决策过程的因素。

11.2.3.1 框架效应(framing effect)

框架效应是指对于本质上相同的两件事情,由于描述上的不同,导致行为人决策出现差异。迪弗洛等(Duflo et al.,2006)设计了一项田野实验,研究向中低收入家庭提供养老储蓄配套资金如何影响他们的养老金参与率。具体地,他们随机选择一些家庭,根据养老金配套率的高低分成不同的组别,分别为没有配套、配套20%和配套50%三组。结果发现,三组家庭的养老金参与率分别为3%、8%和14%,说明配套资金显著促进了家庭的养老储蓄行为。另一种常见的鼓励储蓄的政策为税收抵免(saver's tax credit),许多国家都出台了类似的政策。税收抵免和配套资金在本质上对家庭储蓄带来的激励效应都是相同的,但现实中家庭储蓄决策对税收抵免政策的反应显著更小。

11.2.3.2 有限注意力(limited attention)

新古典模型通常假定,人们会利用一切可得的信息做出最优决策。然而人的精力是有限的,他们不得不对复杂的决策过程进行简化处理,并将主要精力放在某些较为重要的信息上。假设某一商品的价值信息V由两部分组成,包括较为凸显(salient)的部分v,以及相对模糊(opaque)的部分o,即$V=v+o$。由于精力有限,人们放在模糊部分信息的注意力不足,导致消费者察觉到的商品价值为$\hat{V}=v+(1-\theta)o$,其中$\theta\in[0,1]$衡量了有限注意力的程度。通常θ与信息的凸显性正相关。例如,切蒂、鲁尼和克罗夫特(Chetty, Looney and Kroft,2009)发现美国消费者对商品消费税(价外税,一般不包含在价格标签里)的需求弹性显著低于对价格变动的需求弹性,说明人们对非凸显的信息反应不足。类似地,人们在网上购物时,更加关注商品的销售价格,而忽略运输费用。摩根(Morgan,2006)的随机试验发现,对于总价(商品价格+运输费用)完全相同的CD,价格低而运费高的CD销售额显著高于运费低而价格高的CD。此外,当某一时刻突然涌现大量信息时,人们无法对所有信息都及时做出反应。赫斯莱弗、林和迪欧(Hirshleifer, Lim and Teoh,2009)发现,如果当天出现更多新闻公布,投资者对企业盈利消息的反应速度显著变慢。

11.2.3.3 菜单效应(menu effects)

当选择存在大量选项,人们一般不会对每一选项的价值进行评估,否则会耗费过度的精力。应对这一问题的策略是调用一些次优的启发式思考(heuristic)来简化决策过程,我们把这一现象称为菜单效应。人们常用的启发式决策具体包括以下几种方式：

(1) $1/n$ 式选择：西蒙森(Simonson,1990)在一项实验中让学生各自为接下来三次班级会议选择小食。学生分为两组，第一组同时确定三次课的选择是什么，第二组则在每次上课前依次做出选择。结果发现，第一组学生选择三种不同小食的比例为64%，而第二组仅为9%。这说明当人们面临多种选择时，倾向于将需求平均分配给各个选择，即出现 $1/n$ 选择模式，从而导致人们的选择过度多样化（excess diversification）。贝纳茨和塞勒（Benartzi and Thaler, 2001）的研究发现，如果美国企业年金[401(k)]里可选的股权基金的数量越多，员工将养老金投资于股权基金的比例也越高。

(2) 偏好熟悉的选项：人们另一种处理大量选项的方法是选择自己较为熟悉的商品。贝纳茨(Benartzi,2001)发现，投资者平均会将20%~30%的资金投资于自己所工作的公司。过多的投资自己的公司并非是因为员工有更多的内部信息，因为数据显示，投资自家公司比例越高的员工，其投资收益率越低。

(3) 偏好凸显的选项：人们在股票投资时面对几千个不同的选项，不可能对每一家公司的盈利情况深入研究。巴伯和奥丁（Barber and Odean,2008）发现当某一家公司受到媒体的关注，或者在前一天交易量突增，个人投资者会在第二天净购入该股票。这说明个人投资者会重点关注具有凸显性的股票。然而个人投资者在决定是否销售所持有的股票时则未受影响，这是因为已购买股票的数量相对较小，一般不存在由于选项过多而出现的菜单效应。此外，霍和今井（Ho and Imai,2008）发现，政治选举时候选人的排列次序很重要，即便排列顺序随机安排，也会显著影响到候选人的投票支持率。他们发现在美国加州的地方选举中，当候选人被安排在选票的第一位，其支持率可提高10%。这一效应主要来自少数党派的候选人，可能源于投票人缺乏对候选人足够的了解，从而出现偏好凸显选项的现象。

(4) 放弃选择：菜单效应产生的极端结果是使得人们直接放弃选择。艾扬格和马克（Iyengar and Mark,2000）在一项实验为第一组顾客提供6种果酱试吃，为第二组顾客提供24种果酱试吃。结果发现第二组顾客选择试吃的数量虽然超过第一组（145∶104），但他们最终购买的数量却远小于第一组（4∶31）。类似的，崔、莱布森和马德里安（Choi, Laibson andMadrian,2006）的随机试验发现，企业年金里的投资选项越少，员工参与企业年金的比例越高。

11.2.3.4 社会压力

现实中的决策者不仅是经济人，还有社会人的属性，他们倾向于跟社会保持一致,并希望得到其他人的认可。当一个人的选择偏离社会主流选择时,他会面临巨大的社会压力(social pressure),造成个体效用水平下降。马斯和莫雷蒂(Mas and Moretti,2009)研究了超市收银员的同伴效应(peer effects),发现如果收银员的旁边安排了另一个高效率的同事,其工作效率也会显著上升。有趣的是,这种效应主要出现在高效率收银员被安排在受影响同事的视野前方。当员工观察到高效率同事的工作效率,会产生一定的社会压力,督促自己更好地完成自己的工作。

11.2.3.5 情绪

人们的情绪也会显著影响行为决策。赫斯莱弗和舒姆韦(Hirshleifer and Shumway,2003)发现天气情况显著影响到股票市场上的交易行为:阴天时的股票收益率比晴天低 0.09 个百分点。埃德蒙斯、加西亚和诺利(Edmans,Garcia and Norli,2007)研究发现,足球比赛的胜负也会影响到股市表现。当一国的国家足球队在国际比赛中失利,股市平均下跌 0.21 个百分点。比赛的重要性越高,比如世界杯的淘汰赛,其影响也会越大。董等(Dong et al.,2021)分析了中国的分析师在公司调研当天的天气情况如何影响到他对公司未来盈利状况的预测。在控制了分析师、公司等一系列因素后,作者发现调研当天出现极端污染天气,会导致分析师对公司未来的利润率预测降低 1 个百分点。

11.2.4 市场会消除非理性行为吗?

人们的经济理性并非一成不变,有三方面因素可能导致人们的选择更加接近经济理性的预测,这也是新古典经济学家反驳行为经济学的重要原因。

(1)学习效应:人们在市场交易中会不断积累经验,尤其是反思由于选择失误带来的损失。换言之,人们不会在同一个问题上犯两次错误。

(2)竞争效应:市场竞争的一个后果是优胜劣汰,那些由于非理性导致损失的人会逐渐退出市场。理性人则可对市场非理性行为进行套利,从而让市场回归新古典模型下的均衡状态。

(3)利益攸关性:人们的非理性行为主要发生在对个人福利不会产生重大影响的选择上,而对牵涉到人生重大转折的选择会更加谨慎。在实验室中人们所面对的决策收益相对较小,因此难以反映现实情境下人们对重大问题的决策过程。

上述因素确实让人们的决策更趋理性,但其作用十分有限。

首先，并非所有的选择决策都是经常发生的，有些决策可能只发生一次或两次，如买车、买房、选择大学等。西蒙松（Simonsohn，2010）发现，人们在选择大学时会受到校园参观日的天气影响，如果参观当天是阴雨天气，人们更有可能申请学术氛围更好的大学，反映出人们存在一定的投射偏误。

其次，由于非理性行为造成的损失往往可能不够高，因而竞争效应未必能导致优胜劣汰从而让非理性消费者完全退出市场。例如，人们在时间偏好上的不一致，导致消费者过度购买健身服务，但这些损失可能只是每月几十元的规模，不足以对决策者造成不可挽回的损失。与此同时，社会上还有源源不断的新的消费者或者投资者进入市场。最终，理性经济人未必能够利用非理性行为进行套利。例如，当人们对一家公司的估值偏离基本面，并且非理性投资者的规模和交易频率比较高时，理性投资人通过做多或者做空不仅不能盈利，反而可能亏损。

最后，即使在一些利益攸关的决策上，例如养老储蓄、购房、购车等，人们仍存在较大的非理性行为。

当消费者存在诸多非理性行为，更趋理性的厂商会作何决策？他们的经济理性会抵消消费者的非理性偏差，还是迎合消费者的非理性偏差以谋取更大利润？在某种程度上，企业的决策者是行为经济学理论最忠实的信奉者和实践者，他们充分利用消费者的各种心理因素，通过广告营销、商品定价策略等实现利润最大化。比如健身房经历会诱导消费者购买优惠的月卡和年卡，因为他们预期到消费者的实际使用率很低。超市里经常会出现299元、4.99元等商品定价，这正是利用到消费者只会把有效注意力放在价格标签上的第一位数字，忽略后面的数字大小。德拉维尼亚和马尔门蒂埃（DellaVigna and Malmendier，2004）通过理论模型研究了厂商应对非理性消费者的最优销售策略。他们考察了两类商品的定价策略：第一类是投资品，消费者在当期产生成本，在未来获得收益，如健身房会员卡；第二类是奢侈品，消费者在当期享受收益，在未来产生成本，如信用卡消费。对于存在时间偏好不一致、面临自我控制问题的消费者，厂商的最优策略是对投资品收取低于边际成本的价格，对奢侈品收取高于边际成本的价格，并对两类商品都设置较高的转换成本（如不允许退货或者更换产品等）。加比克斯和莱布森（Gabaix and Laibson，2006）的模型分析进一步表明，即使在竞争性市场中，企业可能无法从减少消费者偏误上获利，导致市场均衡时消费者的偏误持续存在。

波普和史怀哲（Pope and Schweitzer，2011）开展的一项非常重要的研究考察了顶级高尔夫运动员是否存在损失厌恶现象。高尔夫比赛中，选手排名基于每位选手打进 18 个洞共耗费的杆数，杆数越少，排名越靠前。在记录每位选手成绩时，通常会以这位选手相比标准杆杆数多或少几杆进行比较。标准杆杆数（par）代表击球入洞预期需要多少杆，比标准杆少一杆被称为小鸟球（birdie），少两杆为老鹰球（eagle），比标准杆多一杆为 bogey，多两杆为 double bogey。球员在评估自己的成绩时，很自然的以标准杆作为参照点。在世界最高水平的高尔夫 PGA 巡回赛中，运动员拥有丰富的经验，面临激烈的竞争，并且潜在收益非常高（凭此比赛总奖金大约 500 万美元），在这样的环境下，运动员是否也会表现出某些非理性行为？波普和史怀哲（Pope and Schweitzer，2011）收集了超过 250 万个比赛击球信息，在控制了球洞距离、角度等一系列因素后，发现运动员存在明显的损失厌恶现象：他们击打标准杆成功的概率比击打小鸟球成功的概率高出 2 个百分点。这是由于运动员把击打标准杆作为参照点，在损失厌恶的偏好函数下，球员打出比标准杆更差的成绩（多出一杆）带来的效用损失要显著大于更好的成绩（少一杆）带来的收益，这导致球员在尝试击打标准杆时会异常谨慎和投入。进一步地，作者发现这一现象主要发生在比赛早期；随着比赛的进行，运动员的参照点逐渐变为竞争对手的成绩，上述现象也就不再明显。

金融市场是反驳市场会消除非理性行为的另一例证。在金融市场中，存在激烈的竞争，人们的交易频繁（有利于学习和积累经验），并且决策产生的利益巨大，然而大量研究表明投资者的非理性行为广泛存在，行为金融学也成为当下非常重要和热门的研究领域。

11.3　行为财政学的一般框架

将行为经济学纳入财政学的分析中，可从两方面改善财政学的理论框架。首先，从实证经济学的角度看，有助于我们更好地预测和评估公共政策对于人们经济行为的影响；其次，从规范经济学的角度看，为我们衡量社会福利和完善公共政策提供了新的视角。新古典的福利分析通常建立在显示偏好（revealed preference）理论之上，我们可以基于理性经济人的最优化选择模型，通过观察人们实际的选择结果倒推出效用函数，从而对公共政策的福利效应进行评估。

然而，当人们存在各类非理性行为时，显示偏好理论便不再有效，此时需要新的框架来思考福利问题。

与行为金融学、行为产业组织学等相似，行为财政学是行为经济学在财政学领域相关问题上的应用。主流的行为经济学分析，一般是在完美的自由市场环境下，考察人们的非理性行为如何影响市场均衡和社会福利。由于财政学和公共经济学主要考察当市场不完善时如何通过公共政策纠正市场失灵问题，如果在市场失灵问题之上再纳入非理性行为造成的偏差，就会同时产生两种偏离社会最优的"扭曲"性力量。在此意义上，行为财政学比一般的行为经济学分析更为复杂，增加了构建行为财政学理论框架的难度。

本节借鉴穆莱纳坦、施瓦茨坦和康登（Mullainathan, Schwartzstein and Congdon, 2012），提供一个行为财政学研究的的一般性分析框架。在正式分析之前，我们首先需要明确人们经济行为背后的基本逻辑。假设某一经济活动可产生收益 b，需要付出成本 p。理性经济人基于 b 和 p 的大小进行选择，当 $b>p$ 时，决策者会选择采取这一行动；对于非理性经济人，决策时除了 b 和 p，还面临另一参数 ε，用以捕捉各类非理性因素带来的影响，当 $b+\varepsilon>p$ 时，决策者会采取该行动。

11.3.1 基本设定

我们用一个简单的模型说明在存在市场失灵（外部性）时的经济决策过程，这也是传统公共经济学的基本分析框架。

重要参数：

b——行动收益，不同人的具体收益可能存在差异，假设 $b \sim F(b)$。

p——行动成本，政府可以通过税收（或补贴）改变成本，因此可写成 $p(t)$ 的形式，其中 t 是税率。

收入——由初始财富 Y 和政府转移性收入 T 组成。

l——行动产生的外部性，假设 A 表示采取该行动的人数总量，由此产生的外部性为 Al。

如果决策者采取这一行动，其效用函数为：

$$U(Y+T+(b-p(t))-Al)$$

如果不采取行动，其效用函数为：

$$U(Y+T-Al)$$

这一设定可用于分析多个公共经济学的经典问题,比如税收归宿问题(经济人行动是购买商品,外部性为0)、矫正性税收问题(外部性不为0)、医疗保险问题(经济人行动是接受医疗服务,t变为医保补助,外部性为0)等。

11.3.2 加入非理性行为

现在将非理性因素ε纳入分析框架中,此时非理性决策者采取行动的条件是$b+\varepsilon>p$。具体地,ε的大小由两个因素决定:b和t,因此ε可表示为$\varepsilon(b,t)$。

案例1:当下享乐偏误(present bias)

上一节介绍了当经济人存在自我控制问题时,人们会过度关注当下消费带来的收益。以不健康食品的消费为例,将净收益分成两部分:$b=v-h$,其中v表示当下的收益,h表示未来的成本,如健康成本。成本也可以分为两部分$p=p_1+p_2$,分别表示当下和未来支付的价格。假设理性经济人不存在跨期贴现情况,而非理性经济人会对未来的成本或收益进行贴现,贴现率为$\beta\in(0,1)$,这与上一节介绍的(β,δ)效用函数较为类似。

理性经济人的决策模型为$b=v-h>p=p_1+p_2$;非理性经济人的决策模型为$v-\beta h>p_1+\beta p_2$。

案例2:对非突显性的信息注意不足(inattention to nonsalient components of the price)

经济人可能对部分信息的关注程度不足。以商品消费税为例,当人们在消费决策时对于税收的关注程度可能低于税前价格时,导致税收归宿与标准的模型预测不一致。具体的,假设人们只关注到$\theta\in(0,1)$部分的非突显性成本(nonsalient cost),行为人的决策模型变为$b>p_0+\theta t$(理性经济人的决策模型为$b>p_0+t$)。

案例3:错误信念(false beliefs)与过度自信(overconfidence)

人们对于商品的实际价值可能存在错误判断,或者对自己的真实能力存在过度自信。此时非理性经济人的决策收益$\hat{b}$与真实收益b存在偏离,非理性偏差可表示为$\varepsilon=\hat{b}-b$。理性经济人的决策标准是$b>p$,而非理性经济人的决策标准变为$\hat{b}>p$。

上述模型有助于区分不同公共政策影响社会福利的机制和效果。一般而言,为了矫正市场失灵或者个人非理性导致的福利损失,政府可利用两类公共政策。第一类是传统的改变商品实际支付价格的政策(即模型中的 b 和 t),包括税收、补贴等。另一类则是基于行为经济学模型,通过诸如默认选项(default)、提高价格信息的凸显性等助推型(nudge)方式(下一节将具体阐述),减少非理性参数 ε 造成的行为扭曲和福利损失。助推的优势在于,一方面通过改变 ε 提升非理性行为人的福利水平,另一方面不会改变商品的交易价格,从而避免了传统公共政策产生的行为扭曲(如税收带来的无谓损失)。需要强调的是,助推政策不会影响理性经济人的最优决策,而传统政策则会影响所有人的经济决策。

11.3.3 政府干预与社会福利

财政学的核心问题是回答政府干预如何影响社会福利。本部分首先分析传统的政府干预政策对于理性和非理性经济人的福利影响有何不同。我们的分析重心放在政府通过税收(补贴)矫正市场行为:

$$\frac{dW^S}{dt} \Big/ \frac{dW^S}{dY} = A^{S'}(t)[MSB-MSC]^S(t) + TV^S(t)A^S(t)$$
$$= A^{S'}(t)[t+ME(t)] + TV^S(t)A^S(t)$$

其中,W 代表社会福利,上标 S 表示标准模型中的理性经济人。方程左边将税率改变带来的边际福利变化 $\frac{dW^S}{dt}$ 除以单位收入变动带来的边际福利变化 $\frac{dW^S}{dY}$,此时税收政策带来的福利变化转化为等量的货币价值。等号右边的第二部分 $TV^S(t)A^S(t)$ 表示税收收入的转移支付效应,不是本文关注的重点,暂不讨论。我们重点关注等号右边的第一部分,其中 MSB 和 MSC 分别表示社会边际收益(marginal social benefit)和社会边际成本(marginal social cost),ME(marginal externality)表示经济行为外部性的大小。

理性经济人实现个人最优时,社会边际收益与社会边际成本的差异等于税率与外部性之和:$[MSB-MSC]^S(t) = t+ME(t)$。根据一阶条件,社会福利最大化时 $MSB = MSC$,因此令 $t+ME(t)=0$,可实现社会最优。这是通过庇古税纠正外部性问题的基本逻辑。

接下来引入非理性经济人的福利问题,此时税率变动带来的边际福利变化为:

$$\frac{dW^B}{dt} \Big/ \frac{dW^B}{dY} = A^{B\prime}(t)[MSB-MSC]^B(t) + TV^B(t)A^B(t)$$
$$= A^{B\prime}(t)[t+ME(t)+MI(t)] + TV^B(t)A^B(t)$$

社会边际收益与社会边际成本的差异变为 $t+ME(t)+MI(t)$，与理性经济人模型相比，该公式多出了 $MI(t)$——由于非理性造成的自身福利损失，文献中常称之为内部性（Internality，与外部性相对应）。这一公式表明，为了实现社会福利最大化，公共政策不仅要应对传统财政学面临的外部性问题，还要矫正非理性行为带来的内部性问题。

助推：除了传统的税收（或补贴）政策，还可以通过助推政策降低内部性，进而提升社会福利：

$$\frac{dW^B}{dn} \Big/ \frac{dW^B}{dY} = \frac{dA_n^B}{dn}[MSB-MSC]_n^B(t) = \frac{dA_n^B}{dn}[t+ME(t)+MI_n(t)]$$

助推政策本身不会产生实际的转移支付，因此前文模型中等号右边的第二项为 0。助推政策可具体通过两个渠道影响社会总福利：首先，助推降低了非理性行为造成的自身福利损失（内部性问题）；其次，助推影响了采取该行动的行为人数量，从而改变外部性大小。

11.4　行为财政学的应用案例

根据上一节的分析框架，本节以财政学的核心研究问题为例，介绍行为财政学的一系列开创性研究。

11.4.1　税收

11.4.1.1　增值税的税收归宿

作为全世界范围内应用最为广泛的税种之一，增值税税率在多大程度上转嫁到消费者身上，仍存在很大争议。芬兰政府为评估增值税对经济活动的影响，在 2007 年 1 月将美发行业等几类规模较小的服务行业增值税税率从 22% 临时下降到 8%，并在 2012 年调整回正常水平。本扎蒂、卡洛尼和科索宁（Benzarti, Carloni, Harju and Kosonen, 2021）发现税率下调和上升的税收转嫁效应存在明显的非对称性。当增值税税率上升，几乎所有的新增税收负担由消费者承担，但税率下降的好处消费者只获得一半。这一现象难以用理性的市场行为解释,标准的税收归宿模型预测的税率上升和下降带来的影响是对称的。这表明,除了市场力量之外,其他非市场力量,如人们对公平的偏好,也是决定税收归宿的重要因素。卡尼曼、尼奇和塞勒(Kahneman, Knetsch and Thaler, 1986)发现消费者更容易接受成本上升导致的价格上涨,而对由于需求上升产生的价格上涨心存芥蒂。他们进一步指出,公平性原则存在非对称性,人们允许企业将所有的成本上升转嫁给消费者,但默许企业保留大部分成本下降带来的收益。

这一结果对于优化税收政策具有重要的启示。首先,忽略税率变动导致税收归宿的非对称性,政府可能高估税率调整转嫁到消费者身上的比例,尤其在税率下调时转嫁率平均被高估3倍。其次,政府需要更加谨慎的通过下调增值税率来刺激需求。根据本扎蒂(Benzarti et al., 2021)的研究结果,税率下调更容易刺激供给而非需求,因为大部分减税好处被企业获取。尤其在减税只是临时政策时,减税带来的价格下降将小于增税带来的价格上升,最终导致市场长期均衡价格上升,反而抑制长期消费。

11.4.1.2 税收凸显性

财政学经典教科书中在分析税收对商品市场均衡的影响时,一个重要结论是税收和价格的等价性原理——人们对税收变动与同等价格变动的反应完全相同。消费者只对商品所须支付的总价格做出选择,总价中价格和税收的比例,以及以何种税制和方式来征收,不会影响人们的消费需求。但现实中人们并非对各种税率做出足够的反应,尤其当税率信息不够凸显、税制较为复杂或者不够透明时。比如,部分商品销售税不包含在价格标签之上,个人所得税采用较为复杂的累进式边际税率。人们对这些税收的反应与标准模型的预测有何不同,对于我们理解税收归宿和优化税制结构都具有重要意义。

切蒂、鲁尼和克罗斯特(Chetty, Looney and Krost, 2009)在美国大型超市设计了一项田野实验。他们选择部分商品,在标签上标明销售税税额以及价税总额,观察消费者对这些商品的需求量有何变化。研究发现,与未作任何变动的控制组商品相比,处理组商品的销售额下降了8%。类似地,芬克尔斯坦(Finkelstein, 2009)发现,当人们使用ETC(electronic toll collection)实现汽车通行费自动付费后,司机对收费水平的反应程度明显下降,导致费用总额提高了20%至40%。上述研究说明,消费者对于非突显性税收的需求弹性很低,而提高税收凸显性则显著提高需求弹性。

11.4.1.3 苏打税(soda tax/sin tax)

传统的最优税率理论基于 Ramsey 模型,认为最优税率的制定与商品的需求弹性相关,此时由税收导致的无谓损失最小。行为经济学的研究为我们思考最优税率问题提供了新的视角。当人们缺乏足够的自控能力,会过度消费不健康的商品,如酒精、饮料等。如果对这些商品征收额外的消费税,可在一定程度上降低自控力不足导致的个人福利损失。奥多诺霍和拉宾(O'Donoghue and Rabin,2006)的理论分析表明,对不健康商品征收消费税,一方面可提升缺少自控力的消费者的福利,另一方面还能通过将增加的税收收入进行转移,进一步实现帕累托改进。因此,税收的作用不仅体现在提高政府收入和矫正外部性,在一定情况下还能解决由于消费者非理性行为导致的内部性问题。

奥尔科特、洛克伍德和陶宾斯基(Allcott,Lockwood and Taubinsky,2019)进一步将苏打税对内部性的纠正作用及其税收收入再分配效应纳入一般性的最优税率分析框架,指出苏打税的最优税率与低收入家庭的非理性消费程度及其税收弹性有关。杜波伊斯、格里菲斯和奥康奈尔(Dubois,Griffith and O'Connell,2020)利用长时段的饮料消费微观数据,估计了消费者对苏打饮料的需求函数,并以此模拟苏打税的征收对于不同群体的影响程度。他们发现苏打税对降低年轻人的糖分摄入有明显效果,但对食糖消费水平较高的消费者影响不大。

另一项非常有趣的研究来自格鲁伯和穆莱纳桑(Gruber and Mullainathan,2002),他们利用美国和加拿大两国的家庭调查数据,发现对烟草征收更高的消费税反而提高了抽烟者的幸福感。这一结果验证了人们存在时间偏好不一致的现象,而税收提供了抽烟者实现自我控制的工具,因此提高了他们的福利水平。

11.4.1.4 最优税率

经典的最优税率理论建立在三个支柱性理论之上——Ramsey 模型,考察最优的线性商品税;庇古税,考察税收如何矫正经济外部性;Mirrlees 模型,考察最优的非线性收入所得税。上述模型均建立在理性经济人的基础之上,当人们存在经济非理性,这些模型对现实问题是否还具有解释力? 法尔希和加贝克斯(Farhi and Gabaix,2020)在经典模型基础上纳入人们的非理性行为,在理论上做出了重要的拓展和完善。经典模型的一些重要结论也需要做出相应调整:比如在 Ramsey 模型中,最优税率与商品的需求弹性成反比。当消费者对税收具有有限注意力,最优税率将会提高,并且与注意力平方成反比。另外,最优庇古税要求矫正性税率与经济活动的外部性直接相关。当行为人存在有限注意力时最优庇古税应该等于外部性除以人们的注意力。Mirrlees最优收入所得税理论的一个重要结论是,最优的边际税率应为非负。但如果低收入人群存在严重的短视(myopia)或者当下享乐偏好(hyperbolic discounting),最优税率应对低收入人群征收负的边际税率。

11.4.2 社保政策

家庭养老金储蓄不足是许多国家需要解决的一项难题,尤其在老龄化日趋严重的背景下,如何提高家庭储蓄率水平,关系到整个社会的稳定性。为鼓励储蓄,各国政府出台了诸如税收优惠的政策,但政策效果却不尽如人意。利用行为经济学的研究,学者们设计了一个精妙的政策:通过修改"默认选项"(default)提高储蓄率。莫德里安和谢伊(Madrian and Shea,2001)与美国一大型企业合作,修改新进员工参与企业年金养老计划[401(k)]的默认选项。在传统政策下"默认选项"是不参与养老金,员工需要打电话等形式示意自己意愿加入养老计划。对于理性经济人而言,打电话带来的成本与参与养老计划带来的收益相比,可以忽略不计,因此"默认选项"的内容基本不会影响到这些人的养老决策。但对于存在短视问题的非理性员工,这些成本可能是决定性的。当企业把"默认选项"从不参与401(k)变为参与401(k),研究发现,新进员工的401(k)参与率从49%直接提升到86%。

设置自动参与(automatic enrolment)的默认选项做法也存在一些局限之处:它降低了原本选择更高储蓄率员工的储蓄率。比如,默认选项是参与储蓄率为3%的养老计划,它一方面提高了原本不参与或者储蓄率较低的员工的储蓄水平,另一方面拉低了原本希望参与更高储蓄率的员工的储蓄水平。2017年诺贝尔经济学奖获得者理查德·塞勒设计了一项同时提高员工参与率以及储蓄率的方案——明天储蓄更多(Save More Tomorrow)计划。该计划让人们事先承诺,在未来工资上涨时,将工资上涨部分的某一比例存入养老金。当该计划在一些企业具体实施时,塞勒和贝纳茨(Thaler and Benartzi,2004)发现有非常高比例的员工(78%)意愿参与这一计划,并且80%的人在经历四次涨薪后依然留在该计划之中。方案的效果非常明显,参与者在40个月内的平均储蓄率从3.5%提升到13.6%。该计划的设计和实施充分利用了行为经济学有关人们非理性行为的多项研究。第一,由于存在有限理性,项目应尽量简单,并且能够帮助参与者计算出最优储蓄率;第二,由于存在双曲线折现偏好,人们过度关注当下效用,因此该计划只是改变未来工资上涨时的储蓄率,不影响当下的消费水平;第三,由于人们存在拖延和短视等行为,当员工一旦参与该计划,他们退出的概率也较低。

此外,向家庭决策者提供充分的信息也是影响公共项目参与率的重要因素。迪弗洛和萨伊斯(Duflo and Saez,2003)利用随机控制实验,发现向员工提供有关个税递延养老保险政策的培训,显著提升了他们参与这一计划的概率。更重要的是,他们发现受培训的员工通过个人的社会网络,对同部门的其他员工产生溢出效应。多穆拉特、梅纳什和殷(Domurat,Menashe and Yin,2021)通过另一项随机试验,发现向民众寄送信件,告知政府补助的医保项目的截止期限和潜在收益等信息,显著提升了美国家庭的参与率。研究还发现,收到信件后决定参与该项目的家庭,其健康水平相对更高,因而缓解了医保项目的逆向选择问题。细致的数据分析发现,寄送信件对家庭的项目参与决策的影响,相当于政府每月提高25到50美元补贴额带来的影响,而一封信件的成本几乎为零,从成本和收益的比较来看,这是一项非常划算和有效的干预政策。这一结果也反映了人们的心理成本(如拖延)和信息成本(不了解项目的具体内容)等对于民众参与公共项目具有重要的影响。

近期另一项非常有趣的研究发现,人们的退休年龄的选择受到信息凸显性(salience)的影响(Seibold,2021)。劳动力在选择退休时间时会出现很多节点年龄,在节点年龄之后退休,可显著提高退休金领取额。一类节点是全国统一的法定退休年龄,比如在达到65岁后退休,养老金的领取额提高;另一类是个体层面的节点年龄,如达到一定缴费年限后,养老金领取额也会显著增加。对于理性经济人而言,人们对两类节点年龄应做出类似的反应,因为它们背后的经济激励(如退休后能够领取多少养老金)是相似的。赛博尔德(Seibold,2021)利用德国全部退休员工的微观数据,发现人们并非完全根据经济激励来决定退休年龄。大量的家庭选择在全国统一的法定退休年龄退休,而在其他节点年龄上选择退休的人显著更少。详细地计量分析表明,前者的选择弹性是后者的七倍。这反映了人们把法定退休年龄作为重要的参照点,影响了人们的退休决策。

11.4.3 福利项目

扶贫政策是否也会受到人们的非理性行为的影响？以美国 SNAP(Supplemental Nutrition Assistance Program)项目为例，这是美国第二大转移支付项目(仅次于 Medicaid 医疗项目)，定期向贫困家庭发放食品消费券，在 2014 财年大约 20% 的美国家庭获得 SNAP 资助(Hastings and Shapiro,2018)。

SNAP 能否如政策设计的那样，提高家庭的食品消费占比？根据新古典经济学的分析，虽然 SNAP 只能用于支付食品消费，但由于 SNAP 补助金额往往低于家庭在食品上的消费总额，对于这些家庭而言，SNAP 的食品券补助等价于现金补助——他们可以用 SNAP 补助购买食品消费，然后将节余下来的现金用于购买其他商品。因此，在拿到 SNAP 补助后，理性的消费者会同比例增加各类商品的消费。换言之，理性经济人获得 SNAP 补助之后用在食品上的消费比例(边际消费倾向)，应等于获得现金时用于食品的消费比例。然而，Hastings and Shapiro(2018)利用翔实的商店交易记录，估计了家庭增加一单位现金和一单位 SNAP 补助所导致食品消费额的变化情况，结果发现 SNAP 补助带来的食品边际消费倾向远大于现金，这与理性经济人的模型不一致。作者使用 Thaler(1999)提出的心理账户(mental accounting)概念，指出家庭将现金和 SNAP 补助作为两种不同的账户，SNAP 账户里的金额增加会更多引起食品消费的增加。

上述发现对于制定和优化扶贫项目具有重要的启发意义。许多人建议应该把不健康的食品消费，如酒类、碳酸饮料等，排除在食品券的名录之外。根据新古典经济模型，这一举措并不会影响到家庭对这些商品的消费，因为他们可以使用 SNAP 补助购买食品后节省下来的现金购买酒类商品。但在心理账户效应的影响下，现金账户和 SNAP 账户里的资金无法互相替代，导致家庭对上述商品的消费下降。

此外，夏皮罗(Shapiro,2005)利用美国一项包含家庭每天卡路里消费的调查数据，发现家庭在获得食物券后的一个月内，卡路里摄入量以每天 10%~15% 的速度递减。基于理性经济人的永久收入假说预测，人们在获得实物券后应尽可能平滑各期消费，以最大化效用水平。文章的发现与莱布森(Laibson,1997)提出的拟双曲线贴现偏好相一致：由于人们更加看重当下消费，导致食物券发放后，家庭食物消费在短期内快速增加。

11.4.4 节能减排

我国政府提出在 2030 年之前实现碳达峰、2060 年之前实现碳中和。节能减排，不仅需要政府治理污染行业、提高清洁能源比例，也需要民众降低高污染、高耗能的消费行为。

在鼓励家庭节能减排的政策中，新古典经济学强调市场价格在调控居民能源消费上的重要性。为了减少能源消费，许多国家实施阶梯定价政策。现实中阶梯定价的效果如何？家庭是否对价格变动做出充分的反应？伊藤（Ito，2014）使用详细的家庭用电信息，发现居民的用电量在阶梯定价的节点上未出现聚束现象（bunching）①，说明居民未对边际价格的变动做出反应，因而阶梯定价在减少家庭能源消耗上的作用是十分有限的。

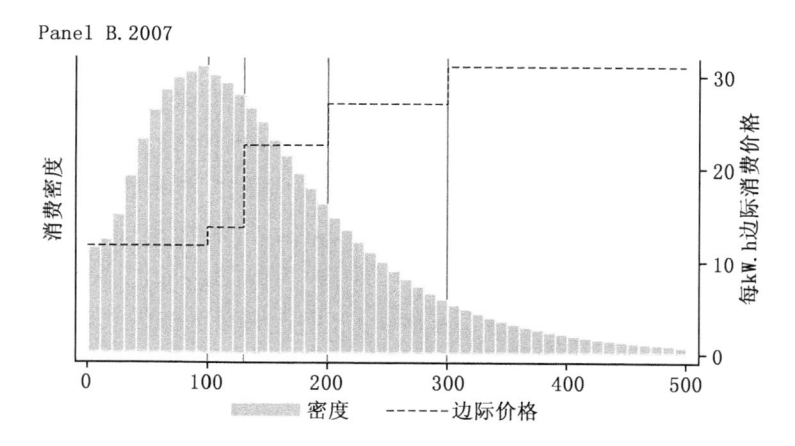

资料来源：Ito(2014)。

图 11.2 家庭每月用电量的概率密度分布

伊藤（2014）进一步考察了居民的用电量是否受到平均电价影响。有趣的是，人们对平均价格产生的需求弹性远远大于边际价格，与新古典模型的预测相背离。这说明居民并非对电价不敏感，只是缺少相应的信息来对边际价格做出反应，比如阶梯价格中的变动节点是多少度，现在的用电量距离节点电量还

---

① 如果居民对于价格变化有充分的反应，根据消费者的最优消费模型，可以预测消费量的概率密度在边际价格出现变化时会出现聚束现象（Saez，2010）。

有多少等。杰西和拉普森(Jessoe and Rapson,2014)设计了一项田野实验,他们随机为一些家庭安装智能电表,可以实时获取当前电价、用电量等信息。结果发现,在安装智能电表后,家庭用电的需求弹性比控制组高出了三个标准差。

另一类鼓励居民节约用电的方式是通过社会压力改变居民能源消费行为。美国OPower公司对60万家庭做了一项随机试验,其中处理组家庭会收到一封信件,告知家庭与邻居用电量的比较信息。如果用电量高于邻居,这将对家庭形成较大的社会压力,从而改变用电行为。阿尔克特(Allcoatt,2011)发现改实验导致家庭能源消耗平均下降2%左右。阿尔克特和罗杰斯(Allcott and Rogers,2014)利用后续的实验数据追踪了实验的长期效果,发现政策效果在长期有一定的衰减,但如果向家庭持续寄送信件,可以减缓衰减速度。在这一过程中,人们会逐渐形成节能习惯,并通过购置节能装置等,实现持续的节能效果。

节能减排的重要目标是应对全球气候变暖问题,而民众对气候变化的感知程度是影响其能源消费的重要因素。气候变化是一个非常缓慢的过程,对于只具有有限认知力和注意力的家庭,他们能否充分感知到气候变化,还是出现"温水煮青蛙"现象,不断适应气候变化带来的影响?摩尔、奥布拉多维奇、莱纳和贝里斯(Moore, Obradovich, Lehner and Baylis, 2019)利用超过20亿条的推特数据,分析当地出现极端天气(与同时期的其他年份相比)如何影响人们在推特上发表有关天气问题的推文。他们发现,一方面人们对极端天气的确出现了较为明显的反应(抱怨天气的发帖量明显增加),另一方面他们也出现较强的适应性——当过热或过冷天气持续多年后,人们对天气的反应越来越弱。上述结果验证了"温水煮青蛙"理论:人们对于气候变化只保存有限记忆,因而全球大气持续变暖未必引起民众充分的关注。

公共政策也可以利用人们的社会偏好实现节能减排目标。艾瑞里、布拉查和迈耶(Ariely, Bracha and Meier, 2009)将人们参与公益活动(如慈善捐赠、志愿服务等)的动机分为三种:内在动机(纯粹的利他主义)、外在动机(获得奖励或者减税)以及树立良好形象。他们的实验表明,当给予人们一定的物质奖励(增加外在动机),在一定程度上会挤出人们树立社会形象的动机,反而不利于公益活动的推广。以推广新能源车为例,政府为了实现减排目标,各国政府对新能源车实施财政补贴,这对那些主要依赖外在动机保护环境的消费者而言具有促进作用,但也导致一些消费者无法再通过购买新能源车树立良好的社会形象,反而挤出他们的消费。面对非标准的经济决策者,我们需要重新思考基于税收或者补贴的公共政策。

11.4.5　财政转移支付

当地方政府意外获得上级政府的一笔转移支付,这等价于该地区居民收入意外增长。这笔收入应该如何在公共支出和私人消费之间进行分配,取决于当地最优的公共支出比例。这一比例在多数情况下是10%~20%。因此,地方政府应将转移支付收入中的10%~20%用于公共投资,剩余的部分通过增加居民补贴或者减税等方式发放到居民手中。但现实中地方政府几乎将所有的转移支付收入用于公共支出项目,这与经典模型下的最优公共支出理论不一致,财政学家将这一现象称为财政转移支付的"粘蝇纸效应"(flypaper effect)。

行为经济学理论可以很好地解释粘蝇纸效应(Hines and Thaler,1995)。首先,居民存在损失厌恶,增税对居民带来的伤害要大于减税带来的好处,因此从政治成本考虑,政府一般不会轻易地增加税收来为公共建设融资;其次,居民将转移支付收入和本地税收收入放入两个不同的心理账户之中,两个账户里的资金是不可互换的。

"粘蝇纸效应"在企业的支出决策中也有所体现。许多研究发现,企业的投资额与企业所持有的现金水平高度相关。文献常以此衡量企业面临的融资约束:两者相关性越高,说明企业越缺乏外部融资渠道(如银行贷款或债券融资等),只能通过内部融资方式(现金)进行投资。然而事实并非如此。卡普兰和津加莱斯(Kaplan and Zingales,1997)深入调查了49家投资与现金高度相关的企业,发现大约一半的企业并未面临明显的信贷约束。如果不存在信贷约束,为什么企业投资和现金仍存在高度相关呢?这一现象同样可用心理账户理论来解释:对于企业股东而言,公司现金与贷款资金被放入了不同的心理账户,而公司股东更能接受企业经理人使用现金进行投资(Hines and Thaler,1995)。

11.5 行为财政学学科发展的意义与前景

11.5.1 行为经济学为财政学科带来了什么？

财政学的核心任务是准确评估各类公共政策对经济行为和居民福利的影响，并以此制定和优化公共政策，提升社会整体福利水平。这些问题可归纳为实证经济学（positive economics）和规范经济学（normative economics）的研究范畴，前者关注是什么的问题，后者关注应该是什么的问题。

行为经济学在实证经济学和规范经济学两方面均可提升财政学的分析深度。主流教科书中关于财政学或者公共经济学的分析框架主要建立在新古典理论之上。如前所述，这一框架的优势是提供了简洁并且有力的理论模型，解释和预测人们复杂的经济决策。但作为一门应用性的学科，财政学的目标不仅是要构造漂亮的理论框架，更重要的是提高模型对现实世界的解释力，从而为公共政策的设计提供依据。因此，从实用主义的角度来看，充分借鉴行为经济学的相关研究，有助于提升财政学理论的应用性。具体的，行为经济学可在实证经济学的范畴内让我们更加了解现实社会中人们的选择逻辑，在规范经济学的范畴内为社会福利分析提供了新的思路和方向。

借鉴哈佛大学教授、美国克拉克奖获得者拉吉·切蒂（Raj Chetty）在2015年美国经济学年会 Richard T. Ely Lecture 中的演讲内容，我们用一个简单的模型来阐述行为经济学如何为财政学理论提供更加实用的分析工具（Chetty, 2015）。

假设 $u(c)$ 是人们真实的效用函数（experienced utility），其中 c 是消费。不同于新古典经济学的设定，假设人们在决策时实际优化的效用函数为 $v(c)$，称之为决策效用（decision utility）。人们的经济非理性导致真实效用和决策效用存在差异，比如本章第二节介绍的前景理论和时间偏好不一致等问题。此外，假设人们的消费决策还受到助推 n（nudge）和其他难以矫正的非理性行为 d（如过度自信）的影响。商品的价格为 p，税率为 t，消费者的预算约束为 Z，政府的预算收入为 R。此时，社会计划者通过选择最优的税率和助推水平，最大化消费者的真实效用（而非决策效用）：

$$\max_{t,n} u(c)$$
$$\text{subject to:} t \cdot c = \bar{R}$$
$$c = \mathrm{argmax}_c\{v(c|n,d) s.t.(p+t) \cdot c = Z\}$$

新古典模型对上述决策问题有以下三方面的简化：

(1) $n = \phi$（不存在助推效应）

(2) $d = \phi$（不存在非理性行为）

(3) $u = v$（决策效用与真实效用相同）

行为经济学则在以上三个方面对新古典财政学模型做出拓展：

首先，放松条件(1)为我们提供了制定公共政策的新方向。如前文所述，诸如默认选项、明天储蓄更多计划等助推政策有效降低了人们的储蓄率不足问题。在这一问题上，许多国家实施了养老账户税收递延等传统的税收优惠政策，例如我国2018年在上海等地试行的税收递延养老保险计划等。传统政策与助推政策之间谁更有效？切蒂等(Chetty et al.，2014)利用丹麦全部人口的养老储蓄数据，考察了丹麦政府在1999年取消部分家庭养老账户的税收优惠后，是否会降低家庭的储蓄率。实证分析发现，取消优惠的确降低了人们的储蓄水平，但只有五分之一的家庭真正改变了储蓄率，而其他家庭对该政策基本未做出任何反应。进一步的，他们发现即使在那些做出改变的家庭，他们在养老账户储蓄率下降的同时，增加了其他账户（不受政策影响）的储蓄水平，两者的数额基本相当。具体的，1块钱的税收优惠大概只带来1分钱的储蓄上升。相比之下，通过助推方式提高储蓄率的效果显著更高，而政策的实际成本几乎可以忽略。

需要强调的是，助推政策一方面显著提升了非理性经济人的福利水平，另一方面不会影响理性经济人的最优选择（比如默认选项如何设计不会影响理性经济人的储蓄决策）。传统的基于改变价格的公共政策，会同时影响理性和非理性行为人的选择，从而导致无谓损失。

其次，放松条件(2)有助于更加准确地预测公共政策的实际效果。将损失厌恶、时间偏好不一致、社会偏好、过度自信等人们的行为特征纳入公共政策评估之中，在提高实证研究可靠性的同时，也为设计和优化公共政策提供了重要基础。

最后，放松条件(3)为思考社会福利提供了新的思路。新古典经济学认为在多数情况下，政策干预会导致效率损失，从而降低社会福利。只有在存在外部性问题的条件下,适度的政策干预才有实施的必要。行为经济学的分析则表明,即使不存在任何外部性问题,公共政策通过消除由非理性导致的内部性问题,也可以有效提升社会福利。

非理性行为的存在也为我们评估社会福利造成了难度。传统的福利经济学分析基于选择偏好理论(revealed preference),利用决策者的行为选择倒推出决策背后的效用函数,进而评估公共政策的社会福利效应。显示偏好理论的一个重要前提是,人们的真实效用与决策效用完全一致。经济非理性导致两种效用函数出现差异时,显示偏好理论不再有效,需要寻找新的方法来估计福利函数。切蒂(Chetty,2015)提出了三种可能的方式来估计非理性行为人的效用函数,包括主观幸福感调查、充分统计量和结构估计方法。

11.5.2 我国行为财政学学科建设的前景

我国有关行为财政学的研究还相对较少,与国际前沿研究存在较大差距。但行为财政学在我国的发展前景很大,无论是需求还是供给都为学科建设提供了重要推动力。

首先,从需求上看,要提升未来公共政策的精准性和高效性,要求我们对人们的经济行为决策进行更加深入的思考。在我国全面建成小康社会后,经济发展的目标从单纯的GDP增长逐渐转变为人的全面发展,相应的,公共政策的制定也要从"一刀切"的全国性政策,更多变为更加多样性和个性化的政策,更加强调个人的选择和福利。比如,在财政收入上,开始逐渐增加个人所得税的比重;在财政支出上,出现更多针对特定家庭的转移支付项目;在社保政策上,增加第三支柱养老储蓄的比重提上政策日程,如何提高个人的自主储蓄率愈加重要;在医保政策上,全国基本医保体系建成后,如何掌握个人的医疗服务消费,从而制定对应的控费政策;在社会公共政策上,如节能减排等,如何提高民众的节能意识?新古典经济模型虽然为我们思考上述问题提供了重要的理论基础,但更加精准和高效地制定和实施上述政策,还有赖于我们对人们的真实决策有着更加深入的研究。

其次,大量个人微观数据的可得性为行为财政学的研究提供了重要的数据支持。行为财政学的分析主要建立在微观个体的行为决策之上,因此开展行为财政学的研究依赖于大量微观数据的可得性。我国在微观数据的收集和公开方面落后于西方发达国家,这也是我国行为经济学和行为财政学研究相对落后的原因之一。过去几年,政府部门逐步公开了大量微观数据,包括国家税务总局的税调数据、国家统计局的经济普查和人口普查微观数据等。部分高校也开展了一系列调查数据,包括北京大学的 CFPS 数据、西南财经大学的 CHFS 数据等,提供了丰富的家庭社会经济信息。一些营利性公司,如天猫、大众点评等也为研究者开放了丰富的消费数据。上述数据的公开将为我们开展高水平的行为财政学研究提供重要的数据支持。

11.6 结　语

经过四十年的快速发展,行为经济学的研究体系日趋完善,并被应用到金融、产业组织、公共政策、劳动等诸多经济学领域。时至今日,新古典经济学和行为经济学之间的争论仍在继续,但经济学作为一门应用性的学科,理论好坏的重要评判标准在于对现实现象的解释力,因而行为经济学在完善经济学分析框架上将发挥愈加重要的作用。

过去几十年,经济学的研究重心开始从理论转向实证研究。根据汉默梅希(Hamermesh,2013)的统计,经济学顶级期刊中理论文章的比例从 1963 年的 50.7% 下降到 2011 年的 19.1%。大量微观数据的可得性是促成这一变化的主要原因,这也为我们开展行为经济学研究、更好地理解消费者的真实决策过程提供了保障。正如行为经济学的开创者理查德·塞勒(Richard Thayler)教授所说,新古典经济学和行为经济学的争论只会出现在他们这一代,由于缺乏足够的微观数据,经济学家对人们经济理性的判断更多基于个人信念。在更多微观数据的帮助下,我们应努力尝试在新古典经济学和行为经济学之间实现充分融合,在保持新古典模型简洁性的基础上,不断融入行为经济学研究,提高理论的现实解释力。

行为经济学对于拓展财政学的分析框架具有重要的借鉴意义。行为财政学的发展,不仅有助于我们更加准确地评估公共政策对个人经济决策和效用水平的影响,也为我们设计和优化公共政策提供了新的思路和方向。当人们的决策存在非理性因素,新古典经济学所倡导的自由主义式公共政策不再是最有效的,而行为经济学的政策主张在解决个人非理性问题的同时,也会降低人们选择的自主度。最优的公共政策可能要在限制非理性选择和尊重个人选择自由之间做出平衡。理查德·塞勒(Richard Thaler)教授在《助推》一书中提出的自由主义下的家长主义政策(Liberaltarian Paternalism)，也许是未来公共政策设计的一项重要原则。

我国行为财政学的研究尚处于起步阶段，与国外尚存在很大差距。展望未来，行为财政学学科在我国拥有很大的发展前景。一方面，要提升未来公共政策的精准性和高效性，要求我们对人们的经济行为决策进行更加深入的思考，行为经济学的研究范式和理论体系将有效提高财政学实证研究的现实预测力。另一方面，大量微观数据的可得性也为我国开展行为财政学的研究提供了重要的数据支持。

参考文献

第一章

[1]中经网统计数据库,http://db.cei.gov.cn/。
[2]中华人民共和国国家统计局,http://www.stats.gov.cn/。
[3]Wind资讯数据库,http://www.wind.com.cn/。
[4]国家金融与发展实验室(NIFD),http://www.nifd.cn/。
[5]中国人民银行,http://www.pbc.gov.cn/。
[6]中华人民共和国海关总署,http://www.customs.gov.cn/。
[7]中华人民共和国商务部,http://www.mofcom.gov.cn/。

第四章

[1]蒋洪,朱萍,刘小兵.2016.公共经济学(财政学)[M].上海财经大学出版社,2016.
[2]Johansen,S. 1995. Likelihood-Based Inference in Cointegrated Vector Autoregressive Models. Oxford:Oxford University Press.

第五章

[1]梁小民.经济学家不能治国[J].科技文萃,2004(7).

第六章

[1]Nozick,R.,1974:Anarchy,State,and Utopia,Basic Books Inc.
[2]Rawls,J.,1971:A Theory of Justices,The Belknap Press of Harvard University Press.
[3]阿罗.社会选择:个性与多准则[M].北京:首都经贸大学出版社,2000.
[4]庇古.福利经济学[M].北京:商务印书馆,2006.
[5]布坎南.自由、市场与国家——80年代的政治经济学[M].上海:上海三联书店,1989.
[6]布坎南,马斯格雷夫.公共财政与公共选择:两种截然不同的国家观[M].北京:中国财政经济出版社,2000.

[7]布莱克.经济学方法论[M].北京:商务印书馆,1992.

[8]布朗芬布伦纳.收入分配理论[M].北京:华夏出版社,2009.

[9]冯友兰.贞元六书[M].上海:华东师范大学出版社,1996.

[10]弗莱施哈克尔.分配正义简史[M].南京:译林出版社,2010.

[11]弗里德曼.资本主义与自由[M].北京:商务印书馆,1999.

[12]哈耶克.自由秩序原理[M].上海:三联书店,1997.

[13]哈耶克.法律、立法与自由(第二、三卷)[M].北京:中国大百科全书出版社,2000.

[14]金里卡.当代政治哲学[M].上海:上海译文出版社,2015.

[15]康德.道德形而上学基础[M].上海:上海人民出版社,2012.

[16]克拉克.财富的分配[M].北京:人民日报出版社,2010.

[17]刘小兵,蒋洪.公共经济学(财政学):3版[M].北京:高等教育出版社,2012.

[18]罗宾斯.经济科学的性质和意义[M].北京:商务印书馆,2001.

[19]罗尔斯.正义论[M].北京:中国社会科学出版社,2003.

[20]罗森.财政学[M].北京:中国人民大学出版社,2000.

[21]马克思,恩格斯.马克思恩格斯选集[M].北京:人民出版社,1972.

[22]麦金太尔.谁之正义?何种合理性?[M].北京:当代中国出版社,1996.

[23]米勒.社会正义原则[M].南京:江苏人民出版社,2001.

[24]穆勒.功利主义[M].北京:中国社会科学出版社,2009.

[25]诺奇克.无政府、国家和乌托邦[M].北京:中国社会科学出版社,2008.

[26]佩蒂特.非效果论与政治哲学[M]//施密茨.罗伯特诺奇克.上海:复旦大学出版社,2013.

[27]钱永祥.为政治寻找理性:威尔·金里卡〈当代政治哲学〉推荐序[M].上海:上海译文出版社,2015.

[28]萨缪尔森,诺德豪斯.经济学[M].北京:商务印书馆,2013.

[29]森,福斯特.论经济不平等[M].北京:中国人民大学出版社,2015.

[30]上海财经大学公共政策研究中心.2012中国财政发展报告:经济社会转型中的财政公平分析[M].北京:北京大学出版社,2012.

[31]施蒂格勒.经济学家与说教者[M].上海:上海三联书店,1990.

[32]斯密.国民财富的性质和原因的研究(下卷)[M].北京:商务印书馆,1997.

[33]亚里士多德.政治学[M].北京:商务印书馆,1997.

[34]晏智杰.译者前言[M].北京:华夏出版社,2008.

[35]郁建兴.公平原则:一个历史考察[J].浙江大学学报9月号.

[36]朱为群,曾军平.税制改革顶层设计的原则和思路[J].税务研究,第11期.

[37]曾军平.自由意志下的集团选择:集体利益及其实现的经济理论[M].上海:格致出

版社,2009.

第七章

[1]周飞舟. 从汲取型政权到"悬浮型"政权——税费改革对国家与农民关系之影响[J]. 社会学研究,2006(3)a.

[2]曹正汉. 统治风险与地方分权:关于中国国家治理的三种理论及其比较[J]. 社会,2014(6).

[3]陈家建,张琼文. 政策执行波动与基层治理问题[J]. 社会学研究,2015(3).

[4]陈抗、Arye L. Hillman、顾清扬. 财政集权与地方政府行为变化——从援助之手到攫取之手[J]. 经济学(季刊),2002(1).

[5]陈锡文主编. 中国县乡财政与农民增收问题研究[M]. 山西:山西经济出版社,2003.

[6]道宾. 打造产业政策[M]. 上海:上海人民出版社,2008.

[7]狄金华. 项目制中的配套机制及其实践逻辑[J]. 开放时代,2016(5).

[8]付伟、焦长权. "协调型"政权:项目制运作下的乡镇政府[J]. 社会学研究,2015(2).

[9]焦长权. 从分税制到项目制:制度演进和组织机制[J]. 社会,2019(6).

[10]焦长权. 项目制和"项目池":财政分配的地方实践——以内蒙古自治区A县为例的分析[J]. 社会发展研究,2020(4).

[11]李炜光,任晓兰. 财政社会学源流与我国当代财政学的发展[J]. 财政研究,2013(7).

[12]刘守刚. 财政类型与现代国家构建——一项基于文献的研究[J]. 公共行政评论,2008(1).

[13]刘守刚. 现代"家财型"财政与中国国家构建[J]. 公共行政评论,2010(1).

[14]刘守刚,刘志广. 文丛后记[M]//杨红伟. 超越控制的秩序——分税制产生的政治学分析. 上海:复旦大学出版社,2021.

[15]刘长喜. 从"行政干预"到"市场化合作":国家治理的财政——金融关系视角[J]. 社会学评论,2020(4).

[16]刘长喜,桂勇,于沁. 金融化与国家能力——一个社会学的分析框架[J]. 社会学研究,2020(5).

[17]刘志广. 财政社会学研究述评[J]. 经济学动态,2005(5).

[18]刘志广. 民生与财政:一个财政社会学研究框架[J]. 上海行政学院学报,2013(1).

[19]刘志广. 新财政社会学研究[M]. 上海:上海人民出版社,2012.

[20]罗格·I. 鲁茨. 法律的"乌龙":公共政策的意外后果[J]. 经济社会体制比较,2005(3).

[21]吕方. 治理情境分析:风险约束下的地方政府行为——基于武陵市扶贫办"申诉"个

案的研究[J]. 社会学研究,2013(2).

[22]马骏. 中国财政国家转型:走向税收国家?[J]. 吉林大学社会科学学报,2011(1).

[23]马骏、温明月. 税收、租金与治理:理论与检验[J]. 社会学研究,2012(2).

[24]史锦华. 基于财政社会学中"中国困惑"的深度思考——兼论中国财政学的构建[J]. 地方财政研究,2016(3).

[25]孙秀林、周飞舟. 土地财政与分税制:一个实证解释[J]. 中国社会科学,2013(4).

[26]王涵霏,焦长权. 中国土地财政 20 年:构成与规模(1998—2017)[J]. 北京工业大学学报(社会科学版),2021(2).

[27]王绍光. 从税收国家到预算国家[J]. 读书,2007(10).

[28]吴淑凤. 财政政策与新能源产业发展:政策效果被弱化的财政社会学分析[J]. 中央民族大学学报(哲学社会科学版),2013(6).

[29]詹姆斯·C. 斯科特. 国家的视角——那些试图改善人类状况的项目是如何失败的[M]. 北京:社会科学文献出版社,2004.

[30]张惠强. "地方债"形成与扩张的双重动力机制[J]. 社会发展研究,2016(3).

[31]张静. 基层政权:乡村制度诸问题[M]. 北京:社会科学文献出版社,2019.

[32]张军. 乡镇财政制度缺陷与农民负担[J]. 中国农村观察,2002(4).

[33]张跃然、高柏. 制度分析与财政社会学评莫妮卡·普拉萨德的〈自由市场的政治〉[J]. 社会,2014(1).

[34]周飞舟. 财政资金的专项化及其问题:兼论"项目治国"[J]. 社会,2012(1).

[35]周飞舟. 分税制十年:制度及其影响[J]. 中国社会科学,2006(6).

[36]周飞舟. 生财有道:土地开发和转让中的政府和农民[J]. 社会学研究,2007(1).

[37]周黎安. 行政发包的组织边界:兼论"官吏分途"与"层级分流"现象[J]. 社会,2016(1).

[38]周黎安,王娟. 行政发包制与雇佣制:以清代海关治理为例[M]//周雪光,刘世定,折晓叶主编. 国家建设与政府行为. 北京:社会科学文献出版社 2012.

[39]周雪光. 逆向软预算约束:一个政府行为的组织分析[J]. 中国社会科学,2005(2).

[40]朱进. 国外财政社会学面面观[J]. 国外社会科学,2008(2).

[41]Campbell,"An Institutional Analysis of Fiscal Reform in Post-Communist Europe." In John Campbell & Ove K. Pedersen(eds.), Legacies of Change. New York:Aldine De Gruyter,1996.

[42]Jean C. Oi. Fiscal Reform and the Economic Foundation of Local State Corporatism in China,World Politics,1992,45(1).

[43]Jean C. Oi. The Role of the Local State in Chinas Transitional Economy,The China Quarterly,1995,144.

[44]Martin, Mehrotra, Prasad, 2009, "The Thunder of History: The Origins and Development of the New Fiscal Sociology", in Isaac William Martin, Ajay K. Mehrotra and Monica Prasad Ed. The New Fiscal Sociology: taxation in comparative and historical perspective, New York: Cambridge Press.

[45]Merton, Robert K., "Robert K. Merton 1936 The Unanticipated Consequences of Purposive Social Action", AmericanSociological Review, 1936(6).

[46]Rourke L. O'Brien, "Redistribution and the New Fiscal Sociology: Race and the Progressivity of State and Local Taxes", American Journal of Sociology, 2017(4).

[47]Schumpeter, Joseph., [1918] 1991, "The Crisis of the Tax State", in Swedberg, R. Ed. The Economics and Sociology of Capitalism, Princeton: Princeton University Press.

[48]Tarschys, "Tribute, Tariffs, Taxes and Trade: The Changing Sources of Government Revenue". British Journal of Political Science, 1988(35).

[49]Ying yi Qian, Barry Weingast, "Federalism As a Commitment to Preserving Market Incentives". Journal of Economic Perspectives, Fall 1997, 11(4).

第八章

[1]陈共. 财政学(第十版)[M]. 北京:中国人民大学出版社,2020.

[2]邓子基,陈工,林致远. 财政学(第五版)[M]. 北京:高等教育出版社,2020.

[3]樊丽明,王澍. 中国财政学研究态势——基于2006—2015年六刊发文的统计分析[J]. 财贸经济,2016(12).

[4]范子英. 如何科学评估经济政策的效应[J]. 财经智库,2018(3).

[5]范子英,彭飞,刘冲. 政治关联与经济增长——基于卫星灯光数据的研究[J]. 经济研究,2016(1).

[6]蒋洪. 公共经济学(财政学):3版[M]. 上海:上海财经大学出版社,2016.

[7]刘甲炎,范子英. 中国房产税试点的效果评估:基于合成控制法的研究[J]. 世界经济,2013(11).

[8]刘怡. 财政学:3版[M]. 北京:北京大学出版社,2016.

[9]Abadie, A., 2021, "Using Synthetic Controls: Feasibility, Data Requirements, and Methodological Aspects", Journal of Economic Literature, 59(2), 391—425.

[10]Abadie, A. and J. Gardeazabal, 2003, "The Economic Costs of Conflict: A Case Study of the Basque Country", American Economic Review, 93(1), 113—132.

[11]Angrist, J. and B. Frandsen, 2021, "Machine Labor", NBER working paper No. w26584.

[12]Athey, S. and G. W. Imbens, 2017, " The State of Applied Econometrics: Cau-

sality and Policy Evaluation", Journal of Economic Perspectives, 31(2), 3—32.

[13]Auerbach, J. Alan and Marin Feldstein, 1985, Handbook of Public Economics, Vol. 1, North-Holland Elsevier.

[14]Auerbach, J. Alan and Marin Feldstein, 1987, Handbook of Public Economics, Vol. 2, North-Holland Elsevier.

[15]Auerbach, J. Alan and Marin Feldstein, 2002, Handbook of Public Economics, Vol. 3—4, North-Holland Elsevier.

[16]Auerbach, J. Alan, Chetty Raj, Feldstein Martin and Emmauel Saez, Handbook of Public Economics, Vol. 5, North-Holland Elsevier.

[17]Chen, Z., Liu, Z., Suárez Serrato, J. C. and Xu, D. Y., 2021, "Notching R&D Investment with Corporate Income Tax Cuts in China", American Economic Review, 111(7), 2065—2100.

[18]Chen, Z., X. Jiang, Liu, Z., Suárez Serrato, J. C. and Xu, D. Y., 2020, "Tax Policy and Lumpy Investment: Evidence from China VAT Reform", Review of Economic Studies, Forthcoming.

[19]Chetty, R., Looney, A. and K. Kroft, 2009, "Salience and Taxation: Theory and Evidence", American Economic Review, 99(4), 1145—77.

[20]Gaarder, I., 2018, "Incidence and Distributional Effects Of Value Added Taxes", The Economic Journal, 129(618), 853—876.

[21]Gruber, Jonathan, 2019, Public Finance and Policy, 6th Edition, Worth Publishers.

[22]Hahn, J., Todd, P., and W. Van der Klaauw, 2001, "Identification and Estimation of Treatment Effects with a Regression-Discontinuity Design", Econometrica, 69(1), 201—209.

[23] Kleven, H. J., 2018, "Language Trends in Public Economics", https://www.henrikkleven.com/uploads/3/7/3/1/37310663/languagetrends slides kleven.pdf.

[24]McCrary, J., 2008, "Manipulation of the Running Variable in the Regression Discontinuity Design: A Density Test", Journal of Econometrics, 142(2), 698—714.

[25]Pablo, F. D., Morales, E., Suárez Serrato, J. C. and O. Zidar, 2019, "State Taxes and Spatial Misallocation", The Review of Economic Studies, 86(1), pp. 333—376.

[26]Rosen, S. Harvey and Ted Gayer, 2013, Public Finance, 10th Edition, McGraw-Hill Education.

[27]Suárez Serrato, J. C. and O. Zidar, 2016, "Who Benefits from State Corporate Tax Cuts? A Local Labor Markets Approach with Heterogeneous Firms", American Economic

Review,106(9),pp. 2582—2624.

第九章

[1]Acemoglu,D.,and J. A. Robinson (2012):Why Nations Fail:The Origins of Power,Prosperity,and Poverty. New York:Crown Publishing Group.

[2]Acemoglu, D., P. Aghion, L. Bursztyn, and D. Hemous (2012):"The Environment and Directed Technical Change,"American Economic Review,102,131—166.

[3]Agnello, L., and R. M. Sousa (2015):"Can Re-Regulation of the Financial Sector Strike back Public Debt?" Economic Modelling,51,159—171.

[4]Aguiar, M., and M. Amador (2011):"Growth in the Shadow of Expropriation," Quarterly Journal of Economics,126,651—697.

[5]Aguiar,M.,and M. Amador (2014):"Sovereign Debt," in Handbook of International Economics. Amsterdam:Elsevier,647—687.

[6]Aizenman, J., K. Kletzer, and B. Pinto (2007):"Economic Growth with Constraints on Tax Revenues and Public Debt:Implications for Fiscal Policy and Cross-Country Differences," National Bureau of Economic Research Working Paper Series,No. 12750.

[7]Aizenman,J.,M. Hutchison,and Y. Jinjarak (2013):"What is the Risk of European Sovereign Debt Defaults? Fiscal Space,CDS Spreads and Market Pricing of Risk," Journal of International Money and Finance,34,37—59.

[8]Akemann,M.,and F. Kanczuk (2005):"Sovereign Default and the Sustainability Risk Premium Effect," Journal of Development Economics,76,53—69.

[9]Alberto,A.,and G. Tabellini (1990):"Voting On the Budget Deficit," American Economic Review,80,37—49.

[10]Aldasoro,I.,and M. Seiferling (2014):"Vertical Imbalances and the Accumulation of Government Debt,":IMF Working Paper WP/14/209.

[11]Alesina,A.,and G. Tabellini (1990):"A Positive Theory of Fiscal Deficits and Government Debt," Review of Economic Studies,57,403—414.

[12]Amador,M. (2003):"A Political Economy Model of Sovereign Debt Repayment,".

[13]Arteta,C.,and G. Hale (2008):"Sovereign Debt Crises and Credit to the Private Sector," Journal of International Economics,74,53—69.

[14]Asatryan,Z.,C. Castellon,and T. Stratmann (2018):"Balanced Budget Rules and Fiscal Outcomes:Evidence from Historical Constitutions,"Journal of Public Economics,167,105—119.

[15]Aschauer,D. A. (1989):"Is Public Expenditure Productive?" Journal of Monetary

Economics,23,177—200.

[16]Aschauer,D. A. (2000):"Public Capital and Economic Growth:Issues of Quantity, Finance,and Efficiency," Economic Development and Cultural Change,48,391—406.

[17]Atkeson,A. (1991):"International Lending with Moral Hazard and Risk of Repudiation," Econometrica,1069—1089.

[18]Auerbach, A. J. , and L. J. Kotlikoff (1987):Dynamic Fiscal Policy. Cambridge:Cambridge University Press.

[19]Avelino,G. ,D. S. Brown,and W. Hunter (2005):"The Effects of Capital Mobility, Trade Openness,and Democracy On Social Spending in Latin America,1980—1999," American Journal of Political Science,49,625—641.

[20]Azzimonti,M. ,E. De Francisco,and V. Quadrini (2014):"Financial Globalization, Inequality,and the Rising Public Debt," American Economic Review,104,2267—2302.

[21]Baghestani,H. ,and R. McNown (1994):"Do Revenues Or Expenditures Respond to Budgetary Disequilibria?" Southern Economic Journal,311—322.

[22]Barik,A. ,and J. P. Sahu (2020):"The Long-Run Effect of Public Debt On Economic Growth:Evidence From India," Journal of Public Affairs,e2281.

[23]Barro,R. J. (1974):"Are Government Bonds Net Wealth?" Journal of Political Economy,82,1095—1117.

[24]Barro,R. J. (1979):"On the Determination of the Public Debt," Journal of Political Economy,87,940—971.

[25] Barro, R. J. (1990):"Government Spending in a Simple Model of Endogeneous Growth," Journal of Political Economy,98,S103—S125.

[26]Battaglini,M. ,and S. Coate (2008):"A Dynamic Theory of Public Spending,Taxation,and Debt," American Economic Review,98,201—36.

[27]Besley,T. ,and T. Persson (2009):"The Origins of State Capacity:Property Rights, Taxation,and Politics," American Economic Review,99,1218—1244.

[28]Besley,T. ,and T. Persson (2011):"Fragile States and Development Policy," Journal of the European Economic Association,9,371—398.

[29]Bovenberg,A. L. ,and B. J. Heijdra (1998):"Environmental Tax Policy and Intergenerational Distribution," Journal of Public Economics,67,1—24.

[30]Bovenberg,A. ,and R. A. Mooij (1997):"Environmental Tax Reform and Endogenous Growth," Journal of Public Economics,63,207—237.

[31]Bowen, T. R. , Y. Chen, and H. Eraslan (2014):"Mandatory Versus Discretionary Spending:The Status Quo Effect," American Economic Review,104,2941—74.

[32]Broner,F. ,and J. Ventura (2011):"Globalization and Risk Sharing," Review of Economic Studies,78,49—82.

[33]Broner,F. ,and J. Ventura (2016):"Rethinking the Effects of Financial Globalization," Quarterly Journal of Economics,131,1497—1542.

[34]Brueckner,J. K. (1997):"Infrastructure Financing and Urban Development:The Economics of Impact Fees," Journal of Public Economics,66,383—407.

[35]Brutti,F. (2011):"Sovereign Defaults and Liquidity Crises," Journal of International Economics,84,65—72.

[36]Buchanan,J. M. (1957):"External and Internal Public Debt," American Economic Review,47,995—1000.

[37]Buchanan,J. M. (1976):"Barro On the Ricardian Equivalence Theorem," Journal of Political Economy,84,337—342.

[38]Bucovetsky,S. (2003):"Efficient Migration and Redistribution," Journal of Public Economics,87,2459—2474.

[39]Bulow,J. ,and K. Rogoff (1989a):"A Constant Recontracting Model of Sovereign Debt," Journal of Political Economy,97,155—178.

[40]Bulow,J. ,and K. Rogoff (1989b):"Sovereign Debt:Ls to Forgive to Forget?" American Economic Review,79,43—50.

[41]Cameron,D. R. (1978):"The Expansion of the Public Economy:A Comparative Analysis," American Political Science Review,72,1243—1261.

[42]Carmichael,J. (1982):"On Barro's Theorem of Debt Neutrality:The Irrelevance of Net Wealth," American Economic Review,72,202—213.

[43]Cashin,P. (1995):"Government Spending,Taxes,and Economic Growth," IMF Staff Papers,42,237—269.

[44]Chatterjee,S. ,and B. Eyigungor (2016):"Continuous Markov Equilibria with Quasi-Geometric Discounting," Journal of Economic Theory,163,467—494.

[45]Checherita-Westphal,C. ,A. Hughes Hallett,and P. Rother (2014):"Fiscal Sustainability Using Growth-Maximizing Debt Targets," Applied Economics,46,638—647.

[46]Christofzik,D. I. ,and S. G. Kessing (2018):"Does Fiscal Oversight Matter?" Journal of Urban Economics,105,70—87.

[47]Cornick,J. (2013):"The Organization of Public-Private Cooperation for Productive Development Policies,":IDB Working Paper Series No. IDB-WP-437.

[48]Crivelli,E. ,A. Leive,and T. Stratmann (2010):"Subnational Health Spending and Soft Budget Constraints in OECD Countries,":IMF Working Papers WP/10/147.

[49]Cukierman, A., and A. H. Meltzer (1989):"A Political Theory of Government Debt and Deficits in a Neo-Ricardian Framework," American Economic Review, 713—732.

[50]Debortoli, D., and R. Nunes (2013):"Lack of Commitment and the Level of Debt," Journal of the European Economic Association, 11, 1053—1078.

[51]Detragiache, E., and A. Spilimbergo (2004):"Empirical Models of Short-Term Debt and Crises: Do they Test the Creditor Run Hypothesis?" European Economic Review, 48, 379—389.

[52]Dewatripont, M., and E. Maskin (1995):"Credit and Efficiency in Centralized and Decentralized Economies," Review of Economic Studies, 62, 541—555.

[53]Diamond, P. A. (1965):"National Debt in a Neoclassical Growth Model," American Economic Review, 55, 1126—1150.

[54]Dong, D. (2021):"The Impact of Financial Openness on Public Debt in Developing Countries," Empirical Economics, 60, 2261—2291.

[55]Dooley, M. P. (2000):"A Model of Crises in Emerging Markets," The Economic Journal, 110, 256—272.

[56]Eaton, J., and M. Gersovitz (1981):"Debt with Potential Repudiation: Theoretical and Empirical Analysis," Review of Economic Studies, 48, 289—309.

[57]Eaton, J., and R. Fernandez (1995):"Sovereign Debt," in Handbook of International Economics, ed. * by G. M. Grossman, and K. Rogoff. Amsterdam: Elsevier, 2032—2077.

[58]Edison, H. J., R. Levine, L. Ricci, and T. Sløk (2002):"International Financial Integration and Economic Growth," Journal of International Money and Finance, 21, 749—776.

[59]Eyraud, L., and L. Lusinyan (2013):"Vertical Fiscal Imbalances and Fiscal Performance in Advanced Economies," Journal of Monetary Economics, 60, 571—587.

[60]Garrett, G. (2001):"Globalization and Government Spending Around the World," Studies in Comparative International Development, 35, 3—29.

[61]Gennaioli, N., A. Martin, and S. Rossi (2014):"Sovereign Default, Domestic Banks, and Financial Institutions," Journal of Finance, 69, 819—866.

[62]Grossman, H. I., and J. B. Van Huyck (1988):"Sovereign Debt as a Contingent Claim: Excusable Default, Repudiation, and Reputation," American Economic Review, 78, 1088—1097.

[63]Harrison, G. W. (2015):"Cautionary Notes on the Use of Field Experiments to Address Policy Issues," Oxford Review of Economic Policy, 30, 753—763.

[64]Hatchondo, J. C., and L. Martinez (2009):"Long-Duration Bonds and Sovereign Defaults," Journal of International Economics, 79, 117—125.

[65]Henry, P. B. (2003): "Capital-Account Liberalization, the Cost of Capital, and Economic Growth," American Economic Review, 93, 91—96.

[66]Hoover, K. D. , and S. M. Sheffrin (1992): "Causation, Spending, and Taxes: Sand in the Sandbox or Tax Collector for the Welfare State?" American Economic Review, 225—248.

[67]Ihori, T. (1978): "The Golden Rule and the Role of Government in a Life Cycle Growth Model," American Economic Review, 68, 389—396.

[68]Kaya, A. , and H. Şen (2013): "How to Achieve and Sustain Fiscal Discipline in Turkey: Rising Taxes, Reducing Government Spending or a Combination of Both?" Romanian Journal of Fiscal Policy, 4, 1—26.

[69]Koren, S. , and A. Stiassny (1998): "Tax and Spend, or Spend and Tax? An International Study," Journal of Policy Modeling, 20, 163—191.

[70]Kornai, J. , E. Maskin, and G. Roland (2003): "Understanding the Soft Budget Constraint," Journal of Economic Literature, 41, 1095—1136.

[71]Kose, M. A. , E. Prasad, K. Rogoff, and S. Wei (2009): "Financial Globalization: A Reappraisal," IMF Staff Papers, 56, 8—62.

[72]Liberati, P. (2007): "Trade Openness, Capital Openness and Government Size," Journal of Public Policy, 27, 215—247.

[73]Manasse, P. , and N. Roubini (2009): "'Rules of Thumb' for Sovereign Debt Crises," Journal of International Economics, 78, 192—205.

[74]Mankiw, N. G. , and D. Elmendorf (1999): "Government Debt," in Handbook of Macroeconomics, ed. * by J. B. Taylor, M. Woodford, and H. Uhlig. Amsterdam: Elsevier, 1615—1669.

[75]Meinhard, S. , and N. Potrafke (2012): "The Globalization-Welfare State Nexus Reconsidered," Review of International Economics, 20, 271—287.

[76]Modigliani, F. (1961): "Long-Run Implications of Alternative Fiscal Policies and the Burden of the National Debt," The Economic Journal, 71, 730—755.

[77]Musgrave, R. A. (1959): The Theory of Public Finance. New York: McGraw-Hill.

[78]Myerson, R. B. (2013): "Democratic Decentralization and Economic Development," in The Oxford Handbook of Africa and Economics, ed. * by L. J. Y, and M. C. Oxford: Oxford University Press.

[79]Narayan, P. K. , and S. Narayan (2006): "Government Revenue and Government Expenditure Nexus: Evidence from Developing Countries," Applied Economics, 38, 285—291.

[80]Oates, W. A. (2006): "On the Theory and Practice of Fiscal Decentralization,".

[81]Oates, W. E. , and R. M. Schwab (1988): "Economic Competition Among Jurisdic-

tions: Efficiency Enhancing Or Distortion Inducing?" Journal of Public Economics, 35, 333—354.

[82] Olken, B. A. (2006): "Corruption and the Costs of Redistribution: Micro Evidence from Indonesia," Journal of Public Economics, 90, 853—870.

[83] Persson, T. , and L. E. Svensson (1989): "Why a Stubborn Conservative would Run a Deficit: Policy with Time-Inconsistent Preferences," Quarterly Journal of Economics, 104, 325—345.

[84] Persson, T. , G. Roland, and G. Tabellini (1997): "Separation of Powers and Political Accountability," Quarterly Journal of Economics, 112, 1163—1202.

[85] Piguillem, F. , and A. Riboni (2020): "Fiscal Rules as Bargaining Chips," Review of Economic Studies.

[86] Qin, D. (2001): "How Much Does Excess Debt Contribute to Currency Crises? The Case of Korea," Journal of Asian Economics, 12, 87—104.

[87] Razin, A. , E. Sadka, and P. Swagelb (2002): "Tax Burden and Migration: A Political Economy Theory and Evidence," Journal of Public Economics, 85, 167—190.

[88] Rebelo, S. (1991): "Long-Run Policy Analysis and Long-Run Growth," Journal of Political Economy, 99, 500—521.

[89] Reinikka, R. , and J. Svensson (2004): "Local Capture: Evidence from a Central Government Transfer Program in Uganda," Quarterly Journal of Economics, 119, 679—705.

[90] Ricardo, D. (1891): Principles of Political Economy and Taxation. London: G. Bell and Sons, Ltd.

[91] Rodden, J. A. , J. Rodden, G. S. Eskeland, and J. I. Litvack (2003): Fiscal Decentralization and the Challenge of Hard Budget Constraints. Cambridge: MIT Press.

[92] Rodrik, D. (1992): "The Limits of Trade Policy Reform in Developing Countries," Journal of Economic Perspectives, 6, 87—105.

[93] Rodrik, D. (1998): "Why Do More Open Economies Have Bigger Governments?" Journal of Political Economy, 106, 997—1032.

[94] Romer, P. M. (1986): "Increasing Returns and Long-Run Growth," Journal of Political Economy, 94, 1002—1037.

[95] Ruggeri, G. C. , and R. Howard (2001): "On the Concept and Measurement of Vertical Fiscal Imbalances,": SIPP Public Policy Papers 06.

[96] Saint-Paul, G. (1992): "Fiscal Policy in an Endogenous Growth Model," Quarterly Journal of Economics, 107, 1243—1259.

[97] Samuelson, P. A. (1958a): "An Exact Consumption-Loan Model of Interest with or

without the Social Contrivance of Money," Journal of Political Economy,66,467—482.

[98]Samuelson,P. A. (1958b):"Aspects of Public Expenditure Theories," Review of Economics and Statistics,332—338.

[99]Sargent,T. J. (1987):Macroeconomic Theory. Boston:Academic Press.

[100]Sen,A. (1999):Development as Freedom. New York:Oxford University Press.

[101]Song,Z. ,K. Storesletten,and F. Zilibotti (2012):"Rotten Parents and Disciplined Children:A Politico - Economic Theory of Public Expenditure and Debt," Econometrica,80, 2785—2803.

[102] Stein,J. L. (1969):"A Minimal Role of Government in Achieving Optimal Growth," Economica,36,139—150.

[103]Suryadarma,D. ,and C. Yamauchi (2013):"Missing Public Funds and Targeting Performance:Evidence from an Anti-Poverty Transfer Program in Indonesia," Journal of Development Economics,103,62—76.

[104]Sutherland,A. (1997):"Fiscal Crises and Aggregate Demand:Can High Public Debt Reverse the Effects of Fiscal Policy?" Journal of Public Economics,65,147—162.

[105]Sylla,R. ,and J. J. Wallis (1998):"The Anatomy of Sovereign Debt Crises:Lessons From the American State Defaults of the 1840S," Japan and the World Economy,10,267—293.

[106]Tirole,J. (2003):"Inefficient Foreign Borrowing:A Dual-And Common-Agency Perspective," American Economic Review,93,1678—1702.

[107]Vamvoukas,G. (2011):"The Tax-Spend Debate with an Application to the EU," Economic Issues,16,65.

[108]Velasco,A. (2008):"A Model of Endogenous Fiscal Deficits and Delayed Fiscal Reforms," in Fiscal Institutions and Fiscal Performance, ed. * by J. M. Poterba,and J. von Hagen. Chicago:University of Chicago Press.

[109]Waldenström,D. (2010):"Why Does Sovereign Risk Differ for Domestic and External Debt? Evidence From Scandinavia,1938—1948," Journal of International Money and Finance,29,387—402.

[110]Westerlund,J. ,S. Mahdavi,and F. Firoozi (2011):"The Tax-Spending Nexus:Evidence from a Panel of US State-Local Governments," Economic Modelling,28,885—890.

[111]Xu,C. (2011):"The Fundamental Institutions of China's Reforms and Development," Journal of Economic Literature,49,1076—1151.

[112]Yeyati,E. L. ,and U. Panizza (2011):"The Elusive Costs of Sovereign Defaults," Journal of Development Economics,94,95—105.

[113]Yue,V.Z.(2010):"Sovereign Default and Debt Renegotiation," Journal of International Economics,80,176—187.

第十章

[1]阿兰·斯密德.制度与行为经济学[M].北京:中国人民大学出版社,2004.

[2]傅勇.财政分权、政府治理与非经济性公共物品供给[J].经济研究,2010(8).

[3]陈共.财政学[M].北京:中国人民大学出版社,2017.

[4]陈波.经济责任审计的若干基本理论问题[J].审计研究,2005(5).

[5]蔡春,蔡利,朱荣.关于全面推进我国绩效审计创新发展的十大思考[J].审计研究,2011(4).

[6]财政部预算司:新中国成立70年来财政体制和预算管理改革成就[J].中国财政,2019(23).

[7]陈荣高.党政主要领导干部经济责任同步审计探索[J].审计研究,2011(3).

[8]邓淑莲.财政公开透明:制度障碍及破解之策[J].探索,2016(3).

[9]邓子基.财政理论与财政实践[M].北京:中国财政经济出版社,2002.

[10]樊丽明,解垩.公共转移支付减少了贫困脆弱性吗[J].经济研究,2014(8).

[11]高培勇.加快构建现代财政制度理论框架[J].中国党政干部论坛,2020(5).

[12]高培勇.对财政监督的几点认识[J].财政监督,2009(13).

[13]黄溶冰,单建宁,时现.绿色经济视角下的党政领导干部经济责任审计[J].审计研究,2010(4).

[14]黄金桥.从巡视工作看当前我国反腐倡廉建设中的倾向性问题[J].中国浦东干部学院学报,2014(5).

[15]黄险峰.新中国70年政府与市场关系变迁[J].国家治理,2019(7).

[16]何盛明.财经大辞典[M].北京:中国财政经济出版社,1990.

[17]姜维壮.论构建中国特色的现代财政监督管理机制[J].财政监督,2009(21).

[18]贾俊雪,郭庆旺,宁静.财政分权、政府治理结构与县级财政解困[J].管理世界,2011(1).

[19]贾俊雪,宁静.纵向财政治理结构与地方政府职能优化[J].管理世界,2015(1).

[20]贾晓俊,岳希明.我国均衡性转移支付资金分配机制研究[J].经济研究,2012(1).

[21]刘昆.积极的财政政策要大力提质增效[J].中国财政,2020(5).

[22]刘东,等.微观经济学新论[M].南京:南京大学出版社,2007.

[23]刘冲,乔坤元,周黎安.行政分权与财政分权的不同效应[J].世界经济,2014(10).

[24]卢洪友,卢盛峰,陈思霞.关系资本、制度环境与财政转移支付有效性——来自地市一级的经验证据[J].管理世界,2011(7).

[25]黎瑞.完善公民监督公共权力的效能保障机制——以群众监督对接和助推反腐机关组织监督为视角[J].求索,2017(6).

[26]李永友,王超.集权式财政改革能够缩小城乡差距吗?——基于"乡财县管"准自然实验的证据[J].管理世界,2020(4).

[27]卢现祥,朱巧玲.新制度经济学[M].北京:北京大学出版社,2012.

[28]道格拉斯·C.诺斯.制度、制度变迁与经济绩效[M].上海:格致出版社,2008.

[29]李曼静,李国威.我国现阶段环境审计目标的研究[J].现代管理科学,2010(5).

[30]马蔡琛,赵笛,苗珊.共和国预算70年的探索与演进[J].财政研究,2019(7).

[31]马志娟.腐败治理、政府问责与经济责任审计[J].审计研究,2013(6).

[32]沈满洪,张兵兵.交易费用理论综述[J].浙江大学学报(人文社科版),2013(2).

[33]欧阳日辉,徐光东.新制度经济学:发展历程、方法论和研究纲领[J].南开经济研究,2004(6).

[34]戚艳霞,王鑫.政府会计和政府审计的动态协调和制度优化[J].审计研究,2013(3).

[35]阮滢.论党政领导干部任期经济责任审计功能拓展[J].审计与经济研究,2008(2).

[36]人民日报评论员.提高领导我国经济发展能力和水平[N].人民日报,2020-09-01.

[37]王晟.财政监督理论探索与制度设计研究[M].北京:经济管理出版社,2013.

[38]韦小泉,王立彦.地方党政主要领导干部经济责任审计评价指标体系构建[J].审计研究,2015(5).

[39]吴易风.产权理论:马克思和科斯的比较[J].中国社会科学,2007(2).

[40]吴一平.财政分权、腐败与治理[J].经济学季刊,2008,7(3).

[41]邬思源.百年来中国共产党党内监督实践历程、历史经验及前瞻性思考[J].学术探索,2021(7).

[42]谢柳芳,韩梅芳.政府财政信息披露在国家审计服务国家治理中的作用路径研究[J].审计研究,2016(3).

[43]元晓晓.党内监督问题研究述评[J].党政干部论坛,2020(10).

[44]钟晓敏等.促进经济发展方式转变的地方财税体制改革研究[J].经济科学出版社,2016.

[45]张宏亮,刘长翠,曹丽娟.地方领导人自然资源资产离任审计探讨——框架构建及案例运用[J].审计研究,2015(2).

[46]张荣臣.中国共产党制度建设的历程、经验和启示[J].理论学刊,2015(1).

[47]张琦,宁书影,郑瑶.国家审计的"三公"预算治理效应——基于中央部门的经验证据[J].审计研究,2018(4).

[48]Bo Shiyu,Wu Yiping and Zhong Lingna. Flattening of Government Hierarchies and

Misuse of Public Funds: Evidence from Audit Programs in China, Journal of Economic Behavior and Organization, 179(December), 2020, 141—151.

[49]Bardhan, P. 2002. Decentralization of governance and development. Journal of Economic Perspectives, 16(4), 185—205.

[50]Bardhan, P. and Mookherjee, D. 2016. Decentralisation and Accountability in Infrastructure Delivery in Developing Countries. 116(508), 101—127.

[51]Brollo, F., Nannicini, T., Perotti, R., and Tabellini, G. 2013. The Political Resource Curse. American Economic Review. 103(5): 1759—1796.

[52]Coase, R. H. 1937. The Nature of the Firm. Economica, 4(16), 386—405.

[53]Coase, R. H. 1937. The problem of social cost. Journal of Law and Economics, 10(3), 1—44.

[54]Cheung, S. N. S. 1983. The Contractual Nature of the Firm. Journal of Law and Economics, 26(1), 1—21.

[55]Chen, T., and Kung, J. K—S., 2016. Do land revenue windfalls create a political resource curse? Evidence from China. Journal of Development Economics. 123: 86—106.

[56]Faguet, J.—P. 2014. Decentralization and governance. World Development, 53, 2—13.

[57]Finan, F. and Mazzocco. M. 2017. Electoral Incentives and the Allocation of Public Funds. NBER Working Paper 21859.

[58]Li, P., Y. Lu, and J. Wang 2016. Does flattening government improve economic performance? evidence from China. Journal of Development Economics 123, 18—37.

[59]Li Li, Pang Baoqing, Wu Yiping. Isolated Counties, Administrative Monitoring and the Misuse of Public Funds in China, Governance, 32(4), 2019, 779—797.

[60]Liu, Mingxing, Wang, Juan, Tao, Ran, Murphy, Rachel. The Political Economy of Earmarked Transfers in a State-Designated Poor County in Western China: Central Policies and Local Responses, China Quarterly, 2009(1), 973—994.

[61]Manor, J. 1999. The political economy of democratic decentralization. Washington, DC: World Bank.

[62]Martinez-Vazquez, J., and McNab, R. M. 2003. Fiscal decentralization and economic growth. World Development, 31(9), 1597—1616.

[63]Mookherjee, D. 2015. Political decentralization. Annual Review of Economics, 7, 231—249.

[64]Nikolova, E., , and Marinov, N., 2017, Do public fund windfalls increase corruption? Evidence from a natural disaster. Comparative Political Studies. 50(11): 1455—1488.

[65]Olken,Benjamin A. ,2007,Monitoring Corruption:Evidence from a Field Experiment in Indonesia. Journal of Political Economy. 115(2):200－249.

[66]Reinikka,R. and Svensson. J. 2004. Local Capture:Evidence from a Central Government Transfer Program in Uganda. Quarterly Journal of Economics,119(2):679－705.

[67]Treisman,D. 2007. The architecture of government:Rethinking political decentralization. Cambridge,UK:Cambridge University Press.

[68]Weingast,B. R. 2014. Second generation fiscal federalism:Political aspects of decentralization and economic development. World Development,53,14－25.

[69]Qian,Y,and B Weingast. 1997. Federalism as a commitment to preserving market incentives. The Journal of Economic Perspectives,11 (4):83－92.

[70]Tong,J. 1998. Fiscal regimes in China,1971－1998. Chinese Economy,31(3),5－21.

[71]Tiebout,C. 1956. A pure theory of local expenditures. Journal of Political Economy,64,416－424.

[72]Williamson ,O. E. 1985. The Economic Institutions of Capitalism,Free Press.

[73]Williamson ,O. E. 1975. Market and hierarchies,Free Press.

[74]Weingast,B. R. 2009. Second generation fiscal federalism:The implications of fiscal incentives. Journal of Urban Economics,65,279－293.

[75]World Bank. 2002. China national development and sub-national finance:A review of provincial expenditures. Washington,DC:Author.

[76]Zhang,L. －Y. 1999. Chinese central-provincial fiscal relationships,budgetary decline and the impact of the 1994 fiscal reform:An evaluation. China Quarterly,157,115－141.

第十一章

[1]Akerlof,G. A. (1982). Labor Contracts as Partial Gift Exchange. The Quarterly Journal of Economics,97(4),543. https://doi. org/10. 2307/1885099.

[2]Allcott, H. (2011). Social Norms and Energy Conservation. Journal of Public Economics,95(9－10),1082－1095. https://doi. org/10. 1016/j. jpubeco. 2011. 03. 003.

[3]Allcott,H. ,& Rogers,T. (2014). The Short-Run and Long-Run Effects of Behavioral Interventions:Experimental Evidence from Energy Conservation. American Economic Review,104(10),3003－3037. https://doi. org/10. 1257/aer. 104. 10. 3003.

[4]Andreoni,J. ,& Bernheim,B. D. (2009). Social Image and the 50－50 Norm:A Theoretical and Experimental Analysis of Audience Effects. Econometrica, 77 (5), 1607 －1636. https://doi. org/10. 3982/ecta7384.

[5] Ariely, D. , Bracha, A. , & Meier, S. (2009). Doing Good or Doing Well? Image Motivation and Monetary Incentives in Behaving Prosocially. American Economic Review, 99(1), 544—555. https://doi.org/10.1257/aer.99.1.544.

[6] Ariely, D. , & Wertenbroch, K. (2001). Procrastination, Deadlines, and Performance: Self-Control by Precommitment. Psychological Science, 13(3), 219—224. https://doi.org/10.1111/1467—9280.00441.

[7] Ashraf, N. , Camerer, C. F. , & Loewenstein, G. (2005). Adam Smith, Behavioral Economist. Journal of Economic Perspectives, 19(3), 131—145. https://doi.org/10.1257/089533005774357897.

[8] Ashraf, N. , Karlan, D. , & Yin, W. (2006). Tying Odysseus to the Mast: Evidence From a Commitment Savings Product in the Philippines. Quarterly Journal of Economics, 121(2), 635—672.

[9] Barber, B. M. , & Odean, T. (2001). Boys will be Boys: Gender, Overconfidence, and Common Stock Investment. The Quarterly Journal of Economics, 116(1), 261—292. https://doi.org/10.1162/003355301556400.

[10] Barber, B. M. , & Odean, T. (2007). All That Glitters: The Effect of Attention and News on the Buying Behavior of Individual and Institutional Investors. Review of Financial Studies, 21(2), 785—818. https://doi.org/10.1093/rfs/hhm079.

[11] Barberis, N. C. (2013). Thirty Years of Prospect Theory in Economics: A Review and Assessment. Journal of Economic Perspectives, 27(1), 173—196. https://doi.org/10.1257/jep.27.1.173.

[12] Barberis, N. , & Huang, M. (2008). Stocks as Lotteries: The Implications of Probability Weighting for Security Prices. American Economic Review, 98(5), 2066—2100. https://doi.org/10.1257/aer.98.5.2066.

[13] Barberis, N. , Huang, M. , & Santos, T. (2001). Prospect Theory and Asset Prices. Quarterly Journal of Economics, 1—54.

[14] Barberis, N. , Shleifer, A. , & Vishny, R. (1998). A Model of Investor Sentiment. Journal of Financial Economics, 49(3), 307—343. https://doi.org/10.1016/s0304—405x(98)00027—0.

[15] Becker, A. , Deckers, T. , Dohmen, T. , Falk, A. , & Kosse, F. (2012). The Relationship Between Economic Preferences and Psychological Personality Measures. Annual Review of Economics, 4(1), 453—478. https://doi.org/10.1146/annurev-economics-080511-110922.

[16] Benartzi, S. (2001). Excessive Extrapolation and the Allocation of 401(k) Accounts to Company Stock. The Journal of Finance, 56(5), 1747—1764. https://doi.org/10.1111/

0022—1082. 00388.

[17]Benartzi, S. , & Thaler, R. H. (1995). Myopic Loss Aversion and the Equity Premium Puzzle. Quarterly Journal of Economics, 110(1), 73—92.

[18]Benartzi, S. , & Thaler, R. H. (2001). Naive Diversification Strategies in Defined Contribution Saving Plans. American Economic Review, 91(1), 79—98. https://doi.org/10.1257/aer.91.1.79.

[19]Benzarti, Y. , Carloni, D. , Harju, J. , & Kosonen, T. (2020). What Goes Up May Not Come Down: Asymmetric Incidence of Value-Added Taxes. Journal of Political Economy, 128(12), 4438—4474. https://doi.org/10.1086/710558.

[20]Berg, J. , Dickhaut, J. , & McCabe, K. (1995). Trust, Reciprocity, and Social History. Games and Economic Behavior, 10(1), 122—142. https://doi.org/10.1006/game.1995.1027.

[21]Bernheim, B. D. (2009). Behavioral Welfare Economics. Journal of the European Economic Association, 7(2-3), 267—319. https://doi.org/10.1162/jeea.2009.7.2-3.267.

[22]Bondt, W. F. M. D. , & Thaler, R. (1985). Does the Stock Market Overreact? The Journal of Finance, 40(3), 793. https://doi.org/10.2307/2327804.

[23]Bondt, W. F. M. D. , & Thaler, R. H. (1987). Further Evidence on Investor Overreaction and Stock Market Seasonality. The Journal of Finance, 42(3), 557. https://doi.org/10.2307/2328371.

[24]Busse, M. R. , Pope, D. G. , Pope, J. C. , & Silva-Risso, J. (2012). Projection Bias in the Car and Housing Markets. NBER Working Paper.

[25]Busse, M. R. , Pope, D. G. , Pope, J. C. , & Silva-Risso, J. (2015). The Psychological Effect of Weather on Car Purchases. The Quarterly Journal of Economics, 130(1), 371—414. https://doi.org/10.1093/qje/qju033.

[26]Camerer, C. , & Lovallo, D. (1999). Overconfidence and Excess Entry: An Experimental Approach. American Economic Review, 89(1), 306—318. https://doi.org/10.1257/aer.89.1.306.

[27]Chang, T. Y. , Huang, W. , & Wang, Y. (2018). Something in the Air: Pollution and the Demand for Health Insurance. Review of Economic Studies, 85(3), 1609—1634. https://doi.org/10.1093/restud/rdy016.

[28]Charness, G. , & Rabin, M. (2002). Understanding Social Preferences with Simple Tests. The Quarterly Journal of Economics, 117(3), 817—869. https://doi.org/10.1162/003355302760193904.

[29]Chetty, R. (2015). Behavioral Economics and Public Policy: A Pragmatic Perspec-

tive. American Economic Review,105(5),1—33. https://doi.org/10.1257/aer.p20151108.

[30]Chetty,R.,Looney,A.,& Kroft,K. (2009). Salience and Taxation:Theory and Evidence. American Economic Review,99(4),1145—1177. https://doi.org/10.1257/aer.

[31]Choi,J.,Laibson,D.,& Madrian,B. (2006). Reducing the Complexity Costs of 401 (k) Participation Through Quick Enrollment(TM). NBER Working Paper. https://doi.org/10.3386/w11979.

[32]Conlin,M.,O'Donoghue,T.,& Vogelsang,T.J. (2007). Projection Bias in Catalog Orders. American Economic Review, 97(4), 1217—1249. https://doi.org/10.1257/aer.97.4.1217.

[33]Crawford,V.P.,& Meng,J. (2011). New York City Cab Drivers' Labor Supply Revisited:Reference-Dependent Preferences with Rational-Expectations Targets for Hours and Income. American Economic Review,101(5),1912—1932. https://doi.org/10.1257/aer.101.5.1912.

[34]Daniel,K.,& Hirshleifer,D. (2015). Overconfident Investors,Predictable Returns,and Excessive Trading. Journal of Economic Perspectives,29(4),61—88. https://doi.org/10.1257/jep.29.4.61.

[35]Daniel,K.,Hirshleifer,D.,& Subrahmanyam,A. (1998). Investor Psychology and Security Market Under- and Overreactions. The Journal of Finance, 53(6), 1839—1885. https://doi.org/10.1111/0022—1082.00077.

[36]DellaVigna,S. (2009). Psychology and Economics:Evidence from the Field. Journal of Economic Literature,47(2),315—372. https://doi.org/10.1257/jel.47.2.315.

[37]DellaVigna,S.,List,J.A.,& Malmendier,U. (2012). Testing for Altruism and Social Pressure in Charitable Giving. Quarterly Journal of Economics,127(1),1—56. https://doi.org/10.1093/qje/qjr050.

[38]DellaVigna,S.,& Malmendier,U. (2004). Contract Design and Self-Control:Theory and Evidence. The Quarterly Journal of Economics, 119(2), 353—402. https://doi.org/10.1162/0033553041382111.

[39]DellaVigna,S.,& Malmendier,U. (2006). Paying Not to Go to the Gym. American Economic Review,96(3),694—719. https://doi.org/10.1257/aer.96.3.694.

[40]Domurat,R.,Menashe,I.,& Yin,and W. (2021). The Role of Behavioral Frictions in Health Insurance Marketplace Enrollment and Risk:Evidence from a Field Experiment. American Economic Review,111(5),1—26. https://doi.org/10.1257/aer.20190823.

[41]Dong,R.,Fisman,R.,Wang,Y.,& Xu,N. (2021). Air Pollution,Affect,and Forecasting Bias:Evidence From Chinese Financial Analysts. Journal of Financial Economics,139

(3),971—984. https://doi.org/10.1016/j.jfineco.2019.12.004.

［42］Dubois, P. , Griffith, R. , & O'Connell, M. (2020). How Well Targeted Are Soda Taxes? American Economic Review, 110（11）, 3661 — 3704. https://doi.org/10.1257/aer.20171898.

［43］Duflo, E. , Gale, W. , Orszag, P. , & Saez, E. (2006). Saving Incentives for Low-and Middle— Income Families: Evidence From a Field Experiment with H&R Block. Quarterly Journal of Economics, 1—36.

［44］Duflo, E. , Kremer, M. , & Robinson, J. (2011). Nudging Farmers to Use Fertilizer: Theory and Experimental Evidence from Kenya. American Economic Review, 101(6), 2350—2390. https://doi.org/10.1257/aer.101.6.2350.

［45］Edmans, A. , Garcia, D. , & Norli, O. (2007). Sports Sentiment and Stock Returns. The Journal of Finance, 62（4）, 1967 — 1998. https://doi.org/10.1111/j.1540—6261.2007.01262.x.

［46］Falk, A. (2007). Gift Exchange in the Field. Econometrica, 75（5）, 1501 — 1511. https://doi.org/10.1111/j.1468—0262.2007.00800.x.

［47］Farber, H. S. (2005). Is Tomorrow Another Day? The Labor Supply of New York City Cabdrivers. Journal of Political Economy, 113（1）, 46 — 82. https://doi.org/10.1086/426040.

［48］Farber, H. S. (2008). Reference-Dependent Preferences and Labor Supply: The Case of New York City Taxi Drivers. American Economic Review, 98(3), 1069—1082. https://doi.org/10.1257/aer.98.3.1069.

［49］Farber, H. S. (2015). Why You Can't Find a Taxi in the Rain and Other Labor Supply Lessons From Cab Drivers. Quarterly Journal of Economics, 1975 — 2026. https://doi.org/10.1093/qje/qjv026.

［50］Farhi, E. , & Gabaix, X. (2020). Optimal Taxation with Behavioral Agents. American Economic Review, 110（1）, 298 — 336. https://doi.org/10.1257/aer.20151079.

［51］Fehr, E. , & Goette, L. (2007). Do Workers Work More if Wages Are High? Evidence from a Randomized Field Experiment. The American Economic Review, 97(1), 298—317. https://doi.org/10.1257/000282807780323479.

［52］Fehr, E. , Kirchsteiger, G. , & Riedl, A. (1993). Does Fairness Prevent Market Clearing? An Experimental Investigation. Quarterly Journal of Economics, 108(2), 437—459.

［53］Finkelstein, A. (2009). E-Ztax: Tax Salience and Tax Rates. Quarterly Journal of Economics, 124(3), 969—1010.

[54]Forsythe, R. , Horowitz, J. L. , Savin, N. E. , & Sefton, M. (1994). Fairness in Simple Bargaining Experiments. Games and Economic Behavior, 6(3).

[55]Gabaix, X. , & Laibson, D. (2006). Shrouded Attributes, Consumer Myopia, and Information Suppression in Competitive Markets. The Quarterly Journal of Economics, 121(2), 505—540. https://doi.org/10.1162/qjec.2006.121.2.505.

[56]Genesove, D. , & Mayer, C. (2001). Loss Aversion and Seller Behavior: Evidence From the Housing Market. Quarterly Journal of Economics, 1—28.

[57]Gilbert, D. T. , Pinel, E. C. , Wilson, T. D. , & Blumberg, S. J. (1998). Immune Neglect: A Source of Durability Bias in Affective Forecasting. Journal of Personality and Social Psychology, 75(3), 617—638.

[58]Gilovich, T. , Vallone, R. , & Tversky, A. (1985). The hot hand in basketball: On the misperception of random sequences. Cognitive Psychology, 17(3), 295—314. https://doi.org/10.1016/0010-0285(85)90010-6.

[59]Gneezy, U. , Gneezy, S. M. and P. R. —B. U. , Meier, S. , & Rey-Biel, P. (2011). When and Why Incentives (Don't) Work to Modify Behavior. Journal of Economic Perspectives, 25(4), 191—210. https://doi.org/10.1257/jep.25.4.191.

[60]Gneezy, U. , & List, J. A. (2006). Putting Behavioral Economics to Work: Testing for Gift Exchange in Labor Markets Using Field Experiments. Econometrica, 74(5), 1365—1384. https://doi.org/10.1111/j.1468-0262.2006.00707.x.

[61]Grubb, M. D. (2015). Overconfident Consumers in the Marketplace. Journal of Economic Perspectives, 29(4), 9—36. https://doi.org/10.1257/jep.29.4.9.

[62]Gruber, J. H. , & Mullainathan, S. (2005). Do Cigarette Taxes Make Smokers Happier. The B. E. Journal of Economic Analysis & Policy, 5(1). https://doi.org/10.1515/1538-0637.1412.

[63]Gruber, J. , & Koszegi, B. (2001). Is Addiction "Rational"? Theory and Evidence. The Quarterly Journal of Economics, 116(4), 1261—1303. https://doi.org/10.1162/003355301753265570.

[64]Hallsworth, M. , List, J. A. , Metcalfe, R. D. , & Vlaev, I. (2017). The Behavioralist as Tax Collector: Using Natural Field Experiments to Enhance Tax Compliance. Journal of Public Economics, 148, 14—31. https://doi.org/10.1016/j.jpubeco.2017.02.003.

[65]Hamermesh, D. S. (2013). Six Decades of Top Economics Publishing: Who and How? Journal of Economic Literature, 51(1), 162—172. https://doi.org/10.1257/jel.51.1.162.

[66]Hashimzade, N. , Myles, G. D. , & Tran-Nam, B. (2013). Applications of Behaviour-

al Economics to Tax Evasion. Journal of Economic Surveys,27(5),941－977. https://doi.org/10.1111/j.1467－6419.2012.00733.x.

[67]Hastings,J.,& Shapiro,J. M. (2018). How Are SNAP Benefits Spent? Evidence from a Retail Panel. American Economic Review,108(12),3493－3540. https://doi.org/10.1257/aer.20170866.

[68]Henrich,J.,Boyd,R.,Bowles,S.,Camerer,C.,Fehr,E.,Gintis,H.,McElreath,R.,Alvard,M.,Barr,A.,Ensminger,J.,Henrich,N. S.,Hill,K.,Gil-White,F.,Gurven,M.,Marlowe,F. W.,Patton,J. Q.,& Tracer,D. (2005). "Economic Man" in Cross-cultural Perspective:Behavioral Experiments in 15 Small-scale Societies. Behavioral and Brain Sciences,28(6),795－815. https://doi.org/10.1017/s0140525x05000142.

[69]Hines,J. R.,& Thaler,R. H. (1995). The Flypaper Effect. Journal of Economic Perspectives,9(4),217－226.

[70]Hirshleifer,D. (2021). Behavioral Finance. Annual Review of Financial Economics,1－29. https://doi.org/10.1146/annurev-financial-092214-043752.

[71]Hirshleifer,D.,Lim,S. S.,& Teoh,S. H. (2009). Driven to Distraction:Extraneous Events and Underreaction to Earnings News. The Journal of Finance,64(5),2289－2325. https://doi.org/10.1111/j.1540－6261.2009.01501.x.

[72]Hirshleifer,D.,& Shumway,T. (2003). Good Day Sunshine:Stock Returns and the Weather. The Journal of Finance,58(3),1009－1032. https://doi.org/10.1111/1540－6261.00556.

[73]Ho,D. E.,& Imai,K. (2008). Estimating Causal Effects of Ballot Order from a Randomized Natural Experiment. Public Opinion Quarterly,72(2),216－240. https://doi.org/10.1093/poq/nfn018.

[74]Hossain,T.,& List,J. A. (2012). The Behavioralist Visits the Factory:Increasing Productivity Using Simple Framing Manipulations. Management Science,58(12),2151－2167. https://doi.org/10.1287/mnsc.1120.1544.

[75]Huberman,G. (2001). Familiarity Breeds Investment. Review of Financial Studies,14(3),659－680. https://doi.org/10.1093/rfs/14.3.659.

[76]Ito,K. (2014). Do Consumers Respond to Marginal or Average Price? Evidence from Nonlinear Electricity Pricing. American Economic Review,104(2),537－563. https://doi.org/10.1257/aer.104.2.537.

[77]Iyengar,S. S.,& Lepper,M. R. (2000). When choice is demotivating:Can one desire too much of a good thing? Journal of Personality and Social Psychology,79(6),995－1006. https://doi.org/10.1037//0022－3514.79.6.995.

[78]Jessoe, K. ,& Rapson, D. (2014). Knowledge is (Less) Power: Experimental Evidence from Residential Energy Use. American Economic Review, 104(4), 1417—1438. https://doi.org/10.1257/aer.104.4.1417.

[79]Kahneman, D. , Knetsch, J. L. , & Thaler, R. (1986). Fairness as a Constraint on Profit Seeking: Entitlements in the Market. American Economic Review, 76(4), 728—741.

[80]Kahneman, D. , Knetsch, J. L. , & Thaler, R. H. (1990). Experimental Tests of the Endowment Effect and the Coase Theorem. Journal of Political Economy, 98(6), 1325—1348. https://doi.org/10.1086/261737.

[81]Kahneman, D. , & Tversky, A. (1972). Subjective Probability: a Judgment of Representativeness. Cognitive Psychology, 3(3), 430—454. https://doi.org/10.1016/0010—0285(72)90016—3.

[82]Kahneman, D. , & Tversky, A. (1979). Prospect Theory: An Analysis of Decision under Risk. Econometrica, 1—30.

[83]Kim, E. H. , Morse, A. , & Zingales, L. (2006). What Has Mattered to Economics Since 1970. Journal of Economic Perspectives, 20(4), 189—202. https://doi.org/10.1257/jep.20.4.189.

[84]Knetsch, J. L. (1989). The Endowment Effect and Evidence of Nonreversible Indifference Curves. American Economic Review, 79(5), 1277—1284.

[85]Köszegi, B. , & Rabin, M. (2007). Reference-Dependent Risk Attitudes. American Economic Review, 97(4), 1047—1073. https://doi.org/10.1257/aer.97.4.1047.

[86] Köszegi, B. , & Rabin, M. (2009). Reference-Dependent Consumption Plans. American Economic Review, 99(3), 909—936. https://doi.org/10.1257/aer.99.3.909.

[87]Krishna, A. , & Slemrod, J. (2003). Behavioral Public Finance: Tax Design as Price Presentation. International Tax and Public Finance, 10(2), 189—203. https://doi.org/10.1023/a:1023337907802.

[88]Kube, S. , Maréchal, M. A. , & Puppe, C. (2012). The Currency of Reciprocity: Gift Exchange in the Workplace. American Economic Review, 102(4), 1644—1662. https://doi.org/10.1257/aer.102.4.1644.

[89]Laibson, D. (1997). Golden Eggs and Hyperbolic Discounting. The Quarterly Journal of Economics, 112(2), 443—478. https://doi.org/10.1162/003355397555253.

[90]Levitt, S. D. , & List, J. A. (2007). What Do Laboratory Experiments Measuring Social Preferences Reveal About the Real World? Journal of Economic Perspectives, 21(2), 153—174. https://doi.org/10.1257/jep.21.2.153.

[91]List, J. A. (2003). Does Market Experience Eliminate Market Anomalies? The Quarterly Journal of Economics, 118(1), 41－71. https://doi.org/10.1162/00335530360535144.

[92]List, J. A. (2004). Neoclassical Theory Versus Prospect Theory: Evidence from the Marketplace. Econometrica, 72(2), 615－625. https://doi.org/10.1111/j.1468－0262.2004.00502.x.

[93]List, J. A. (2006). The Behavioralist Meets the Market: Measuring Social Preferences and Reputation Effects in Actual Transactions. Journal of Political Economy, 114(1), 1－37. https://doi.org/10.1086/498587.

[94]Madrian, B. C., & Shea, D. F. (2001). The Power of Suggestion: Inertia in 401(K) Participation and Savings Behavior. Quarterly Journal of Economics, 116(4), 1149－1187.

[95]Malmendier, U., & Nagel, S. (2011). Depression Babies: Do Macroeconomic Experiences Affect Risk Taking? The Quarterly Journal of Economics, 126(1), 373－416. https://doi.org/10.1093/qje/qjq004.

[96]Malmendier, U., & Shanthikumar, D. (2007). Are small investors naive about incentives? Journal of Financial Economics, 85(2), 457－489. https://doi.org/10.1016/j.jfineco.2007.02.001.

[97]MALMENDIER, U., & TATE, G. (2005). CEO Overconfidence and Corporate Investment. The Journal of Finance, 60(6), 2661－2700. https://doi.org/10.1111/j.1540－6261.2005.00813.x.

[98]Malmendier, U., & Tate, G. (2008). Who makes acquisitions? CEO overconfidence and the market's reaction. Journal of Financial Economics, 89(1), 20－43. https://doi.org/10.1016/j.jfineco.2007.07.002.

[99]Malmendier, U., & Tate, G. (2015). Behavioral CEOs: The Role of Managerial Overconfidence. Journal of Economic Perspectives, 29(4), 37－60. https://doi.org/10.1257/jep.29.4.37.

[100]Malmendier, U., & Taylor, T. (2015). On the Verges of Overconfidence. Journal of Economic Perspectives, 29(4), 3－8. https://doi.org/10.1257/jep.29.4.3.

[101]Moore, F. C., Obradovich, N., Lehner, F., & Baylis, P. (2019). Rapidly declining remarkability of temperature anomalies may obscure public perception of climate change. Proceedings of the National Academy of Sciences, 116(11), 201816541. https://doi.org/10.1073/pnas.1816541116.

[102]Mullainathan, S., Schwartzstein, J., & Congdon, W. J. (2012). A Reduced-Form Approach to Behavioral Public Finance. Annual Review of Economics, 1－32. https://

doi. org/10. 1146/annurev-economics-111809－125033.

[103]Odean,T. (1998). Are Investors Reluctant to Realize Their Losses? The Journal of Finance,53(5),1775－1798. https://doi. org/10. 1111/0022－1082. 00072.

[104]Odean,T. (1999). Do Investors Trade Too Much? American Economic Review,89(5),1279－1298. https://doi. org/10. 1257/aer. 89. 5. 1279.

[105]O'Donoghue,T. ,& Rabin,M. (2006). Optimal Sin Taxes. Journal of Public Economics,90(10－11),1825－1849. https://doi. org/10. 1016/j. jpubeco. 2006. 03. 001.

[106]Oyer,P. ,& Schaefer,S. (2005). Why do some firms give stock options to all employees?:An empirical examination of alternative theories. Journal of Financial Economics,76(1),99－133. https://doi. org/10. 1016/j. jfineco. 2004. 03. 004.

[107]Pope,D. G. ,& Schweitzer,M. E. (2011). Is Tiger Woods Loss Averse? Persistent Bias in the Face of Experience,Competition,and High Stakes. American Economic Review,101(1),129－157. https://doi. org/10. 1257/aer. 101. 1. 129.

[108]Post,T. ,Assem,M. J. van den,Baltussen,G. ,& Thaler,R. H. (2008). Deal or No Deal? Decision Making under Risk in a Large-Payoff Game Show. American Economic Review,98(1),38－71. https://doi. org/10. 1257/aer. 98. 1. 38.

[109]Rabin,M. (1998). Psychology and Economics. Journal of Economic Literature,36(1),11－46.

[110]Rabin,M. (2002). A perspective on psychology and economics. European Economic Review,46(4－5),657－685. https://doi. org/10. 1016/s0014－2921(01)00207－0.

[111]Rabin,M. ,& Vayanos,D. (2010). The Gambler's and Hot-Hand Fallacies:Theory and Applications. Review of Economic Studies, 77 (2), 730 － 778. https://doi. org/10. 1111/j. 1467－937x. 2009. 00582. x.

[112]Read,D. ,& Leeuwen,B. van. (1998). Predicting Hunger:The Effects of Appetite and Delay on Choice. Organizational Behavior and Human Decision Processes,76(2),189－205. https://doi. org/10. 1006/obhd. 1998. 2803.

[113]Saez,E. (2010). Do Taxpayers Bunch at Kink Points? American Economic Journal:Economic Policy,2(3),180－212. https://doi. org/10. 1257/pol. 2. 3. 180.

[114]Saunders,E. M. ,& Jr. (1993). Stock Prices and Wall Street Weather. American Economic Review,83(5),1337－1345.

[115]Seibold,A. (2021). Reference Points for Retirement Behavior:Evidence from German Pension Discontinuities. American Economic Review,1－40. https://doi. org/10. 1257/aer. 20191136.

[116]Shapiro,J. M. (2005). Is there a daily discount rate? Evidence from the food stamp

nutrition cycle. Journal of Public Economics,89(2－3),303－325. https://doi. org/10. 1016/j. jpubeco. 2004. 05. 003.

［117］Shiller,R. J. (1981). Do Stock Prices Move Too Much to be Justified by Subsequent Changes in Dividends? American Economic Review,71(3),421－436.

［118］Simon,H. A. (1955). A Behavioral Model of Rational Choice. Quarterly Journal of Economics,69(1),99－118.

［119］Simonsohn, U. (2010). Weather To Go To College. The Economic Journal,120(543),270－280. https://doi. org/10. 1111/j. 1468－0297. 2009. 02296. x.

［120］Simonson,I. (1990). The Effect of Purchase Quantity and Timing on Variety-Seeking Behavior. Journal of Marketing Research,27(2),150－162. https://doi. org/10. 1177/002224379002700203.

［121］Svenson,O. (1981). Are we all less risky and more skillful than our fellow drivers? Acta Psychologica,47(2),143－148. https://doi. org/10. 1016/0001－6918(81)90005－6.

［122］ Tenreyro, P. B. and S. (2021). History Dependence in the Housing Market. American Economic Journal: Macroeconomics, 1 － 24. https://doi. org/10. 1257/mac. 20180241.

［123］Terrell,D. (1994). A test of the gambler's fallacy: Evidence from pari-mutuel games. Journal of Risk and Uncertainty, 8 (3), 309 － 317. https://doi. org/10. 1007/bf01064047.

［124］Thaler,R. (1980). Toward a positive theory of consumer choice. Journal of Economic Behavior & Organization,1(1),39－60. https://doi. org/10. 1016/0167－2681(80)90051－7.

［125］Thaler,R. H. (1999). Mental Accounting Matters. Journal of Behavioral Decision Making,12(3),183－206. https://doi. org/10. 1002/(sici)1099－0771(199909)12:3<183::aid-bdm318>3. 0. co;2－f.

［126］Thaler, R. H. (2016). Behavioral Economics: Past, Present, and Future. American Economic Review,106(7),1577－1600. https://doi. org/10. 1257/aer. 106. 7. 1577.

［127］Thaler,R. H. (2018). From Cashews to Nudges: The Evolution of Behavioral Economics. American Economic Review, 108 (6), 1265 － 1287. https://doi. org/10. 1257/aer. 108. 6. 1265.

［128］Thaler,R. H. ,& Benartzi,S. (2004). Save More Tomorrow: Using Behavioral Economics to Increase Employee Saving. Journal of Political Economy,112(1),1－24.

［129］Thaler,R. H. ,Tversky,A. ,Kahneman,D. ,& Schwartz,A. (1997). The Effect of Myopia and Loss Aversion on Risk Taking: an Experimental Test. Quarterly Journal of Economics,1—15.

[130]Tversky,A. ,& Kahneman,D. (1974). Judgment under Uncertainty: Heuristics and Biases. Science,1—9.

[131]Tversky,A. ,& Kahneman,D. (1981). The Framing of Decisions and the Psychology of Choice. Science,1—7.

[132]Tversky,A. ,& Kahneman,D. (1991). Loss Aversion in Riskless Choice: A Reference-Dependent Model. Quarterly Journal of Economics.

[133]Tversky,A. ,& Kahneman,D. (1992). Advances in prospect theory: Cumulative representation of uncertainty. Journal of Risk and Uncertainty, 5(4), 297—323. https://doi.org/10.1007/bf00122574.

后 记

《中国财政发展报告》始于1999年,已持续发布23年。我们长期跟踪我国财政经济的发展形势和理论进展,每年选择一个具有前瞻性的重大问题开展研究,就财政如何促进经济发展出谋划策,为中国财政经济改革持续提供决策依据与政策建议,对我国法治建设和财政事业发展做出了积极的贡献。

本期报告的主题为"对财政理论与财政学科发展的思考"。其中,序"关于财政基础理论若干问题的思考"由蒋洪和刘小兵教授撰写,第1章至第4章由刘伟副教授牵头撰写,第5章"财政政治学"由刘守刚副教授撰写,第6章"财政伦理学"由曾军平副教授撰写,第7章"财政社会学"由刘长喜教授牵头撰写,第8章"计量财政学"由郭长林副教授撰写,第9章"发展财政学"由张牧扬副教授牵头撰写,第10章"制度财政学"由吴一平教授撰写,第11章"行为财政学"由唐为副教授撰写。全书由刘小兵教授负责编撰。

上海财经大学出版社的编辑及其他同志为本报告的出版给予了大力支持,在此表示衷心的感谢!因本次报告的主题所涉内容很多具有尝试和探索性质,加上编者水平有限,不足之处在所难免,敬请广大读者批评指正。